Frank Welz

Kritik der Lebenswelt

AF154910

Frank Welz

Kritik der Lebenswelt

Eine soziologische Auseinandersetzung
mit Edmund Husserl und Alfred Schütz

Westdeutscher Verlag

Die Deutsche Bibliothek – CIP-Einheitsaufnahme

Welz, Frank:
Kritik der Lebenswelt: eine soziologische Auseinandersetzung
mit Edmund Husserl und Alfred Schütz / Frank Welz. –
Opladen: Westdt. Verl., 1996
    ISBN 978-3-531-12802-3   ISBN 978-3-322-97069-5 (eBook)
    DOI 10.1007/978-3-322-97069-5

Umschlaggestaltung: Horst Dieter Bürkle, Darmstadt

Gedruckt auf säurefreiem Papier

ISBN 978-3-531-12802-3

Inhalt

Einleitung

Die »Revolution der Denkart« hat nicht nur den Anlauf genommen, welchem sie ihren Namen verdankt.[1] Gezählt werden noch weitere Umstellungen der Theoriebildung als bloß die kopernikanische Kants. Hier interessieren gleich zwei. Die eine liefert den Gegenstand, die entsprechende ›Revolution‹ der phänomenologischen Theorie,[2] die andere begründet die Perspektive der vorliegenden Arbeit. Dabei verwundert es nicht, daß der ambitionierte Titel für mehr als den in ihm propagierten Paradigmawechsel beansprucht wird. Denn schon in unmittelbarem Anschluß an die Kantische Innovation hat es Hegels ›Phänomenologie‹ dem Selbstverständnis des Menschen ins Gedächtnis geschrieben, daß der Dynamik, in der sich die Kultur- und Geistesgeschichte bewegt, auch diejenigen kognitiven Formen unterworfen sind, die das menschliche Tun und Denken durchdringen. Doch anders als vor zweihundert Jahren ist beim heutigen Stand des Wissens die Arbeit der Erkenntniskritik noch nicht getan, wenn die Grundstrukturen des ›Geistes‹ bestimmt und aufgewiesen sind. Statt sie in einer logozentrischen Abfolge anzuordnen, die in einem sich selbst korrigierenden Verlauf allein den »Maßstab« kennt, »den [.. das Bewußtsein] selbst aufstellt«,[3] werden die elementaren Orientierungsmuster des Denkens in ihrer geschichtlichen Faktizität heute nur verständlich, indem der Prozeß ihrer Entstehung und dessen Randbedingungen einsichtig gemacht werden. Das leistet die soziologische Kritik, die daher das Programm der beschreibenden Betrachtung des Geistes nicht nur übernehmen, sondern erweitern muß. Gleichwohl ist das nicht ohne Brisanz. Denn die kognitiven Formen, wie sie sich im natürlichen

---

1   Immanuel Kant (1976), *Kritik der reinen Vernunft*. Nach der ersten u. zweiten Original-Ausgabe neu hrsg. von R. Schmidt, Hamburg, S. 17 (B XII).

2   Vgl. Eugen Fink (1988), *VI. Cartesianische Meditation*, Teil 1. Die Idee einer transzendentalen Methodenlehre. Texte aus dem Nachlass Eugen Finks (1932) mit Anmerkungen und Beilagen aus dem Nachlass Edmund Husserls (1933/34), hrsg. von H. Ebeling, J. Holl u. G. van Kerckhoven (Husserliana Dokumente, Bd. II/1), Dordrecht/Boston/London, S. 159.

3   Georg W. F. Hegel (1952), *Phänomenologie des Geistes*, hrsg. von J. Hoffmeister, 6. Aufl., Hamburg, S. 71.
    Anm. zur Zitierweise: Alle Einfügungen in eckigen Klammern stammen von mir. Eigene Hervorhebungen werden immer angezeigt, solche des Originals nicht immer übernommen (da jede Zitation den ursprünglichen Bedeutungszusammenhang durchtrennt und eine Übernahme der originären Hervorhebung in manchen Fällen im neuen Kontext eine unangemessene Betonung zur Folge hätte). Nur die jeweils erste Nennung eines Titels – in Einleitung, den beiden Hauptteilen und Schlußbetrachtung – erfolgt in vollständiger Form.

Lebensprozeß ausbilden, organisieren nicht nur die aktive Weltorientierung des Alltagsmenschen. Sie zeichnen auch ihre Spuren in die großen Entwürfe an Deutungssystemen, wie sie jedes nachwachsende Subjekt in der Ausgangslage seiner Weltinterpretation kulturell spezifisch vorfindet. Daß dies noch selbst bis in die theoretischen Anstrengungen der Wissenschaft hinein seine Gültigkeit hat, darauf basiert die These der vorliegenden Schrift. Denn am Beispiel ihres Gegenstandes, der phänomenologischen Theorie, wird, blickt man auf die Interpretationsgeschichte derselben, ein erster Versuch unternommen, einen Denktypus zu zeigen, dessen organisierende Strategie auf einem Muster beruht, das weniger seine selbst gesetzten Grenzen erreicht als vielmehr im Strukturwandel der Logik gültigen Erklärens an Überzeugungskraft verloren hat. Es sind heute die Einführung der nichteuklidischen Geometrie, die anders als die euklidische zur Zeit Kants kein Apriori-Wissen über die Struktur des Raumes mehr fixiert,[4] sowie die These Einsteins, daß die materiellen Bedingungen physikalischer Erfahrung nicht länger als unabhängige Bestandteile des Erkenntnisvorgangs verstanden werden können,[5] die einerseits *fundamentalistische*, um apriorische Grundlegung bemühte Ansätze der Vergangenheit unterhöhlt und insofern dem konstruktivistischen bis hin zum postmodernen Denken des zwanzigsten Jahrhunderts vorgearbeitet haben, die andererseits jedoch in ihrem Zusammenhang mit Entwicklungen nichtnaturwissenschaftlicher Theoriebildung noch nicht ausgelotet sind. Doch noch vor der Erläuterung der eigenen Perspektive einer hier zu beanspruchenden Soziologie der Erkenntnis (2.) und einem Ausblick auf den mit ihr geschaffenen Blickwinkel der Interpretation (3.) wird der genannte Gegenstand der nachfolgenden Auseinandersetzung zunächst eingeführt und seine Wahl begründet (1.).

1. Der Gegenstand: Die ›phänomenologische Alternative‹ im Kanon der Theorie

In thematischer Hinsicht geht es der vorliegenden Arbeit um die Strukturkritik derjenigen Theorieentwürfe, welche die Untersuchung der *Lebenswelt* als der subjektiven Welt unmittelbarer Erfahrung zur ersten Aufgabe kultur- und sozialwissenschaftlicher Forschung erhoben haben. Sie konzentriert sich dabei auf die Ausarbeitungen derer, zu denen jede Lebenswelttheorie bereichsspezifisch jeweils in Beziehung gesetzt werden muß: Husserl und Schütz. Denn zweifellos hat das Lebensweltthema in der von ersterem entwickelten Phänomenologie seine bedeu-

---

4   Vgl. Alan Musgrave (1993), *Common Sense, Science and Scepticism.* An historical introduction to the theory of knowledge, Cambridge, S. 235.
5   Peter Mittelstaedt (1994), »The constitution of objects in Kant's philosophy and in modern physics«, in: Parrini (Hg.), S. 115–129, hier S. 115f.

tendste theoretische Quelle. Schütz hingegen, dessen Denken als »tief in der Phänomenologie Husserls verwurzelt« gilt,[6] ist der Spiritus rector der Lebensweltanalyse
auf dem Gebiet der Soziologie. Daher kann es nur an Fachgrenzen liegen, daß eine
Arbeit, welche die systematische Behandlung *beider* Konzeptionen versucht, bislang
– soweit die Literatur zu übersehen ist – nicht verfaßt worden ist.[7] Dennoch ist es
nicht die Überprüfung der historischen Identität der heutigen ›phänomenologischen Sozialtheorie‹, die der hier innerhalb des Interessenspektrums der Soziologie
unternommenen Studie den Antrieb gibt. Theoriegeschichtliche Reminiszenzen
sind nur Beiprodukt, die ungebrochene Lebendigkeit phänomenologischer Forschung ist nicht ihr Anlaß.[8] Auch nicht allein, weil »Lebenswelttheorien in der
gegenwärtigen Diskussion an Relevanz gewinnen« und sich der »Lebensweltbegriff«
anschickt, ein weiterer »Grundbegriff der Soziologie« zu werden,[9] wird hier aus
dem Theorienkanon der Sozialwissenschaften die vielfach so klassifizierte »phänomenologische Alternative« untersucht.[10] Schließlich kennt das Interesse, das diese
Forschungsrichtung evoziert, durchaus einen systematischen Grund. So indizieren
die Theorieprobleme der Soziologie eine Situation, in der der Rückgriff auf phänomenologische Denkfiguren Attraktivität gewinnt. Dabei braucht man nicht erst das
von Luhmann diagnostizierte »Theoriedesaster« herbeizuzitieren, »das die Soziologie als Folge der Einführung der sogenannten empirischen Methoden erlebt«
habe.[11] Es genügt bereits ein Seitenblick auf Luhmanns eigene Systemtheorie sowie
deren Widerpart im Ansatz Habermas', um sich eben so vor die Problematik der
Sachadäquanz soziologischer Theoriebildung gestellt zu sehen, daß verständlich

6   Peter L. Berger/Thomas Luckmann (1986), *Die gesellschaftliche Konstruktion der Wirklichkeit.*
     Eine Theorie der Wissenssoziologie, Frankfurt a.M. [New York 1966], S. 22.
7   Über den Husserlschen Bezugsrahmen des Schützschen Ansatzes informieren indes: Mary
     F. Rogers (1983), *Sociology, Ethnomethodology, and Experience.* A phenomenological critique,
     Cambridge usw.; Helmut R. Wagner (1983a), *Alfred Schutz.* An intellectual biography,
     Chicago/London, darin insbes. S. 287–327; Ilja Srubar (1983), »Abkehr von der transzenden-
     talen Phänomenologie. Zur philosophischen Position des späten Schütz«, in: Grathoff/Wal-
     denfels (Hg.), S. 68–84. Eine phänomenologisch belehrte Kritik übt Ronald R. Cox (1978),
     Schutz's Theory of Relevance. A phenomenological critique, The Hague/Boston/London.
8   Aktualität der Phänomenologie bezeugen Reihen wie *Phaenomenologica* oder die *Phänome-*
     nologischen Forschungen und Zeitschriften wie die *Husserl Studies* u.a.m. Zum Einfluß
     Schütz': vgl. z. B. Lester Embree (Hg.)(1988), *Worldly Phenomenology.* The continuing
     influence of Alfred Schutz on North American human science, Washington. Auch die
     Edition der Schriften Husserls wie derjenigen Schütz' ist noch im Gange und noch lange
     nicht abgeschlossen. Vgl. z. B. Husserl (1993, Bd. XXIX) sowie Schütz (*im Erscheinen*).
9   Ilja Srubar (1988a), *Kosmion.* Die Genese der pragmatischen Lebenswelttheorie von Alfred
     Schütz und ihr anthropologischer Hintergrund, Frankfurt a.M., S. 9 und Richard Grathoff
     (1989a), *Milieu und Lebenswelt.* Einführung in die phänomenologische Soziologie und die
     sozialphänomenologische Forschung, Frankfurt a.M., S. 433.
10   Richard J. Bernstein (1979), *Restrukturierung der Gesellschaftstheorie,* Frankfurt a.M., S. 205ff.
11   Niklas Luhmann (1990), *Die Wissenschaft der Gesellschaft,* Frankfurt a.M., S. 410.

wird, wie die phänomenologischen Argumente für die »Notwendigkeit einer Umwendung der [...] Denkungsart«[12] aufgenommen und als eine dritte Offerte im Kreis
der genannten Theorieangebote begriffen werden können.[13] Dabei genügt sogar ein
kurzer Blick auf das jeweilige Spiegelbild der beiden Positionen, wie es in ihrer
wechselseitigen Kritik erscheint. Auf der einen Seite nämlich kann man – mit
Luhmann – fragen, ob die Anlage von Habermas' Kommunikationstheorie, die
»sich des vernünftigen Gehalts anthropologisch tiefsitzender Strukturen in einer
transzendental, im ersten Schritt unhistorisch ansetzenden Analyse« vergewissern
will,[14] nicht zu einer Theoriekonstruktion führen muß, die, so Luhmann, »eine
kaum noch überbrückbare Distanz zu den realen gesellschaftlichen Operationen«
erreicht.[15] Gleichermaßen kann jedoch andererseits und nicht weniger begründet
auch der Systemtheorie Luhmanns vorgehalten werden, daß mit dem von ihr
geforderten »operative[n] Konstruktivismus«, der »Erkenntnis als Konstruktion«[16]
versteht und in der Ausarbeitung dieser Idee auf dem Gebiet der Soziologie – im
Kantischen Duktus – eine radikale Reform der Denkart verlangt,[17] nicht über
solche »objektivistische Beschreibungen« hinauszugelangen ist, die – so Habermas –
eher »Weltbildfunktionen erfüllen«, als daß sie »moderne Phänomene wie die
wachsenden Bewegungsspielräume [...] der Individuen« richtig unterbringen könn-
ten.[18] Gleichermaßen fraglich ist demnach die Sachhaltigkeit einer Konzeption, die
im Rekurs auf ein aus den universalen Strukturen der Sprache extrahiertes *Fundament* »die normativen Grundlagen einer kritischen Gesellschaftstheorie« aufklären will (Habermas),[19] wie die einer *radikal konstruktivistischen* Begriffs-
kombinatorik, für welche es sogar sein muß, daß die von ihr »konstruierte Realität

12 Edmund Husserl (1956), *Erste Philosophie (1923/24)*, Erster Teil: Kritische Ideengeschichte,
    hrsg. von R. Boehm, Haag (Husserliana. Edmund Husserl, Gesammelte Werke, Bd. VII)
    (zit.: Hua VII, *Erste Phil. I*), S. 249.
13 So muß man Grathoffs Plädoyer für die »lebensweltliche Position der ›Sozialphänomeno-
    logie‹« verstehen, wenn er im Zusammenhang der Diskussion der Ansätze von Luhmann
    und Habermas vom »Wettstreit um den Theorie-Cup der Profession« spricht. Grathoff
    (1989a), S. 425 u. S. 420.
14 Jürgen Habermas (1984), *Vorstudien und Ergänzungen zur Theorie des kommunikativen
    Handelns*, Frankfurt a.M., S. 526.
15 Niklas Luhmann (1988), *Ökologische Kommunikation.* Kann die moderne Gesellschaft sich
    auf ökologische Gefährdungen einstellen?, 2. Aufl., Opladen, S. 60.
16 Niklas Luhmann (1991), »Wie lassen sich latente Strukturen beobachten?«, in: Watzlawick/
    Krieg (Hg.), S. 61–74, hier S. 73 sowie ders. (1988), *Erkenntnis als Konstruktion*, Bern.
17 Vgl. Frank Welz (1992), »Reformation der Denkungsart. Niklas Luhmanns ›Wissenschaft
    der Gesellschaft‹« [Rez.], in: *Berliner Journal für Soziologie*, H. 2, S. 238–241.
18 Jürgen Habermas (1986), *Der philosophische Diskurs der Moderne*. Zwölf Vorlesungen,
    3. Aufl., Frankfurt a.M., S. 443f. u. S. 434.
19 Jürgen Habermas (1981), *Theorie des kommunikativen Handelns*, Bd. 2, Zur Kritik der
    funktionalistischen Vernunft, Frankfurt a.M., S. 583.

[...] nicht die Realität« sein kann, »die sie meint« (Luhmann).[20] An der Stelle aber, an der sich die Theorie ihres Gegenstands nicht mehr gewiß sein kann oder sich von diesem gar entfernt haben sollte, liegt der Ansatzpunkt des phänomenologischen Denkens nicht fern. Denn der phänomenologische Ansatz verspricht hier zweierlei: Einmal, im Falle seines Begründers, verspricht er eine grundlegende Fundierung jeder Theoriebildung, die sich in der Folge einer Gegenstandsenthobenheit nicht mehr zu sorgen hätte (1). In der Arbeit Schütz' beansprucht er zum andern, auch auf dem genuinen Terrain der Sozialwissenschaft eine sichere Anhaltsstelle für den Gewinn sachhaltiger soziologischer Erkenntnis gefunden zu haben: in einem erneuerten Gegenstandsverständnis der Sozialtheorie (2). Zur Lösung der unterschiedlichen Theorieprobleme entwickelt die ›phänomenologische Alternative‹ ihre Antwort beidemal im Geist derselben Strategie: Beherrscht ist ihr Denken vom Prinzipat der Subjektivität.

(1) *Husserl.* Die Sachhaltigkeit der Theorie ist auch das Problem Husserls. So steht aus dessen Sicht dieselbe in den Konstruktionen der Wissenschaften durchaus in Frage. Verschüttet nämlich liegt für Husserl das »lebensweltlich wirklich Erfahrene und Erfahrbare« unter dem »Kleid der Symbole«, mit dem die neuzeitlichen Wissenschaften die »wirklich gegebene Welt« überziehen.[21] Zwar stehen Husserl insbesondere die mathematisierten Naturwissenschaften vor Augen, doch fiele es nicht schwer, den Husserls ›Krisis‹ entnommenen Topos hin zur Kritik auch der »gesellschaftstheoretischen Disziplinen« zu verlängern und mit Husserl – und hier Grathoff – die »Frage nach den Grenzen der Formalisierung (heute: der Kybernetisierung) in der Soziologie« zu stellen.[22] Husserl selbst freilich hat sich für die »originäre Sozialwissenschaft [...], welche sich die soziologischen Phänomene zu direkter Gegebenheit bringt«, – von der er spricht – wenig interessiert. Sein Szenario charakterisiert die objektivistischen Wissenschaften, die »den Sinn der [...] erforschten ›Wirklichkeiten‹« in »Unklarheit« lassen, auf der einen Seite sowie einen »extremen skeptischen Subjektivismus« und eine überbordende »Weltanschauungsphilosophie« andererseits.[23] Quer steht die Arbeit Husserls gegen konstruktivistische Entwürfe, deren Verlust an Wirklichkeitsnähe und »Lebensbedeutsamkeit«

20 Niklas Luhmann (1990), »Das Erkenntnisprogramm des Konstruktivismus und die unbekannt bleibende Realität«, in: ders., *Soziologische Aufklärung 5. Konstruktivistische Perspektiven*, Opladen, S. 31–58, hier S. 50.
21 Edmund Husserl (1976), *Die Krisis der europäischen Wissenschaften und die transzendentale Phänomenologie. Eine Einleitung in die phänomenologische Philosophie* [1936], hrsg. von W. Biemel, 2. Aufl. [¹1954], Den Haag (zit.: Hua VI, *Krisis*), S. 51f.
22 Grathoff (1989a), S. 405 u. S. 424.
23 Edmund Husserl (1981), *Philosophie als strenge Wissenschaft* [1911], hrsg. von W. Szilasi, Frankfurt a.M. (zit.: *Phil. als strenge Wiss.*), S. 24, S. 65, S. 51 u. S. 58.

seine Klage gilt.[24] Quer steht sie indes auch zu Ausformungen einer Theoriestrategie, die ein im »empirischen Geistesleben« irgend Gegebenes »absolut setzt« und
sich so ihren ›Standpunkt‹ – für Husserl mit letztlich relativistischen Konsequenzen – per Dezision errichtet.[25] Zum dritten will Husserl unter den »Sug-
gestionen des ›Zeitgeistes‹«[26] des weiteren selbst diejenige dekonstruktivistische
»Rede von verschiedenen Existenzgebieten, von verschiedenen ›Welten‹ (*universes
of discourse*), die über Existenz und Nichtexistenz desselben Objekts verschieden
disponieren«, nicht minder emphatisch »nicht billigen«.[27]

    Vielleicht kann diese Husserlsche Skizze eines im Kern noch heute virulenten
Theorienspektrums nahebringen, wie das phänomenologische Versprechen der
»Auflösung aller philosophischen Gegensätze«, der Beendigung des andauernden
Streits zwischen »Rationalismus (Platonismus) und Empirismus, Relativismus und
Absolutismus, Subjektivismus und Objektivismus [usw.]«,[28] unter der Ägide des
Neukantianismus, unter welcher Husserl die ›phänomenologische Bewegung‹ auf
den Weg gebracht hat,[29] wie eine Befreiung hatte wirken können. Gemeint ist hier
die »totale Umstellung«, Husserls »total neuartige Methodik«,[30] die im geistigen Klima der Jahrhundertwende zum ersehnten »Schluß mit der Kantscholastik und dem
ewigen Bespiegeln von Begriffsbildungen« – wie es Plessner bezeugt – hat beitragen
können.[31] Dennoch wird Husserls »Feldruf: Weg mit den hohlen Wortanalysen«,
sein »Zurück zur Erfahrung, zur Anschauung«, zu den »Sachen selbst«, in der unten
angelegten Perspektive *nicht* dazu herangezogen, nun etwa im Theorienstreit der
Soziologie eine phänomenologisch begründete, »radikale, von unten anhebende, in
sicheren Fundamenten gründende und nach strenger Methode fortschreitende
Wissenschaft« als eine weitere Alternative ins Spiel zu bringen.[32] Schließlich ist
Husserl kein Zeitgenosse mehr. Die von ihm hinterlassene Theorie ist kein Arsenal, aus dem man sich zu verschiedenem Zweck bedienen kann. Demgegenüber

---

24 Hua VI, *Krisis*, S. 3.
25 Husserl (1981), *Phil. als strenge Wiss.*, S. 49.
26 Hua VI, *Krisis*, S. 510.
27 Edmund Husserl (1979), *Aufsätze und Rezensionen (1890–1910)*, hrsg. von B. Rang, The
    Hague/Boston/London (zit.: Hua XXII), hier S. 328f. Vgl. auch David Carr (1987), *Inter-
    preting Husserl*. Critical and comparative studies, Dordrecht/Boston/Lancaster, S. 238.
28 Edmund Husserl (1968), *Phänomenologische Psychologie*. Vorlesungen Sommersemester 1925,
    hrsg. von W. Biemel, 2. Aufl., Den Haag (zit.: Hua IX, *Phän. Psych.*), S. 299f.
29 Vgl. Herbert Spiegelberg (1960), *The Phenomenological Movement*. A historical introduction,
    2 Bde., The Hague.
30 Hua VI, *Krisis*, S. 347 sowie Edmund Husserl (1991), *Cartesianische Meditationen und Pariser
    Vorträge* [frz. 1931], hrsg. von S. Strasser, 2. Aufl. [¹1950], Dordrecht/Boston/London (zit.:
    Hua I, *Cartes. Med.*), S. 86.
31 Vgl. hier Helmuth Plessner (1985), »Phänomenologie. Das Werk Edmund Husserls (1859–
    1938)« [1938], in: ders., *Gesammelte Schriften*, Bd. IX, Frankfurt a.M., S. 122–147, hier S. 134.
32 Husserl (1981), *Phil. als strenge Wiss.*, S. 27 u. S. 67.

wird im folgenden versucht, das phänomenologische Denken, das im sachhinge-
gebenen Bestreben, »das Unmittelbare – das lebendige Erleben, die sinnliche Erfahrung, die unverfälschte Wahrnehmung – als ursprüngliche Ausgangsbasis philosophischer Theoriebildung zu betrachten«,[33] seine verbindende Gemeinsamkeit und
Stärke hat,[34] am Beispiel der Grundlegung Husserls in seinem inneren Bau zu erfassen. So unternimmt die soziologische Strukturanalyse hier, den Denktypus der
phänomenologischen Theorie zu bestimmen. Sie unternimmt es zunächst eben
dort, wo jener in reiner Form ausgestaltet vorliegt: in der Phänomenologie Husserls.

(2) *Schütz.* Anders ist die Lage in bezug auf die phänomenologische Sozialtheorie,
die Schütz entwickelt hat. Zwar wird dessen Frühwerk zum ›*Sinnhaften Aufbau der
sozialen Welt*‹[35] als einer der bedeutendsten phänomenologischen Beiträge zur
Theoriediskussion der Sozialwissenschaften geschätzt und entsprechend in Schütz
ein »Vermittler« zur Phänomenologie Husserls gesehen,[36] doch kann die nachfolgende Untersuchung zeigen, daß Schütz' Konzeption, obgleich in der Form vergleichbar derjenigen der Vorgabe Husserls, in ihrer Ausgestaltung erhebliche Dis-
krepanzen zu ihrem Erbe zeigt, so daß nicht leicht fällt, ihre Herkunft zu erkennen. Dementsprechend erweist sich die Denkform der Theorie Schütz' weniger
direkt zugänglich als die der Husserlschen Phänomenologie. Daher kann ihre
Kritik die selbstgestellte Aufgabe, die Struktur hervorzukehren, über die sich
Schütz' Denken organisiert, nicht in direktem Zugriff in Angriff nehmen. Vielmehr muß sie zunächst die spezifische Transformation bestimmen, die der phänomenologischen Theorie in Schütz' auf das Problemfeld der Sozialwissenschaft bezogener Ausarbeitung widerfährt. So liegt bereits der Anknüpfungspunkt einer an
Schütz orientierten Konzeption innerhalb der soziologischen Theoriedebatte an
anderer Stelle als derjenige Husserls. Denn während letzterer der Theoriebildung
in Fragen ihrer Sachhaltigkeit, was das Erkennen betrifft, eine phänomenologische
Absicherung offeriert, basiert Schütz' Beitrag, im Blick auf den Gegenstand der
Erkenntnis, auf einer spezifischen Auffassung des Forschungsobjekts. Anders als

---

33 Manfred Sommer (1988), *Einführung in die Phänomenologie Edmund Husserls.* Kurseinheit 1:
    Die Intentionalität des Bewußtseins, Hagen (Fernuniversität), S. 5.
34 Vgl. zu letzterem insbes. Bernhard Waldenfels (1993), »Husserls Verstrickung in die
    Erfahrung«, in: Edmund Husserl, *Arbeit an den Phänomenen.* Ausgewählte Schriften, hrsg.
    u. mit einem Nachwort versehen von B. Waldenfels, Frankfurt a.M., S. 263–277.
35 Alfred Schütz (1974), *Der sinnhafte Aufbau der sozialen Welt.* Eine Einleitung in die ver-
    stehende Soziologie, Frankfurt a.M. [zuerst: Wien 1932](zit.: *Sinnhafter Aufbau*).
36 Vgl. z. B. David M. Rasmussen (1975), »The marxist critique of phenomenology«, in: *Dialec-
    tics and Humanism*, Bd. 2/4, S. 59–70, hier S. 67 und Ralf Twenhöfel (1985), *Handeln,
    Verhalten und Verstehen.* Eine Kritik der verstehenden Soziologie Max Webers und Alfred
    Schütz', Königstein/Ts., S. 3.

die Leistung Husserls besteht diejenige Schütz' nicht in der lebensweltlichen
Fundierung jeglicher Theoriekonstruktion. Statt auf das transzendentale Programm
Husserls zu setzen, entwickelt Schütz eine »mundane Phänomenologie«.[37] Statt der
Erkenntnis ein sicheres Fundament zu leihen, was Husserl will, beansprucht
Schütz' »phänomenologische Analyse«, im erfahrenden Subjekt der Sozialwelt – das
sie »darzustellen und zu beschreiben« hat[38] – der Sozialwissenschaft einen die
Analyse leitenden Fixpunkt vorzustellen. Ihre Stärke im Diskurs der Profession ist
das Versprechen, den leibhaftigen Handelnden in der »dickichtartige[n] Undurchsichtigkeit [.. seiner] Lebenswelt« zu erhellen.[39] Sie gilt daher auch als eine Quelle
der Renaissance handlungstheoretischer Ansätze innerhalb einer »entzauberte[n]
Soziologie«, die in weiten Teilen »Abschied von der klassischen Gesellschaftstheorie« genommen hat.[40] Dabei ist in theoretischer Hinsicht auf zwei Entwicklungen
aufmerksam zu machen, die dazu beigetragen haben, der ›phänomenologischen
Alternative‹ seit den sechziger Jahren wieder einen festen Platz in der Theoriediskussion zu sichern, und die zu den Voraussetzungen für die sogenannte
›interpretative Wende‹ zu zählen sind,[41] welche sich im Feld der sozialwissenschaftlichen Forschungsmethodologie – nicht zuletzt dank der »Pionierarbeit
Schützens« – in den letzten beiden Dezennien vollzogen hat.[42] So mußte zum einen
die breite Anerkennung einer aus der Popper-Kuhn-Diskussion hervorgehenden
postempiristischen Wissenschaftstheorie zu einer vertieften Problematisierung des
Gegenstandsverständnisses der Sozialwissenschaften führen. Denn wenn in
Übereinstimmung mit der postempiristischen Kritik bereits die in traditioneller
Vorstellung Objektivität verbürgenden »Tatsachen [.. als] kleine Theorien« auf-
zufassen sind,[43] dann konnte der Theoriegegenstand nicht länger unkritisch als zur
Entdeckung auf- und vorgegebenes bloßes Objekt verstanden werden. Mitbedacht
werden mußte die Aufgabe seiner methodischen Konstitution.

Zum anderen mußte die relative Enttäuschung über die Prognosefähigkeit einer
den Naturwissenschaften nachstrebenden empirischen Sozialforschung – im Verbund mit der Einsicht in die Begrenztheit der analytischen Kraft des die 50er und

37 Bernhard Waldenfels (1992), *Einführung in die Phänomenologie*, München, S. 99.
38 Alfred Schütz/Aron Gurwitsch (1985), *Alfred Schütz - Aron Gurwitsch. Briefwechsel 1939–
    1959*, Mit einer Einleitung von Ludwig Landgrebe, hrsg. von R. Grathoff, München (zit.:
    Briefwechsel), S. 279 (Schütz-Gurwitsch 20.4.52).
39 Ulf Matthiesen (1983), *Das Dickicht der Lebenswelt und die Theorie des kommunikativen
    Handelns*, München, S. 64.
40 Bernd Giesen (1991), »Entzauberte Soziologie oder: Abschied von der klassischen Gesell-
    schaftstheorie«, in: Zapf (Hg.), S. 770–783, hier bes. S. 777.
41 Vgl. Paul Rabinow/William M. Sullivan (1979), »The interpretive turn. Emergence of an
    approach«, in: Rabinow/Sullivan (Hg.), S. 1–21.
42 Bernstein (1979), S. 236.
43 Nelson Goodman (1990), *Weisen der Welterzeugung*, Frankfurt a.M., S. 120.

60er Jahre auf der Theorieebene dominierenden Strukturfunktionalismus Parsons-scher Prägung – die Frage evozieren, ob sich der sozialwissenschaftliche For-schungsgegenstand, das Soziale, womöglich in ständigem Wandel oder sogar, wie manche glauben, in Auflösung befindet.[44] Beide Tendenzen zusammen begünstigten entsprechend den Aufstieg einer Soziologie, die im Sinne Schütz' der konstruktiven Seite der menschlichen Lebenswirklichkeit Rechnung trägt und die Teilnehmer-perspektive der in der Sozialwelt Handelnden ins Zentrum der Analyse rückt. Im Zusammenhang der soziologischen Diskussion ist es daher weniger die am Problem des Erkennens ansetzende phänomenologische Kritik, welche die Aufmerksamkeit auf sich zieht. Weil vielmehr manche der »althergebrachten und verläßlichen sozialstrukturellen Kategorien soziologischer Analyse«, wie viele meinen, gegen-wärtig »an Erklärungskraft« eingebüßt haben,[45] ist es ein verstärktes Interesse am handelnden Aktor, von dem auch die phänomenologische Konzeption Schütz' profitiert: »It is the actor who, it is hoped, provide the few solid rocks in the sea of drifting totalities.«[46] Auf welchen Fels die phänomenologische Theoriebildung hier baut, das wird die nachfolgende Strukturkritik der Konzeptionen von Husserl und Schütz zeigen müssen. Daß neben Schütz nicht noch weitere »Klassiker einer von Husserl motivierten phänomenologischen Sozialtheorie« – etwa Merleau-Ponty oder Schütz' Freund Gurwitsch[47] oder Sartre[48] – diskutiert werden, hat einen ein-fachen Grund: Das phänomenologische Denken soll nicht am Beispiel separater Themen vorgestellt und erörtert werden. Beabsichtigt ist vielmehr, die argumenta-tive Struktur freizulegen, welche den phänomenologischen Denktypus im Innern organisiert. Das läßt sich besser an in sich konsistenten Ansätzen als in der Breite eines Spektrums bewerkstelligen. Exemplarisch versucht wird es zunächst an Husserls Phänomenologie – was die Analyse der sozialwissenschaftlichen Variante von Schütz befördern soll. Statt einer Auswahl aus der Vielzahl von Anknüpfun-gen, Umbildungen und Neuerungen werden die Vorgaben derjenigen beiden Denker untersucht, auf welche die Theorie und Analysen der Lebenswelt in Soziologie und Philosophie zurückweisen.

44 Vgl. Ulrich Beck (1983), »Jenseits von Stand und Klasse? Soziale Ungleichheiten, gesell-schaftliche Individualisierungsprozesse und die Entstehung neuer sozialer Formationen und Identitäten«, in: Kreckel (Hg.), S. 35–74, hier S. 44 sowie Scott Lash/John Urry (1986), »The dissolution of the social?«, in: Wardell/Turner (Hg.), S. 95–109.

45 Neil J. Smelser (1991), »Zukünftige Aufgaben der Soziologie«, in: Zapf (Hg.), S. 731–742, hier S. 739.

46 Zygmunt Bauman (1989), »Hermeneutics and modern social theory«, in: Held/Thompson (Hg.), S. 34–55, hier S. 53.

47 Grathoff (1989a), S. 118.

48 Unter jenen darf Schütz in genannter Hinsicht als der wichtigste gelten. Vgl. David Carr (1994), »Alfred Schutz and the project of phenomenological social theory«, in: Daniel/Embree (Hg.), S. 319–332, hier S. 319f.

2. Die Perspektive einer Soziologie der Erkenntnis

Vonnöten ist dazu allerdings eine soziologische Kritik der elementaren weltbegrei-
fenden Erkenntnisformen. Diese sind es, die im historischen Kontext der Phänomenologie und nicht zuletzt durch deren eigenen Beitrag ›fragwürdig‹ und damit
in ihrer Relevanz weiter aufgedeckt werden. Unumgänglich sind sie zudem für das
Verständnis des phänomenologischen Ansatzes selbst. Vor allem Weiteren ist daher
darzustellen, wie die kognitive Soziologie, welche die wissenssoziologische Perspektive der vorliegenden Arbeit definiert, zu verstehen ist, zumal sich für sie die
materialen Strukturen einer Denkweise gerade nicht ›soziologistisch‹ unvermittelt,
d.h. als Abbild sozialstruktureller Verhältnisse, begreifen lassen. Ohne die Analyse
der intermediären Vorgänge des Wissenserwerbs gilt für sie Mannheims Einsicht in
die »Seinsgebundenheit des menschlichen Denkens« nicht.[49] So wird es einer Theorie wie der Husserls bereits im Ansatz nicht gerecht, wenn deren »gesellschaftliche
Bestimmtheit« beispielsweise in der Entsprechung von »Husserls Übergang zur
transzendentalen Intersubjektivität« mit der »realen ökonomischen Transformation
des Subjekts der kapitalistischen Wertverwertung in den [...] Konzern« aufgesucht
wird.[50] Eine solche »Entsprechungslogik« verschlägt sowenig wie die einfache
Parallelisierung der sozialen Lage eines Denkers mit dessen geistigem Produkt.[51]
Hervorzukehren ist im strukturanalytischen Verständnis eines Theoriegebildes
vielmehr die Matrix, über die es ausgeformt ist. Soziologisch wird deren Bestimmung indes nicht im Kurzschluß von Gesellschaft und Wissen. Soziologisch wird
sie, wenn über die nur metatheoretische Klassifikation hinausgegangen und die erforschten Grundformen der Kognition auf den Vorgang ihrer quasi-natürlichen
Ausbildung in der gegebenen Sozialwelt rückbezogen werden. Dabei spielt es sogar
nur in inhaltlicher Hinsicht eine Rolle, ob die Bildungsprozesse der Wissensorgani-
sation in den Interaktionserfahrungen des Alltagslebens oder im Kontext des Theo-
rienkorpus und der Wissenschaftskultur einer je bestimmten Gegenwart aufzusuchen sind. Aber es versteht sich, daß im zweiten Bereich die Vorgaben liegen für
den Entwurf so entwickelter Theoriekonstruktionen, wie sie in denen Husserls
und Schütz' gegeben sind. Es versteht sich auch, daß die Innovationen mit entsprechend weltbildverändernder Wirkung sich in der Neuzeit im Feld der ›exakten‹
Wissenschaften verorten lassen. Gerade in dieser Hinsicht scheint sich ein weites

---

49 Karl Mannheim (1985), *Ideologie und Utopie*, 7. Aufl. [¹1929], Frankfurt a.M., S. 237.
50 Camilla Warnke (1982), »Wissenschaft – Lebenswelt – transzendentale Intersubjektivität.
     Zur gesellschaftlichen Bestimmtheit von Husserls Spätphilosophie«, in: *Deutsche Zeitschrift
     für Philosophie*, 30, H. 1, S. 77–88, hier S. 87.
51 Vgl. dazu Wolfgang Eßbach (1988), *Die Junghegelianer. Soziologie einer Intellektuellen-
     gruppe*, München, S. 13f.

Forschungsfeld zu öffnen, auf welchem ein tieferes Verständnis für Aufkommen und Transformation philosophischer und sozialtheoretischer Entwürfe erworben werden kann.[52]

In diesem Zusammenhang mag des weiteren die aktuelle Forderung nach einer ›historischen Epistemologie‹, welche den vermittelten Zeitbezug von Grundstrukturen der Kognition thematisiert, ein ›Hauptthema des nächsten Jahrhunderts‹ werden.[53] Entscheidend für die folgende Ausarbeitung ist, daß sich historisch genau zwei grundlegende Muster kontrastieren lassen, über die alltägliche Deutungssysteme, aber auch solche der Theorie organisiert sind. Das eine ist ein subjektivisches Schema, nach dem, was erklärt werden soll, auf einen Urgrund zurückgeführt werden muß. Das andere stellt sich in einem prozessualen Weltverständnis dar, das seine Elemente in einer Weise arrangiert, die keinen ersten Platz eines Ursprungs mehr kennt. Das erstere bildet sich gleichsam naturwüchsig in der kognitiven Entwicklung jedes Individuums aus (1). Das andere hängt am Strukturwandel des Weltverstehens, der sich im Übergang zur Neuzeit in den Wissenschaften vollzogen hat (2). Es ist klar, daß der bezeichnete Umbruch im Weltbild auch das Verständnis von Mensch und Sozialwelt nicht unberührt lassen konnte (3).

(1) *Die anfängliche Logik der Weltdeutung.* Zurückgelassen nämlich wurde dort das ›subjektivische Interpretationsschema‹ der Naturbetrachtung, in welchem die Dynamik des Wirklichen so programmiert verstanden ist, als wäre sie dem menschlichen Handeln nachgebildet; sei es, daß in Erklärungen auf ein »subjektivisches Agens«, sei es, daß auf eine »teleologische Kraft zurückgegriffen wird«.[54] Dabei kommt diese anthropozentrische Sicht der Dinge nicht von ungefähr. Tief verwurzelt ist sie dem erfahrenen Leben inhärent: Denn schlicht weil die »primäre Art, die Welt aufzubauen, [..] subjektivisch« ist, wird diese anfänglich stets im »subjektivischen Schema« begriffen. Weil gemäß den anthropologischen Gegebenheiten, unter welchen sich der Mensch die Welt aneignet und gestaltet, das dominante Objekt im Aktionsfeld des heranwachsenden Kindes die sorgende Bezugsperson ist, formt das Kind im aktiven Umgang mit *seiner* Welt ein Objektschema aus, »in dem Objekte ein Aktionszentrum haben wie Subjekte«, sowie ein Ereignisschema in Kongruenz zu dem der Handlung, in welchem Ereignisse wahrgenommen werden, als wären sie »ein vom Willen dirigiertes [...] Tun«.[55] Worauf es hier ankommt, ist also nicht die Entwicklung der operativen Kompetenz, wie Piaget sie versteht. Statt das von

---

52 Vgl. z. B. in bezug auf die Philosophie Kants die Einschätzung von Michael Friedman (1994), »Kant and the twentieth century«, in: Parrini (Hg.), S. 27–46, insbes. S. 45.

53 Joseph Margolis (1994), »Donald Davidson's philosophical strategies«, in: Gould/Cohen (Hg.), S. 291–322, hier S. 319.

54 Vgl. Günter Dux (1982), *Die Logik der Weltbilder. Sinnstrukturen im Wandel der Geschichte*, Frankfurt a.M., S. 282f.

55 Dux (1982), S. 94f.

jeder Materialität abstrahierende Kombinationsvermögen, das sich in der Hand-
lungskoordination ausbildet und in den mathematischen Grundoperationen über
zentrale Äußerungsformen verfügt,[56] interessiert die Entstehung der kategorialen
Strukturen der Weltwahrnehmung, derjenigen Schemata also, in denen die Wirklichkeit sich uns darstellt. Determiniert durch die Interaktionserfahrungen im
Verlauf ihrer Erarbeitung in den frühen Phasen der Ontogenese ist, was entsteht,
in allem Anfang notwendig eine solche subjektivische Form der Weltdeutung, nach
welcher für alles Geschehen ein ursprünglicher Inaugurator aufgefunden werden
muß. Nachgebildet der Handlungsmacht des Menschen, wird diesem attribuiert,
das verlangt das Diktat dieser Denkform, die Abfolge der erfahrenen Ereignisse in
Gang gesetzt und gesteuert zu haben. Auch in der Ebene der wissenschaftlichen
Theoriebildung, auf die es in den nachfolgenden Ausführungen ankommt, findet
das bezeichnete Schema der Welterfassung seine Anwendung. Das ist im argumentativen Verfahren der *substanzlogischen Begründung* der Fall.[57] Dieses charakterisiert das innere Band all jener Denksysteme, die eine geschlossene Welt
antizipieren, eine Welt, in welcher Leibniz' »substance doit arriver à toute perfec-
tion dont elle est capable, et qui se trouve déja dans elle comme enveloppé«.[58] So
bezieht es seinen Namen daraus, daß dem, was vorgefunden wird, eine ›Substanz‹,
ein Erstes, das der cartesischen Definition zufolge »zu seiner Existenz keines anderen Dinges bedarf«,[59] gleich einer Ursprungsquelle hinzugedacht wird, welche die
Gesamtheit der bemerkten Phänomene aus sich selbst heraus erzeugt. Obgleich
nicht in Konkurrenz zur aristotelischen, klassischen formalen oder der
mathematisierten *Logik*,[60] führt es denselben Titel, weil es vergleichbar basal die
unterliegende Folie ausgeformter Denkgebilde benennt und »mit nichts als der
bloßen Form des Denkens zu tun« hat, wie Kant definierte.[61] Beschränkt auf ihren
Allgemeinbegriff eines *Absolutismus* – eines Theorieentwurfs, der auf solches setzt,
das hinsichtlich seiner Einheit von nichts anderem abhängt –, tritt diese (nach ihrer
Herkunft) subjektivische Logik dann auf, wenn ihr tragendes Fundament ›entsub-
stantialisiert‹ und nur noch Charakteristikum der Strategie des Denkens ist. Insgesamt sind die substanzlogische Begründung wie der epistemologische »Absolu-

56   Jean Piaget (1984), *Psychologie der Intelligenz*, 8. Aufl., Stuttgart, Kap. V.
57   Vgl. auch Richard D. Winfield (1989), *Overcoming Foundations*. Studies in systematic philo-
      sophy, New York, S. 58–61.
58   Gottfried W. Leibniz (1965), »Leibniz an die Churfürstin Sophie« (Brief vom 4.11.1696), in:
      ders., *Die Philosophischen Schriften*, Bd. VII, hrsg. von C. J. Gerhardt, Hildesheim (unveränd.
      Nachdruck der Ausgabe Berlin 1890), S. 541–544, hier S. 543.
59   René Descartes (1992), *Die Prinzipien der Philosophie*, 8. Aufl., Hamburg, S. 17.
60   Zudem meint ›Substanzlogik‹ hier auch nicht ein nominalistisches System der Sprach-
      philosophie. Vgl. aber Eddy M. Zemach/Eric Walther (1974), »Substance logic«, in: Kasher
      (Hg.), S. 55–74.
61   Kant (1976), *Kritik der reinen Vernunft*, S. 97 (B 78).

tismus« je spezifische Spielarten eines Theorietypus, dessen allgemeines Merkmal das Bedürfnis nach einem »unerschütterlichen Fundament« ist, welches – unter vielen – zum Beispiel Rorty beschrieben hat. So elementar die gewählte Unterscheidung ist, so erlaubt sie doch gezieltere Markierungen als die vage Chiffre »›fundamentalistische‹ Erkenntnistheorie« allein.[62] Ein weiterer Grund, den älteren, für Husserl noch geläufigen Begriff des ›Absolutismus‹ nicht zu ersetzen,[63] liegt unmittelbar im Gegenstand der Untersuchung: der Anlage der phänomenologischen Theorie um das sogenannte ›absolute Ich‹.

(2) *Die Aufhebung der tradierten Erklärungsstruktur im ›Prozeß‹.* Zwar ist die subjektivische ihrer Genese nach die anfängliche Logik, die sich jedes nachwachsende Subjekt zunächst erarbeiten muß und scheint insofern universal, doch hat die naturwissenschaftliche Revolution der Neuzeit die Aufgabe dieses fundamentalen Musters der Wirklichkeitsinterpretation eingeleitet und eine andere Struktur der Begründung an die Stelle der tradierten Form gesetzt. Ihr Implikat ist ein *prozessuales* Weltverständnis.[64] So hat es bereits die experimentierende Naturforschung der frühen Neuzeit aufgegeben, nach einem Urgrund oder dem »›Wesen‹ irgendwelcher Phänomene« Ausschau zu halten. Gesucht wurde im Fortgang der Wissenschaft nichts anderes als ein »funktionaler Zusammenhang«.[65] Im neugewonnenen galileischen Kosmos, in dem nicht mehr der Mensch, sondern die Natur als eine selbständige Realität im Zentrum steht, gelang es sukzessive, jedes subjektivische Moment aus der zunächst dem Mechanismus der Maschine angeglichenen ›Natur‹ zu eliminieren. Für die Wissenschaft von Galilei bis Newton existiert allein eine nach dem Vorbild der Mathematik entworfene Wirklichkeit invarianter Beziehungen von variablen Größen. Gestrichen ist darin jeder teleologische Gehalt aristotelischer Kausalerklärung. Überflüssig wird die Suche nach ›Zweckursachen‹ via Galileis Geometrie.[66] Das mußte die Matrix des anthropozentrischen Weltverständnisses erodieren. Denn das substanzlogische Verfahren des Wirklichkeitsverstehens, das nach ursächlichen Substanzen, den Fixpunkten wirklicher Evolution – oder gedanklicher Ableitung –, sucht und sich bei denen beruhigt, eignet nur einer in sich ruhenden »festen gegenständlichen Wirklichkeit«.[67] Eine

---

62 Richard Rorty (1991), *Kontingenz, Ironie und Solidarität*, Frankfurt a.M., S. 84 sowie ders. (1987), *Der Spiegel der Natur. Eine Kritik der Philosophie*, Frankfurt a.M., S. 176 u. S. 244.
63 Hua IX, *Phän. Psych.*, S. 300.
64 Vgl. Günter Dux (1988), »Das historische Bewußtsein der Neuzeit. Anthropologie als Grundlagenwissenschaft«, in: *Saeculum*, XXXIX, H. 1, S. 82-95, hier S. 87.
65 Karl Heinz Haag (1985), *Der Fortschritt in der Philosophie*, Frankfurt a.M., S. 58.
66 Vgl. Joseph C. Pitt (1978), »Galileo. Causation and the use of geometry«, in: Butts/Pitt (Hg.), S. 181-195, hier S. 187 u. S. 193.
67 Walter Schulz (1965), »Wandlungen des Wirklichkeitsbegriffs«, in: *Universitas*, Bd. 20, S. 579-592, hier S. 590.

Welt indes, die unter Galileis Relativierung der »absoluten Realität des Ortes« in »zuständlicher Dynamik« begriffen und zur Entdeckung statt zur bloßen Deutung freigegeben wird,[68] setzt ein anderes Muster ihrer Interpretation voraus. Insofern tat Galilei den »ersten großen Schritt«, der zwar, wie man weiß, die »Auflösung der Substanz zugunsten eines relationalen Bedingungsgefüges« hatte einleiten können,[69] dessen radikale Konsequenzen für die Theoriebildung gleichwohl nicht deutlich genug herausgehoben werden können: »He has abandoned the foundationalist tradition«.[70] So ist im *funktional-relationalen Erklärungsschema* der neuzeitlichen Naturwissenschaft das substanzlogische Begründungsverfahren beiseite gesetzt. Statt ein Geschehen auf einen Anfang zurückzuführen, in dem begründet soll gelegen haben, was sich hernach entwickelt, versteht das neue Verfahren der Weltauslegung jedes Ereignis als »Ausdruck eines in der Natur selbst angelegten Bedingungszusammenhangs«. Ein Absolutes, in dem alles zusammengenommen, alles seinen Ursprung finden kann, gilt nicht mehr als Explikans. Ausgeträumt ist der Traum von den sicheren Fundamenten, von denen jedwedes Wissen seinen Ausgang soll nehmen können. Aus einem Urgrund wird nichts mehr deduziert. »Die Last der Erklärung trägt deshalb nicht der Anfang, sondern das prozessuale Geschehen.«[71] Insofern liegt es in der Struktur des hier anknüpfenden Verfahrens der ›historisch-genetischen Erklärung‹, als ein der theoretischen Arbeit aufgegebener »Endzustand [...] nicht aus dem Anfangszustand allein erschließbar« ist.[72] In einem Denken, das prozessual erklärt, geht es nicht mehr an, irgendwelche fraglosen – von allen anderen unabhängigen – Größen zu postulieren. Allein möglich bleibt die genetische Sicht diachroner Betrachtung, die verlangt, »zur Erfassung des je Einzelnen in der Natur und in der Geschichte nach dem Weg zu fragen, auf dem es wurde, was es jetzt ist«.[73] So fordert der konstatierte Wechsel in der ›Logik des Weltverstehens‹[74] »die heute völlig willkürliche Idee eines absoluten Anfangs« mit Piaget »durch die dialektische Idee eines ständigen Werdens« zu ersetzen.[75] Daß dies in der metawissenschaftlichen Reflexion bereits geschehen ist, dafür

68 Ernst Cassirer (1957), *Zur modernen Physik*, Darmstadt, S. 15 sowie Dux (1988), S. 84.
69 Manfred Sommer (1990), *Lebenswelt und Zeitbewußtsein*, Frankfurt a.M., S. 102f.
70 Joseph C. Pitt (1992), *Galileo, Human Knowledge, and the Book of Nature*. Method replaces metaphysics, Dordrecht/Boston/London, S. 48. – Ob allerdings der Kosmos Galileis bereits der galileische ist, diskutiert Chalmers (1993), der die Frage verneint. Alan Chalmers (1993), »Galilean Relativity and Galileo's Relativity«, in: French/Kamminga (Hg.), S. 189–205.
71 Dux (1982), S. 282f. sowie ders. (1988), S. 87.
72 Wolfgang Stegmüller (1983), *Probleme und Resultate der Wissenschaftstheorie und Analytischen Philosophie*, Bd. I: Erklärung – Begründung – Kausalität, 2. Aufl., Berlin/Heidelberg/New York, S. 412.
73 Hans Poser (1988), »Gibt es noch eine Einheit der Wissenschaften? Zum Wissenschaftsverständnis der Gegenwart«, in: Zimmerli (Hg.), S. 111–126, hier S. 119.
74 Vgl. Dux (1988), S. 87.
75 Jean Piaget (1985), *Weisheit und Illusionen der Philosophie*, Frankfurt a.M., S. 146.

gibt es manche Evidenzen. Man kann hier Cassirers Erkenntniskritik anführen, die sieht, daß »das Substanzdenken auf allen Gebieten zurückgedrängt ist« – um eine Formulierung von Schulz aufzugreifen[76] –, und in den Wissenschaften nicht mehr, so Cassirer, nach dem »absoluten Urgrund aller Dinge« gefragt werden kann. Denn der aristotelische »Vorrang des Substanzbegriffs«, unter welchem die Bestimmungen allen Seins stets »nur an einem festen dinglichen Substrat« Halt finden konnten, ist in den modernen Wissenschaften gebrochen worden, da diese statt »von *Dingen* und ihren gemeinsamen Eigenschaften« von begrifflichen Relationen ausgehen.[77] Ähnlich hat auch Rombachs Untersuchung zum ›philosophischen Hintergrund der modernen Wissenschaft‹ letztere durch den »Umschlag von der Substanz zur Funktion« charakterisiert: Zentral steht nicht mehr das »Seiende, das für sich zu bestehen vermag«, sondern »Angelegtheit auf anderes«.[78] Entsprechend begreift der »neue wissenschaftliche Geist« das Phänomen als »ein Geflecht von Beziehungen«, wie Bachelard schreibt, und die Substanz als »Gewebe aus Attributen«.[79] Nach der prozeßlogischen Umstellung der Weltexplikation, die nicht anders als Foucault fordert, »eine Dezentralisierung vorzunehmen, die keinem Zentrum ein Privileg zugesteht«,[80] brauchen daher für die überkommenen »Projekte der metaphysischen Tradition«, welche – wie dasjenige des »Fundamentalismus der Erkenntnis« – heute weithin »als gescheitert gelten«,[81] nicht länger intern-rationale Gründe ihrer Inadäquanz zusammengestellt werden. Die soziologische Kritik muß vielmehr akzeptieren, daß dem nach Erkenntnis strebenden Subjekt mittels der im Verfahren prozessualer Erklärung in Angriff genommenen »Durchrelativierung seiner geistigen Welt« der »Rekurs auf ein Absolutes wissensmäßig abgeschnitten« wurde.[82] Selten nur bedacht allerdings wurden dessen Implikationen in bezug auf die Theoriebildung in den Kultur- und Sozialwissenschaften. Hier versucht die vorliegende Arbeit, ihren Beitrag zu leisten.

---

76 Walter Schulz (1992), *Subjektivität im nachmetaphysischen Zeitalter.* Aufsätze, Pfullingen, S. 87.

77 Ernst Cassirer (1990), *Substanzbegriff und Funktionsbegriff.* Untersuchungen über die Grundfragen der Erkenntniskritik, 6. Aufl. [¹1910], Darmstadt, S. 411, S. 10 u. S. 260.

78 Heinrich Rombach (1965), *Substanz, System, Struktur.* Bd. I, Die Ontologie des Funktionalismus und der philosophische Hintergrund der modernen Wissenschaft, Freiburg/München, hier S. 11–15.

79 Gaston Bachelard (1988), *Der neue wissenschaftliche Geist,* Frankfurt a.M., S. 147.

80 Michel Foucault (1986), *Archäologie des Wissens,* 2. Aufl., Frankfurt a.M., S. 293.

81 Günter Abel (1988), »Realismus, Pragmatismus, Interpretationismus. Zu neueren Entwicklungen in der Analytischen Philosophie«, in: *Allgemeine Zeitschrift für Philosophie,* 13. Jg., H. 3, S. 51–67, hier S. 51.

82 Helmuth Plessner (1981), »Macht und menschliche Natur. Ein Versuch zur Anthropologie der geschichtlichen Weltansicht« [1931], in: ders., *Gesammelte Schriften,* Bd. V, Frankfurt a.M., S. 135–234, hier S. 163.

(3) *Die Prozessualität der menschlichen Lebensform.* Denn diejenige von einer soziologischen Analyse der Grundformen des Weltverstehens bemerkte ›kopernikanische Umwendung‹, die der hier durchgeführten Untersuchung die Perspektive
gibt, hat die Strukturmuster der Erklärung gültigen Wissens nachhaltig erschüttert
und in einem Maße transformiert, das nicht ohne Folgen für die theoretische
Konzeptualisierung der Sozialwelt bleiben kann: Sie hat auch das Verständnis des
Menschen revolutioniert.

Zunächst schien der Sachverhalt klar. Schließlich schrieb der erfolgreiche neue
Modus der Naturbetrachtung seiner philosophischen Explikation vor, wie zu
denken sei. So hat der ›erste‹ Denker der Neuzeit, Descartes, die alte Weltsicht
gerade darin dementiert, daß sein radikaler Zweifelsgang die ›entseelte‹ Natur aus
der intentional-subjektivischen Beschreibungsart der Tradition entließ. Zwar hat
schon er den menschlichen Geist auf die weltlose Sphäre der ›res cogitans‹ zurückgedrängt, um deren anderes zur Anlegung mechanistischer Denkschemata frei-
zugeben, doch erst Kant blieb es vorbehalten, das Manifest der ganz am »Beispiele
der Geometer und Naturforscher« orientierten »Veränderung der Denkart« zu
verfassen. Aber Kant formulierte das neue Weltverständnis im dogmatischen Satz
der Subjektivitätsphilosophie: Die Beschreibungen der Welt sind wie die »beobachteten Bewegungen« am Himmel »in ihrem Zuschauer zu suchen«.[83] Das
Wissen von der Welt ist das Wissen des Menschen. Damit hat Kant die erscheinen-
de Welt zu der des Subjekts erklärt. Jedoch hat er das noch einmal im subjektivischen Schema der überlieferten Denkstruktur getan. Noch Kant nämlich sucht
nach dem ruhenden Anfangspunkt der Weltkonstruktion – im Subjekt. Gleichwohl
ist es die Leistung seiner *Kritik*, die Konstruktivität des menschlichen Erkennens
ein für allemal festgehalten zu haben.

Nicht bedacht allerdings hat Kant, der Philosoph, daß die »Konvergenz der Welt
auf den Menschen«,[84] die bei ihm im Programm seiner erkenntnistheoretischen
Fragestellung zum Ausdruck kommt, eine *reale* Basis hat. Denn der naturwissenschaftliche Paradigmawechsel kennt ein nicht minder einflußreiches Komplement:
die industrielle Revolution – der Zeit mit und nach Kant –, der das 18. und 19.
Jahrhundert gehört. So zwangen die ökonomischen Umwälzungen der Industrialisierung, in denen die isolierten Produzenten der mittelalterlichen Agrargesellschaft,
im Weg über die Manufaktur, mittels der ›Fabrik‹ zu einem arbeitsteiligen, giganti-
schen wie dynamischen Kosmos zusammengeschlossen wurden, die Erkenntnis
hervor, daß die Rolle des Menschen nicht allein die theoretische des Kantischen

---

83 Kant (1976), *Kritik der reinen Vernunft*, S. 23 (B XXII) u. S. 21 (B XIX).
84 Vgl. Günter Dux (1991), »Das Problem der Logik im historischen Verstehen. Zur Kritik der
    Entscheidung als geschichtsphilosophischer und historischer Kategorie«, in: *Dilthey-Jahrbuch
    für Philosophie und Geschichte der Geisteswissenschaften*, Bd. 7/1990–91, S. 44–70, hier S. 49
    bzw. S. 44–47.

»Richters« ist, der die Natur gleichsam »nötigt, auf die Fragen zu antworten«, die er ihr vorlegt,[85] sondern insbesondere die praktische des Akteurs, der seine Lebensbedingungen selbst herstellt. Insofern spricht Marx' Stammsatz der Soziologie, der die »Zurückführung der menschlichen Welt, der Verhältnisse, auf den Menschen selbst« verlangt,[86] nur lapidar aus, was heute nicht minder zum Weltbild der Gegenwart gehört als die antiptolemäische Auflehnung des Kopernikus: »Die Menschen machen ihre eigene Geschichte«.[87] Natürlich liegt darin der Grund für den emphatischen Anspruch der dritten, der politischen Revolution, »daß der Mensch sich auf den Kopf, d. i. auf den Gedanken stellt und die Wirklichkeit nach diesem erbaut«.[88] Wenn die These der Selbstgeschaffenheit der menschlichen Lebensverhältnisse aber richtig ist, dann ist die Annahme einer statischen Sozialwelt so falsch wie die Ausschau nach einer feststehenden ›Natur‹ des Menschen. Unabdingbar ist dessen Lebensform prozessual. Nur folgerichtig ist es daher, wenn Darwin das neue Schema der Weltexplikation auf den Bereich des Lebens übertragen und in der Entdeckung der Evolution der Arten auch die Organisationsform des Lebendigen in einen historisierten Entwicklungszusammenhang der Natur eingegliedert hat, der »ohne Finalität« und Schöpfergott auskommt.[89] Entscheidend ist die Konsequenz für das Selbstverständnis des Menschen. Denn wenn an keiner Stelle der neuen Weltauffassung auf übernatürliche Erklärungen zurückgegriffen werden muß, ja selbst der Mensch ohne Vorgabe jeder Geistigkeit als Entwicklungsprodukt der Natur veranschlagt und seine Situation aus dem Bedingungsgeflecht seiner Verhältnisse verstanden werden kann, weil er es ist, der sein »materielles Leben selbst« produziert,[90] dann kann es auch für die Strukturen der Erkenntnis – die im folgenden interessieren – »keine ontologisch ausgezeichnete Position unter den anderen physischen Systemen der Welt« mehr geben.[91] Auch die Organisationsformen des Wissens sind weder angeboren, noch ewig, noch notwendig, noch

85   Kant (1976), *Kritik der reinen Vernunft*, S. 18 (B XIII).
86   Karl Marx (1983), »Zur Judenfrage«, in: Marx/Engels, *Werke*, Bd. 1, 14. Aufl., Berlin, S. 347–377, hier S. 370.
87   Karl Marx (1982), »Der achtzehnte Brumaire des Louis Bonaparte«, in: Marx/Engels, *Werke*, Bd. 8, 7. Aufl., Berlin, S. 111–207, hier S. 115.
88   Georg W. F. Hegel (1982), *Vorlesungen über die Philosophie der Geschichte* (Werke 12), Frankfurt a.M., S. 529.
89   Bernulf Kanitscheider (1993), *Von der mechanistischen Welt zum kreativen Universum. Zu einem neuen philosophischen Verständnis der Natur*, Darmstadt, S. 21.
90   Karl Marx/Friedrich Engels (1983), »Die deutsche Ideologie« in: Marx/Engels, *Werke*, Bd. 3, 7. Aufl., Berlin, S. 9–530, hier S. 21.
91   Bernulf Kanitscheider (1981), *Wissenschaftstheorie der Naturwissenschaft*, Berlin/New York, S. 17.

absolut.[92] So erlaubt die Einsicht in den prozessualen Charakter der menschlichen Lebensform dem Denken nicht länger die Voraussetzung einer unbedingten Geistigkeit, die der realen Welt entrissen ist. Auch der Mensch steht auf dem Boden der Natur und entwickelt sich. Aufgehoben in der Dynamik des Wirklichen ist mit der ontologischen auch die erkenntnistheoretische Vormachtstellung der Subjektivität. Demontiert ist darin jede Lehre, die, was das menschliche Selbstverständnis betrifft, nach Maßgabe des traditionellen Erklärungsverfahrens auf seiten des Subjekts ihren fixen Ausgangspunkt sucht: »Sie negi[e]rten zu wenig und behielten *sich* übrig.«[93]

Wenn der phänomenologische Ansatz sich daher die Aufgabe stellt, in einem Denken vom Vorrang des Ich, wie unten dargelegt, eine Begründung des Wissens zu finden, sich gleichzeitig jedoch den Neuerungen des wissenschaftlichen Weltbildes seiner Gegenwart weder verschließen will noch darf, dann muß es eine elaborierte und radikale Anstrengung sein, die Husserl unternimmt. Sie ist es. Einsichtig werden Rang und Stellung seines Programms, wenn die soziologische Erkenntniskritik ihre Ausgangsfrage gemäß der angegebenen Perspektive formuliert: Welche Strategie der Erklärung ist der phänomenologischen Theorie eingeschrieben? Inwiefern bringt Husserl die tradierte Denkstruktur voran?

3. Ausblick

Dabei wird das Verfahren nicht leicht. Denn wenngleich Husserls phänomenologisches Forschen auch als ein letzter emphatischer Versuch bestimmt werden kann, unter dem Denkzwang der hergebrachten absolutistischen Logik im »zähe[n] Ringen nach festen Haltepunkten« noch einmal eine Wissenschaft auf »zweifelssicherem Fundament« zu begründen,[94] läßt sich deren Architektur zwar als die einer im Fortgang der Wissenschaft überkommenen Form aufzeigen, in ihrer Ausgestaltung nicht jedoch umgekehrt aus letzterer deduzieren. Stets sind es kontingente Bedingungen, unter denen die historisch-genetische Erklärung die Herausbildung ihres Gegenstands verständlich machen muß. Zudem bliebe die Kritik ohne die geduldige Arbeit, die den theorieprägenden Kern noch im Facetten-

92 Vgl. für Kuhn und Piaget: Maurice Gagnon (1978), »Piaget et Kuhn sur l'evolution de la connaissance«. Une comparaison«, in: *Dialogue. Canadian Philosophical Review*, 17, S. 35–55, hier S. 49.
93 Friedrich Nietzsche (1988), *Nachgelassene Fragmente 1875–1879* (Kritische Studienausgabe, Bd. 8), hrsg. von G. Colli u. M. Montinari, 2. Aufl., München/Berlin/New York, S. 295.
94 Zit. nach Hua XVIII, S. XV (aus einem Brief Husserls an H. von Arnim, 22.12.1896) und Husserl (1981), *Phil. als strenge Wiss.*, S. 10. Auch für Foucault ist Husserl »der letzte Philosoph mit absolut universalistischen Ansprüchen«. Michel Foucault (1991), *Von der Subversion des Wissens*, Frankfurt a.M., S. 18f.

reichtum seiner spezifischen Ausgestaltung erkennen muß, bloße Subsumtion. Insofern ist zum einen ›Kleingeld‹ zu geben, wie es Husserl verlangt hat.[95] Das gilt in Gewöhnung an die größeren Scheine der Soziologie insbesondere dort, wo die Methodik der Phänomenologie vor jeder vorschnellen Klassifizierung zunächst verstanden werden muß. Zum anderen ist manchem übereilten Einwand zu begegnen, der das phänomenologische Denken lediglich als Idealismus zu etikettieren – und zu verwerfen – vermag. Auch wird über diejenige wissenssoziologische Kritik hinauszugehen sein, die Adorno – in einem Husserl-Wort – am »logische[n] Absolutist[en]« der bereits zur Jahrhundertwende erschienenen ›Logischen Untersuchungen‹ übt.[96] Denn Adornos scharfsinnige Analyse verortet ihren Gegner noch allzusehr im Idealismus/Realismus-Disput, der in die Irre leitet. Außerdem gründet sie auf einer für heute zu schmalen Textbasis. Vorrangig auf eher frühe Schriften Husserls bezieht sie sich, weil sich die Phänomenologie, wie Adorno glaubt, in ihrer späteren Ausarbeitung »in einen subtil abgewandelten Neukantianismus zurücknahm«.[97] Hier statt dessen wird das phänomenologische Denken zunächst – durchaus in Übereinstimmung mit fürsprechenden Arbeiten von Fink, Gadamer, Landgrebe, Mohanty und anderen – gegen falsch verstandene Einwände verteidigt werden müssen. Anders ist sein innerer Bau nicht einzusehen. Klargestellt werden muß, wie Husserls ›phänomenologische Welt der Erfahrung‹ die Rückständigkeit der Idealismus/Realismus-Kontroverse reflektiert. Auch wird beim Thema der Lebenswelt – das in soziologischer Sicht besonders interessiert und das oftmals so dargestellt wird, als habe dessen Aufnahme »für Husserl eine Art kopernikanische Wende bedeutet«[98] – zu fragen sein, inwiefern schon Husserl selbst die Maxime der Bewußtseinserforschung überwindet, die seine Subjektivitätsphilosophie im Zeichen der von ihr postulierten ›Absolutheit des Geistes‹ zunächst errichtet hat.[99] Dennoch werden selbst die »Schwierigkeiten«, die aus der »Mehrdeutigkeit des Lebensweltbegriffs« entstehen, hier nicht das Zentrum der Analyse bilden kön-

95 Vgl. die Erinnerung Gadamers in Hans-Georg Gadamer (1987a), »Die phänomenologische Bewegung« [1963], in: ders., *Gesammelte Werke*, Bd. 3, Tübingen, S. 105–146, hier S. 107.
96 Vgl. Theodor W. Adorno (1990), *Zur Metakritik der Erkenntnistheorie. Studien über Husserl und die phänomenologischen Antinomien*, Frankfurt a.M. sowie Edmund Husserl (1980), *Logische Untersuchungen*, 1.Bd., Prolegomena zur reinen Logik, 6. Aufl. [¹1900], Tübingen, S. 139.
97 Adorno (1990), S. 10. Zudem hätte Adorno zur Zeit des Entwurfs seiner Abhandlung – Mitte der dreißiger Jahre – auf Husserls Lebenswelttheorie der erst 1954 erschienenen ›Krisis‹ nicht verweisen können.
98 Walter Biemel (1972), »Reflexionen zur Lebenswelt-Thematik«, in: ders. (Hg.), S. 49–77, hier S. 71.
99 Edmund Husserl (1952), *Ideen zu einer reinen Phänomenologie und phänomenologischen Philosophie*, Zweites Buch: Phänomenologische Untersuchungen zur Konstitution, hrsg. von M. Biemel, Haag (zit.: Hua IV, *Ideen II*), S. 297.

nen.[100] Vielmehr ist Husserls Theorie der Lebenswelt in der Struktur seines Denkens zu verorten. Ein wie im folgenden unternommener Versuch, diese als einen *Absolutismus des transzendentalen Ich* zu charakterisieren, der in den Schranken einer überholten Matrix gleichwohl einen herausragenden Platz in der Entwicklung des in ihm wirksamen Denkmusters beanspruchen kann, liegt bisher nicht vor. Dabei sprengt der rekonstruktive Zugang eingewöhnte Lager der Interpretation, lernt von und vermittelt verschiedene(n) Seiten. Insbesondere verlangt er mehr als allein den Aufweis des »Husserlschen Fundamentalismus«,[101] der doch Befürwortern wie Kritikern der phänomenologischen Theorie gleichermaßen geläufig ist.[102] Mehr als das ›Daß‹ interessiert das ›Wie‹. Indem das vorgeschlagene wissenssoziologische Verfahren seinen Gegenstand im Prozeß der Geistesgeschichte analysiert, kommt es im vorliegenden Beispiel gerade auch darauf an, den spezifisch phänomenologischen Beitrag, Husserls Leistung, zu bestimmen.

Die sorgsame Analyse der Phänomenologie Husserls jener der im soziologischen Kontext ungleich einflußreicheren sozialtheoretischen Konzeption von Schütz vorauszuschicken, drängt sich nicht zuletzt aus den folgenden zwei Gründen auf. Zum einen erlaubt es, einzusehen, auf welchem phänomenologischen Boden die sogenannte »phänomenologische Sozialtheorie« basiert.[103] Zum anderen wird dadurch eine Bedingung der Möglichkeit geschaffen, die Denkstruktur, die dem Schützschen Ansatz zugrunde liegt, allererst ans Licht zu bringen. Entsprechend findet die verständliche Neigung der Soziologie, sich vermeintlich mit Schütz vom »philosophischen Ballast« zu befreien, hier ihre Grenze.[104] Zu sehen wird sein, daß Schütz' Denken, wiewohl es den Ausgangspunkt umstülpt, weiter auf die Form der berühmten Vorgabe setzt – ohne darüber Rechenschaft zu geben. Somit läßt sich Schütz' Konzeption in einer Gespaltenheit charakterisieren, zu der eine am Detail ansetzende Untersuchung keinen Zugang finden kann. Denn es kommt zum Vorschein, wie Schütz' soziologische Transformation der phänomenologischen Theorie denjenigen Rahmen konterminiert, der dem ›Geist‹ den Vorrang gibt. Gleichwohl kann insofern die ursprüngliche Aporie einer *phänomenologischen* Sozialtheorie ebensowenig verborgen bleiben.[105] Möglich wird dies im Versuch, den

---

100 Ilja Srubar (1978), »Marx' Konstruktion sozialer Lebens-Welten«, in: Waldenfels/Broekman/ Pažanin (Hg.), S. 170–206, hier S. 201f.
101 Zum Beispiel: Habermas (1986), S. 210.
102 Vgl. für erstere: Kathleen M. Haney (1994), *Intersubjectivity Revisited. Phenomenology and the other*, Athens, hier Kap. 7, ›Phenomenology, postmodernity, and possibility‹, S. 145–163, insbes. S. 153–163 (›Intersubjectivity and foundational philosophy‹).
103 Grathoff (1989a), S. 112.
104 Hartmut Esser (1991a), *Alltagshandeln und Verstehen*. Zum Verhältnis von erklärender und verstehender Soziologie am Beispiel von Alfred Schütz und ›Rational Choice‹, Tübingen, S. 7.
105 Vgl. unten: Zweiter Teil, Kap. II,3.

kognitiven Kern des Schützschen Ansatzes zu ermitteln. Dabei kennt die Untersu-
chung diesbezüglich kein Vorbild. Allerdings sind aus der anwachsenden Schütz-
Literatur drei Studien hervorzuheben, die sich zwar – in der Verteidigung der
Schützschen Argumente – zunächst auf die Darstellung haben konzentrieren müssen, hier jedoch durch Sorgfalt und Breite auffallen. Gemeint sind die bereits ange-
führten Arbeiten von Srubar (1988) und Grathoff (1989) sowie Eberles Studie zum
»Beitrag der Phänomenologie an die Methodologie der Sozialwissenschaften«.[106]
Was die Kritik an Schütz' Konzeption angeht, zielt das hier in Angriff genommene
wissenssoziologische Verfahren über den oft zitierten Solipsismus-Einwand aus
Habermas' bekanntem Literaturbericht zur ›Logik der Sozialwissenschaften‹ hinaus.[107] Wo die Struktur von Schütz' phänomenologischer Analyse der Sinnkonstitution interessiert, kann es nicht allein darum gehen, wider eine »Soziologie ohne
Gesellschaft« die »Sprache [..] als das Gespinst zu durchschau[en], an dessen Fäden
die Subjekte hängen und an ihnen zu Subjekten sich erst bilden«.[108] Zudem will die
hier intendierte Kritik Schütz' Ansatz nicht daran messen, ob der eine Aspekt übersehen, der andere nicht deutlich genug betont worden ist. Beabsichtigt ist nicht,
etwa mit Twenhöfel »unter Berücksichtigung des revidierten Handlungskonzepts
eine Anpassung der [...] Schützschen Auffassung vorzunehmen«.[109] Ganz entsprechend wird im übrigen auch in der Analyse von Schütz' Lebensweltkonzept – trotz
einer aus Gründen der Theoriekonstruktion geteilten »Ablehnung, die Lebenswelt
als Fundament« anzusehen – keine »Weiterentwicklung der Lebenswelt-Problema-
tik« probiert und etwa eine »radikalisierte Phänomenologie« versucht, die »nach
dem produktiven und kritischen Potential der Lebenswelt« fragt. Nicht minder
verdienstvoll als Kiwitz' entsprechende »Modernisierung der Lebenswelt-Kon-
zeption« ist es, deren Begriffsgeschichte zu verfolgen, wie es Welters Darstellung
unternimmt.[110] Angestrebt wird sie im folgenden nicht. Auch die Chronik der
phänomenologischen Bewegung ist anderorts geschrieben.[111] Im Versuch, das innere Band von Schütz' phänomenologischer Sozialtheorie freizulegen, soll vielmehr
eine distanznehmende Interpretation gelingen, wie sie in der Arbeit an immanenten
Problemen und Auslegungsschwierigkeiten allein nicht zu gewinnen ist. Die

---

106 Thomas S. Eberle (1984), *Sinnkonstitution in Alltag und Wissenschaft.* Der Beitrag der
    Phänomenologie an die Methodologie der Sozialwissenschaften, Bern.
107 Jürgen Habermas (1985), *Zur Logik der Sozialwissenschaften*, Kap. 4,6., Der phänomenolo-
    gische Ansatz [1967], 5. Aufl., Frankfurt a.M., S. 207–240.
108 Rolf Eickelpasch/Burkhard Lehmann (1983), *Soziologie ohne Gesellschaft?* Probleme einer
    phänomenologischen Grundlegung der Soziologie, München; Habermas (1985), S. 240.
109 Twenhöfel (1985), S. 10.
110 Vgl. Peter Kiwitz (1986a), *Lebenswelt und Lebenskunst.* Perspektiven einer kritischen Theorie
    des sozialen Lebens, München, S. 21, S. 16, Anm. 10, S. 18 u. S. 20 sowie Rüdiger Welter
    (1986), *Der Begriff der Lebenswelt.* Theorien vortheoretischer Erfahrungswelt, München.
111 Spiegelberg (1960), *The Phenomenological Movement.*

treibende Frage gilt der Struktur des Theorieentwurfs. Sie erklärt manche Pointie-
rung der Darstellung – und schärft hier den Blick auf die phänomenologische
Theorie.

Erster Teil:

Der Absolutismus des transzendentalen Ich. Struktur und Methode der Phänomenologie Husserls

Auch die Phänomenologie Husserls kann als eine Denkform verstanden und hinsichtlich ihres inneren Gestaltungsprinzips untersucht werden. Auch sie läßt sich daraufhin befragen, wie und wo sie steht im Strukturwandel des Weltverstehens, der sich in den Wissenschaften der Neuzeit vollzogen hat; denn anders als im Zugriff auf ihren paradigmatischen Kern wäre Husserls »methodische[r] Arbeitsphilosophie« auch kaum gerecht zu werden.[1] Schließlich ist es die von ihm begründete Denkweise, die sich nicht nur von dieser oder jener Überlegung lossagen, sondern gleich ganz mit vergangenen Theoriestrategien brechen will und eine »ganz andere Wissenschaft« verspricht.[2] Bekannt ist, wie Husserl »die Philosophie im Sinne strenger Wissenschaft radikal neu zu gestalten« sucht. Mit einer »Phänomenologie des Bewußtseins« soll über die Schranken des tradierten Denkens hinauszukommen sein.[3] Angebbar wird Husserls Programm insofern schon hier: Als archimedischer Bezugspunkt phänomenologischer Forschung dient ein Ich, das demiurgische Fähigkeiten besitzt. Gegen allen Schein wähnt Husserls Philosophie selbst die »Welt« als »konstitutives Produkt einer absoluten monadischen Subjektivität«.[4] Es ist klar, daß das Anliegen Husserls dabei nicht dasjenige einer empirischen Wissenschaft ist. Er reflektiert vielmehr Vorfragen jeder Theorie*bildung*. Allein von *meta*theoretischem Interesse kann daher sein Ansatz im Diskussionszusammenhang der Sozialwissenschaften sein. In dieser Ebene offeriert das scharfe Problembewußtsein seiner Philosophie jedoch ein Lehrstück. Denn wider die pragmatische Wahl eines ›Standpunktes‹, die nur in der Tagesarbeit der Sozial-

---

1 Edmund Husserl (1976), *Die Krisis der europäischen Wissenschaften und die transzendentale Phänomenologie. Eine Einleitung in die phänomenologische Philosophie* [1936], hrsg. von W. Biemel, 2. Aufl. [¹1954], Den Haag (Husserliana. Edmund Husserl, Gesammelte Werke, Bd. VI)(zit.: Hua VI, *Krisis*), S. 104.

2 Edmund Husserl (1968), *Phänomenologische Psychologie.* Vorlesungen Sommersemester 1925, hrsg. von W. Biemel, 2. Aufl., Den Haag (zit.: Hua IX, *Phän. Psych.*), S. 191.

3 Edmund Husserl (1981), *Philosophie als strenge Wissenschaft* [1911], hrsg. von W. Szilasi, Frankfurt a.M. (zit.: *Phil. als strenge Wiss.*), S. 10 u. S. 23.

4 Edmund Husserl (1973), *Zur Phänomenologie der Intersubjektivität.* Texte aus dem Nachlass, Zweiter Teil: 1921–1928, hrsg. von I. Kern, Den Haag (zit.: Hua XIV), S. 268.

forschung, nicht im Ansatz der Theorie verständlich ist, bietet Husserls Philosophie den ernsthaften Versuch, das theoretische Geschäft der Kulturwissenschaft
nicht vom Transformationsprozeß des neuzeitlichen Weltverständnisses zu entkop-
peln, sondern die Grundfragen des Erkenntnisgewinns – wie jede Erkenntnistheorie von Bedeutung – auf dem Hintergrund des Entwicklungsstands der paradigmatischen Struktur der Wissenschaften in Angriff zu nehmen.

Entsprechend wäre es in Anbetracht des Abstraktionsniveaus der phänomenologischen Theorie gänzlich unangemessen, bereits an dieser Stelle auf die Schwierigkeiten zu deuten, in die sich ein Denken verstrickt, für das die »Menschen Subjekte für die Welt [...] und zugleich Objekte in dieser Welt« sein sollen, denn fraglos
kennt Husserl selbst diese »Paradoxie«.[5] So kann die kritische Diskussion der
Phänomenologie, formal betrachtet, erst nach Abschluß ihrer Rekonstruktion
erfolgen (Kap. IV). Der Sache nach begreift sich die Kritik hier zudem gerade in der
Freilegung der explikativen Matrix der Denkart Husserls. Diese zu analysieren,
muß die erste Aufgabe sein. Aus diesem Grund wird nach einigen Vorbemerkungen zur Ausgangskonstellation, auf die Husserls Philosophie reagiert, zunächst die
erkenntnistheoretische *Idee der Phänomenologie* in ihrer spezifischen Weise des
Rückgangs auf einen *absoluten Anfang*, aber auch ihr Bestreben dargestellt, die
Dualismen der traditionellen Erkenntnislehre zu überwinden (I.). Kernstruktur
und Stellung der phänomenologischen Theorie sollen so gleich eingangs umrissen
werden. Die Untersuchung ihrer methodischen Strategie wird zeigen, unter welchem Prinzipat sie steht: Es ist der Vorrang der Ich-Subjektivität, von dem her
Husserl denkt (II.). Gleichwohl verlangt auch sein Ansatz nach jener Sachhaltigkeit, die auf das andere des Geistes zielt. Sorgsam ist deshalb zu erörtern, wie
Husserl das phänomenologische Erfahren konzipiert. Insbesondere ist es die
sogenannte ›Wende‹ zur ›Lebenswelt‹ der alltäglichen Erfahrung, die in diesem
Zusammenhang interessiert (III.). Liegt dort die Wurzel für einen phänomenologischen Ausgangspunkt soziologischer Analyse? Doch wird zu sehen sein, daß
sich das operative Prinzip des Husserlschen Weltverstehens nicht einfach durch
einen Themenwechsel außer Kraft setzen läßt. Auch in der ›Lebenswelt‹ bringt sich
Husserls unablässige Suche nach einer sicheren Basis jeden Erkennens zur Geltung.
Auch dort veranstaltet er den Rückgang auf das im Medium des Geistes angesetzte
›Ich‹, das aller Welt enthoben ist. Diese innere Konsistenz seines Denkens macht
dessen Größe wie Tragik aus.

Da es darauf ankommt, Grundstrukturen des phänomenologischen Denkens
herauszuarbeiten, kann sein Entwicklungsgang nicht gleichzeitig verhandelt werden. Zum einen wird er nicht bestritten. Zum anderen sieht Husserl seine jeweils
früheren Arbeiten, insbesondere die ›*Logischen Untersuchungen*‹ von 1900/01,[6] in

5   Hua VI, *Krisis*, S. 184f.
6   Edmund Husserl (1980), *Logische Untersuchungen*, 2 Bde., Tübingen [zuerst: 1900/01].

gewissem Sinn für »abgetan und durch die späteren Schriften überwunden«.[7]
Dennoch sind die nachstehenden Kapitel jeweils um ganz bestimmte seiner Werke
zentriert. Eine erkenntnistheoretische Verortung geschieht anhand der 1907
abgehaltenen fünf Vorlesungen zur ›Idee der Phänomenologie‹ (I.).[8] Zur Bestimmung
ihrer methodischen Ausrichtung werden die 1913 erstpublizierten ›Ideen I‹, die eine
erste systematische Darstellung der Phänomenologie versuchen, sowie die ›Cartesianischen Meditationen‹ (1931) herangezogen (II.).[9] Das Lebensweltthema entstammt
bekanntlich dem Spätwerk der ›Krisis‹, von dem 1936 zunächst nur erste Teile
erschienen sind (III.).[10] Aufgrund dieser Darstellungsweise kann noch auseinander-
gehalten werden, was auseinanderzuhalten angesichts des recht verstandenen Ziels
der Untersuchung gar nicht beabsichtigt ist. Zudem ist Husserls Werk stärker
durch Wandlungen in thematischer Hinsicht als in der Stoßrichtung seiner Argumentation gekennzeichnet – was zu zeigen sein wird. Zeitlebens jedenfalls – von
den ›Logischen Untersuchungen‹ bis zur ›Krisis‹ – galt Husserls Forschung der Suche
nach einer endgültigen Begründung und Sicherung der Erkenntnis. Bezog sich sein
Interesse zu Beginn seines Schaffens auf das logische und mathematische Erkennen,
so in der letzten Schrift auf die alltägliche Erfahrung, die aller Wissenschaft vorausliegt.

Im strukturanalytischen Durchgang durch den Weg der Husserlschen Phänomenologie kann daher ersichtlich werden, wie die durch einen nach Fundamenten
strebenden Rückgang auf eine reine Subjektivität unüberwindbar werdende Spannung zwischen dem in reduzierter Sphäre veranschlagten leeren Ich auf der einen,
dessen Weltbezug auf der anderen Seite, eine Forschungsrichtung von innen
aufbricht und ihre eigene Überwindung verlangt, deren selbstbestimmte Aufgabenstellung dem »Geist als Geist« den Vorrang gibt und eben diesen »zum Feld
systematischer Erfahrung und Wissenschaft« erhoben hat.[11] Inmitten einer in vielen
Bereichen bereits prozessual verstandenen Welt, in welcher die Natur historisiert
und der Mensch in die Kette der Lebewesen eingeordnet worden ist, markiert Husserls Philosophie die letzte bedeutende Anstrengung, noch einmal in der Subjektivität den Ruhepunkt der Theoriebildung aufzufinden und nicht loszugeben.

7   Walter Biemel (1959), »Die entscheidenden Phasen der Entfaltung von Husserls Philoso-
     phie«, in: Zeitschrift für philosophische Forschung, Bd. 13, H. 2, S. 187–213, hier S. 189.
8   Edmund Husserl (1950), Die Idee der Phänomenologie. Fünf Vorlesungen [unveröffentl.
     1907], hrsg. von W. Biemel, Haag (zit.: Hua II, Idee der Phän.).
9   Edmund Husserl (1976), Ideen zu einer reinen Phänomenologie und phänomenologischen
     Philosophie, Erstes Buch: Allgemeine Einführung in die reine Phänomenologie [1913]. Text
     der 1.–3. Aufl., neu hrsg. von K. Schuhmann, 1.Halbband, Haag (zit.: Hua III/1, Ideen I) und
     ders. (1991), Cartesianische Meditationen und Pariser Vorträge [frz. 1931], hrsg. von S. Strasser,
     2. Aufl. [¹1950], Dordrecht/Boston/London (zit.: Hua I, Cartes. Med.).
10   Hua VI, Krisis.
11   Hua VI, Krisis, S. 347.

I. Der phänomenologische Ansatz: Die Suche nach einem ›absoluten Anfang‹

Dabei beabsichtigt Husserl alles andere als eine Fortsetzung der abgelebten Idealismen der Vergangenheit. Progressiv steht Husserls Philosophie – in ihrer Zeit.

Exkurs: Zur geistesgeschichtlichen Konstellation der Theoriegründung Husserls

Denn wäre das Denken selbst desjenigen, den seine ›Logischen Untersuchungen‹ »von der täglichen Welt wie durch eine Mauer abgeschirmt« hatten,[12] nicht in gewisser Weise dennoch ›seine Zeit in Gedanken gefaßt‹, es verdiente nicht den Titel einer Philosophie. Und in der Zeit Husserls (1859–1938), der als 42-jähriger Privatdozent im Jahr 1901 nach Göttingen berufen wurde, war die der überlieferten idealistischen Systeme überholt und abgelaufen. Schon die Ausbildung Husserls, der über die ›Theorie der Variationsrechnung‹ 1882 in Wien promovierte, fiel in ein geistiges Klima, in dem »die Naturwissenschaften mit ihrem Grundgerüst, der Mathematik, über allem standen«.[13] Auf der einen Seite hatten sich die Erfahrungswissenschaften längst von den alten Fragen der Philosophie emanzipiert. Deren Führungsrolle wurde indes auch von einer anderen Seite her unterhöhlt. Denn Geschichtswissenschaft und Nationalökonomie verstanden es, sich im öffentlichen Bewußtsein als Leitdisziplinen zu präsentieren.[14] In einer Periode der rapiden Industrialisierung und Urbanisierung tritt Husserls Phänomenologie zudem in einer Situation auf den Plan, in der die ›Gelehrten‹ der deutschen Universität aus der vermeinten Bedrohung ihrer herausgehobenen Stellung und ihrer kulturellen Werte eine »zunehmende Abneigung gegen den ›Positivismus‹ und den ›Psychologismus‹« entwickelten.[15] Näher betrachtet, was den unmittelbaren Kontext der Arbeit Husserls anbelangt, tat sich die Philosophie im Wilhelminischen Deutsch-

---

12 Wilhelm Schapp (1976), *Erinnerungen an Edmund Husserl.* Ein Beitrag zur Geschichte der Phänomenologie, Wiesbaden, S. 28.
13 Ludwig Landgrebe (1949), *Phänomenologie und Metaphysik,* Hamburg, S. 16.
14 Rüdiger vom Bruch (1986), »Gelehrtenrepublik und politische Kultur im späten Kaiserreich«, in: Schmidt/Rüsen (Hg.), S. 77–106, hier S. 97–99.
15 Fritz R. Ringer (1983), *Die Gelehrten.* Der Niedergang der deutschen Mandarine 1890–1933, Stuttgart, S. 263.

land schwer, ihren Besitzstand gegenüber den Ansprüchen der jungen, naturwissenschaftlich orientierten Disziplin der Psychologie zu verteidigen, zu deren Aufstieg insbesondere Wundts 1879 in Leipzig gegründetes psychologisches Forschungsinstitut maßgeblich beitrug. Jedenfalls hatte der »Protest der Philosophen« gegen die »Anwesenheit der experimentellen Methode in der Philosophie« durchaus auch einen praktischen Hintergrund: In einer Expansionsphase der Wissenschaft erhöhte sich von 1892 bis 1914 zwar die Zahl der ordentlichen Philosophie-Professuren von 39 auf 44, doch gingen davon zunächst drei, dann sogar zehn Lehrstühle an experimentierende Psychologen.[16] In bestimmter Weise war Husserl selbst Betroffener dieser Situation. Denn während in den Jahren des Kaiserreichs die Zahl der Privatdozenten an den deutschen Universitäten von ungefähr vier- auf vierzehnhundert (1910) anwuchs,[17] hatte auch er vierzehn lange Jahre von 1887 bis 1901 zu warten, bis er seinen ersten Ruf erhielt. Kaum weniger stark als gegenüber den Erfolgen der Naturwissenschaften – hier in der direkten Konkurrenz der Experimentalpsychologie vor Augen –, stand die Philosophie indes seitens der Wirkungskraft des Historismus unter Rechtfertigungsdruck, da dessen Denken die Relativierung der philosophischen Vernunft in einer geschichtlich verstandenen Welt betrieb. In dieser Konstellation einer doppelseitigen Anfechtung der Philosophie reagiert Husserl mittels einer scharfen Distanzierung nicht ohne zugleich »Eigenart und Eigenberechtigung« der »höchste[n] und strengste[n] aller Wissenschaften« zu verteidigen.[18] Programmatisch wendet er sich 1911 an beide Richtungen: ›Philosophie als strenge Wissenschaft‹, wie Husserl sie fordert, konzipiert er als einen Gegenschlag, der nicht nur jedwede »Naturalisierung des Bewußtseins [resp. ...] der Ideen« bekämpft, sondern auch die relativistischen Tendenzen in »Historizismus und Weltanschauungsphilosophie«.[19] Offen brüskiert er sich über diejenigen philosophischen Fakultäten, die, »dem Drucke der Naturwissenschaftler nachgebend, sehr eifrig dabei sind, eine philosophische Professur n[a]ch der andern Forschern zu übertragen, die in ihrem Gebiete vielleicht sehr hervorragend sind, mit der Philosophie aber nicht mehr innere Fühlung haben als etwa die Chemiker oder Physiker«.[20] Die »Flutwelle des Positivismus«, die Umdeutung von »Denkgesetze[n]« in »Naturgesetze«, besonders »jene Art philosophischer Scheinliteratur [...] auf naturwissenschaftlicher und vor allem ›experimentell-psychologischer Grundlage‹«, das alles ist ihm nicht weniger Widerpart als die der naturalistischen völlig entgegengesetzte Position, die das jeweils im »empirischen

---

16 Mitchell G. Ash (1985), »Die experimentelle Psychologie an den deutschsprachigen Universitäten von der Wilhelminischen Zeit bis zum Nationalsozialismus«, in: Ash/Geuter (Hg.), S. 45–82, hier S. 52f.
17 Ringer (1983), S. 56.
18 Hua II, *Idee der Phän.*, S. 26 und Husserl (1981), *Phil. als strenge Wiss.*, S. 8.
19 Husserl (1981), *Phil. als strenge Wiss.*, S. 13ff. u. S. 49ff.
20 Husserl (1981), *Phil. als strenge Wiss.*, S. 47, Anm. 1.

Geistesleben« Gegebene – ganz »ohne es gerade zu naturalisieren« – »absolut setzt«.
Weil es angesichts des »ständigen Wandels der wissenschaftlichen Ansichten«, dem
sich die antinaturalistische Auffassung verschreibt, keine »Gültigkeit schlechthin
oder ›an sich‹« mehr geben kann, entdeckt Husserl im ›Historizismus‹ einen Standpunkt, der unvermeidlich in den »extremen skeptischen Subjektivismus über-
geht«.[21] Dabei braucht es an dieser Stelle auf Husserls Argumente nicht im einzelnen anzukommen. Entscheidend ist, daß noch seine Apologie der Exklusivität
der philosophischen Ratio von den Einsichten ihrer Widersacher profitiert: Gewiß
nicht unbeeindruckt von den exakten Wissenschaften verfolgt Husserl die »Idee
einer streng wissenschaftlichen Philosophie, einer ›Philosophie von unten‹«.[22]
Nicht unberührt von der Historisierung der Welt, die in der Gesamtkultur seiner
Zeit den statischen Charakter der Wirklichkeit dementiert, verweigert Husserl die
Anerkennung einer Geisteshaltung, die Bedingtes für ewig erklärt.

Freilich benennen diese beiden Momente nur die Konstellation, in welcher der
Einspruch Husserls erfolgt. Sie artikulieren nicht den Ansatz seiner Phänomenologie. Aber sie lassen es verstehen, daß Husserls philosophische Erneuerung eine
›Erfahrungsgrundlage‹ entsprechend, jedoch nicht gleich derjenigen der Naturwissenschaften sucht (Kap. I,1.), und sie lassen erwarten, daß die phänomenologische
Theorie über die Verabsolutierungen all jener Denksysteme hinaus ist, welche die
geschichtliche Prozessualität der menschlichen Lebensform theoretisch nicht
kennen (I,2.). Wenig neu an Husserls Versuch, aus den »erkenntnistheoretischen
Verlegenheiten, an denen die Philosophie nun schon seit Jahrtausenden laboriert«,
herauszukommen, ist allerdings seine Forderung, noch einmal »absolut voraussetzungslos [zu] verfahren«.[23] Schließlich sieht sich dazu seit Descartes jede Erkenntnislehre von der Sache her gezwungen. Wenn nämlich das Wissen von der Welt
erst einmal als das Wissen des Subjekts begriffen ist, *kann* es weder auf die Außenwelt bezogene ›untrügliche‹ Erkenntnisse noch von anderen ›wissenden‹ Subjekten
übernommene ›Gewißheiten‹ geben. Alles Wissen steht zunächst zur Disposition.
Insofern ist es konsequent, wenn Husserl die *Idee der Phänomenologie* nicht im
Anschluß an die vormals vermeintlich ›sicheren‹ Einsichten der Lehren Lockes
oder Kants entwickelt, sondern sie vielmehr dem »natürlichen Denken« kontrastiert.[24] Aber es führt zum andern bereits mitten hinein in die Problematik der
Erkenntniskritik. Husserls Lösung anzugeben und sie strukturlogisch auszuweisen
(I,1.), gilt es im folgenden nicht weniger als deren Platz in der Entwicklung der

---

21 Husserl (1981), *Phil. als strenge Wiss.*, S. 14f., S. 47, S. 49 u. S. 51.
22 Husserl (1981), *Phil. als strenge Wiss.*, S. 48. Vgl. Johannes Mader (1993), *Philosophie in der Revolte. Das Ende des Idealismus im 19. Jahrhundert*, Wien, S. 380.
23 Edmund Husserl (1956), *Erste Philosophie (1923/24)*, Erster Teil: Kritische Ideengeschichte, hrsg. von R. Boehm, Haag (zit.: Hua VII, *Erste Phil. I*), S. 377.
24 Hua II, *Idee der Phän.*, S. 19.

philosophischen Erkenntnistheorie zu bestimmen (I,2.). Es versteht sich, daß mit ersterem begonnen werden muß.

1. Die ›Idee der Phänomenologie‹ in ihrem paradigmatischen Gehalt

»Aber wie soll Phänomenologie angehen; wie ist sie möglich?«[25] Wie charakterisiert Husserl die *Idee der Phänomenologie* – und was charakterisiert deren Struktur? Zunächst erhält Husserls ›Idee‹ das Wort. Im Anschluß fällt die strukturlogische Bestimmung nicht schwer.

Wie stellt sich die Frage des Erkennens also für Husserl und was ist seine Antwort? Nicht nur für ihn hat sich die tradierte Art der Behandlung des Erkenntnisproblems in eine Sackgasse manövriert. Denn ist auf die eine Seite erst einmal die »Erkenntnis des erkennenden Subjekts«, auf die andere »die erkannten Objekte [jener] gegenüber« plaziert, so türmt sich unüberwindbar die Schwierigkeit: »Wie kann nun aber die Erkenntnis ihrer Übereinstimmung mit den erkannten Objekten gewiß werden, wie kann sie über sich hinaus und ihre Objekte zuverlässig treffen?« Jedes »natürliche Denken« – worunter Husserl auch das der Wissenschaften begreift – steht dann vor einem »Rätsel«. Ist nämlich »die Wahrnehmung«, so das Beispiel Husserls, »bloß Erlebnis meines, des wahrnehmenden Subjektes [...]. Woher weiß ich [dann ...], daß nicht nur meine Erlebnisse, diese Erkenntnisakte, sind, sondern auch daß ist, was sie erkennen«? Im Nu ist dann der »Standpunkt des Solipsismus« erreicht – »eine harte Zumutung«, wie Husserl befindet. Faßt man Erkenntnis alternativ aber als »nur menschliche Erkenntnis, gebunden an die menschlichen intellektualen Formen«, und begreift diese als Teilmomente eines natürlichen Entwicklungsprozesses, bei welchem sich – für Husserl – »biologische Gedankenreihen [auf]drängen«, so bleibt man ihm zufolge nicht nur erst recht »unfähig[,] die Natur der Dinge selbst, die Dinge an sich zu treffen«, sondern gerät auch in einen für ihn inakzeptablen Relativismus. Nur innerhalb der »natürlichen Wissenschaften« scheine dann »alles klar und verständlich«. Auf das Erkennen reflektierend aber drohe beständig die »Gefahr, in den Skeptizismus zu verfallen«.[26] Denn was soll jenem einen sicheren Halt verbürgen können, wenn alle Gegebenheiten als Elemente eines natürlichen Entwicklungsvorgangs und damit jedweder absolute Charakter im Prozeß des Wirklichen relativiert wird? Die tradierte Problemstellung jedenfalls, inklusive ihrer unzähligen ›Lösungen‹, kann für Husserl nicht länger taugen. Entsprechend fordert er eine neue Antwort auf all die bekannten und mit den angegebenen Problemen zusammenhängenden »endlosen Streitigkeiten«. Er fordert eine »*neue*, von Grund auf neue *Methode*«, welche in einem

---

25 Hua II, *Idee der Phän.*, S. 47.
26 Hua II, *Idee der Phän.*, S. 20f.

ersten und grundsätzlichen Schritt geradehin darin besteht, »die ganze Welt [...] mit dem Index der *Fraglichkeit* zu versehen«.[27] Was dann in jedem »intellektive[n] Erlebnis« bleibt, ist »absolute Gegebenheit« – sofern das Erlebnis »zum Gegenstand eines reinen Schauens und Fassens gemacht« wird. Was gegeben ist, ist »gegeben als ein Seiendes, als ein Dies-da, dessen Sein zu bezweifeln gar keinen Sinn gibt«. Daher findet die Husserlsche *Idee der Phänomenologie* hier und nur hier ihr Fundament: Die »Wahrnehmung ist und bleibt solange sie dauert ein Absolutes«. Nicht relativ auf anderes, vermag gerade sie es, dem Phänomenologen ein »letzte[s] Maß« und »absoluten Grund« zu liefern. Das gilt nicht nur für die »schauende reflektive Wahrnehmung«, sondern auch für die Erlebnisse in »alle[n] spezifischen Denkgestaltungen« sonst. Damit kommt zum Vorschein, was es heißt, inmitten der Aporien, die aus der klassischen Fragestellung des Erkenntnisproblems erwachsen, den »Anker an der Küste der Phänomenologie« zu werfen.[28] Unlösbar nämlich bleibt das »Rätsel« der Erkenntnis, solange das Verhältnis von Transzendenz und Immanenz als ein »ontologisch begründete[r] Gegensatz« betrachtet wird.[29] Lösbar wird es demgegenüber erst dem Phänomenologen.[30] Denn dieser hält sich ausschließlich an die Erkenntnis*erlebnisse*: »Wir verstehen nicht, wie Wahrnehmung Transzendentes treffen kann; aber wir verstehen, wie Wahrnehmung Immanentes treffen kann.« Hier findet die phänomenologische Theorie der Erkenntnis »ein Letztes« – *ihr* Letztes. Denn »Schauen und gar nichts anderes meinen als das, was schauend gefaßt ist, und da noch zu fragen und zu zweifeln, das hat keinen Sinn«. Als eine »Wesenslehre der reinen Erkenntnisphänomene« kann und muß sich Phänomenologie daher an eben die »Denkgestaltungen« halten, »die ich wirklich vollziehe, [...] wofern ich auf sie reflektiere, sie rein schauend aufnehme und setze«.[31]

Egal wie neu, »völlig neu«, dieser phänomenologische »Ausgangspunkt« in Husserls Sicht auch immer sein mag,[32] traditionell bleibt er in der Form. Das demonstriert ein Blick auf die Kernstruktur, die Husserls Ansatz erklärt. Für Husserl nämlich steht auf der einen Seite zwar alles überlieferte Wissen zur Disposition, nicht jedoch steht ihm in Frage, daß eine ›strenge Wissenschaft‹ »auf die letzten Ursprünge zurückgeh[en]« muß. Auch die phänomenologische Architektur benötigt »*ihre* absolut klaren Anfänge«.[33] Auch sie fordert »absolute und zweifellose« ›Gegebenheiten‹, von denen die Forschung ihren Ausgang nehmen soll. So

27 Hua II, *Idee der Phän.*, S. 21f., S. 25 u. S. 29.
28 Hua II, *Idee der Phän.*, S. 31 u. S. 45.
29 Hua II, *Idee der Phän.*, S. 36 und Rudolf Bernet/Iso Kern/Eduard Marbach (1989), *Edmund Husserl. Darstellung seines Denkens*, Hamburg, S. 52.
30 Anm. zum Sprachgebrauch: Sofern nicht eine bestimmte Person – Husserl selbst – gemeint ist, bezieht sich ›*der* Phänomenologe‹ usf. stets auf Angehörige beiderlei Geschlechts.
31 Hua II, *Idee der Phän.*, S. 49f., S. 47 u. S. 30.
32 Hua II, *Idee der Phän.*, S. 24.
33 Husserl (1981), *Phil. als strenge Wiss.*, S. 71.

denominiert sie ihr Untersuchungsfeld als das »Apriori innerhalb der absoluten Selbstgegebenheit«. Nur die ist ihr »fraglos«, »zweifellos«, »eine Sphäre der Ursprünge«, »ein Letztes« – dessen sie bedarf.[34] Kein Zweifel kann daher darüber sein, daß selbst Husserls »Phänomenologie der Erkenntnis«, die doch eine radikale Reform der Denkart beabsichtigt und der es – wie noch zu prüfen – in mancherlei Hinsicht gelingt, die Aporien überkommener Denkmuster herauszustellen, nicht anders als die philosophischen Versuche vor ihr auf einen ›absoluten Anfang‹ setzt. Nur worauf sie rekurriert, gehört ihr genuin zu. Allein *ihr* »Fundament von allem«, so lautet die *Idee*, »ist das Erfassen des Sinnes der absoluten Gegebenheit«.[35] Hier ortet der ›*Absolutismus*‹ Husserls – welchen er seinerseits im übrigen dem ›Relativismus‹ kontrastiert[36] – seinen Einsatzpunkt. Hier offenbart er seine Gestalt: In struktur-logischer Betrachtung geriert sich der phänomenologische Ansatz in der Schranke jener Matrix des Denkens, der nach einem Ersten verlangt. Gleichwohl zielt Husserl über substanzlogische Denkmodi hinaus; nur in der Form konservativ, ist er doch vorsichtiger. Denn die »absolut klar gegebene[n] Sachen« des Bewußtseins,[37] die er zum Startpunkt der phänomenologischen Beschreibung wählt, lassen sich nicht fixieren. Sie sind keine Bestandsstücke der Welt.

Das zeigt sich an der Rolle, welche die ›Intentionalität des Bewußtseins‹ in Husserls Ansatz spielt. Husserl führt sie ein, um ein grundlegendes Problem zu lösen. Denn unter phänomenologischer Anleitung entfiele zwar im »Ausschluß« aller transzendenten Setzungen« auf einen Streich die leidige Frage, »wie Erkenntnis Transzendentes [...], ›Hinausgemeintes‹« treffen kann, doch erwiese sich die phänomenologische Erkenntnislehre zugleich als ein sinnloses Projekt, gelänge es ihr nicht, den in der »Ausschaltung« aller »mitspielende[n] Transzendenz« drohen-den ›Weltverlust‹ abzuwenden und dem neu zu gewinnenden Wissen, Sachhaltig-keit zu garantieren.[38] Wissen, das nicht Wissen *von* der Welt ist, wäre keines. Verstünde sich Husserls Theorie nicht auf eine entsprechende Versicherung, dann fiele sie auf die Stufe eines überwunden geglaubten naiven Idealismus und damit weit zurück hinter das zu ihrer Zeit erreichte Problemniveau der erkenntnis-theoretischen Diskussion. So greift gerade an dieser Stelle die Figur des ›inten-tionalen Bewußtseins‹. Dieser gemäß darf das Bewußtsein, wie es der Phänomeno-loge sieht, nicht als eine abgeschlossene Sphäre veranschlagt werden. Es ist nicht insular. Statt dessen soll es »immer schon bei den Sachen« sein. Keinesfalls nämlich lassen sich die ›Phänomene‹ aus einem fixen Prinzip deduzieren[39] – auch nicht

---

34 Hua II, *Idee der Phän.*, S. 50, S. 9, S. 5, S. 52 u. S. 61.
35 Hua II, *Idee der Phän.*, S. 47 u. S. 9.
36 Hua IX, *Phän. Psych.*, S. 300.
37 Husserl (1981), *Phil. als strenge Wiss.*, S. 71.
38 Hua II, *Idee der Phän.*, S. 5 u. S. 39.
39 Vgl. Hans-Georg Gadamer (1987a), »Die phänomenologische Bewegung« [1963], in: ders., *Gesammelte Werke*, Bd. 3, Tübingen, S. 105–146, hier S. 106.

einem, das dem Denkapparat des Subjekts zugehört. »Die Erkenntniserlebnisse«, das ist hier der entscheidende Gedanke Husserls, »haben eine *intentio*, sie meinen etwas, sie beziehen sich in der oder jener Art auf eine Gegenständlichkeit«.[40] Daher entzieht sich das erkennende Bewußtsein in phänomenologischer Sicht jeder Substantialisierung. Es liegt der Gegenstandsbeziehung nicht voraus. Statt dessen ›lebt‹ es in dieser Beziehung. Es *ist* diese Beziehung. Entsprechend ist es nicht so, »daß immanente Gegebenheiten [...], wie es zuerst scheint, im Bewußtsein so wie in einer Schachtel einfach sind«. Der Erkenntnisgegenstand steckt nicht in der Erkenntnis wie in einem »leere[n] Sack«. Der Gegenstand *konstituiert* sich erst *in* der Erkenntnis.[41] Erkennen ist für Husserl ein lebendiger Prozeß. Das ist die Idee. Bewußtsein und Welt stehen sich nicht passiv gegenüber: In der Figur der »Intentionalität des ›Bewußtseins von‹« führt Husserl zusammen, was zusammengehört: Subjekt und Objekt des Erkennens.[42] Wäre das Bewußtsein nicht ›intentional‹ mit seinen Gegenständen verknüpft, so lieferte die Wahrnehmung nur eine Flut verbindungsloser Impressionen. Insofern spürt Husserls das jedem Erkennen inhärente dynamische Moment. ›Daten‹ können nicht anders, würde man heute sagen, als durch den Vorgang ihrer Interpretation hindurch in unsere Theorien eingehen.[43] Als »Genommenes« nämlich muß verstanden werden, was der Empirismus ein je als Gegebenes unterstellt hat.[44] Was die empiristische Wahrnehmungskonzeption entgegen der heute allgemein anerkannten ›Theoriebeladenheit der Erfahrung‹[45] vernachlässigt und der Idealismus immer nur in vom Philosoph *gesetzten* Subjektstrukturen anzugeben vermochte, Husserl war ihm auf der Spur: Der Erkenntnisvorgang ist ein Aufbauprozeß. Weder im Subjekt und schon gar nicht im Objekt des Erkennens liegt das späterhin Erkannte aller Erkenntnis ›voraus‹. Was Husserl allerdings nicht akzeptieren wollte, ist die beidseitig unmögliche Abschließbarkeit des in Frage stehenden Geschehens. Daher hat die Rede von Husserls »erkenntnistheoretischem Idealismus« hier seine Wurzel.[46] Denn mit der Aufgabenstellung, zu verstehen, »wie das Erfahrungsobjekt kontinuierlich sich konstituiert«, verortet Husserl »die Ursprünge der Objektivität« – auf der bestimmten *einen* Seite – »in der [..] Subjektivität«.[47]

40   Hua II, *Idee der Phän.*, S. 55.
41   Hua II, *Idee der Phän.*, S. 71 u. S. 74f.
42   Husserl (1981), *Phil. als strenge Wiss.*, S. 41.
43   Mary Hesse (1980), *Revolutions and Reconstructions in the Philosophy of Science*, Brighton, S. 172.
44   Nelson Goodman (1990), *Weisen der Welterzeugung*, Frankfurt a.M., S. 18f.
45   Vgl. Norwood R. Hanson (1958), *Patterns of Discovery*. An inquiry into the conceptual foundations of science, Cambridge.
46   Bernet/Kern/Marbach (1989), S. 55.
47   Hua II, *Idee der Phän.*, S. 13 und Hua VII, *Erste Phil. I*, S. 382.

Damit steht der paradigmatische Gehalt des phänomenologischen Ansatzes vorläufig – bezogen auf Husserls frühe ›Idee der Phänomenologie‹ – fest. Absolutistisch ist Husserls Denken noch, weil es auf einen Anfangspunkt setzt. Wer erkenntnistheoretisch auf unmittelbare Evidenz im Vorgang der Wahrnehmung baut, kann eine entsprechende ›Verabsolutierung‹ nicht verhindern.[48] Fortschrittlich ist Husserls Denken demgegenüber in seiner Annäherung an die prozessuale Verwobenheit von Subjekt und Objekt des Erkennens, wie sie im Weltbild der modernen Wissenschaft unhintergehbar geworden ist. Allerdings erklärt Husserl die Weltbezogenheit des erkennenden Bewußtseins nicht aus der praktischen Auseinandersetzung mit und in der ›Welt‹ im Rahmen der Ausbildung der kategorialen Formen der Weltwahrnehmung, wie sie in jeder ontogenetischen Entwicklung neu durchlaufen wird. Der Logik seines Verfahrens gemäß definiert er sie vielmehr zum Vermächtnis der Subjektivität. Wohl sieht er das Bewußtsein in Beziehung zur realen Welt. Es aus deren Kreislauf heraus zu begreifen, das ginge ihm indes zu weit. Insofern folgt die phänomenologische »Wissenschaft vom Radikalen« dem Umbruch im Weltverständnis seiner Gegenwart nicht radikal genug.[49] Gleichwohl überrascht, wie stark die vermeintlich völlig »neue Dimension« der Theorie Husserls wider ihre Selbstbestimmung, nach welcher »keine Rede davon sein kann, es habe die Philosophie [...] sich nach den exakten Wissenschaften methodisch [...] zu orientieren«, die Perspektive der erfolgreichen Naturwissenschaften parallelisiert.[50] Das betrifft nicht nur den bloßen Willen zur ›strengen Wissenschaft‹, sondern insbesondere die theoriekonstitutive Ausrichtung auf ›Erfahrung‹ und ›Methode‹. So fügt sich der »wahre Positivismus« der phänomenologischen »Wissenschaft von den reinen Phänomenen«, die ihren »Antrieb zur Forschung« aus den »Sachen und Problemen« gewinnt, erstaunlich gut in die vom Erfolg der Naturwissenschaften dominierte Geisteshaltung seiner Zeit.[51]

2. Philosophische Erkenntnistheorie: Die Stellung der Phänomenologie

Allein die klassische Naturerfahrung, die sich an die äußeren Sinne hält, klassifiziert Husserl als beschränkt. Entsprechend findet sich hier die Anknüpfungsstelle, an welcher sein genuiner Beitrag die philosophische Reflexion des modernen Weltverstehens voranbringt. Unhaltbar geworden sind im Fortgang der Wissen-

48 Vgl. Hans Köchler (1993), »Husserls transzendentaler Idealismus und Brentanos Erkenntnistheorie. Zum Stellenwert des Evidenzbegriffs im idealistischen System der Phänomenologie«, in: Bäumer/Benedikt (Hg.), S. 93–110, hier S. 94.
49 Husserl (1981), *Phil. als strenge Wiss.*, S. 71.
50 Hua II, *Idee der Phän.*, S. 25.
51 Husserl (1981), *Phil. als strenge Wiss.*, S. 70f. (Herv. F.W.) und Hua II, *Idee der Phän.*, S. 46.

schaft die fundamentalistischen Betrachtungsmuster des überlieferten Denkens: zum Beispiel das empiristische, das die Rekombination der Erkenntnis aus Sinneserfahrungen versucht. Husserl trägt zur Demontage der alten Ansätze bei. Exemplarisch ersichtlich wird dies anhand seiner Kritik an zwei Hauptpositionen der klassischen Erkenntnistheorie: der empiristischen Lösung Lockes (1) sowie Kants transzendentalphilosophischer Erkenntnislehre (2). Wo ist der Ort der Phänomenologie im Vergleich zu diesen zentralen Denkformen der erkenntnistheoretischen Tradition? Klar ist nach dem vorstehenden Abriß der phänomenologischen *Idee*, auf welcher elementaren Matrix die Theoriebildung Husserls fußt. Dementsprechend muß nun angegeben werden, an welchem Platz sie *dort* steht. Wichtig ist hier, daß es insofern weder um historische Einflüsse noch um eine Ahnensuche, sondern vielmehr um den Versuch systematischer Verortung geht.

(1) *Locke.* Bekanntlich stammt von Locke der Grundriß des Erkenntnismodells, das die Problemstellung (nicht -lösung) der Erkenntnistheorie bis heute definiert. »Unser Wissen«, so formuliert sie Locke im ›*Essay*‹, ist »nur insoweit real, als zwischen unseren Ideen und der Realität der Dinge eine *Übereinstimmung* besteht«.[52] Nach dieser Auffassung steht dem Forschenden die Wirklichkeit – die sich in der Erfahrung zeigt – *gegenüber*. Wie Locke die Meisterung der Aufgabe konzipiert, »Ursprung, Gewißheit und Umfang der menschlichen Erkenntnis zu untersuchen«, das muß hier in wenigen Sätzen zusammengefaßt werden:[53] Lockes empiristische Argumentation richtet sich nicht allein gegen die bereits abgelöste Wesenserkenntnis der Metaphysik, sondern insbesondere auch gegen die cartesische Annahme, »daß im Verstand gewisse *angeborene Prinzipien* vorhanden seien«.[54] Ihre Alternative besteht darin, in der Beobachtung der Natur Elementareinheiten der Erkenntnis zu ermitteln. Strukturlogisch geht Lockes Forderung dabei vom vorgefundenen Bestand des Wissens aus und vermeint, letzteres *rechtfertigen* zu können, indem es ihm einen Grund im Sinne einer letzten *Ursache* beistellt. Diese findet der Empirismus Lockes, wie jeder andere, selbstredend im »*Material* des Denkens«, das aus der Erfahrung stammt. Auf diese »gründet sich unsere gesamte Erkenntnis«, schreibt Locke, »von ihr leitet sie sich schließlich her«. Allerdings ist es keinesfalls seine Absicht, die kombinatorischen Leistungen des Verstandes beim Wissenserwerb zu leugnen. Schließlich ist es gerade die Verantwortung, die Einheit des Wissens selbst herstellen zu müssen, welche die neuzeitliche Tradition – und mit ihr Locke – dem Erkenntnissubjekt zumutet. Aber das Lockesche Erkenntnismodell ist noch nicht in der Lage, *ohne* den Rückgriff auf ein ›Fundament‹ auszu-

---

52 John Locke (1981), *Versuch über den menschlichen Verstand* [engl. *An Essay Concerning Human Understanding*, London 1690], 2 Bde., 4. Aufl., Hamburg, IV, 4, § 3 (2.Bd., S. 218).
53 Locke (1981), Einl., § 2 (1.Bd., S. 22).
54 Locke (1981), I, 1, § 1 (1.Bd., S. 29).

kommen. So veranschlagt Locke eine entsprechende Absicherung der Erkenntnis in der Rezeption von Sinneseindrücken. Für Locke muß das ›Wissen‹ in etwas, das ihm vorausliegt, gleichsam in nuce enthalten sein. Er sucht die »Quellen der Erkenntnis, aus denen alle Ideen entspringen, die wir haben oder naturgemäß haben können«.[55] Problematisch bleibt dann nur der Weg, auf welchem letztere ins bzw. zu Bewußtsein gelangen – jedenfalls in diesem Denken.

Dabei setzt der »Rückgang aller Begründung auf die unmittelbaren Vorfindlichkeiten«, wie Husserl den ›Positivismus‹ klassifiziert,[56] auch nur ein Erstes an, wo keines existiert. Vielmehr wird jenes Erste in Lockes Denkmodell nur als Schlußstein einer hierarchisch organisierten Argumentation erzwungen, nach der Wissen wahr - , wenn es aus einem Anfang abgeleitet ist. Wenn sich nun Husserl gegen die Begründungsstruktur dieses Denkens wendet, dann ist das nicht allein eine historische Vergewisserung der eigenen Position. Immerhin erlebt er den »seit Locke's Zeiten vordringende[n] Psychologismus«, wie oben dargelegt, in unmittelbarer Konkurrenz.[57] Außerdem stehen ihm in der Sinnesphysiologie Helmholtz' und der empirischen Psychologie Brentanos Repräsentationstheorien der Wahrnehmung im Geiste Lockes vor Augen, welche die Erkenntnistheorie im Ausgang des neunzehnten Jahrhunderts dominierten.[58] Wie argumentiert Husserl selbst gegen eine Position, die »das Bewußtsein als Komplex von Sinnesdaten deutet und eventuell dann hinterher Gestaltqualitäten heranzieht und sie für die Ganzheit sorgen läßt«?[59] Indem die »Seele« mit einem »seit den Zeiten eines Hobbes und Locke herrschend gewordene[n] Sensualismus [...] als eine eigene reale Sphäre von psychischen Daten, für sich in der abgeschlossenen Einheit eines Bewußtseinsraumes«, gilt,[60] wird gemäß Husserls Analyse eine Frage aufgeworfen, die es in erkenntniskritischer Einstellung nicht geben dürfte. Denn wenn man von einem ›Außen‹ nichts wissen kann, wie soll es dann möglich sein, daß ein ›innen‹ aufgenommener Erfahrungsinhalt objektive Gültigkeit hinsichtlich der externen Welt soll verbürgen können? Deshalb besteht die »widerspruchsvolle Art« Lockes für Husserl darin, »das Dasein einer transzendenten Welt« einerseits vorauszusetzen und »doch andererseits seinen Intuitionismus auf eine methodische Analyse der reinen Gegebenheiten innerer Erfahrung« anzulegen.[61] Daß eine phänomenologische Erkenntnistheorie mit einem empirischen Realismus, wofür die Erkenntnislehre Lockes

55 Locke (1981), II, 1, § 2 (1.Bd., S. 108).
56 Hua III/1, *Ideen I*, S. 66.
57 Husserl (1981), *Phil. als strenge Wiss.*, S. 65.
58 Vgl. Bernhard Rang (1976), »Repräsentation und Selbstgegebenheit. Die Aporie der Phänomenologie der Wahrnehmung in den Frühschriften Husserls«, in: Guzzoni/Rang/Siep (Hg.), S. 378–397, hier S. 378.
59 Hua I, *Cartes. Med.*, S. 13.
60 Hua VI, *Krisis*, S. 234.
61 Hua VII, *Erste Phil. I*, S. 148.

nur ein Beispiel gibt, nichts zu schaffen hat, ist offensichtlich. Für die Lockesche Idee einer »Substanz [...] als der vorausgesetzte, aber unbekannte Träger der Qualitäten, die wir existieren sehen«,[62] als etwas Außersubjektivem also, auf das die Empfindungen der Sinne bezogen werden können, um dieselben nicht zu bloßen Bestimmungen des Subjekts zu machen, hat eine auf Bewußtseinsphänomene gerichtete Forschung keinen Bedarf. Ihr Phänomen ist »keine ›substanzielle‹ Einheit, es hat keine ›realen Eigenschaften‹« und »es kennt keine realen Teile«. Jede Auffassung, die dem »naturwissenschaftlichen ›Vorbild‹« folgt und das »Bewußtsein verdinglich[t]«, lehnt Husserl ab.[63] Insofern läßt der phänomenologische Ansatz die substanzlogische Ausformung der absolutistischen Begründungsstruktur hinter sich zurück. Letztere freilich teilt er mit dem Empirismus. Er lobt sogar »das Große« des empiristischen »Prinzips, auf die Urquellen der Anschauung, der Evidenz zurückzugehen, und das in einem systematischen Verfahren, alle Erkenntnis aus diesen Urquellen klärend«.[64] Nur in der entsprechenden Ausgestaltung zielt Husserl über den Empirismus hinaus.

(2) *Kant.* Vergleichbar tut er das auch in bezug auf den Transzendentalismus Kants, der in der Zeit der Ausbildung und ersten Wirkung Husserls von überragendem Einfluß war. Nicht nur die Universitätsphilosophie stand »auf den Schultern Kants«,[65] auch »im Gebiete der Sozialwissenschaft« schien der »Geist Kants [...]« lebendig geworden« und versprach deren »noch immer schwankenden Fundamente[n ...] eine gesicherte Grundlage«.[66] Zum einen nämlich ist Kants Philosophie diejenige, welche die »Ergebnisse der naturwissenschaftlichen Forschung ernstlich zur Kenntnis nimmt«.[67] Zum anderen stellt sie eine weitere Etappe in der allmählichen Unterhöhlung der tradierten Erklärungsstruktur des philosophischen Denkens dar. Denn die ›Revolution der Denkart‹, die Kant betreibt, steht dafür, »daß die Seele nicht mehr als Substanz in der Wirklichkeit angesehen werden kann«.[68] Gleichwohl kommt auch Kant von der *Struktur* des überlieferten

---

62 Locke (1981), II, 23, § 2 (1.Bd., S. 367).
63 Husserl (1981), *Phil. als strenge Wiss.*, S. 35 u. S. 33.
64 Hua VII, *Erste Phil. I*, S. 146.
65 Schapp (1976), S. 5. Mit Köhnke ist es »nicht zuviel gesagt«, die »Jahrzehnte seit 1860, mindestens aber von 1870 bis zur Jahrhundertwende als ›neukantianische Periode der deutschen Universitätsphilosophie‹« zu bezeichnen. Klaus Christian Köhnke (1986), *Entstehung und Aufstieg des Neukantianismus. Die deutsche Universitätsphilosophie zwischen Idealismus und Positivismus*, Frankfurt a.M., hier S. 385.
66 Otto Gerlach (1899), »Kant's Einfluss auf die Sozialwissenschaft in ihrer neuesten Entwickelung«, in: *Zeitschrift für die gesamte Staatswissenschaft*, S. 644–663, hier S. 663.
67 Stephan Körner (1965), »Zur Kantischen Begründung der Mathematik und der Naturwissenschaften«, in: *Kant-Studien*, 56. Jg., S. 463–473, hier S. 463.
68 Bruno Liebrucks (1970), *Sprache und Bewußtsein*, Bd. 5, Die zweite Revolution der Denkungsart. Hegel: Phänomenologie des Geistes, Frankfurt a.M., S. 363.

Argumentationsverfahrens nicht los. Denn wie Locke die Erkenntnis vom Fixum empirisch gegebener Sinnesdaten aus zu sichern sucht, so probiert dies Kant vice versa im Rückgang auf Formen und Begriffe des Denkens, die er als objektives Moment eines in universaler Gleichheit angenommenen Bewußtseins unterstellt. Wie bekannt, obliegt es Kant zufolge der formenden Aktivität des Subjekts, in eine sonst chaotische Mannigfaltigkeit von Sinnesempfindungen Ordnung zu bringen. Dabei ist es der Philosoph, der diejenigen kategorialen Formen, welche die Konstitution des Erkenntnisgegenstandes leiten, in einem Verfahren transzendentaler Grundlegung deduziert. So stellt Kant zwar das empiristische Verfahren gewissermaßen auf den Kopf und betont, daß seine Analyse logische und nicht psychologische Verhältnisse untersucht,[69] doch unterliegt auch der Erkenntnislehre Kants – nicht anders als derjenigen Lockes – das Hierarchiemodell von Vorgabe und Ableitung. Auch Kants kopernikanische »Umänderung der Denkart«, die fragt, »ob wir nicht [...] besser fortkommen, daß wir annehmen, die Gegenstände müssen sich nach unsere[r] Erkenntnis richten«,[70] weiß sich in ihrem Versuch, Wissen nicht als Ding, sondern als Produkt, als konstituiert zu begreifen, nicht von einem Ersten loszubinden. Auch sie ankert im Constituens. Nur sucht sie das ihre in einem Begriffsnetz, mit welchem der Erkennende dem formlosen Substrat der Welt seiner Erfahrung soll beikommen können. Während die empiristische Erkenntnistheorie noch von einer zeitlich verstandenen Abfolge ausging, in deren Verlauf Wissen auf der Basis von Empfindungselementen erworben und aufgebaut wird, hebt Kant – das ist der Fortschritt – das im Empirismus unterstellte Kausalverhältnis auf und setzt die Begründung des Wissens in einer logischen Ebene an, in welcher es die apriorischen Formen des Denkens sind, die die *Objektivität* des Erkennens ermöglichen.[71] In Kants Verfahren gerinnt nun das von ihm ermittelte transzendentale Subjekt zu einem stillstehenden Vermögen fest gefügter Bestimmungen, die das Gegebene formen. In der Aufstellung eines Regelwerks apriorischer Verstandesbegriffe verabsolutiert Kant aber,[72] was er nur aufgrund zeitbedingter Konventionen für selbstverständlich halten kann. Demgegenüber sieht sich Kant »nach Gesetzen der Vernunft genöthigt, [..] ein letztes Subiekt zu denken; dieses ist substanz«.[73]

69 Vgl. Wolfgang Röd (1988), »Zur psychologischen Deutung der Kantischen Erfahrungstheorie«, in: Oberer/Seel (Hg.), S. 9–26, hier S. 14.
70 Immanuel Kant (1976), *Kritik der reinen Vernunft*. Nach der ersten u. zweiten Original-Ausgabe neu hrsg. von R. Schmidt, Hamburg, S. 23 (B XXII) u. S. 19f. (B XVI).
71 Vgl. Andreas Arndt (1994), *Dialektik und Reflexion. Zur Rekonstruktion des Vernunftbegriffs*, Hamburg, S. 44.
72 Vgl. Paolo Parrini (1994), »On Kant's theory of knowledge. Truth, form, matter«, in: ders. (Hg.), S. 195–230, hier S. 196.
73 Immanuel Kant (1926), *Kant's handschriftlicher Nachlaß*, Bd. IV, Metaphysik, Erster Theil, in: Preußische Akademie der Wissenschaften (Hg.), *Kant's gesammelte Schriften*, Bd. XVII, Berlin/Leipzig, Refl. 4052 (S. 398f.).

Insofern ist sein Verfahren einer invarianten Welt angemessen, die einem Uhrwerk gleich nach starren Gesetzen der Mechanik ›funktioniert‹. In einer geschichtlichen Welt indes, die der Mensch gestaltet und dauernd umgestaltet, ist Kants Apriorismus überholt. Entsprechend haben sich die von ihm deduzierten Prinzipien in der nachkantischen Mathematik und Naturwissenschaft als »entbehrlich« erwiesen.[74]

Entsprechend protestiert allerdings auch Husserl gegen den Rückgang auf Kant. Entschieden begreift er Kants Vorgehen als eine inakzeptable Konstruktion ›von oben‹. Es stellt für ihn »ein konstruktives Denkverfahren« dar und »nicht ein *von unten* aufsteigendes, von Aufweisung zu Aufweisung intuitiv fortschreitendes Verständlichmachen der konstitutiven Leistungen des Bewußtseins«. Selbst Kant, der nichts Empirisches mehr hatte vorgeben wollen, ist ihm »nicht radikal« genug. Von der phänomenologischen Methode jedenfalls, da ist Husserl unzweideutig, »haben Kant und der ganze von ihm abhängige Neukantianismus und Neuidealismus keine Ahnung gehabt«.[75] Damit ist die Frontstellung Husserls komplett. Seit den ›Logischen Untersuchungen‹ birgt Husserls »Phänomenologie der Erkenntnis« Tendenzen, die über die Vorstellungswelt der traditionellen Theoriebildung hinausdrängen. Denn weder will sie »die Erkenntnis, das faktische Ereignis in der objektiven Natur, in psychologischem oder psychophysischem Sinn erklären«, noch hat sie sonst irgend etwas »zu erklären«: »Sie baut keine deduktiven Theorien und ordnet nicht unter solche Theorien«.[76] So dementiert Husserl nicht nur das rezeptive Bewußtsein des Empirismus, sondern auch das ›logische Erkenntnissubjekt‹ Kants.[77] Dementsprechend steht der phänomenologische Ansatz in der Entwicklung der Erkenntnistheorie genau an der Stelle, an welcher das *substanz*logische Begründungsverfahren aufgegeben wird. Husserl lehnt beides ab: sowohl das Zerrbild eines nahezu leeren Kabinetts als auch die Konstruktion eines transzendentalen Korsetts des menschlichen Geistes. Eine ›Erste Philosophie‹, will sie auf eine »radikale Erkenntnistheorie, zurückgehend auf absolute Zweifellosigkeiten«, gerade nicht verzichten,[78] so ist Husserl zu verstehen, braucht einen anderen Anfangspunkt. In einer in hohem Maße als geschichtlich erkannten Wirklichkeit sind »Verabsolutierung[en], die das zu einem für sich [...] selbständig Seienden« machen, was allein in der Prozessualität der Welt entstanden ist, nicht haltbar. Nicht nur diejenige Position, welche die Natur »verabsolutiert«, weist Husserl zurück, sondern auch die der »Geisteswissenschaft«, welche, »indem sie diese Verabsolutierung nicht durchschaut, sondern anerkennt, [..] die Geistigkeit in

---

74 Stephan Körner (1970), *Grundfragen der Philosophie*, München, S. 250.
75 Hua VII, *Erste Phil. I*, S. 197f., S. 379 u. S. 382 (Herv. F.W.).
76 Edmund Husserl (1980), *Logische Untersuchungen*, 2.Bd., Untersuchungen zur Phänomenologie und Theorie der Erkenntnis, I.Teil, 6. Aufl. [¹1901], Tübingen (zit.: *LU II/1*), S. 21.
77 Vgl. Kant (1976), *Kritik der reinen Vernunft*, S. 378a (A 350).
78 Hua VII, *Erste Phil. I*, S. 377. ›Erste Philosophie‹ lautete bekanntlich der Titel einer von Husserl im Wintersemester 1923/24 in Freiburg gehaltenen Vorlesung.

der Welt als einer an der absoluten Natur irgendwie hängenden, als psychophysischen Annex [verabsolutiert]«.[79]

Mit diesen Überlegungen ist Husserls Ansatz freilich nur negativ abgegrenzt und kaum positiv bestimmt. Es ist klar, daß letzterem erst die sorgfältige Analyse der phänomenologischen Methodik vorausgeschickt werden muß (Kap. II). An dieser Stelle ist entscheidend: In strukturlogischer Hinsicht betreibt Husserls phänomenologische Theorie die Ablösung des statisch-formalen Subjektbegriffs, wie er seit Kant Gültigkeit hatte. Fortschrittlich ist Husserl darin, daß er anstelle des kategorialen Apparats eines abstrakten Ich ein konkretes und gleichsam ›lebendiges‹ Bewußtsein fokussiert.[80] Denn dadurch gibt Husserl – im Prinzip – den Weg frei zur empirischen Analyse des menschlichen Subjekts. Daß das Bewußtsein entsprechend dem phänomenologischen Konzept der Intentionalität, wie gesehen, stets Bewußtsein ›von etwas‹ ist, soll verbürgen, über die klassische Entgegensetzung von Subjekt und Objekt und damit zugleich über die statische Erkenntnisauffassung von Empirismus und Transzendentalphilosophie hinaus zu sein. Grundsätzliche Zweifel hegt Husserl an der gesamten Tradition, die das Erkennen »nach dem Modell des Sehens« konzipiert hat[81] – und beharrt doch weiter auf der nach Fundamenten ringenden Strategie, die deren Denken organisiert.

Gerade deshalb kommt es im folgenden verstärkt darauf an, nach den vorstehenden Ausführungen, die eher abgrenzenden Charakter haben, nun die methodologischen Konsequenzen, die Husserls Ortsbestimmung folgen, genauer zu erläutern. Immerhin intendiert sie eine Forschungsweise in veränderter Einstellung. Das ist bereits klar. Sie geht nicht mehr aus vom Faktum Welt, das dem erkennenden Subjekt zur Erklärung aufgegeben ist. Die Welt, einmal zum Problem geworden, rückt ihr in eine neue Perspektive. Die Konvergenz all dessen, was ist, aufs Subjekt ist in den ›Sachen selbst‹ der phänomenologischen Theorie total. Zu studieren bleiben ihrem Ansatz zufolge allein die in der Immanenz des Bewußtseins vorfindlichen Phänomene. Dort soll es den sicheren Anfang geben. Damit ist, was an der Schwelle zur Neuzeit am cartesischen Wendepunkt begonnen wurde, in Husserls Erkenntnistheorie radikal vollendet. Ohne jeden Rest ist die ›Wirklichkeit‹ in der »phänomenologischen Tradition [...] auf die Subjektivität überführt«.[82] Gleichwohl ist Husserls Denkart zu seiner Zeit fortschrittlich darin, in der Analyse der Wirklichkeitskonstitution kein *vorgegebenes* Fundament gelten zu lassen. Weder bei Empfindungselementen noch bei den vom Kantischen Idealismus konstruierten

79 Hua IX, *Phän. Psych.*, S. 376.
80 Vgl. z. B. Hua I, *Cartes. Med.*, S. 70.
81 Richard Rorty (1987), *Der Spiegel der Natur. Eine Kritik der Philosophie*, Frankfurt a.M., S. 165.
82 Peter Gross (1975), »Produktion und Konstitution. Zum Verhältnis von politischer Ökonomie und phänomenologischer Soziologie«, in: *Internationales Jahrbuch für Wissens- und Religionssoziologie*, 9, S. 8–31, hier S. 12.

transzendentalen Strukturen des Subjekts kann angesetzt werden. Über solche
Substantialisierungen ist Husserl hinaus. Husserl ist der Kritiker jedweder »Verdinglichung«.[83]

---

83   Hua VI, *Krisis*, S. 234.

II. Die phänomenologische Methodik: Denken vom Vorrang des Ich

Damit steht Husserls Denken unter der Vorgabe, einerseits einen sicheren Ansatzpunkt sowie eine Exaktheit zu erreichen, die derjenigen der Naturwissenschaften in nichts nachsteht, andererseits aber all die Selbstverständlichkeiten der Tradition aufzugeben, die in der Dynamik des Wirklichen keinen Platz mehr finden. Um Husserls Lösung einsichtig zu machen, führt – bei aller Beschränkung – kein Weg vorbei am Gang durch die Untiefen des phänomenologischen Methodenarsenals. Man kann ein Denken nicht verstehen, ohne seine Instrumente zu prüfen. Gleichwohl trägt die Mühe ihren Lohn: Einsichtig wird der Denkmodus des phänomenologischen Forschens in seiner Struktur (Kap. II,4.,b). Doch zuvor sind diejenigen basalen Verfahrensweisen wenigstens zu skizzieren (II,1.), die Husserl entwirft, um den Gegenstand seiner Forschung freizulegen und deren Ziel zu erreichen (II,2.). Sodann ist das Problem der Realität zu diskutieren – das nicht nur von zentraler Bedeutung ist, sondern auf seiten der Interpretation auch zahlreiche Mißverständnisse evoziert (II,3.). Im Anschluß kommt einer Zwischenbetrachtung die Aufgabe zu, die phänomenologische Theorie strukturlogisch zu fassen und eine Ortsbestimmung zu versuchen (II,4.). Noch bevor in den für einige Abschnitte notwendig werdenden mikrologischen Analysen aber der Weg dorthin aufgenommen werden kann, ist aus Gründen der Orientierung zunächst zu umgrenzen, wie es in der cartesischen Tradition noch einmal dazu kommen konnte, eine »völlig neue Methode« – im Primat der Ich-Subjektivität – zu verlangen.[84]

Denn wie Husserl an allem zuhandenen Wissen zu zweifeln und dessen Kontingenz herauszustellen, das ist nicht neu. Es ist ja nur der logische Grund für die Entstehung des Erkenntnisproblems. Die faktischen Gründe der historischen Entwicklung indes, die das Denken an die entsprechende Problemstellung heranführte, liegen anderswo. Wie einleitend erläutert, waren es die praktische Veränderung wie die experimentelle Erforschung der Natur im Übergang zur Epoche der Neuzeit, die deren Wissenschaft zu der Einsicht brachten, ihre Einheit nicht wie die Antike im Kosmos und auch nicht mehr wie das Mittelalter in einer göttlichen Weltordnung aufzusuchen.[85] Schließlich kann sich der Mensch, der nicht mehr vor der

---

84 Hua II, *Idee der Phän.*, S. 24.
85 Vgl. Kurt Hübner (1982), »Die Einheit der Wissenschaft in neuer Sicht«, in: Good (Hg.), S. 58–84, hier S. 58.

ruhenden Schöpfung steht, sondern an und in derselben arbeitet, nicht dabei
bescheiden, nach dem Sinn einer in sich konsistenten, wohlgeordneten Welt
Ausschau zu halten. Entsprechend hatte sich das Augenmerk der frühneuzeitlichen
Forschung auf die Konstruktion einer als Beziehungsgefüge verstandenen *Natur* zu
richten – so daß Eingriffe in dieselbe erst denk- und machbar hatten werden können.[86] Einen metaphysischen Seinsgrund hinter den Dingen aufzuspüren, das
vertrug sich nicht länger mit der Erfahrung einer Welt, die mitgestaltet werden
konnte. Sollte das neu erworbene Wissen aber nicht wie das überlieferte alte mit
dem Zweifel belegt und der immer öfter konstatierten ›Kontingenz‹ überantwortet
werden, so blieb dem Denken seiner tradierten Struktur nach nur ein Weg. Wer
eine Absicherung der Erkenntnis nur mittels eines das Wissen von allem Anfang an
bereits in nuce bergenden Grundes denken kann, für den existiert unter den
Erkenntnisbedingungen der Neuzeit allein die Möglichkeit, einen solchen intern,
im Subjekt, aufzusuchen. Von wo aus sonst hätte die Einheit der Wissenschaft wie
die Objektivität der Erkenntnis rückgewonnen werden sollen?

Seinen markantesten Ausdruck fand das Theorem des auf den Menschen konvergierenden Wissens zunächst in den Meditationen Descartes'. Denn nach Anwendung des methodischen Prinzips, »an allem, was ich früher für wahr hielt, zu zweifeln«,[87] blieb Descartes nichts als die lapidare Feststellung der Existenz des *cogito*
– desjenigen Punktes, von welchem das Denken der Neuzeit seinen Ausgang hat
nehmen müssen. Zurechnungspunkt des Wissens, so fordert es die cartesische Reflexion, ist das Subjekt. Überführt auf den Menschen wird die ›Welt‹. Insofern ist die
von der Phänomenologie reflektierte Konstitution von ›Wirklichkeit‹ keine Besonderheit. Der Rekurs aufs Subjekt ist ihre Erfindung nicht. Husserl übernimmt ihn
nur. Aber er übernimmt ihn radikal. Das ist die eine Orientierungsmarke seiner
Theoriegründung. Die andere folgt dem Zwang seines theorietechnischen
Absolutismus. So setzt Husserls *methodisches* Denken seiner Form nach auf ein
Verfahren, aus dem das Bedürfnis nach einem gesicherten Anfang spricht: von dem
aus sich alles Unbekannte soll erschließen und in technischer Prozedur auf das
bereits Bekannte und im Ausgang Enthaltene rückführen lassen. Verständlich wird
insofern, daß auch Husserls »Erste Philosophie«, die den Problembestand des
Wissens ihrer Zeit aufnehmen muß, sich als »Wissenschaft von der Methode«
erklärt, mittels der sich »das Kontingente jeder Art« soll ausschalten lassen
können.[88] Ihrer *Idee* zufolge *ist* sie sogar »vor allem eine Methode und Denkhal-

---

86   Vgl. Wolfgang Krohn (1977), »Die ›Neue Wissenschaft‹ der Renaissance«, in: Böhme/van
     den Daele/Krohn, S. 13–128, hier S. 63.
87   René Descartes (1976), *Meditationen über die Grundlagen der Philosophie*, Hamburg, S. 19.
88   Edmund Husserl (1959), *Erste Philosophie (1923/24)*, Zweiter Teil: Theorie der phänomenolo-
     gischen Reduktion, hrsg. von R. Boehm, Haag (zit.: Hua VIII, *Erste Phil. II*), S. 249.

tung«.[89] Methodisch sucht Husserl nach sicherem Grund. Doch weiß er bereits, wie oben festgestellt, daß jener kein cartesischer Startpunkt ist, von dem ausgehend sich »durch ein logisch bündiges Schlußverfahren die übrige Welt [...] erschließen« ließe.[90] Das ›Ego cogito‹ der Phänomenologie, schreibt Husserl, ist nicht »Prämisse oder Prämissensphäre [...], um aus ihr die übrigen Erkenntnisse [...] in absoluter ›Sicherung‹ zu deduzieren«.[91] Dennoch muß der Ausgangspunkt auch für ihn in »apodiktisch[er] Evidenz« gegeben sein. Darin ist die Struktur der Argumentation Husserls absolutistisch. »Absolut fest gesichert« muß der Einstiegspunkt sein, von welchem aus der »anfangende[n] Philosophie« zu einem »apodiktisch gesicherten Weiterbau« verholfen werden kann. Dabei verlangt Husserl nicht einmal nur »Seinsgewißheit« als Kriterium der geforderten Evidenz. Sogar eine zugehörige »Unausdenkbarkeit des Nichtseins derselben« soll durch Reflexion enthüllt werden können.

Wenn nun Husserl insofern die Untersuchung des Erkenntnisproblems gemäß der von ihm geforderten Zweifellosigkeit aber analog der erkenntnistheoretischen Tradition in der okularen Metaphorik des »unmittelbaren ›Sehen[s]‹«,[92] des »reinen Schauens und Fassens«, veranschlagt, nach der auch der phänomenologische Philosoph sich, gleichsam passiv, die unmittelbare *Evidenz* der ›Sachen selbst‹ hat geben zu lassen, dann ist selbstredend auch von dort kein Schluß auf eine transzendente Wirklichkeit ›hinaus‹ zugelassen. Die Erforschung von Phänomenen, welche »absolut gegeben« sind,[93] ist, wie dargetan, auf den Verzicht verpflichtet, auf eine externe Welt zu *schließen*. Dort darf sie *ihr* Fundament nicht suchen. Sie muß sich jeder Aussage über Äußeres enthalten. Nicht weniger als das verlangt der Versuch, die Erneuerung der Philosophie vom neuzeitlichen Vorrang des Geistes aus in Angriff zu nehmen. Verwehrt ist es dieser, den Aufbauprozeß von Erkenntnis am Exempel eines *in der Welt* agierenden Subjekts zu analysieren. Beim ›reinen Schauen‹ beginnend, gleichwohl nach Erstem verlangend, ist die phänomenologische Forschung gehalten, ausschließlich auf die subjektive Immanenz des Bewußtseinslebens rückzufragen. »Ich ändere also [...] mein thematisches Interesse«, schreibt Husserl, »und *sehe* mir jetzt diesen ganzen subjektiven Prozeß an [Herv. F.W.]. Diesen mache ich mir *ausschließlich* zum Thema.« Dabei darf der forschende

---

89 Hua II, *Idee der Phän.*, S. 23. Für Funke (1976) ist Husserls Philosophie entsprechend »Methodenwissenschaft«. Gerhard Funke (1976), »Seinsgebundenheit der Erkenntnis und phänomenologische Kritik«, in: *Dialectics and Humanism*, Bd. 3/1, S. 73–89, hier S. 87.

90 Edmund Husserl (1974), *Formale und transzendentale Logik*. Versuch einer Kritik der logischen Vernunft, hrsg. von P. Janssen, Den Haag (zit.: Hua XVII, *Logik*), S. 235.

91 Hua VI, *Krisis*, S. 193.

92 Hua III/1, *Ideen I*, S. 43. Entsprechend gilt es in den ›Cartesianischen Meditationen‹ als phänomenologische Aufgabe, »nichts zur Aussage [zu] bringen, was wir nicht selbst *sehen*«. Hua I, *Cartes. Med.*, S. 64.

93 Hua II, *Idee der Phän.*, S. 30f.

Phänomenologe, »auf die subjektiven, die immanenten Bestände gerichtet«,[94] auch diese nicht vorschnell empirisch verstehen. Das führte ja nur zu jener Art »Verdinglichung«, wie sie Husserl der »empiristische[n] Psychologie« vorwirft.[95] Phänomenologie muß von »jede[r] existenziale[n] Mitsetzungsbeziehung« absehen, »sei es auf das empirische Ich oder auf eine reale Welt«.[96] Befreien soll sie von der Verabsolutierung der Welt wie jeder Religion der Fakten. Genau dazu ist für Husserl eine ›radikal neue‹ Methodik verlangt.

1. Das Verfahren der Phänomenologie:

a) Transzendental-phänomenologische Epoché und Reduktion

Diese Methodik nimmt in einer ihrer Verfahrensweisen bei einer Einstellungsänderung ihren Ausgang, welche in den ›*Ideen*‹ als »phänomenologische ἐποχή« eingeführt ist.[97] Epoché zu üben, soll heißen, die »Generalthesis der natürlichen Einstellung« außer Kraft zu setzen. Die ganze »Welt der natürlichen Einstellung: Ich und meine Umwelt«, die »Welt im gewöhnlichen Wortsinn«, die »immerfort für mich da [ist], solange ich natürlich dahinlebe«,[98] und auf der auch die traditionelle Wissenschaft wie selbstverständlich gründet, soll durch die »Methode der Einklammerung«, wie Husserl sagt, »außer Aktion« gesetzt werden: »Wir ›schalten sie aus‹, wir ›klammern sie ein‹.«[99] Das bedeutet zum einen, sich jeder Spekulation über die reale Existenz der jeweils betrachteten ›Dinge‹ zu enthalten. Es impliziert zum anderen eine historische Einklammerung. Auch alles tradierte Wissen der auf die »natürliche Welt bezüglichen Wissenschaften« soll außer Geltung gesetzt werden. Denn wie könnte Husserl anders eine neue ›erste Philosophie‹ versprechen? Nachdem sich seine Suche nach einem unumstößlichen Ausgangspunkt des erkenntnistheoretischen Reflektierens weder bei den Sinnesdaten des Empirismus noch bei Kants transzendentalen Ingredienzen des Geistes hatte beruhigen können, sein entsprechendes Verlangen aber bleibt, ist Husserl gezwungen, die Analyse zu radikalisieren. Anders ist das verlorengegangene Erste nicht rückzugewinnen. Freilich sieht Husserl selbst den Zwiespalt, auf welchen die Phänomenologie zuläuft, indem sie die Aussperrung allen bisherigen Wissens, alles Faktischen schlechthin, zum ersten Gebot erklärt. Denn »was kann denn übrig

94   Hua IX, *Phän. Psych.*, S. 192 u. S. 188.
95   Hua VI, *Krisis*, S. 234.
96   Hua II, *Idee der Phän.*, S. 75.
97   Hua III/1, *Ideen I*, § 32 (S. 65).
98   Hua III/1, *Ideen I*, S. 56 u. S. 59.
99   Hua III/1, *Ideen I*, S. 65 u. S. 63.

bleiben«, fragt er rhetorisch, »wenn die ganze Welt, eingerechnet uns selbst mit allem cogitare, ausgeschaltet ist?«[100] Doch ist es alles andere als der Skeptizismus, in den Husserl führen will. Das läßt die rastlose Suche nach sicherem Grund, auf den ihn der Strukturzwang der phänomenologischen Denkweise verpflichtet, nicht zu. So fordert Husserl die methodische Durchführung derjenigen Operationen, welche in »verschiedene[n] Schritte[n] der ›Ausschaltung‹ [und] ›Einklammerung‹« ihr Ziel anvisieren. Er tut das in einer Absicht, die im vorhinein dasjenige determiniert, was die »phänomenologische Reduktion« – wie er das angegebene Verfahren auch bezeichnet – überdauert. Schließlich ist klar, von welcher Qualität das sein muß, was zu finden ist. Erstrebt ist ein Sicherungspunkt. Gesucht wird im Subjekt. Insofern überrascht es nicht, daß die strikte Befolgung der ersten Schritte der phänomenologischen Prozedur zur Einsicht bringen kann, »daß Bewußtsein in sich selbst ein Eigensein hat, das in seinem absoluten Eigenwesen durch die phänomenologische Ausschaltung nicht betroffen wird«. Was hier »als eine prinzipiell eigenständige Seinsregion« in der Durchführung des Reduktionsverfahrens freigelegt wird, zeigt nur, unter welcher Ägide letzteres ersonnen ist: Wenn alles Wissen auf den Menschen konvergiert, dann kann die erstrebte Sicherungsstelle absoluter Evidenz nur in der Erforschung der Subjektivität zu finden sein – und koste es die ›Welt‹. So ist Husserl zu verstehen. Daß der gesuchte Anfang nach Kant nicht in einem empirischen Sinn verstanden werden kann, braucht kaum gesagt zu werden. Entsprechend ist das, was die Verfahrensweisen der Epoché und transzendentalen Reduktion als ein »phänomenologisches Residuum« übersteht, das »reine« oder auch »transzendentale Bewußtsein«. Husserl bestimmt es zum Forschungsfeld der Phänomenologie.[101]

b) Eidetische Reduktion

Allerdings ist das Verfahren komplizierter, als es die bisherige Darstellung nahelegt. Denn nach der »phänomenologischen Ausschaltung der Welt«,[102] um die es bisher ging, ist der Forschungsgegenstand der Phänomenologie nicht unmittelbar gegeben. Der phänomenologische ›Anfang‹ ist aus seiner empirischen Schale nicht in gleicher Umstandslosigkeit zu extrahieren, wie die Sinnesdaten des Empirismus ›gegeben‹ sein sollen. Diesbezüglich besteht die entscheidende Differenz darin, daß für Husserl »direkte Erfahrung [...] doch nur singuläre Einzelheiten und keine All-

---

100 Hua III/1, *Ideen I*, S. 66.
101 Hua III/1, *Ideen I*, S. 68f.
102 Hua III/1, *Ideen I*, S. 128.

gemeinheiten« ergibt.[103] Daher gehört zur transzendental-phänomenologischen Reduktion, welche das Gegebene der weiteren Untersuchung als ein ›Phänomen‹ übergibt, unabdingbar eine Gestalt der Reduktion, die die empirische Faktizität auf ihren Wesensgehalt reduziert.[104] Möglich soll es dadurch werden, »transzendental reduzierte Einzelphänomene [...] als Exempla wesensmäßiger Allgemeinheiten zu erfassen«.[105] Um aber »über die individuellen Verläufe des reinen Bewußtseins hinaus[zukommen]«, ist für Husserl, wie Ingarden schreibt, eine Reduktionsform notwendig, »die sozusagen an zweiter Stelle steht« und die transzendentale unterstützt.[106] Deren Reinigung von allem Weltlichen unterstützt die eidetische Reduktion, indem sie den gegebenen Tatsachen ihr ›Eidos‹ entlockt. »Individuelles Sein jeder Art ist [...] ›zufällig‹. Es ist *so*«, formuliert Husserl zu Beginn der ›*Ideen I*‹ und fügt hinzu: »Es könnte seinem Wesen nach anders sein.« Daher muß die phänomenologische Wesensanschauung die »erfahrende Anschauung«, die es mit ›individuellen‹ Gegenständen zu tun hat, übersteigen.[107]

Der Naturforscher ist auf »erfahrungsmäßiges Dasein« angewiesen; der Geometer hingegen, das ist ein beliebtes Beispiel Husserls zur Erläuterung der Wesensforschung, ergründet »nicht Wirklichkeiten, sondern ›ideale Möglichkeiten‹, nicht Wirklichkeitsverhalte, sondern Wesensverhalte«. Dabei soll es so sein, daß für die »eidetisch[e] Wissenschaft« auf der einen Seite zwar »jede Einbeziehung von Erkenntnisergebnissen empirischer Wissenschaften prinzipiell« ausgeschlossen ist, jede »Tatsachenwissenschaft (Erfahrungswissenschaft)« auf der anderen Seite aber »wesentliche theoretische Fundamente in eidetischen Ontologien« hat.[108] Wie diese allerdings zu gewinnen sind, ist damit nicht gesagt. Am besten findet sich das bezeichnete Reduktionsverfahren in den Untersuchungen zu ›*Erfahrung und Urteil*‹ dargelegt, die erst postum herausgegeben wurden. Dort ist die »freie Variation« als

---

103 Hua III/1, *Ideen I*, S. 44f. Diese Distanzierung Husserls tangiert nicht seine Wertschätzung der empiristischen respektive positivistischen Auffassung. Schließlich bekennt er sich im angegebenen Zusammenhang selbst als »echten Positivisten« – sofern »›Positivismus‹ soviel wie absolut vorurteilsfreie Gründung aller Wissenschaften auf das ›Positive‹, d.i. originär zu Erfassende«, besagt.

104 Husserl geht zwar an verschiedenen Stellen auf weitere Formen und Abschattungen des Reduktionsverfahrens ein – immerhin sollen »die gesamten bisherigen Denkgewohnheiten« ausgeschaltet werden –, doch gilt ihm die oben zuerst vorgestellte auch als die erste und wichtigste. Vgl. Hua III/1, *Ideen I*, Zweiter Abschnitt, Viertes Kapitel (»Die phänomenologischen Reduktionen«), hier S. 5 bzw. S. 130; Hua VIII, *Erste Phil. II*; Hua I, *Cartes. Med.*, § 11; Hua VI, *Krisis*, § 39ff.

105 Elisabeth Ströker/Paul Janssen (1989), *Phänomenologische Philosophie*, Freiburg/München, S. 89.

106 Roman Ingarden (1992), *Einführung in die Phänomenologie Edmund Husserls*. Osloer Vorlesungen 1967 (Gesammelte Werke, Bd. 4), Tübingen, S. 188.

107 Hua III/1, *Ideen I*, S. 12 u. S. 14 (Herv. F.W.).

108 Hua III/1, *Ideen I*, S. 21–23.

ein erster Schritt innerhalb der »Methode der Wesenserschauung« angegeben. In der »Abwandlung einer erfahrenen oder phantasierten Gegenständlichkeit zum beliebigen Exempel« soll durch sie die »Erzeugung einer offen endlosen Mannigfaltigkeit von Varianten« erreicht werden.[109] Dabei zielt diese Unternehmung darauf, ein »invariables Was«, das gesuchte »allgemeine Wesen«, zu entdecken. Entsprechend glaubt Husserl, daß in den methodisch durchgeführten »freien Variationen eines Urbildes, z. B. eines Dinges, in Notwendigkeit eine Invariante erhalten bleibt als die notwendige allgemeine Form, ohne die ein derartiges wie dieses Ding, als Exempel seiner Art, überhaupt undenkbar wäre« – eben so, wie sich »im Wandel der ›beliebigen‹ Varianten« verschiedener roter Farben ein »kongruierende[s] Eidos Rot als das Gemeinsame« gewinnen läßt.[110] Die hier eingeschlagene methodische Strategie ist daher eine, mit welcher der Weg »von jeder konkreten Wirklichkeit [...] in das Reich [...] des apriorischen Denkens« genommen werden kann.[111] Insofern gibt sie ein weiteres Zeugnis dafür, welchen Weg Husserl einschlägt.

Da die *transzendentale* Reduktion andererseits indifferent demgegenüber ist, ob sie an empirischen oder eidetischen Sachverhalten in Ansatz gebracht wird,[112] und es durchaus ihre Aufgabe sein kann, auch das singuläre Faktum zum transzendentalen Phänomen zu machen, sind eidetische und transzendentale Reduktion in der einen Hinsicht so verschieden wie sie – in der anderen – als Momente der phänomenologischen Methode zusammengehören.[113] Die eidetische Reduktion ist die, die von der Faktizität des Empirischen freimachen soll und die auf ein ›Was‹ hin ausgerichtet ist, während das transzendentale Untersuchungsinteresse die »Konstitution, den strukturellen Aufbau, des ›Wie‹ zum Thema hat«.[114] Demgegenüber gelingt es mittels der oben zuerst dargestellten transzendentalen Epoché, der für den Gesamtvorgang der phänomenologischen Reduktion unabdingbaren Eingangsbedingung Genüge zu tun. Denn sie dient dazu, sich von der natürlichen Einstellung ab- und auf den »›Blickstrahl‹ des reinen Ich« hin umzuwenden[115] – so daß

109 Edmund Husserl (1985), *Erfahrung und Urteil*. Untersuchungen zur Genealogie der Logik, hrsg. von L. Landgrebe, 6. Aufl., Hamburg (zit.: *Erfahrung u. Urteil*), § 87 (S. 410ff.).
110 Husserl (1985), *Erfahrung u. Urteil*, S. 411 u. S. 418.
111 Husserl (1985), *Erfahrung u. Urteil*, S. 428.
112 Vgl. Paul Janssen (1976), *Edmund Husserl*. Einführung in seine Phänomenologie, Freiburg/ München, S. 96.
113 Vgl. Ströker/Janssen (1989), S. 88f.
114 Cornelis A. van Peursen (1962), »Die Phänomenologie Husserls und die Erneuerung der Ontologie«, in: *Zeitschrift für philosophische Forschung*, Bd. 16, S. 489–501, hier S. 491.
115 Hua III/1, *Ideen I*, S. 211.

Husserl die transzendentale Reduktion als eine durch die Epoché »ermöglichte Leistung« bestimmen kann.[116]

2. Husserls Ziel: Phänomenologie des Bewußtseins

Diese ist nicht ohne Ziel. Das darf im Zusammenhang der hier nur umrissenen Beschreibung der phänomenologischen Methodik nicht vergessen werden. In erster Linie ist die Reduzierung des »natürliche[n] menschliche[n] Ich [...] auf das transzendentale« der Prozeß, den durchzuführen und zu verfolgen, die Ausgestaltung der verschiedenen Verfahrensweisen, wie sie Husserl in immer wieder neuen Anläufen unternimmt, unterrichten soll.[117] »Durch die phänomenologische Reduktion«, so wiederholt Husserl in den ›Ideen I‹ selbst, »hatte sich uns das Reich des transzendentalen Bewußtseins als des in einem bestimmten Sinn ›absoluten‹ Seins ergeben«. Gleichzeitig eröffnet er damit ein Kapitel, in dem es ihm um die »allgemeinen Strukturen des reinen Bewußtseins« geht – und die zu erforschen, ist Zweck der Methoden, die im Prinzipat der Subjektivität entworfen sind. Was vermag die phänomenologische Forschung insofern ans Licht zu bringen?

An erster Stelle ist hier die »Intentionalität« zu nennen, die »Bewußtsein im prägnanten Sinne charakterisiert«.[118] In dieser Denkfigur, also dem Sachverhalt, daß »Bewußtsein eo ipso auf etwas hindeutet, wovon es Bewußtsein ist«, erledigt sich für Husserl die Grundproblematik der erkenntnistheoretischen Tradition. Gemäß der Erklärungsstruktur seines Ansatzes definiert er in ihr den Weltbezug der Erkenntnis zum Prädikat der Subjektivität. Gleichwohl deutet sich im Vermögen des ›intentionalen Bewußtseins‹ Husserls Einsicht an, daß es im Weltverständnis

---

116 Hua VI, *Krisis*, § 41 (S. 154f.). Vgl. auch Michael Theunissen (1977), *Der Andere*. Studien zur Sozialontologie der Gegenwart, 2. Aufl., Berlin/New York, S. 27f. Dagegen sieht zum Beispiel Ströker (1987a) gerade umgekehrt »in der *transzendentalen Reduktion die Maßnahme* [...], welche in die transzendentale *Einstellung* der *Epoché* [...] führt«. Elisabeth Ströker (1987a), *Husserls transzendentale Phänomenologie*, Frankfurt a.M., S. 70.
In der Tat verwendet Husserl die beiden Termini, Epoché und Reduktion, meist nicht in der oben angegebenen Differenzierung, sondern annähernd synonym. Vgl. Antonio Aguirre (1970), *Genetische Phänomenologie und Reduktion*. Zur Letztbegründung der Wissenschaft aus der radikalen Skepsis im Denken E. Husserls, Den Haag, insbes. S. VII, sowie Janssen (1976), S. 66.
Vgl. zu – den oben vorgenommenen – entsprechenden Unterscheidungen von Epoché, transzendentaler, eidetischer und phänomenologischer Reduktion aber auch Ludwig Landgrebe (1963), *Der Weg der Phänomenologie*. Das Problem einer ursprünglichen Erfahrung, Gütersloh, S. 43, Anm. 1 sowie Elling Schwabe-Hansen (1991), *Das Verhältnis von transzendentaler und konkreter Subjektivität in der Phänomenologie Edmund Husserls*, Oslo/München, S. 65.
117 Hua I, *Cartes. Med.*, S. 11.
118 Hua III/1, *Ideen I*, S. 158f. u. S. 187.

seiner Gegenwart nicht länger angeht, Subjekt und Objekt des Erkennens einander entgegenzusetzen. Anders als die programmatische Formulierung birgt die detaillierte Beschreibung derjenigen Prozesse, in denen die »Konstitution der Bewußtseinsgegenständlichkeiten« zustande gebracht wird, für Husserl jedoch die »allergrößten Probleme«.[119] Schließlich darf die phänomenologische Methodik im Unterschied zu Wissenschaft *und* Alltagsleben weder in ›Repräsentationen‹ gegebene Objekte akzeptieren, noch darf sie auf eine vorgegebene Innenarchitektur des Geistes rekurrieren, aus welcher sich der Gegenstand des Erkennens gleichsam ableiten ließe. So kann das vom Phänomenologen fokussierte ›reine Bewußtsein‹ nicht das empirische sein, für das die transzendente Welt existiert. Entsprechend stellt Husserls »Phänomenologie des Bewußtseins« der Grundidee der Intentionalität die Unterscheidung von Noesis und Noema bei,[120] welche helfen soll, über die Aporien des überkommenen Erkenntnismodells der Tradition hinwegzukommen, ohne deren Problemniveau zu unterlaufen. Während sich die eine auf das »konkret vollständige intentionale Erlebnis« bezieht, ist es Aufgabe des anderen, zu markieren, was im erstgenannten, im Erlebnis, liegt.[121] Den bereits »transzendental reduzierte[n] Gegenstand, das vermeinte Gegenständliche als solches« soll das ›Noema‹ als den gedachten Gegenstand oder als ein ›intentionales Korrelat‹ nicht minder vom denkenden Akt wie vom vermeintlich ›realen‹ Gegenstand abheben.[122] So richtet sich die »primäre Einstellung [...] auf das Gegenständliche«, während sich die phänomenologische *reflexiv* zeigt und in der Form der »noematische[n] Reflexion [...] auf die noematischen [...] Bestände« führt. Dabei hat das Noema »durch den ihm eigenen ›Sinn‹« eine Beziehung zum Gegenständlichen. Denn »jedes Noema«, so Husserl, »hat einen ›Inhalt‹, nämlich seinen ›Sinn‹, und bezieht sich durch ihn auf ›seinen‹ Gegenstand«.[123] Allerdings unterscheidet Husserl »in noematischer Hinsicht zweierlei Gegenstandsbegriffe« und hebt den einen als »pure[n] Einheitspunkt«, als »noematische[n] ›Gegenstand schlechthin‹«, vom *Sinn* als dem »Gegenstand im Wie seiner Bestimmtheiten« ab.[124] Der Sinn einer Wahrnehmung, das muß sich der Phänomenologe klarmachen, gehört dieser notwendig zu. Nur ein »Baum schlechthin« kann abbrennen, »der Sinn aber [...] kann nicht abbrennen«. Nur in der natürlichen Einstellung ist »uns der Apfelbaum ein Daseiendes in der transzendenten Raumwirklichkeit« und nur hier ist es möglich, dies zu bezweifeln. In der phänomenologischen Einstellung hingegen wird die transzendente Welt, wie gesehen, in Klammern gesetzt. Da gibt es nicht den äuße-

---

119 Hua III/1, *Ideen I*, S. 194 u. S. 196.
120 Husserl (1981), *Phil. als strenge Wiss.*, S. 23.
121 Hua III/1, *Ideen I*, S. 222.
122 Vgl. Janssen (1976), S. 83 und Bernet/Kern/Marbach (1989), S. 93.
123 Hua III/1, *Ideen I*, S. 342 u. S. 296f.
124 Hua III/1, *Ideen I*, S. 303.

ren Baum und dessen inneres Bild. Es ›gibt‹ dann nur diesen einen »blühenden Baum dort im Raume« – allerdings »mit den Anführungszeichen verstanden«. Die Frage, »ob ihm in ›der‹ Wirklichkeit etwas entspricht«, muß dann von vornherein entfallen.[125] Schließlich hat die phänomenologische Analyse auch »hinsichtlich der objektiven Welt der Realitäten«, so Husserl, »nichts anderes [vor], – das kann nicht oft genug eingeschärft werden – als den *Sinn auslegen*, den diese Welt für uns alle vor jedem Philosophieren hat und offenbar nur aus unserer Erfahrung hat«. Denn »der Gegenstand des Bewußtseins in seiner Identität mit sich selbst während des strömenden Erlebens kommt nicht von außen her in dasselbe hinein, sondern liegt in ihm selbst als Sinn beschlossen«.[126] Folglich ist der ›Gegenstand des Bewußtseins‹ kein Gegen-stand. Er steht dem Bewußtsein nicht gegenüber, sondern konstituiert sich vielmehr erst in dessen Leistungen. Allein diese zu beschreiben, macht sich der Phänomenologe zur Pflicht. Zwar sind die Noemata weder reale Objekte wie die des Alltags noch ein reeller Inhalt des Bewußtseins und insofern für Husserl ›ideal‹,[127] doch gelingt es Husserl mit ihnen, am Gedanken des – wenngleich um seine Existenz erleichterten – Erkenntnis*objekts* festzuhalten, ohne dieses wiederum mit den korrelierenden Bewußtseinsakten gleichzusetzen. Deshalb kann er sagen, daß dem Phänomenologen »Gegenstände« jeweils »für mich« sind. Der ›wirkliche Gegenstand‹, in alltäglichem Gebrauch, ist nur noch vermeinter.[128] Der Phänomenologe interessiert sich allein für das bereits reduzierte Phänomen. »Gegenstände sind«, schreibt Husserl daher, »was sie sind, nur als Gegenstände wirklichen und möglichen Bewußtseins«.[129] Entsprechend geht er davon aus, in der Analyse des leistenden Bewußtseins das Forschungsfeld seiner Wissenschaft nicht etwa zu beschränken, sondern: allererst zu erschließen.

3. Das Problem der Realität

Damit liegt offen, in welche Richtung der Grundlegungsversuch Husserls zielt. Fest entschlossen die Ursprungsquellen des Wissens aufzudecken, stellt er sich auf den cartesischen Standpunkt des Subjekts und provoziert so das Problem der Realität mit besonderer Schärfe. Wie verhält es sich im phänomenologischen Ansatz des-

---

125 Vgl. Hua III/1, *Ideen I*, S. 203–209.
126 Hua I, *Cartes. Med.*, S. 177 u. S. 80.
127 Harrison Hall (1982), »Was Husserl a realist or an idealist?«, in: Dreyfus (Hg.), S. 169–190, hier S. 173.
128 Inwiefern dieser Gegenstand ›real‹ existiert, ist dann gerade nicht mehr das Problem der Phänomenologie. Vgl. In Suk Cha (1968), *Eine Untersuchung über den Gegenstandsbegriff in der Phänomenologie Edmund Husserls*, Freiburg i.Br. [Diss.].
129 Hua I, *Cartes. Med.*, S. 99.

halb mit der »reale[n] Wirklichkeit«,[130] zu deren Erkenntnis die neuzeitliche Tradition doch aufgebrochen war? Um die phänomenologische Methodologie besser zu verstehen (a) und um einige naheliegende Einwände und Mißverständnisse auszuräumen, ist nun dieser Frage nachzugehen (b).

a) Die phänomenologische Methode: Paradigma des Kontingenzbewußtseins

Husserls Versuch, aus der Faktizität der Tatsachen ein Wesen zu extrahieren und die in der natürlichen Einstellung vermeinte objektive Welt mit deren Sinn zu konterkarieren, bleibt nicht ohne Ziel – wie gesehen. Ein Denken, das sich allem Bedingten zu entziehen sucht, wird notwendig auf sich selbst zurückgeworfen und mündet folgerecht in die Forderung nach einer »Bewußtseinsphänomenologie«.[131] Nicht minder notwendig verlangt es zudem, sämtliche in der natürlichen Einstellung vermeinten Gewißheiten mit dem Attribut der Kontingenz zu belegen. Was im Alltag unstrittig ›ist‹, ›gilt‹ dem cartesianisch Meditierenden nicht. Schließlich könnte es auch anders möglich sein. So forciert, was mittels der verschiedenen Bestandteile aus dem Inventar der phänomenologischen Methodik gerade einen Ausgang von »absoluter Zweifellosigkeit« hatte etablieren sollen, ausgerechnet ein konträres Anliegen: das Bewußtsein der Kontingenz aller Gegebenheiten.

Wie kommt es zu dieser – nur auf den ersten Blick – sonderbaren Konstellation? Wie erklärt sich Husserls unnachgiebiger Drang, das erhoffte phänomenologische Eidos von aller Kontamination mit Empirischem zu befreien?

Da Husserl auf der einen Seite nicht nur an der überlieferten Denkfigur des vorgeordneten Subjekts festhält, sondern sich auch die Objektivität der Erkenntnis nur im Anschluß an letzte Gewißheiten vorstellen kann, auf der anderen Seite aber den Startpunkt von Empirismus und Transzendentalphilosophie verwirft und hinter sich läßt, zwingt er sich gleichsam selbst, den seinen noch tiefer zu legen: Er muß ihn nicht nur von allen äußeren, er muß ihn auch von vermeintlichen »Faktizitäten des Bewußtseins« entbinden. »Jedes Faktum« nämlich, das weiß Husserl, »ist als Faktum [...] kontingent: [...] es könnte doch anders sein«.[132] Im bloß Faktischen ist keine Gewißheit zu finden. Gerade diese erstrebt Husserl jedoch. Dabei ignoriert er, daß der phänomenologische Rückgang auf einen zweifellosen Anfang das Bewußtsein der Kontingenz auf die Spitze treibt. Denn mit der phänomenologischen Reduktion wird es sogar möglich, von der Existenz der Welt abzusehen:[133] Husserl selbst konstatiert die »unaufhebbare Erkenntniskontingenz

130 Hua III/1, *Ideen I*, S. 120.
131 Hua I, *Cartes. Med.*, S. 86.
132 Hua III/1, *Ideen I*, S. 312 und Hua VIII, *Erste Phil. II*, S. 50.
133 Vgl. auch Hans Blumenberg (1986), *Lebenszeit und Weltzeit*, 3. Aufl., Frankfurt a.M., S. 47.

der Welt« – welche ihn gleichzeitig irritiert. Unerträglich ist ihm alles Zufällige.
Vor der »faktischen Welt in ihren *Zufälligkeiten*« aber glaubt Husserl in einem
phänomenologisch radikalisierten Rekurs aufs Subjekt Zuflucht finden zu können.[134] Allein die Bewußtseinsinhalte bleiben dem Phänomenologen nach dem
Vollzug der transzendentalen Reduktion »denkbar als unbetroffen von der Kontingenz der Welt«[135] – und auf diese zu stoßen ist schließlich das Ziel der phänomenologischen Methodik. Bereits die Ausrichtung auf das Methodische lenkt das
Forschungsinteresse von vornherein ab von den je wechselnden Gegenständen der
faktischen Welt.[136] Aus deren Banden löst die eidetische Reduktion. Während die
»Erfahrung von Individuellem« im Fortschreiten vom einen zum anderen individuellen Gegenstand ›gebunden‹ bleibt, sucht der Phänomenologe »im freien Erzeugen
der Variationsmöglichkeiten« die für ihn spezifische »Freiheit in der Erschauung
der Wesen«.[137] Gemäß der phänomenologischen Wesensanalyse ist »jedes Faktum
als bloßes Exempel einer reinen Möglichkeit zu denken«. Phänomenologie soll
heißen: Die »Wissenschaft der reinen Möglichkeiten« geht »derjenigen von den
Wirklichkeiten vorher«.[138]

Gerade weil die Suche der Phänomenologie nach einem anfänglichen Einheitspunkt die ›Wirklichkeit‹ ihrer Selbstverständlichkeit beraubt und damit die Möglichkeit deren Andersseins demonstriert, avanciert ihre Methode zum Paradigma
des Kontingenzbewußtseins.[139] Sie lehrt, noch die im natürlichen Leben als gewiß
vermeinte Wahrnehmung als »kontingent« aufzufassen, als »ein bloßes Faktum, das
auch anders sein könnte«.[140] So lehrt, wer Gewißheit sucht, die Unsicherheit allen
Wissens.

*b) Husserls methodologischer Idealismus und die phänomenologische Welt der
Erfahrung*

Ist es da aber überraschend, daß der »Begründer einer Methodik, die nur beschreiben wollte, was ist und was es ist, in den Verdacht [... kommt], kein Realist zu
sein?«[141] Denn was soll es anderes sein als ein Idealismus – einfachster Art –, wenn
Strategie Husserls die ist, entgegen der Kontingenz alles Transzendenten auf die

---

134 Hua VIII, *Erste Phil. II*, S. 51 und Hua I, *Cartes. Med.*, S. 164.
135 Blumenberg (1986), S. 372.
136 Vgl. Hua VI, *Krisis*, S. 104.
137 Husserl (1985), *Erfahrung u. Urteil*, S. 416.
138 Hua I, *Cartes. Med.*, S. 105f.
139 Vgl. Hans Blumenberg (1963), *Lebenswelt und Technisierung unter Aspekten der Phänomenolo-
     gie*, Turin, S. 28f.
140 Hua VIII, *Erste Phil. II*, S. 53.
141 Blumenberg (1986), S. 28.

Gewißheit des Immanenten zurückzufragen? Bezeugt das nicht den alten idealistischen Glauben, nach dem die Innenwelt mit größerer Sicherheit zu erkennen sei als
die äußere Welt?[142] Im übrigen hat Husserl ja selbst seine »transzendental-phänomenologische« Position der ›Cartesianischen Meditationen‹ als einen Idealismus
bezeichnet.[143] Wenn die phänomenologische »Vernichtung der Welt« letztere zum
Phänomen degradiert,[144] liegt der Vorwurf nahe, Husserl habe »das Sein der realen
Welt mit dem ›Sich-im-Bewußtsein-konstituieren‹« identifiziert (Ingarden).[145] Nicht
weniger weit liegt der von realistischer Seite vorgetragene Einwand, demzufolge in
der phänomenologischen Analyse der Gegenstandskonstitution von nichts weiter
als einer »bloße[n] Quasi-Existenz des Gegenstandes« die Rede sein könne (O.
Becker).[146] Ist die phänomenologische Theorie daher nur ein letzter Wiederbele-
bungsversuch längst überholter Idealismen? Eine so einfache Klassifizierung griffe
zu kurz. Denn Husserls Phänomenologie unternimmt vielmehr die Anstrengung,
den Idealismus von innen her zu überwinden.

Schließlich leugnet der »phänomenologische Idealismus«, der für Husserl ein
»radikal neuartiger Idealismus« ist,[147] ja gar nicht »die wirkliche Existenz der realen
Welt (und zunächst der Natur)«. »Daß die Welt existiert«, so verteidigt Husserl die
›Ideen I‹ im Nachwort von 1930 gegen vermeintlich realistische Einwände, »ist vollkommen zweifellos«.[148] Dabei hatte Husserl bereits 1913 in seiner ersten großen
Einführung in die Phänomenologie – von der er 1930 zugibt, ihr »Idealismus und
[..] vermeintliche[r] Solipsismus« habe die »Aufnahme des Werkes sehr erschwert«[149] – darauf hingewiesen, daß auch nach der ebenda geforderten Reduktion
»das Eingeklammerte [...] nicht von der phänomenologischen Tafel weggewischt
[ist], sondern eben nur eingeklammert«. Natürlich ist »das Eingeklammerte in der
Klammer« »weiter noch da«, bemerkt Husserl.[150] Die naive Frage, ob es eine Welt
gibt, ist nicht die des Phänomenologen. Im Verfahren des »Außer-Geltung-setzen[s]
des raumdinglichen Wahrnehmungsobjektes, eines Transzendenten überhaupt«,
geht es schließlich nicht darum, dasselbe als »ungültig [zu] setzen oder es [zu]

---

142 Vgl. Jitendra N. Mohanty (1970), *Phenomenology and Ontology*, Den Haag, S. 147.
143 Hua I, *Cartes. Med.*, S. 119.
144 Hua III/1, *Ideen I*, S. 104.
145 Roman Ingarden (1959), »Über den transzendentalen Idealismus bei E. Husserl«, in: van
    Breda/Taminiaux (Hg.)(1959a), S. 190–204, hier S. 192.
146 Oskar Becker (1962), »Zwei phänomenologische Betrachtungen zum Realismusproblem«, in:
    K. Hartmann (Hg.), S. 1–26, hier S. 10.
147 Hua I, *Cartes. Med.*, S. 192.
148 Edmund Husserl (1952), *Ideen zu einer reinen Phänomenologie und phänomenologischen
    Philosophie*, Drittes Buch: Die Phänomenologie und die Fundamente der Wissenschaften,
    hrsg. von M. Biemel, Haag (zit.: Hua V, *Ideen III*), ›Nachwort‹, S. 138–162, hier S. 152f.
149 Hua V, *Ideen III*, S. 150.
150 Hua III/1, *Ideen I*, S. 159 u. S. 63.

bezweifeln«: »Das steht durchaus nicht in unserer Willkür.«[151] Insofern ist die
Problemstellung Husserls gar nicht erreicht, wenn man, wie es ein Kritiker tut, ein
im Alltag gewiß eindrucksvolles Beispiel aus der »wirklichen Wirklichkeit« wählt
– auch der Husserls[152] –, »z. B. ein[en] mittelalterliche[n], gotische[n] Dom«, und
fragt, ob denn dieser – in der Wahrnehmung ohne Zweifel »als wirklich vermeint« – »tatsächlich durch das Vermeinen als erzeugt anzusehen« sei. Die vermeintlich realistische Option, den Dom »letztlich als existent durch seinen Bau im
Mittelalter« aufzufassen[153] – den Phänomenologen interessiert sie nicht im minde-
sten. Er hätte nichts dagegen. Umgekehrt wendet er sich sogar explizit gegen den
»angeblichen ›geistigen Ursprung‹ der Dinge und der Welt« (de Waelhens).[154] Für
Husserl ›macht‹ der Geist nicht die Dinge dieser Welt. Die geistige Aktivität, die
der Phänomenologe fokussiert, schafft ihren Gegenstand nicht ex nihilo.[155] Vielmehr geht jener davon aus, daß das, was sich von der Welt erfahren läßt, sich nur
im Bewußtsein manifestieren kann. Nicht nur, daß jeder andere Zugang zum
Wirklichen ausgeschlossen wird, macht daher den Husserlschen Idealismus aus,
sondern insbesondere, daß der Vollzug der Erfahrung als Leistung begriffen werden
muß und nicht als eine passive Aufnahme extern bereitgestellter Daten. Aus diesem
Grund kann Ameriks den phänomenologischen Standpunkt als einen ›epistemologischen Idealismus‹ bezeichnen – und denselben dennoch als realistisch rechtfertigen.[156]

Denn das »Sein der Welt« ist Husserl zufolge dem Bewußtsein so »notwendig
transzendent« wie andererseits – und zugleich – als »Geltungsphänomen« zu erkennen.[157] Die phänomenologische Perspektive hat alles andere im Sinn als metaphysische Thesen über die »Wirklichkeit der Welt«.[158] Sie ist kein metaphysischer Idealismus. Die »metaphysische Frage« nach der »Existenz und Natur der ›Außenwelt‹«
hat Husserl schon in den ›Logischen Untersuchungen‹ untersagt.[159] Dementsprechend bleibt dem Phänomenologen allein die Möglichkeit, einen Idealismus in
methodologischer Hinsicht zu verlangen. In diesem Sinn benötigt Husserl den

---

151 Hua IX, *Phän. Psych.*, S. 188.
152 Hua VI, *Krisis*, S. 148.
153 Michael von Uechtritz und Steinkirch (1987), *Ist der transzendentale Idealismus Edmund
     Husserls mit einer realistischen Weltauffassung vereinbar?*, Würzburg [Diss.], S. 98.
154 Alphonse de Waelhens (1959), »Die phänomenologische Idee der Intentionalität«, in: van
     Breda/Taminiaux (Hg.)(1959a), S. 129–142, hier S. 139.
155 Vgl. dazu Drummond (1990), der »Husserl's realism« verteidigt. John J. Drummond (1990),
     Husserlian Intentionality and Non-Foundational Realism. Noema and object, Dordrecht/
     Boston/London, darin bes. § 50 (S. 264ff.), hier S. 270.
156 Vgl. Karl Ameriks (1977), »Husserl's realism«, in: *Philosophical Review*, 86, S. 498–519, hier
     S. 505.
157 Hua I, *Cartes. Med.*, S. 97 u. S. 58.
158 Hua VIII, *Erste Phil. II*, S. 481.
159 Husserl (1980), *LU II/1*, S. 20.

»hypothetische[n] Ansatz der Nichtexistenz der Welt« ausschließlich dafür, auf das
neuartige Terrain seiner Wissenschaft überführen zu können – und kann dabei
doch zugeben, die Welt »in zweifelloser empirischer Gewißheit« zu erfahren.[160]
Nur »der Erkenntnis nach«, so differenziert Husserl in der ›Krisis‹, geht »für uns
Menschen unser eigenes Sein dem Sein der Welt voran [...], aber darum nicht der
Wirklichkeit des Seins nach«.[161]

Husserls Problemstellung ist demnach von einer Art, zu welcher – wie er selbst
schreibt – »alle bisherigen Diskussionen über Idealismus und Realismus [...] noch
nicht vorgedrungen« sind und über die schlichte Frage,[162] ob denn da eine
bewußtseinsexterne und -unabhängige Welt materieller Objekte existiere,[163] auch
gar nicht vordringen können. Insofern ist der phänomenologische Ansatz in der
Tat über alle ›Ismen‹ hinaus.[164] Die methodische Strategie der Reduktion soll sich
schließlich, das bleibt an dieser Stelle zusammenzufassen, allein auf das Bewußtsein
beziehen. Sie meint keinen geisterhaften Eingriff in die »wirkliche Welt«:[165]
»Nothing happens to the real world.«[166] »Die Aufgabe ist nicht«, schreibt Husserl,
»transzendentes Sein zu erschließen, sondern es als Vorkommnis in der transzendentalen Subjektivität durch Enthüllung der Konstitution zu verstehen.«[167] Das ist
das phänomenologische Programm. Husserls Idealismus ist methodologischer
Natur.

Erkenntnis liegt weder in den Dingen noch im Subjekt bereit. Das weiß Husserl.
Er weiß, daß sich Wissen erst in der Welt konstituiert. Entsprechend offenbart sich
noch in seinem methodischen Ausschluß alles Faktischen ein entschiedener Wille
zur Sachhaltigkeit des Wissens: Darin soll sich diese begründen, daß »das Ich [...]
eben welterfahrendes Leben« ist.[168] Im übrigen stellt Husserl selbst klar, daß seine
vielerorts wiederholte »Rede vom reinen Bewußtsein [..] doch bedenklich!« ist.[169]
Denn anders als die transzendentalen Strukturen des Subjekts in der Kantischen

---

160 Hua VIII, *Erste Phil. II*, S. 55.
161 Hua VI, *Krisis*, S. 266. Vgl. dazu auch die folgende Unterscheidung von Chapman (1966), für
     den Realismus und Phänomenologie unabdingbar zusammengehören: »Intentionally or
     cognitively [...], consciousness contains the real, whereas empirically or existentially the
     world contains consciousness.« Harmon M. Chapman (1966), »Realism and phenomen-
     ology«, in: Natanson (Hg.), S. 79–115, hier S. 79.
162 Hua VI, *Krisis*, S. 266.
163 Vgl. Hall (1982), S. 169.
164 Vgl. O. Becker (1962), S. 6 und Husserl selbst in: Hua V, *Ideen III*, S. 151.
165 Hua VIII, *Erste Phil. II*, S. 481.
166 Hall (1982), S. 177.
167 Hua I, *Cartes. Med.*, S. 192.
168 Gerd Brand (1955), *Welt, Ich und Zeit*. Nach unveröffentlichten Manuskripten Edmund
     Husserls, Den Haag, S. 47.
169 Edmund Husserl (1984), *Einleitung in die Logik und Erkenntnistheorie*. Vorlesungen 1906/07,
     hrsg. von U. Melle, Dordrecht/Boston/Lancaster (zit.: Hua XXIV), S. 219, Anm. 1.

Philosophie hat »das phänomenologisch reine Bewusstsein durchaus eine Wirklichkeit, und zwar eine Existenz in der immanenten Zeit«.[170] Damit glaubt Husserl, den
Aporien der tradierten erkenntnistheoretischen Fragestellung entkommen und
über die zugehörigen Idealismus-Realismus-Streitereien hinausgelangt zu sein.
Transzendent wird die ›Realität‹ belassen, was immer sie ist; die Sphäre des phänomenologisch Transzendentalen indes kann als ideal in dem Sinne verstanden
werden, in dem sie nicht auf vermeintlich weltlich Transzendentes reduzierbar
ist.[171] Koháks Interpretation der ›Ideen I‹ bringt die phänomenologische Idee auf
den Punkt: »Reality is not in the world or in the mind – it is in experience.«[172]

Husserl hinterfragt also nur das ›Wie‹ der Weltgegebenheit, nicht ihr ›Daß‹.
Aber indem in der phänomenologischen Einstellung die ›Welt‹ nicht »als Wirklichkeit« in Geltung bleibt, »sondern nur als Wirklichkeitsphänomen«,[173] verlangt
er totalitär, alles was ist, ausschließlich aus den Akten des Bewußtseins zu begreifen. Alle Realität jedoch dem erfahrenden Subjekt aufzulasten – noch dieses Verfahren bezeugt seine Herkunft aus dem anfänglichen Schema der Weltinterpretation. Wie alle klassische Philosophie bezeugt auch es ein ›anthropozentrisches Bias‹.
Denn es zählt zu jenem Denken »which cause men to see, in philosophy, every-
thing in relation to themselves [...] and their present knowledge«:[174] Wie Atlas das
Gewölbe der realen Welt, trägt hier die erkennende Subjektivität die Erklärungslast
der Konstitution der *erscheinenden* Welt. Wenn die im Verfall der Fundamente der
Tradition verlorengegangene Sicherheit je soll restituiert werden können, dann nur
in der transzendentalen Selbstergründung des Ich. Zu diesem Schluß zwingt die
Struktur der phänomenologischen Theorie. Apodiktisch gibt die »Allgemeine
Einführung in die reine Phänomenologie« der ›Ideen I‹ die geforderte Umstellung
– und Basis – an: »Das Sein, das für uns [Nicht-Phänomenologen, F.W.] das Erste
ist, ist an sich das Zweite, d.h. es ist, was es ist, nur in ›Beziehung‹ zum Ersten.«[175]

170 Theodor Celms (1928), »Der phänomenologische Idealismus Husserls«, in: *Acta Universitatis
     Latviensis*, 19, S. 251–441, hier S. 431.
171 Vgl. Theodore E. Klein (1977), *The World as Horizon*. Husserl's constitutional theory of the
     objective world, Ann Arbor/London, S. 185.
172 Erazim Kohák (1978), *Idea & Experience*. Edmund Husserl's project of phenomenology in
     Ideas I, Chicago/London, S. 104.
173 Hua I, *Cartes. Med.*, S. 71.
174 Roy Bhaskar (1978), *A Realist Theory of Science*, Brighton, S. 61.
175 Hua III/1, *Ideen I*, S. 106.

4. Zwischenbetrachtung

a) Denken im Übergang. Der historische Ort der Phänomenologie

Wo steht daher diese Philosophie, die im Gefolge der neuzeitlichen Tradition ein weiteres mal die Subjektivität zur Basis des Wissens macht, die verdinglichenden Setzungen der traditionellen Erkenntnistheorie jedoch entschieden bestreitet? Husserls phänomenologische Theorie ist ein Denken im Übergang. Einerseits basiert es selbst noch auf der tradierten Begründungsstruktur der absolutistischen Matrix, andererseits entzieht es deren substanzlogischer Spielart den Boden.

Husserl ist sich im klaren darüber, daß die metaphysische Konstruktion des cartesianischen Gottes, der die Kluft zwischen *res cogitans* und *res extensa* überbrücken und »wahres und sicheres Wissen« im Ausgang von »angeborenen Ideen« hatte garantieren sollen, nicht haltbar ist.[176] Er spürt, daß, wer wie Descartes ein Absolutum *fixiert*, sei es bewußtseinsimmanent oder -transzendent, die jeweils andere Seite des im Bild der Repräsentation verstandenen Erkenntnisproblems nie erreichen kann – oder aber sich notwendig in eine zirkuläre Argumentation verstricken muß.[177] »Verkehrt gestellt« ist für ihn daher die für die alte Erkenntnislehre klassische Frage, wie denn »die Realität des Subjektiven eine doch nur hypothetisch anzunehmende Realität des Objektiven, Außenweltlichen« verbürgen solle: »Mit solchen Fragen [...] haben wir nichts zu schaffen.«[178] So interessiert nicht, wie es vom einen zum anderen kommen soll. Husserl fragt nicht, »wie Erfahrung entsteht«, sondern nach dem, »was in ihr ›liegt‹«.[179] Das ist seit Kant die transzendentale Frage.[180] Doch auch die wird von Husserl umdefiniert. Den tiefen Graben zwischen transzendentalem und empirischem Ich,[181] Erscheinung und ›Ding-an-sich‹, den Kant aufgerissen hat, will Husserl nicht stehen lassen. Der idealistischen Manie, alle Weltkonstruktion aus der von Kant in ihren transzendentalen Bestandteilen aufgelisteten Subjektivität *abzuleiten*, mag er nicht folgen. Dabei streicht Husserl das Ding-an-sich des Kantianismus nicht einfach, weil er glaubt, auch ohne dieses Caput mortuum des Kantischen ›Feigenblattrealismus‹ auszu-

176 Descartes (1976), *Meditationen*, S. 63 u. S. 61.
177 Vgl. Suzanne Cunningham (1986), »Representation: Rorty vs. Husserl«, in: *Synthese*, 66, S. 273–289, hier S. 279.
178 Edmund Husserl (1991), *Ding und Raum*. Vorlesungen 1907 (Text nach Husserliana, Bd. XVI), hrsg. von K.-H. Hahnengress u. S. Rapic, Hamburg, S. 140.
179 Husserl (1991), *Ding und Raum*, S. 141.
180 Vgl. Immanuel Kant (1976), *Prolegomena zu einer jeden künftigen Metaphysik, die als Wissenschaft wird auftreten können*, 6. Aufl., Hamburg, S. 60 (§ 21a).
181 Ernst Tugendhat (1970), *Der Wahrheitsbegriff bei Husserl und Heidegger*, 2. Aufl., Berlin, S. 198.

kommen.[182] Statt dessen unternimmt er den Versuch, der faktischen Welt in ungleich stärkerem Maße Rechnung zu tragen, als Kant dies tut. In Kontrast zu jenem stellt Husserl nämlich heraus, daß die Bestimmung des in der Erfahrung aufzufindenden Apriori ein deskriptiver Vorgang sein muß.[183] Daher liegt hier die Stelle, an der Husserl im Prinzip bereits den Weg bahnt zur empirischen Rekonstruktion der Bildungsprozesse von Subjektivität und Kognition. Schließlich stehen die ursprünglichen Gegebenheiten, bei denen die phänomenologische Forschung ihren Anfang nimmt, dafür, daß die Analyse solcherart ›Sachen selbst‹ anerkennt, »die der Geist nicht erschafft«.[184] Insofern steht das Subjekt nicht fest. Akzeptiert ist, daß es sich bildet – in der Welt. Entsprechend gilt der Hinweis Kerns, daß es Husserl ist, der »im Gegensatz zum deutschen Idealismus der radikalen Abhängigkeit der transzendentalen Subjektivität gerecht« zu werden sucht.[185] Auch hier scheint diejenige Erkenntnis auf, mit der die Phänomenologie den Entwicklungsprozeß der Grundstrukturen des neuzeitlichen Denkens vorantreibt. In ein Erstes, sei es das Bewußtsein oder die Welt, all das schon hineinzulegen, was hernach die Genesis von problematisch gewordenem Wissen, der Einstiegsstelle der Reflexion, erklären soll, verträgt sich nicht mehr mit der durch den Menschen der Neuzeit revolutionierten Welt. Ob als ein Glied in der Kette der Lebewesen oder als Teil der Gesellschaft, seit Marx und Darwin lassen sich Mensch und Wirklichkeit nicht länger separieren. Fraglos verschafft sich dieses Wissen auch in der rastlosen Arbeit des Phänomenologen seine spezifische Ausformung. Denn in jener ist die Einsicht festgehalten – das ist ihr Beitrag im Fortschritt der Erkenntnis –, daß Bewußtsein und zu erfahrende (und erfahrene) Welt nicht voneinander isoliert werden können, will man die Schranke, welche die Welt dem Menschen setzt, nicht überspringen. Weder ist die Welt *an sich* abzubilden, noch läßt sich der empirische Mensch außerhalb der Bezüge und Begrenzungen seiner faktischen Existenz verstehen. Sein Bewußtsein ist keine bezugslose Substanz, die der Empirist zugrunde legen, der Transzendentalphilosoph setzen kann. Es muß welthaltig, gemäß der spezifischen Wendung der Phänomenologie muß es »Bewußtsein von etwas« sein.[186] So untersucht Husserl ein »tätige[s] Ich« und kein nur logisches Subjekt.[187] Husserls ›Bewußtsein‹ addiert sich nicht aus psychischen Elementen, wie

182 Vgl. Michael Devitt (1991), *Realism and Truth*, 2. Aufl., Oxford/Cambridge, S. 17 u. S. 23.

183 Vgl. Gail Soffer (1991), *Husserl and the Question of Relativism*, Dordrecht/Boston/London, S. 118.

184 Vgl. Gaston Berger (1973), »Husserl und Hume« [1939], in: Noack (Hg.), S. 210–222, hier S. 218.

185 Iso Kern (1964), *Husserl und Kant*. Eine Untersuchung über Husserls Verhältnis zu Kant und zum Neukantianismus, Den Haag, S. 424.

186 Vgl. z. B. Hua III/1, *Ideen I*, S. 74.

187 Hua IX, *Phän. Psych.*, S. 187.

dasjenige der psychologischen Schule Wundts. Vielmehr ist es ›intentional‹ und ›handelt‹ in seinen Akten.

Damit bringt Husserl das Denken voran. Aber er bringt es in den Schranken der traditionellen Konzeptionsweise voran. Denn obgleich Husserls Kontingenzbewußtsein jedwede Verabsolutierung der empirischen Art bereits heftig bestreitet, haftet es selbst noch im Rahmen derjenigen Denkstruktur, die den Rückgang auf einen Zurechnungspunkt fordert.

b) Der Absolutismus des transzendentalen Ich

Schließlich erhebt Husserl das aus allem Weltlichen mühsam herauspräparierte transzendentale Ego zum Genius loci der phänomenologischen Forschung. Denn was die methodischen Prozeduren der phänomenologischen Reinigung als ein »Residuum der Weltvernichtung« allein übersteht, ist das »absolute Bewußtsein«.[188] In diesem findet der Phänomenologe »die absolute und letzte Voraussetzung [...] für alles, was überhaupt ist«. In ihm kommt Husserls cartesianisches Ringen um eine »universale Wissenschaft aus absoluter Begründung« in gleichem Maße zur Ruhe wie die Aufgabe des Phänomenologen ihr Ziel gewinnt:[189] »Mein Beruf ist das Studium der reinen Subjektivität.«[190]

So besteht Husserls Absolutismus darin, noch wider alle Kritik an der *Prima philosophia* der Tradition an einem Ersten festzuhalten. Wie alle Philosophie der Moderne von Descartes bis Hegel der subjektivischen Perspektive einer anthropozentrischen Weltsicht verhaftet, ist es dabei nur konsequent, wenn Husserls Theorie sich selbst als »Phänomenologie des Bewußtseins« deklariert und ebendort ihr Absolutes ortet.[191] Den Weg zu jenem »nirgends anders mehr suchen zu können als in der Tiefe der Subjektivität« ist ihr spezifischer Zug, das »Schicksal, dem [... die] Ausgangssituation der Phänomenologie unterstellt ist«, wie Landgrebe schreibt.[192] Gemäß der ihr inhärenten Strukturlogik ist alle Wirklichkeit, »jedes erdenkliche Sein«, um jenen Mittelpunkt des Husserlschen »»Ich, der meditierende Phänomenologe«« zentriert: »Ich bin leiblich hier, Zentrum einer um mich orientierten primordinalen *Welt*.«[193] Alles was nicht ›Ich‹ ist, will Husserl nicht ›gelten‹ lassen. »Was die Dinge sind«, die in Wissenschaft und natürlichem Leben als dem Geiste fremd vermeinten, »das sind sie« - für Husserl - »als Dinge der Erfahrung«.[194] Noch die

188 Hua III/1, *Ideen I*, S. 103.
189 Hua I, *Cartes. Med.*, S. 189 u. S. 36.
190 Hua VIII, *Erste Phil. II*, S. 431.
191 Hua III/1, *Ideen I*, S. 298.
192 Landgrebe (1949), S. 166.
193 Hua I, *Cartes. Med.*, S. 32, S. 76 u. S. 148.
194 Hua III/1, *Ideen I*, S. 100.

Existenz des ›Gegenstandes‹ wird an dessen Geltung im Bewußtsein gebunden.[195]
Nicht auf das Dasein, auf die Freilegung der Essenz soll es ankommen.[196] Was nicht
in die Camera obscura der phänomenologischen Erfahrung paßt, kann der Husserlsche Idealismus nicht dulden. Folgerichtig gemäß seinen eigenen Prämissen definiert sich dieser als eine »in Form systematisch egologischer Wissenschaft konsequent durchgeführte Selbstauslegung meines ego als Subjektes jeder möglichen
Erkenntnis«.[197] Alles, was ist, muß daher seinem Seinssinn nach auf seinen Ursprung in der Quelle des Ichs bezogen werden. Denn »das einzelne, nur sich selbst
absolut vorfindende Ich konstituiert in Stufenfolgen von Erscheinungen seine
›äußere‹ Welt«.[198] Es ist ein Absolutismus *des Ich*, den Husserl vertritt, ein »Transzendentalismus«, der, wie Lyotard erläutert, »alles Wissen von einem gründenden
Ego ableitet, das sinngebend ist«.[199]

Doch ist zu sehen, daß der »archimedische Punkt«, den Husserl findet,[200] ein
anderer ist als der der Tradition. Das »eine und einzige absolute ego«, auf welches
es dem Phänomenologen ankommt, soll nicht »als ein letztübriges Reststückchen
der Welt« mißverstanden werden.[201] Gegen den substanzlogischen Zwei-Welten-
Dualismus Descartes' wendet er ein, der habe »das ego zur *substantia cogitans*, zur
abgetrennten menschlichen *mens sive animus* [ge]macht und zum Ausgangsglied für
Schlüsse nach dem Kausalprinzip«. Der Phänomenologe aber »inhibiert die Seinsgeltung der objektiven Welt« und so auch der »Tatsachen [...] der inneren Erfahrung«.[202] Im Fokus der phänomenologischen Forschung soll ja gerade nicht das
natürliche Bewußtsein, sondern vielmehr das »transzendental gereinigte«, ein
»nichtempirisches nichtreales Bewußtsein« stehen.[203] So ist jenes als ein Element
einer »transzendentalen [...] absolut eigenständigen und gegenüber allen objektiven
Voraussetzungen absolut independenten Sphäre« aufzudecken.[204] Daher ist es nicht
irgendein beliebiges ›Ich‹, das den Schlußstein in der phänomenologischen Theorie-
architektonik bildet. Was Husserl verabsolutiert, ist das *transzendentale* Ego.

Dabei meint er nicht dasjenige Kants. Husserl traut, wie gesehen, den Fundamenten der Transzendentalphilosophie Kantischer Prägung so wenig wie den

195 Hua I, *Cartes. Med.*, S. 23.
196 Vgl. dazu die Unterscheidung Husserls von Tatsache und Wesen, Existenz und Essenz in
     Hua III/1, *Ideen I*, S. 16.
197 Hua I, *Cartes. Med.*, S. 118.
198 Edmund Husserl (1952), *Ideen zu einer reinen Phänomenologie und phänomenologischen
     Philosophie*, Zweites Buch: Phänomenologische Untersuchungen zur Konstitution, hrsg. von
     M. Biemel, Haag (zit.: Hua IV, *Ideen II*), S. 324.
199 Jean-François Lyotard (1993), *Die Phänomenologie* [frz. 1954], Hamburg, S. 54.
200 Hua VIII, *Erste Phil. II*, S. 69.
201 Hua I, *Cartes. Med.*, S. 103 u. S. 189.
202 Hua I, *Cartes. Med.*, S. 63f.
203 Hua III/1, *Ideen I*, S. 128 und Ströker (1987a), S. 75f.
204 Hua VII, *Erste Phil. I*, S. 279.

ideae innatae des Descartes. Obwohl der »Kantianische Idealismus« kein »psychologischer« ist, der »aus sinnlosen sensuellen Daten eine sinnvolle Welt ableiten will«, boykottiert Husserl auch diesen. Die transzendentalphilosophische Konstruktion von Erkenntnisformen, die der Erfahrung vorgelagert sein sollen, billigt er nicht. Unmöglich scheint es für Husserl, von jenen zur Wirklichkeit des Erkennens zurückzufinden, wiewohl doch gerade der Kantianismus in seinen Augen »mindestens als Grenzbegriff die Möglichkeit einer Welt von Dingen an sich glaubt offen halten zu können«.[205] Denn diesem letztlich leeren Rest der Kantischen Erkenntnislehre stellt der kantische Philosoph in einem Verfahren transzendentaler Bestimmung nichts weiter als ein – auf seine Art – nicht minder ›unerkennbares‹ Subjekt-an-sich‹ zur Seite,[206] welchem einerseits zwar in Form der Setzung einer unveränderlichen Anzahl von Kategorien, deren Vermehrung nach Kant »nicht sein kann«,[207] der Rang eines neuen Absolutums zuerteilt wird, zu welchem andererseits freilich kein Zugang zu finden ist. Nur gesetzt scheint das neue Fundament.

Wie soll demgegenüber, womöglich in einer Art ›positiven Ontologie des denkenden Subjekts‹ – die Kant nicht geben will[208] –, das »universale, absolute, das transzendentale ego« der Husserlschen Phänomenologie zu verstehen sein?[209] In Absetzung zur Tradition faßt es Husserl nicht mehr als Substanz, aus der ein Konstitutionsgebilde ›Wirklichkeit‹ soll emanieren können. Unabhängig von seiner Aktivität bleibt es für ihn ›unfaßbar‹. »Husserl ist der erste«, schreibt Szilasi in diesem Sinn, »der es [das Bewußtsein, F.W.] als Handlungsfolge sieht, nicht als Substanz«: als ein »sich in sich bewegende[s] Universum der Bewußtseinsakte«.[210] Weder ist es als ein »Stück der Welt« Glied eines kausalen Bedingungsgefüges noch von außen herangetragene Setzung des Theoretikers – schließlich stellt Husserls ›Krisis‹ klar, daß »jeder Mensch« ein ›transzendentales Ich in sich trägt‹«.[211] Nicht getrennt von der phänomenologischen Welt der Erfahrung soll jenes verstanden werden. Es ist ja nur so, daß »that same subjectivity that functions unnoticed in the natural attitude can be reflectivley observed by way of phenomenological attitude«.[212] Insofern ließe sich die in der Konzeption Husserls unterstellte »Seinsweise

205 Hua I, *Cartes. Med.*, S. 118.
206 Vgl. Joseph Claude Evans, Jr. (1984), *The Metaphysics of Transcendental Subjectivity. Descartes, Kant and W. Sellars*, Amsterdam, S. 84.
207 Kant (1976), *Kritik der reinen Vernunft*, S. 123 (B 113).
208 Vgl. Evans (1984), S. 82.
209 Hua I, *Cartes. Med.*, S. 130.
210 Wilhelm Szilasi (1981), »Nachwort«, in: Husserl, *Phil. als strenge Wiss.*, S. 87–101, hier S. 91.
211 Hua I, *Cartes. Med.*, S. 65 und Hua VI, *Krisis*, S. 190.
212 John Scanlon (1988), »Husserl's *Ideas* and the natural concept of the world«, in: Sokolowski (Hg.), S. 217–233, hier S. 228f. Auch für Mohanty (1989) ist das empirische und das transzendentale Ich Husserls »the same entity considered from two different standpoints«. Jitendra N. Mohanty (1989), *Transcendental Phenomenology. An analytic account*, Oxford/ Cambridge, S. 153.

des transzendentalen Ich« als »ursprüngliche Nachträglichkeit« bestimmen.[213]
Weder ist es Abbild, noch existiert es allein.

Aber gerade weil »das transzendentale Ich im Husserlschen Sinn konkret existieren« kann,[214] gewinnt dessen methodologisch angesetzter Idealismus ontologische
Konnotationen: »the ontology of the theoretical philosopher or the Cartesian ego
as the be-all and end-all«.[215] Wie gesehen leugnet Husserl nicht die Existenz der
Wirklichkeit *gegen* alle Erfahrung der alltäglichen Gewißheit. Wohl aber läßt er sie
in methodischer Strategie außen vor, sofern es darum geht, den Vorgang des Erkennens aufzuklären. Was bleibt, ist nicht lediglich das formale Apriori der Kantischen
›Erfahrung‹. Es ist statt dessen materialer Art. Was jedem erdenklichen Aufbau von
Erfahrung auch zugehören mag, es soll ohne jedes »Außerhalb« bereits im Universum der transzendentalen Subjektivität, kurz: im Ego, das »ein ungeheures eingebo-
renes Apriori hat«,[216] auffindbar sein.[217] So ist das Bewußtsein dem Phänomenologen »ein für sich geschlossener Seinszusammenhang [...], ein Zusammenhang
absoluten Seins, in den nichts hineindringen und aus dem nichts entschlüpfen
kann«.[218] Das meint die »Absolutheit des Geistes«, zu welcher Husserl sich bekennt:
den »ontologische[n] Vorrang der geistigen Welt gegenüber der naturalistischen«.[219]
Darin, daß jegliche Wirklichkeit ihrem Sinn nach nur vom Bewußtsein her erfaßt
werden kann, gewinnt dieses seinen onto-logischen Rang. Dabei ist es eine »Ontologie auf idealistischer Grundlage«, die hier ins Spiel gebracht wird.[220] Denn schließlich analysiert der Phänomenologe nicht lediglich Vorbedingungen des Erkennens,
sondern den zugehörigen realen, im Phänomen ›gegebenen‹ Vorgang selbst.[221] Er
öffnet dem Bewußtsein die Augen für dessen bislang verhüllte »konstitutive
Leistungen«.[222] Als die denkende Betrachtung der Leistungsmechanismen des erfah-

213 Das ist die These der Studie von Karl Schuhmann (1971), *Die Fundamentalbetrachtung der
    Phänomenologie*. Zum Weltproblem in der Philosophie Edmund Husserls, Den Haag, hier
    S. XXXVIII.
214 David Carr (1978), »Zum Problem des nichtempirischen Ich«, in: *Zeitschrift für philosophische
    Forschung*, Bd. 32, H. 2, S. 163–182, hier S. 173. Vgl. auch Elisabeth Ströker (1987b), »Zur
    Problematik der Letztbegründung in Husserls Phänomenologie«, in: Wolfgang Marx (Hg.),
    S. 107–129, hier S. 122.
215 Marx Wartofsky (1977), »Consciousness, praxis, and reality: Marxism vs. phenomenology«,
    in: Elliston/McCormick (Hg.), S. 304–313, hier S. 311.
216 Hua I, *Cartes. Med.*, S. 33 u. S. 28.
217 Vgl. Hans Köchler (1986), *Phenomenological Realism*. Selected essays, Frankfurt a.M./Bern/
    New York, S. 31.
218 Hua III/1, *Ideen I*, S. 105.
219 Hua IV, *Ideen II*, S. 297 u. S. 281 (Kapitelüberschriften der Herausgeberin).
220 Stephan Strasser (1991), *Welt im Widerspruch*. Gedanken zu einer Phänomenologie als
    ethischer Fundamentalphilosophie, Dordrecht/Boston/London, S. 144.
221 Vgl. Paul Wolters (1971), *Lebenswelt und Wissenschaft*. Sozialtheoretische Ansätze unter
    Aspekten der Phänomenologie, Münster [Diss.], S. 72.
222 Strasser (1991), S. 144.

renden Bewußtseins offenbart sich der methodologisch eingeführte phänomeno-logische Idealismus in der Nähe als eine »theory of an ontologically creative con-sciousness«[223] – nicht etwa, weil das »phänomenologische Absolute« (traditionell) eine »Totalität des Seienden« meinte,[224] nein, vielmehr, weil es nichts anderes als sich selbst kennt in der Antwort auf die Frage, was es gibt. Unter der Hand gerät Husserl die Beschreibung der Leistungen des transzendentalen Ich tendenziell zu einer ›Ontologisierung‹ desselben.[225] »The speculative, metaphysical nature of absolute consciousness«, so sieht es Evans, »indicates that the theory has abandoned the domain of phenomenology«.[226]

Insgesamt betrachtet ist daher festzuhalten: Obgleich nun Husserls Phäno-menologie zwar die substanzlogischen Reste im Argumentieren der Tradition hinter sich läßt und sich der unendlichen Aufgabe unterzieht, den Idealismus von innen *aufzubrechen*, stellt sie sich im Kern als eine subtile, aber totale, vielleicht die letzte große Form des Idealismus heraus. Im Husserlschen *Ego* endlich erlebt die im Fortschritt des Denkens verlorene *Substanz* ihre unerwartete Resurrektion in neuem Gewand.[227] Denn »der Geist selbst ist Substanz«, so lobt Husserl indirekt Berkeley als einen der »genialsten Philosophen der Neuzeit«. Gewiß, weder statisch noch ein für allemal fixierbar, ist der Geist für ihn doch »das einzig denkbare Sein, das selbständig für sich ist«. Was folgt, ist klar: »Die wahre Wirklichkeit reduziert sich auf Geister.«[228]

Das ist der Preis, der zu entrichten ist, wenn die zum Forschungsgegenstand erhobene »Monadenvielheit« einer Mehrzahl »solitäre[r] Ich[s]« auf dem »Weg zur absoluten Substanz in letztem Sinn« durchschritten werden soll.[229] Denn damit mündet, was gegen den Absolutismus der Wirklichkeit, unter dem objektivistische Strategien auf den Plan treten, in Anschlag gebracht worden war, in einen »Ab-

223 Köchler (1986), S. 31. Vgl. auch die frühe Arbeit von Walter Ehrlich (1923), *Kant und Husserl*. Kritik der transzendentalen und der phänomenologischen Methode, Halle (Saale), hier S. 152.
224 Eugen Fink (1988), *VI. Cartesianische Meditation*, Teil 1. Die Idee einer transzendentalen Methodenlehre. Texte aus dem Nachlass Eugen Finks (1932) mit Anmerkungen und Beila-gen aus dem Nachlass Edmund Husserls (1933/34), hrsg. von H. Ebeling, J. Holl u. G. van Kerckhoven (Husserliana Dokumente, Bd. II/1), Dordrecht/Boston/London, S. 160f. u. S. 157.
225 Vgl. Köchler (1993), S. 94.
226 Joseph C. Evans (1990), »The myth of absolute consciousness«, in: Dallery/Scott/Roberts (Hg.), S. 35–43, hier S. 43. Vgl. ganz ähnlich John N. Findlay (1975), »Phenomenology and the meaning of realism«, in: Pivčević (Hg.), S. 143–158, hier bes. S. 157.
227 Vgl. auch Blumenberg (1963), S. 28.
228 Hua VII, *Erste Phil. I*, S. 152 u. S. 149.
229 Hua XIV, S. 266 u. S. 264.

solutismus der Subjektivität«.[230] So muß sich eine Konzeption, welche den Fortschritt reklamiert, das cartesische Ich des Denkens nicht länger als eine *res* zu
bestimmen, vorhalten lassen, für den Substanzbegriff der neuzeitlichen Metaphysik
einen nicht minder absoluten Ersatz gefunden zu haben.[231] Denn auch das »transzendentale ›Absolute‹«, das Ich, welches der Phänomenologe »herauspräpariert«,[232]
soll objektivierbar sein: auffindbar im Vollzug seiner Leistungen, freizulegen in
methodischer Reduktion als eine – wenngleich »neuartige unendliche« – »Seinssphä-
re«.[233]

   Damit sucht die Forschungsrichtung, die zu Recht erkennt, daß »die Weltlichkeit
des Substrats der Psychologie vor der Weltlichkeit der psychophysischen Natur
keinen ontologischen Primat besitzt«,[234] ihr Fortkommen gerade in der Gegenlage
zum Weltlichen in der Verabsolutierung der ihr nur schmal noch verbliebenen
Basis. Insofern deklariert sie sich selbst als eine Bewußtseinsphilosophie, die auf
dem Rückzug ist. Dabei gerät ihr das methodisch von allem Stoffbezug gereinigte
Ich zum Demiurg aller Wirklichkeit. »Jede Art Seiendes« muß sie verstehen als
»konstituiertes *Gebilde* der transzendentalen Subjektivität«. Deshalb treten die in
den Akten des Ichs konstituierten Gegenstände »dann bewußtseinsmäßig als Er-
zeugnisse auf«.[235] Entsprechend kann, was das Ich im Vorgang der Konstitution leistet, mit Fink als eine »produktive Kreation« im Hinblick auf den »Aufbau der
Welt im ganzen« bezeichnet werden[236] – wodurch sich letztere als ein »schöpferisch
gestaltetes Gebilde des reinen Bewußtseins« offenbart (Ingarden).[237] So ist es nicht
zweifelhaft, was Husserls Versuch absolutistischer Begründung kennzeichnet:
Husserls Denken ist vom Vorrang der Ich-Subjektivität bestimmt.

   Die Freiheit aber, die der Phänomenologe gewinnt, wenn er im Rückgang auf
den Schlußstein seiner »Egologie« über die von ihm selbst abgesteckte ›Welt‹ als
eine »Welt der Phänomene [...] frei verfügen« kann, ist teuer erkauft.[238] Denn das
transzendentale Ich, das in der phänomenologischen Verabsolutierung des Geistes
erobert wird, einer Verabsolutierung freilich, die ihr Objekt nicht als ›Bewußtsein‹,
als »abstrakte Schicht am konkreten Menschen« begreift,[239] nicht als eine »mythi-

230 Franz J. Wetz (1991), »Wider den Absolutismus der Welt. Neuere Beiträge zu Edmund
    Husserl«, in: *Philosophische Rundschau*, 38. Jg., H. 4, S. 286–299, hier S. 291.
231 Vgl. dazu Ludwig Landgrebe (1961), »Husserls Abschied vom Cartesianismus«, in: *Philosophi-
    sche Rundschau*, 9. Jg., S. 133–177, hier S. 172.
232 Hua III/1, *Ideen I*, S. 182.
233 Hua I, *Cartes. Med.*, S. 11.
234 Theodor W. Adorno (1990), *Zur Metakritik der Erkenntnistheorie*. Studien über Husserl und
    die phänomenologischen Antinomien, Frankfurt a.M., S. 228.
235 Hua I, *Cartes. Med.*, S. 118 u. S. 111.
236 Eugen Fink (1966), *Studien zur Phänomenologie 1930–1939*, Den Haag, S. 143 u. S. 145.
237 Ingarden (1959), S. 197.
238 Hua I, *Cartes. Med.*, S. 69 und Hua XXIV, S. 199.
239 Fink (1988), S. 177.

sche absolute Realität« der naturalen Welt einordnet, sondern als Region letzter Sinngebung bestimmt, dieses Ich ist »völlig leer«, das konstatiert Husserl selbst, hat »keinen explikabeln Inhalt«, ist »reines Ich und nichts weiter«.[240] »Das Urego [...] hat keine Welt mehr«, so faßt Aguirre zusammen, »in dem Ort der urfungierenden Subjektivität *gibt es nichts*«.[241] Das phänomenologisch gewonnene reine Ich ist so nichts weiter als »bloß leere[r] Quellpunkt der Akte«, wie Ingarden bezüglich Husserls ›Ideen‹ moniert.[242] Von vornherein *muß* es sich daher – Husserl selbst weist darauf hin – einer Bestimmung in »durch feste Begriffe faßbare Elemente« entziehen.[243] Folglich bleibt es anonym.[244] Entsprechend bergen die phänomenologisch zu ergründenden Bewußtseinsphänomene, welche sich als ein »Reich Heraklitischen Flusses« vorstellen lassen, keine Bestandteile, »die sich der Idee fester begrifflicher Bestimmbarkeiten fügten«. Allein »im Fluß intentionaler Synthesis« der Bewußtseinstätigkeit »herrscht eine [...] in strenge Begriffe faßbare Typik«, welche überhaupt zur Bestimmung aufgegeben werden *kann*.[245] Demzufolge aber ist die oben bemerkte Inhaltsleere, die dem Ich als dem phänomenologischen Forschungsgegenstand attestiert werden muß, der anleitenden Forschungsmethodologie nicht als Problem zu verbuchen. Denn in ihr zeigt sich zunächst nur, daß sich der phänomenologische Standpunkt einer arglosen Fixierung eines Pols, sei es des transzendentalen oder eines reempirisierten Ichs, versperrt. Über einen solchen Substantialismus ist Husserl hinaus. Dennoch steht die Frage, was es zum Fortschritt der Theoriebildung beitragen soll, wenn doch nun zwar auf der einen Seite ein »absolut fest[er]« Ausgang, der Erkenntnis nach, versichert ist, »nicht aber ohne weiteres das, was sein Sein näher bestimmt«, ermittelt werden kann.[246] Muß sich dann die Perspektive, die keine Exteriorität zulassen will, zu Ende gedacht, nicht selbst aufheben, eben weil die extramundane Absolutheit, welche sie zu ihrem Aufgabenfeld bestimmt, in ihrer Abgeschlossenheit – nicht vermittelt mit Anderem – selbst unbestimmt leer bleiben muß und bleibt? Da Husserl in der Verabsolutierung des Geistigen in der Form eines transzendental zu verstehenden, wenngleich im Raum des Erfahrbaren angesetzten Geschehens zwar über die substantialisierende Setzung eines empirischen respektive transzendentalen Universalbewußtseins hinausgelangt, gleichwohl in der Suche nach einem »zweifellosen Anfang« in der Struktur seiner Argumentation jener der Tradition verhaftet bleibt,

240 Hua III/1, *Ideen I*, S. 115 u. S. 179.
241 Aguirre (1970), S. 185.
242 Roman Ingarden (1991), »Kritische Bemerkungen von Professor Dr. Roman Ingarden«, Beilage zu: Hua I, *Cartes. Med.*, S. 203–218, hier S. 217.
243 Hua I, *Cartes. Med.*, S. 86.
244 Vgl. auch Cornelis A. van Peursen (1970), »Life-World and structures«, in: Edie/Parker/ Schrag (Hg.), S. 139–153, hier S. 146.
245 Hua I, *Cartes. Med.*, S. 86.
246 Hua I, *Cartes. Med.*, S. 62.

muß »die praktische Durchführbarkeit« der phänomenologischen Wissenschaft die »Form eines *unendlichen* Programms« erhalten.[247] Das absolut Erste nämlich, das jene verlangt, ist im von allem Weltlichen gereinigten Bewußtsein weder zu finden noch enthalten.[248] »Der Ort, an dem solch Absolutes anzutreffen sei, findet sich nicht.«[249] So geht die Arbeit des Phänomenologen beständig weiter. Der *phänomenologische* Idealismus kommt nie an. Das zeichnet den Grundlegungsversuch Husserls noch in seinem Scheitern aus.

247 Hua I, *Cartes. Med.*, S. 178 (Herv. F.W.).
248 Vgl. David Carr (1974), *Phenomenology and the Problem of History*. A study of Husserl's transcendental philosophy, Evanston, S. 242.
249 Gerhard Funke (1987), »Wissen und Wissenschaft in transzendental-phänomenologischer Begründung«, in: Wolfgang Marx (Hg.), S. 131–155, hier S. 155.

III. Die ›Wende‹ zur Lebenswelt – als Fortentwicklung der transzendentalen Architektur

Schließlich ist es Husserl, der festhält, daß eine Phänomenologie des Bewußtseins ihren Nullpunkt nicht »als durch einen progressus in infinitum systematisch erschöpfbar [..] denken« kann.[250] Bis an diese Stelle der Überlegungen stößt Husserl vor. Gleichwohl bleibt er zeitlebens auf der Suche nach dem Ersten und Letzten, an dem er doch selbst oft zweifelt. So zwingt die Sisyphusarbeit seiner beharrlichen Forschung, die den prätendierten ›absoluten Anfang‹ aufzuweisen unternimmt, nicht nur zu immer neuen Anläufen der Einführung in die Phänomenologie. Sie zwingt auch zu ständigen Umstellungen und Abänderungen in derselben. Denn zweifellos ist es höchst fraglich, wie Husserl an einer in den Zusammenhängen der erkenntnistheoretischen Reflexion des ausgehenden neunzehnten Jahrhunderts herangereiften Vorstellung eines aktual, im Augenblick, erfahrenden Ich, welches als Sinngebungszentrum alles Wirklichen veranschlagt ist, festhalten kann, wenn seine Analyse den eigenen, genuin reklamierten Forschungsgegenstand im Begriff des transzendentalen Ich nur benennen, dessen Sachhaltigkeit nur als die des Mittelpunkts der phänomenologischen Erfahrungswelt behaupten, jedoch nicht näher demonstrieren kann. Aber es gibt für den Phänomenologen noch eine weitere Möglichkeit, dem Vorwurf zu begegnen, er baue sein Denken auf eine »weltlose Subjektivität«.[251] Das absolute Ego, dessen Erforschung angezielt ist, braucht nicht allein im Hinweis, daß es *in* der Erfahrung fungiere, verteidigt werden. Es kann darüber hinaus mitbedacht werden, daß sich seine Welthaltigkeit auch aus früherem Erfahrungserwerb begründet. »Das Ich ist nicht leerer Pol«, schreibt Husserl demgemäß im zweiten Band der ›Ideen‹, »sondern Träger seiner Habitualität, und darin liegt, es hat seine individuelle Geschichte«.[252] Mit dieser Richtungsanweisung soll die vermeintliche Weltverlorenheit des Subjekts eingeholt und aufgehoben werden. Mit ihr steht der Versuch, die Bewußtseinsphilosophie zu überwinden.[253] Damit besetzt die Arbeit des Phänomenologen neues Terrain. Die Ausgangslage ist klar: Husserls späte Phase, um die es im folgenden geht, muß auf dem Hintergrund

250 Hua VI, *Krisis*, S. 426.
251 Walter Schulz (1980), *Philosophie in der veränderten Welt*, Pfullingen [¹1972], S. 21.
252 Hua IV, *Ideen II*, S. 300.
253 Vgl. dazu z. B. die Bemerkung Bourdieus in: Pierre Bourdieu (1992), *Rede und Antwort*, Frankfurt a.M., S. 30.

einer veränderten philosophischen Konstellation gesehen werden. Schließlich war Husserls phänomenologische Theorie seit dem Erscheinen von ›Sein und Zeit‹ 1927 zunächst so vom Denken Heideggers überschattet, »daß sie darüber fast in Vergessenheit geriet«.[254] Entsprechend wird Husserls »Wende zur Lebenswelt« vielfach als »Antwort« auf ›Sein und Zeit‹ verstanden, in welchem das gegenstandsbezogene Bewußtsein durch das ›In-der-Welt-Sein‹ abgelöst wurde.[255] Jedenfalls fühlte sich Husserl im Jahr 1930 dazu »berufen«, wie er an Ingarden schreibt, »entscheidend in die kritische Situation einzugreifen, in der die deutsche Philosophie steht«.[256] Wie sehr auch immer durch äußere Gründe angetrieben: Worauf es Husserl in seinen späten Schriften ankommt, ist zu zeigen, daß auch seine phänomenologische Theorie »fest in der geschichtlichen Wirklichkeit verwurzelt« ist.[257]

1. Das Verlangen nach Sachhaltigkeit: Die Grenzen der ›reinen Subjektivität‹

Dabei ist zu sehen, daß die oben nur andeutungsweise formulierte Umstellung des phänomenologischen Gedankens nicht lediglich ein erneutes Dementi des klassischen Gegensatzes von ›empirisch‹ und ›transzendental‹ artikulieren soll. Diesbezüglich zeiht Husserl im Spätwerk der ›Krisis‹ manche Kritik der »Naivität, anthropologisch weltlich bei der Subjekt-Objekt-Korrelation stehenzubleiben und die phänomenologischen Aufweisungen [seiner] ersten Schriften als die dieser Korrelation zu mißdeuten«. In der Weiterentwicklung der Phänomenologie seit den ›Ideen‹ geht es Husserl nicht darum, das phänomenologisch freigelegte »Ichsubjekt« einer vorgeblich realen Wirklichkeit der Objektwelt zu reintegrieren. Diese Problematik glaubt Husserl bereits mit der früh entwickelten erkenntnistheoretischen Grundfigur der Intentionalität, der sich kein ›Ding an sich‹ entziehen kann, außer Kraft gesetzt zu haben. So bereitet es ihm kein Problem, im transzendentalen »dasselbe, das in der Weltlichkeit menschliches Ich ist«, zu erkennen.[258] Gerade das transzendentale Ich ist schließlich auf das »Faktische, die Welt der lebendigen Menschen« angewiesen und kann nicht ohne die Erfahrung des spezifisch ›meinen‹, notwendig daher auf Mundanes bezogenen Ich konstruiert oder deduziert wer-

254 Ludwig Landgrebe (1960), »Zur phänomenologischen Theorie des Bewußtseins (A. Gurwitsch)«, in: Philosophische Rundschau, 8. Jg., S. 289–307, hier S. 289.

255 Ferdinand Fellmann (1993), Lebensphilosophie. Elemente einer Theorie der Selbsterfahrung, Reinbek, S. 202.

256 Edmund Husserl (1930), »Brief von Husserl an Ingarden (19.3.1930)«, in: Zeitschrift für philosophische Forschung, Bd. 13, S. 350–351, hier S. 351.

257 Edo Pivčević (1972), Von Husserl zu Sartre. Auf den Spuren der Phänomenologie, München, S. 112.

258 Hua VI, Krisis, S. 264f. u. S. 268.

den.[259] *Neu* im Gebäude der Phänomenologie sind vielmehr Überlegungen, welche durchblicken lassen, daß auch die phänomenologische Betrachtung des Betrachtens ihr Substrat nicht geradehin aus den fokussierten Leistungen eines aktual aktiven Ichs entnehmen kann, sondern dasselbe, das unabdingbar immer schon Vorgängiges birgt, konsequenterweise tiefgründiger analysieren und weiter ›befragen‹ muß.

Entsprechend glaubt Husserl in der vierten ›*Cartesianischen Meditation*‹, »auf eine große Lücke unserer Darstellung aufmerksam machen« zu müssen. Denn bisher »haben wir [...] nur auf das strömende cogito hingeblickt«. Da das Ich aber »mit jedem der von ihm ausstrahlenden Akte [...] eine neue bleibende Eigenheit gewinnt«, kann es keinesfalls etwa als ein bloß »leerer Identitätspol« aufgefaßt werden. Vielmehr ist es als ein »Substrat von Habitualitäten« zu verstehen. Stets nämlich bringen vom Ich in Akten einmal getroffene ›Entscheidungen‹ dasselbe dazu, ein eben »so und so entschiedene[s] Ich« nicht nur zu sein, sondern auch zu bleiben.[260] So wird in diesem Zusammenhang die »Stufe der *genetischen Phänomenologie*« erreicht. Diese soll ihr statisches Komplement relativieren. Zwar ist der »anfangende Phänomenologe« durch seinen »Ausgang von sich selbst« darauf verwiesen, die Typisierung der Bewußtseinstätigkeit des Ego zunächst unter der Voraussetzung zu leisten, »daß für es schon eine konstituierte Welt *ist*«. Doch muß er in einer weiteren Radikalisierung der phänomenologischen Freilegung noch der »genetischen Struktur des ego« Rechnung tragen und auch diese zu ergründen suchen.[261] Wie wir nämlich »in früher Kinderzeit das Sehen von Dingen überhaupt erst lernen mußten«, weil das Wahrnehmungsfeld von sich aus zunächst noch nichts enthält, »was in bloßem Ansehen als Ding expliziert werden könnte«, so muß für Husserl auch verstanden werden, daß nicht anders als in der ›psychologischen Genesis‹ auch in der phänomenologischen »jeder Bau der Aktivität notwendig als unterste Stufe [...] eine vorgebende Passivität« voraussetzt: »dem nachgehend stoßen wir auf die Konstitution durch passive Genesis«. Noch die im aktiven Vollzug erst »einsetzenden *geistigen* Aktivitäten« sind nicht unbedingt. Husserl erkennt, daß auch jene nicht voraussetzungslos einfach ›sind‹. Für ihn ist es die »Synthesis passiver Erfahrung«, die »vorgegeben« ist: »Das Ich hat immerzu dank dieser passiven« Synthesis (in die also auch die Leistungen der aktiven eingehen) eine Umgebung von *Gegenständen*.«[262] Aus diesen versorgt sich die aktive Konstitution.[263] Nicht bedingungslos also vermag diese ein Objekt aufzubauen. »Für sich selbst bleibende Bestände, ›Habitualitäten‹«, hat das transzendentale Ich, wie Ströker kommentiert, »in der

---

259 van Peursen (1962), S. 498 und Adorno (1990), S. 229.
260 Hua I, *Cartes. Med.*, S. 100.
261 Hua I, *Cartes. Med.*, S. 103 u. S. 110 (Herv. F.W.).
262 Hua I, *Cartes. Med.*, S. 112f.
263 Vgl. auch Sabine S. Gehlhaar (1991), *Die frühpositivistische (Helmholtz) und phänomenologische (Husserl) Revision der Kantischen Erkenntnislehre*, Cuxhaven, S. 184.

Genesis seiner fortwährenden, fortgehenden und doch fortwirkenden Sinnkon-
stitutionen« erwerben können.[264]
Nun bliebe die phänomenologische Egologie nicht länger absolutistisch, würde
ihr Ursprungs-Ich in diesem Zusammenhang im Bedingungsgefüge der Welt
tatsächlich relativiert. Doch erfährt die Denkform, die darauf setzt, ›alles‹ dem
einen geschlossenen Sinnzusammenhang des geistigen Ichs zuzuschreiben, an dieser
Stelle eine erneute Steigerung ihres Prinzips: »Alles Bekannte verweist auf ein
ursprüngliches Kennenlernen; was wir unbekannt nennen, hat doch eine Struktur-
form der Bekanntheit«.[265] So sucht Husserl noch dem in den Konstitutionsvorgang
notwendig eingehenden »Gegenstand«, den er als eine Art Gegenstandshorizont,
»als bleibenden Besitz, als immer wieder Zugängliches« verstanden wissen will,
einen Ursprung in der Subjektivität. Noch was bis an die Grenze der Bastion der
Transzendentalität vorstößt – die »Zielform« von Denkmöglichkeiten, deren der
Erkenntnisvorgang bereits in allem Anfang bedarf –, soll »aus einer Genesis entsprungen« sein, welche die Ergründung des Ichs in einem unendlichen Regreß
potenziert. Noch jene schreibt Husserl in Form der »Urstiftung« einem Prozeß
passiver Habitualisierung zu, in dem sich eine Art Horizont sedimentiert, auf den
das Bewußtsein in allem Weiteren rückgebunden bleiben soll.[266] Damit dringt Husserl in der radikalisierten Durchführung der Reduktion bis zu der Auffassung vor,
nach welcher die phänomenologische Forschung in der Analyse der Gegenstandskonstitution deren Einlagerung in der Welt jeweiliger ›Horizonte‹ mitreflektieren
muß. Die »aller Wirklichkeitssetzung gegenüber vorgängige Horizontintentio-
nalität von ›Welt‹« kann nämlich selbst durch strenge phänomenologische Epoché
nicht ausgeklammert werden. Das sieht Husserl im Spätwerk anders als in den
›Ideen‹.[267] Entsprechend transformiert sich das phänomenologische Denken von der
Beschreibung des Gegenstände konstituierenden transzendentalen Egos der ›Ideen‹
(1913) über die Analyse dessen eigener Genesis in den ›Cartesianischen Meditationen‹ (1931) bis hin zur ›Krisis‹ (1936), in welcher noch das zunächst verabsolutierte
›reine Bewußtsein‹ als ein »Moment der umfassenden ›Erfahrungswelt‹« begriffen
wird.[268] Dessen vermeintliche »Unabhängigkeit von der Welt« läßt sich in der Fortentwicklung der phänomenologischen Wissenschaft nicht länger aufrechterhalten.[269] So nimmt die transzendentale Phänomenologie in Husserls letztem Werk
einen neuen Anlauf. Ihr Programm der Letztbegründung nimmt ihr Erstes nicht

264 Ströker (1987b), S. 122.
265 Hua I, *Cartes. Med.*, S. 113.
266 Hua I, *Cartes. Med.*, S. 113.
267 Vgl. Hans-Georg Gadamer (1987b), »Die Wissenschaft von der Lebenswelt« [1972], in: ders.,
     Gesammelte Werke, Bd. 3, S. 147–159, hier S. 152.
268 Ferdinand Fellmann (1983), *Gelebte Philosophie in Deutschland*. Denkformen der Lebens-
     welt-Phänomenologie und der kritischen Theorie, Freiburg/München, S. 43.
269 Ströker/Janssen (1989), S. 79.

mehr beim cartesischen Ich-denke des Philosophen, sondern in der Welt des gelebten Erfahrens auf, die jeglichem Erkennen unabdingbar vorausliegen soll: der
Lebenswelt.

Damit revidiert sich die Phänomenologie in der Arbeit an ihrem Gegenstand
selbst. Denn Husserl trägt nun in der weiteren Ergründung des transzendentalen
Ich und d. h. in einer Art Radikalisierung der Rückfrage – nach der Bedingung des
Unbedingten –, der Überlegung Rechnung, daß das phänomenologisch ermittelte
Ego nicht als ein weltlos isoliertes Etwas verabsolutiert werden darf. Er gesteht ein,
daß der »viel kürzere Weg zur transzendentalen Epoché« der ›Ideen‹, welchen er
– im Unterschied zu dem der ›Krisis‹ – »den ›cartesianischen‹« nennt, »den großen
Nachteil hat, daß er zwar wie in einem Sprunge schon zum transzendentalen ego
führt, dieses aber [...] in einer scheinbaren Inhaltsleere zur Sicht bringt, in der man
zunächst ratlos ist, was damit gewonnen sein soll«.[270] Daher setzt er im »neuen
Weg« seiner späten Hauptschrift anders an.[271] Das zunächst herauspräparierte ›reine
Ich‹ findet sich dort von vornherein *situiert*, eingelassen in eine konkrete und
kontingente Wirklichkeit. Das zwingt die phänomenologische Philosophie des Bewußtseins dazu, ihrer Suche nach dem reinen ›Geist‹ die Analyse von Wissensformen vorauszuschicken, denen in ihrem Ausbildungsprozeß die Körper- und
Geschichtlichkeit des menschlichen Geistes eingeschrieben worden ist. Nun wäre
diese Programmatik im Grunde nichts Neues. Im Diktum, daß »jedes *ego* seine
Geschichte« hat, ja jene als das »große Faktum des absoluten Seins« zu begreifen sei,
hat Husserl dies beispielsweise schon in einem Text von 1921/24, in der einen Hinsicht, provokant zum Ausdruck gebracht.[272] Im übrigen ist an dieser Stelle auch
nicht zu unterschlagen, daß der Erfahrungsbezug des frühen phänomenologischen
Grundbegriffs der ›Intentionalität‹ eben so veranschlagt ist, daß durchaus bereits
von dort auf ›faktische‹ Erfahrungsgegebenheiten wie auf die Problematik des
Geschichtlichen vorgestoßen werden kann. In jedem Falle neu ist in der ›Krisis‹,
wie Husserl die Thematik dort einführt.

---

270 Hua VI, *Krisis*, S. 157f. Dementsprechend hat dem »Verständnis der phänomenologischen
    Reduktion Husserls [nichts] so sehr geschadet wie ihre (von Husserl selbst durchgeführte)
    Verbindung mit der Cartesianischen Zweifelsbetrachtung«. So mußte die transzendental-
    phänomenologische Reduktion in ihrer Interpretation nämlich den »Charakter eines
    Verlustes« gewinnen, der allein das Bewußtsein *übrig* läßt. Kern (1964), S. 235 u. S. 203.
271 Hua VI, *Krisis*, S. 158. Sogar einen Widerspruch zwischen der »Weltvernichtung« der
    früheren Phänomenologie und deren Programmbegriff der ›Intentionalität‹, »which always
    carries the subject to an interest in the entities of the world and their appearing«, konstatiert
    Bernet (1990). Hua III/1, *Ideen I*, S. 103 und Rudolf Bernet (1990), »Husserl's concept of the
    world«, in: Dallery/Scott/Roberts (Hg.), S. 3–21, hier S. 6.
272 Hua VIII, *Erste Phil. II*, S. 506.

2. Der phänomenologische Begriff der Welt und die Lebenswelt

In scharfem Kontrast zur phänomenologischen Denkweise behandelt Husserl
gleich auf den ersten Seiten der ›Krisis‹ jene der neuzeitlichen Wissenschaften. Als
»Wissenschaft in der Weltverlorenheit« nämlich gilt ihm gerade nicht die Phänomenologie.[273] Vielmehr sind es in genau umgekehrter Weise eben die der Welt
definitorisch ausdrücklich zugewandten Wissenschaften, denen diese sich entzieht.
Gerade »in der geometrischen und naturwissenschaftlichen Mathematisierung« – die
der studierte Mathematiker Husserl stets vor Augen hat –, welche die neuzeitlichen
Wissenschaften auszeichnet, wird der »uns ständig als wirklich gegebenen Welt [...]
ein wohlpassendes *Ideenkleid*« angemessen. Als ein »*Kleid der Symbole*, der sym-
bolisch-mathematischen Theorien«, macht dieses, »daß wir für *wahres Sein* nehmen,
was eine *Methode* ist«.[274] So kommt es bei aller »Evidenz ihrer theoretischen
Leistungen und ihrer dauernden zwingenden Erfolge« für Husserl zu einer »Krisis
aller neuzeitlichen Wissenschaften«, die für ihn im »Verlust ihrer Lebensbedeutsamkeit« besteht, ja sogar in eine »Krisis des europäischen Menschentums«
mündet.[275] Er konstatiert, Mitte der dreißiger Jahre, den »Zusammenbruch des
Glaubens an die ›Vernunft‹, so verstanden, wie die Alten die Episteme der Doxa
gegenüber setzten«. Die Wissenschaften der Neuzeit verfehlen, ungeachtet der
Erfolge, welche sie im »Fachwissenschaftliche[n]« erzielen, das in Gegenlage zur
Doxa, dem »fraglos ›selbstverständlichen‹, bloß vermeintlichen Sein«, veranschlagte
»wahre Sein«, welches als ein »ideales Ziel [...] Aufgabe der Episteme« ist.[276] Mit
diesen Überlegungen, die hier nur sehr verkürzt wiedergegeben werden können,
bestimmt Husserl in der ›Krisis‹ die »wahrhaft wirkliche Welt« der Phänomenologie zur Aufgabe – und ordnet nicht länger nur an, jene in Klammern zu setzen.

Wichtig ist es in diesem Zusammenhang, zu sehen, welche neue Art, die Welt zu
betrachten, sich im phänomenologischen Zugriff Husserls entwickelt. Es ist nicht
länger ein *Gegen*stand oder die Gesamtheit denkbarer Objekte, die ein gegenüber-
stehender Beobachter als ›Welt‹ auffassen soll. Statt dessen proklamiert Husserl die
*Innen*sicht eines schauenden Betrachters als die, von welcher aus ›Welt‹ zu verstehen sei. Für jene kann es im phänomenologischen Sinn kein unterscheidbares
Referenzobjekt geben. »Nicht seiend wie ein Seiendes, wie ein Objekt«, ist sie: »Die
Welt ist uns« vielmehr »als Horizont vorgegeben«. So können dem Phäno-
nologen alle Objekte nur »als Dinge, als Objekte *im Welthorizont*« bewußt sein.

---

273 Hua I, *Cartes. Med.*, S. 183.
274 Hua VI, *Krisis*, S. 51f.
275 Hua VI, *Krisis*, S. 2f. u. S. 10.
276 Hua VI, *Krisis*, S. 10f.

Denn »jede Gegebenheit [ist] Gegebenheit im Wie eines Horizontes«; »jedwedes als weltlich Gegebene[s]« endlich führt »den Welthorizont mit sich«.[277]

Damit ist klar, daß Husserl in diesen Überlegungen wie schon in den ›Meditationen‹ »nichts Weltliches im natürlichen Sinn« meint, sondern auch »hier die »›Welt‹« in »Anführungszeichen«, die der jeweils eigenen »Welterfahrung«, anvisiert.[278] Ausgangspunkt seiner Überlegungen ist das erfahrende Individuum im »natürlichen Leben«. Dieses charakterisiert er »als naiv geradehin in die Welt Hineinleben«, »in die Welt, die als universaler Horizont immerfort in gewisser Weise bewußt da ist, aber nicht thematisch ist«.[279] Machen wir – als Beobachter, »d.i. vom transzendentalen Zuschauer gesehen«[280] – uns nun allerdings jene zum Thema, so fokussieren wir sie als: Lebenswelt. Insofern ist letztere nur durch eine bestimmte Fragerichtung vom phänomenologischen Begriff der Welt geschieden. Denn der »Rückgang auf die Welt, wie sie als universaler Boden aller einzelnen Erfahrungen, als Welt der Erfahrung vorgegeben ist, [...] ist Rückgang auf die ›Lebenswelt‹, d.i. die Welt, in der wir immer schon leben«.[281]

Natürlich zielt ›Welt‹ für Husserl auf »keine ontische, objektive Größe«[282] und natürlich interessiert er sich stets für die ein je »subjektiv geltende Welt«, nämlich dafür »wie im Wandel relativer Geltungen, subjektiver Erscheinungen, Meinungen die einheitliche, universale Geltung Welt, die Welt für uns zustande kommt«.[283] Doch verleiht er den Doxa des der Wissenschaft vorgelagerten Weltlebens – explizit im Gegenzug zu den in den Naturwissenschaften ›ideal‹ konstruierten ›Welten‹ – nicht nur erstmals, das ist die besondere Innovation der ›Krisis‹, wissenschaftlichen Rang. Er anerkennt in ihnen zudem etwas, was in jede Wahrnehmung notwendig eingeht und, so gesehen, jener vorausliegt. Dadurch wird der ›Möglichkeitsstandpunkt‹ des transzendentalen Ich zunächst verlassen und der Phänomenologe schickt sich an, beim Faktischen der »Gegebenheiten der Lebenswelt« zu verweilen.[284] Zusätzlich konfrontiert ihn die parallelgehende Problematisierung der Genese der jeweilig zuhandenen ›Welthorizonte‹ mit der Thematik des Geschichtlichen.[285]

---

277 Hua VI, Krisis, S. 145f. u. S. 267.

278 Hua I, Cartes. Med., S. 129.

279 Hua VI, Krisis, S. 327.

280 Edmund Husserl (1973), Zur Phänomenologie der Intersubjektivität. Texte aus dem Nachlass, Dritter Teil: 1929–1935, hrsg. von I. Kern, Den Haag (zit.: Hua XV), S. 75.

281 Husserl (1985), Erfahrung u. Urteil, S. 38.

282 Die entsprechende Gegenüberstellung ist Thema der Arbeit von Jong-Kwan Lee (1991), Welt und Erfahrung. Zur transzendental-phänomenologischen Thematisierung der Welt bei Edmund Husserl als Kritik des objektivistischen Weltbegriffs, Frankfurt a.M. usw., hier S. 197.

283 Hua VI, Krisis, S. 305 u. S. 147.

284 Hua VI, Krisis, S. 127. Vgl. dazu auch Blumenberg (1963), S. 15.

285 Vgl. hierzu insbes. David Carr (1974), Phenomenology and the Problem of History. A study of Husserl's transcendental philosophy, Evanston.

Daher stellt sich die Frage, inwiefern »der späte Husserl der dreissiger Jahre«, wie
Marbach meint, »sich des Problems der *faktischen Genesis* der transzendentalen
Subjektivität [..] bewusst wurde«.[286] Durchbricht er etwa den Grundansatz seiner
phänomenologischen Philosophie des Geistes? Sprengt das »Konzept der Lebenswelt«, wie Habermas meint, die »transzendentale Architektonik« der Phänomenologie?[287] Um diese Frage beantworten zu können, ist es zunächst näher zu
untersuchen.

3. Die Lebenswelt. Bedingtheit des Erkenntnissubjekts – Ende der ›Absolutheit des Geistes‹?[288]

Zur Analyse des Lebensweltkonzepts bietet es sich an, mit Husserl die »Leitfaden«-
Funktion der Lebenswelt von ihrer »Boden‹-Funktion« zu unterscheiden.[289]
Reorientiert die eine auf das transzendentale Begründungsinteresse der Phänome-
nologie, so dient die andere dem Zweck, den ›bodenlos‹ gewordenen Wissen-
schaften – und ihrer Zeit – zu einem sicheren Fundament zu verhelfen. Von der
Sache her muß die Lebenswelt in der zweitgenannten Funktion, ihrer ›Boden‹-
Funktion, zuerst erläutert werden.

   Seit den ›Ideen II‹ ist die Lebenswelt für Husserl zunächst »die natürliche Welt«
– aus der Sicht des Subjekts. »Alles Objektive der Lebenswelt ist subjektive Gegebenheit, [...] die Subjekte sind schlechthin«, alles andere ist »Umwelt«.[290] Dabei ist
von letzterer auch der Plural möglich. Denn »jede Nation, jede übernational
vereinheitlichte Lebenseinheit von Nationen hat *ihre* sie verbindende Umwelt«, so
daß sich mit dem »Historiker [...] die wechselnden Lebensumwelten der Völker
und Zeiten« analysieren lassen.[291] Doch müssen auch die »jeweils praktisch gelten-

---

286 Eduard Marbach (1977), »Husserls reine Phänomenologie und Piagets genetische Psycholo-
     gie«, in: *Tijdschrift voor Filosofie*, 39, S. 81–103, hier S. 103.
287 Jürgen Habermas (1991), *Texte und Kontexte*, Frankfurt a.M., S. 36.
288 Hua IV, *Ideen II*, S. 297.
289 Hua VI, *Krisis*, S. 175 u. S. 158. Vgl. dazu bes. auch Ulrich Claesges (1972), »Zweideutigkei-
     ten in Husserls Lebenswelt-Begriff«, in: Claesges/Held (Hg.), S. 85–101.
     Eine umfassende, freilich an der *Geschichte* des Begriffs der Lebenswelt orientierte Zu-
     sammenstellung von Kant bis zur ›konstruktiven Wissenschaftstheorie‹ – die ihren
     »terminologischen Kulminationspunkt in Husserls Begriff der ›Lebenswelt‹« hat – bietet:
     Rüdiger Welter (1986), *Der Begriff der Lebenswelt*. Theorien vortheoretischer Erfahrungs-
     welt, München (hier S. 13).
290 Hua IV, *Ideen II*, S. 375. »Husserls Lehre von der ›Lebenswelt‹« ist im Zusammenhang dieser
     Stelle – zu Beginn der 20er Jahre – *zuerst* so bezeichnet. Gadamer (1987a), S. 127. Vgl. auch
     Guy van Kerckhoven (1985), »Zur Genese des Begriffs ›Lebenswelt‹ bei Edmund Husserl«,
     in: *Archiv für Begriffsgeschichte*, 29, S. 182–203.
291 Hua VI, *Krisis*, S. 548f. u. S. 150 (Herv. F.W.).

den Umwelten [als] subjektive Erscheinungsweisen eben *der* Welt« verstanden
werden,[292] die als ein »Reich ursprünglicher Evidenzen«, als ein »Universum prinzi-
pieller Anschaubarkeit«, als »ständig vorgegebene, ständig und im voraus seiend
geltende« allen Vorhaben und Zwecken, gerade auch der wissenschaftlichen,
vorausliegt und diese erst ermöglicht.[293] Mit dieser *Lebenswelt* verleiht Husserl der
»Welt der bloßen, traditionell so verächtlich behandelten Doxa« nun in einem
Wurf die »Würde eines Fundamentes für die Wissenschaft«.[294] Diese »Lebenswelt,
also die stets in fragloser Selbstverständlichkeit vorgegebene Welt der sinnlichen
Erfahrung«, die »beständig als Untergrund« fungiert, kontrastiert Husserl in der
›Krisis‹ daher nicht nur der wissenschaftlichen Welt. Er bestimmt sie vielmehr zum
»Boden, auf dem die objektive Wissenschaft ihre Gebilde [...] aufbaut«.[295] Daß jene
aber ignoriert, von der »Selbstverständlichkeit der Lebenswelt« abhängig zu sein,[296]
bringt die phänomenologische Kritik – und eines ihrer zentralen Argumente in der
›Krisis‹ – auf den Plan. Denn dieser zufolge ist für die neuzeitlichen Wissenschaftler
die vom Phänomenologen aufgedeckte »Welt für alle« zwar »nicht ihr Thema«,
doch eben auch »die [...], in der sie leben«.[297] ›Vergessen‹ ist der »Boden der Lebenswelt« indes, wenn in der naturwissenschaftlichen »Konstruktion« von »Theorien als
objektiv wahre Natur« der Forscher seine »Welt des Alltages«, »seine Apparate, die
Teilstriche der Skalen, [...] Taktschläge« usw., unterschlägt, gleichsam selbstverständlich aber »die jeweiligen sich ihm darbietenden sinnlichen Wirklichkeiten« als
notwendige »Voraussetzungen«« seiner theoretischen Arbeit »benutzt«.[298] Weil die
Lebenswelt für Husserl insofern als ein ›Boden‹ funktioniert, fordert und initiiert
er eine »Wissenschaft von der Lebenswelt«, welche die generelle »Grundlegung der
Wissenschaft« zustandebringen soll.[299] Dazu setzt er es als Aufgabe an, eine »Ontologie der Lebenswelt rein als Erfahrungswelt« zu entwickeln. Es versteht sich, daß
es dem Phänomenologen dabei nicht darum gehen kann, »ob und was die Dinge,
die Realitäten der Welt wirklich sind«, sondern jene nur insofern interessieren, »wie
sie uns zunächst in der schlichten Erfahrung sich geben«.[300] Aber gerade diese »all-
gemeinsame Erfahrungswelt« soll nun zum ersten Gegenstand der phänomenologischen Forschung aufgerückt sein. Gerade sie soll respektiert und erforscht, gerade
nicht als das »›bloß Subjektiv-Relative‹ von dem dem neuzeitlichen Objektivitäts-
ideal folgenden Wissenschaftler« abgeschoben werden. Eben das »in allem Wandel

292 Hua XV, S. 60.
293 Vgl. Hua VI, *Krisis,* S. 130, S. 461 u. S. 141.
294 Hua VI, *Krisis,* S. 465 u. S. 158.
295 Hua VI, *Krisis,* S. 77, S. 127 u. S. 465f.
296 Hua VI, *Krisis,* S. 128.
297 Hua VI, *Krisis,* S. 466 u. S. 462.
298 Hua VI, *Krisis,* S. 399 u. S. 452.
299 Hua VI, *Krisis,* S. 463 u. S. 449.
300 Hua VI, *Krisis,* S. 176 u. S. 159.

der Relativitäten invariant Verbleibende« soll der Phänomenologe im Unternehmen einer »lebensweltlichen Ontologie« in der ›Lebenswelt‹ und als die »formal-all-
gemeinsten Strukturen« derselben aufsuchen.[301] Denn die Lebenswelt hat, das ist die
hier ausschlaggebende Überzeugung Husserls, »in allen ihren Relativitäten ihre
allgemeine Struktur«. »Alles relativ Seiende« sei an diese gebunden, indes nur diese
›allgemeine Struktur‹ »nicht selbst relativ«.[302] Mit diesem theoretischen Schachzug
gelingt Husserl ein Zugeständnis an den Relativismus seiner Zeit – ohne vom
Universalismus seines eigenen Standpunkts abrücken zu müssen. Einfach gesteht er
den je verschieden erfahrenen ›Welten‹, zunächst als ›Umwelten‹ lebensweltlicher
Ich-Subjekte verstanden, ihr Eigenrecht zu, indem er fürs erste »jede[m] seine
Umwelt« beläßt, dann aber aus Philosophen-Sicht die »Welt als Lebenswelt« fokussiert und im typisch phänomenologischen, von der eidetischen Reduktion her
eingeübten »freien Variieren und Durchlaufen der lebensweltlichen Erdenklich-
keiten« genau einen solchen »wesensallgemeine[n] Bestand« in »apodiktischer Evidenz« hervortreten läßt, »der durch alle Varianten hindurchgeht«.[303] Das »Sich-über-
die-Lebenswelt-stellen« nur weit genug betrieben, die »Blickrichtung auf das apodiktisch Invariante« nur scharf genug eingestellt, erlaubt es Husserl so, die »menschliche Umwelt« auf der einen Seite durchaus als »geschichtlich aufgebaut« anzuerkennen wie andererseits, freilich allein »wesensmäßig«, als »dieselbe [..], heute und
immer«, zu behaupten.[304] Wie es sich aus der »historische[n] Umwelt der ersten
Geometer« – »wenn wir auch noch so wenig« über diese wissen – extrahieren läßt,
»daß es eine Welt von ›Dingen‹ war [...], daß alle Dinge notwendig eine Körperlich-
keit haben mußten, [...]«, so soll sich aus der einer »idealisierenden Logifizierung zu
unterziehende[n] Lebenswelt« generell deren »wesenseigene Formstruktur« heraus-
filtrieren lassen.[305] In der eidetisch-deskriptiven, nicht erzeugenden Bestimmung des
»erfahrungsweltliche[n] Apriori« wird es dem Phänomenologen zur lösbaren Aufgabe,[306] alle kultur- wie historisch-relativen Erfahrungswelten als Ausgestaltungen
der einen invarianten Kernstruktur der Lebenswelt aufzuweisen: »Alle möglichen
Welten sind Varianten der uns geltenden«.[307]

Damit konvertiert die Phänomenologie, so könnte es scheinen, vom Absolutismus eines transzendentalen Ich, das als der Ort jeglicher Erfahrung gilt, zur Verabsolutierung der Lebenswelt als dem Apriori möglicher Welten. Sucht Husserls
›Wende‹ zur Lebenswelt demnach in der selbstgewählten »Aufgabe einer absoluten

---

301 Hua VI, *Krisis*, S. 128 u. S. 145.
302 Hua VI, *Krisis*, S. 142.
303 Hua VI, *Krisis*, S. 512, S. 142 u. S. 383.
304 Hua VI, *Krisis*, S. 399, S. 383, S. 386 u. S. 549.
305 Hua VI, *Krisis*, S. 383 u. S. 399.
306 Paul Janssen (1972), »Ontologie, Wissenschaftstheorie und Geschichte im Spätwerk Hus-
    serls«, in: Claesges/Held (Hg.), S. 145–163, S. 160, Anm. 27.
307 Hua VI, *Krisis*, S. 500.

Welterkenntnis als Erkenntnis einer Welt, die alle Relativitäten übergreift«, nach einem neuen Fundament? Welche Variante der Erklärungsstruktur liegt vor, im Interesse, noch dem »historischen Horizont, in dem [...] alles historisch ist«, durch »methodische Befragung [eine] zu enthüllende Wesensstruktur« abzuringen?[308] Wechselt der phänomenologische Absolutismus hier nicht die für ihn spezifische Formgebung, wenn er mit der Thematisierung der Lebenswelt als eines »philosophische[n] Universalproblem[s]« in der ›Krisis‹ in seiner Entgegnung auf die »Relativität alles Historischen« nicht von der natürlichen Weltsicht abblendet, um im Gegenzug ein transzendentales Ich zu gewinnen, sondern in der Forderung der Ergründung des »Fundament[s] des universalen historischen Apriori[s]« sein Absolutum nun so ansetzt, daß die verspürte Kontingenz der Wirklichkeit nicht geradehin negiert, vielmehr darin sogar respektiert wird, daß Husserl jetzt, mit der Lebenswelt, etwas anerkennt, was die Züge der Faktizität trägt – obgleich noch jene in ihrer »Gegebenheit« bis hin zum »lebensweltlichen Apriori« durchdrungen werden soll?[309] Die Lebenswelt nämlich kann nicht ›gewählt‹ werden. Sie ist vielmehr »immerzu vorgegeben« und daher zuallererst hinzunehmen.[310] In ihr kommt die Phänomenologie – mit Fink – zu der Einsicht, daß »die Wissensweisen, in denen wir uns zunächst befinden, [..] mittelbar, abgeleitet« sind und »auf Voraussetzungen« beruhen, »die uns wohl bestimmen, die wir jedoch nicht einfach angeben und bezeichnen können«.[311] Wenn nun auch und gerade unter dem Thema der Lebenswelt »zurückgefragt wird auf die vorgegebene Welt«,[312] gibt die Phänomenologie dann also nicht auf – um die am Ende des vorstehenden Kapitels bereits gestellte Frage wieder aufzunehmen –, was der bisherigen Darstellung zufolge doch Erkennungszeichen ihrer Architektonik war: den Primat, ja die Ausschließlichkeit, welche sie dem ›Geistigen‹ in ihrem Denkgebäude einräumt?

Tatsächlich ließe sich der cartesische Anfang bei der Evidenz des denkenden Ichs in den ›Ideen I‹ leicht der im Spätwerk der ›Krisis‹ bekannt gewordenen Einstimmung auf die »große Aufgabe einer reinen Wesenslehre von der Lebenswelt« scharf kontrastieren – sofern letztere allein als »gründende[r] Boden« interessierte.[313] Doch

---

308 Hua VI, *Krisis*, S. 499 u. S. 378.
309 Hua VI, *Krisis*, S. 135, S. 382, S. 386, S. 131 u. S. 143
310 Hua VI, *Krisis*, S. 133.
311 Eugen Fink (1959), »Die Spätphilosophie Husserls in der Freiburger Zeit«, in: van Breda/ Taminiaux (Hg.)(1959b), S. 99–115, hier S. 105.
312 Hua VI, *Krisis*, S. 124.
313 Hua VI, *Krisis*, S. 144 u. S. 134. Eine der angegebenen Entgegensetzung parallele Konfrontation des »Göttinger Transzendentalphilosophen mit dem Freiburger Lebenswelt-Husserl« wurde in der Rezeption insbesondere dadurch begünstigt, daß Husserls »erste Phänomenologie der Lebenswelt« in den ›Ideen II‹, »im wesentlichen zwischen 1913 und 1917 entstanden«, erst zur Zeit des Erscheinens der vollständigen Ausgabe der ›Krisis‹ zugänglich geworden ist (1952 bzw. 1954): »Solange man nicht sehen konnte, wie früh Husserls ›Wende zur Lebenswelt‹ liegt, konnte man in ihr eine späte Abkehr vom Cartesia-

muß die Lebenswelt, wie eingangs unterschieden, auch in ihrer ›Leitfaden‹-Funktion untersucht werden, bevor gesehen werden kann, daß Husserl noch in seiner späten Lebenswelttheorie die von ihm 1913 vorgestellte Idee einer transzendentalen Phänomenologie nicht aufgibt, sondern untermauert und durchhält.[314]

›Lebenswelt‹ ist also auch ein »Index«, ein »*Leitfaden* für die Rückfrage nach den Mannigfaltigkeiten der Erscheinungsweisen und ihren intentionalen Strukturen«.[315] So führt der Gang der Phänomenologie auch hier, freilich über die »Zwischenstufe der Lebenswelt«,[316] wie aus dem Lehrstück der ›transzendentalen Reduktion‹ bereits bekannt, in einer abermals »neue[n] Blickrichtung [...] auf den *Ichpol*«. Nicht nur die »invarianten Strukturen« der Lebenswelt dürfen erforscht werden.[317] Denn der »Rückgang von der vorgegebenen Welt [...] auf die ursprüngliche Lebenswelt« (›Boden‹) ist, Husserls Ausführungen in ›*Erfahrung und Urteil*‹ zufolge, nur die erste Stufe im »Rückgang auf die diese vorgegebene Welt konstituierende transzendentale Subjektivität«. Erst in einem zweiten Schritt wird dann die »Rückfrage von der Lebenswelt auf die subjektiven Leistungen« möglich, »aus denen sie selber entspringt«: »Denn auch sie ist ja nichts einfach Vorgegebenes; auch sie ist Gebilde, das auf die Weisen seiner konstitutiven Bildung hin befragt werden kann«[318] – und dazu ja auch anleiten soll (›Leitfaden‹-Funktion).

Nur bedingt darf die Lebenswelt daher als eine »ontologische Größe« verstanden werden.[319] Sie ist nicht die ›Alltagswelt‹ der Soziologie, welche auf ein empirisches Zustandekommen hin befragt werden könnte. Für solches hat Husserl kein Interesse. Ihn interessiert vielmehr auch weiter allein die transzendentale Genese: der ›Lebenswelt‹.[320] So genügt ihm nicht jene erste Epoché, welche im Zusammenhang der ›*Krisis*‹ vom Objektivismus der neuzeitlichen Wissenschaften befreit.[321] Auch

nismus erblicken.« Manfred Sommer (1990), *Lebenswelt und Zeitbewußtsein*, Frankfurt a.M., S. 59f.

314 Vgl. dazu auch Hans-Georg Gadamer (1987c), »Zur Aktualität der Husserlschen Phänomenologie« [1974], in: ders., *Gesammelte Werke*, Bd. 3, S. 160–171, hier S. 160.
315 Hua VI, *Krisis*, S. 175.
316 Hiroteka Tatematsu (1979), »Phänomenologische Betrachtung vom Begriff der Welt«, in: Nitta/Tatematsu (Hg.), S. 109–129, hier S. 122.
317 Hua VI, *Krisis*, S. 175f. (Herv. F.W.).
318 Husserl (1985), *Erfahrung u. Urteil*, S. 49. Vgl. auch Werner Marx (1987), *Die Phänomenologie Edmund Husserls. Eine Einführung*, München, S. 123.
319 Für den Husserlschen Lebensweltbegriff bestreitet das generell: Ilja Srubar (1978), »Marx' Konstruktion sozialer Lebens-Welten«, in: Waldenfels/Broekman/Pažanin (Hg.), S. 170–206, hier S. 175. Vgl. demgegenüber Mittelstraß (1991), der dem »ontologische[n] Begriff [der Lebenswelt], in dessen Richtung Husserls eigene Überlegungen zu gehen scheinen«, einen »begründungstheoretischen Begriff« entgegenstellt. Jürgen Mittelstraß (1991), »Das lebensweltliche Apriori«, in: Gethmann (Hg.), S. 114–142, hier S. 136.
320 Manfred Sommer (1980), »Der Alltagsbegriff in der Phänomenologie und seine gegenwärtige Rezeption in den Sozialwissenschaften«, in: Lenzen (Hg.), S. 27–43, hier S. 39.
321 Vgl. Hua VI, *Krisis*, S. 138.

wenn mit dieser der Fokus »auf die vorwissenschaftlich uns geltende Lebenswelt«
gelenkt wird, bleibt die »vorgegebene Welt« zunächst »noch in Bodengeltung« und
ist noch »nicht übergeführt in das Universum des rein Subjektiven«, an welchem
Husserl nach wie vor zuvörderst gelegen ist.[322] Husserls Wende zur Lebenswelt
kann nur als eine erste Thematisierung derselben verstanden werden. Sie artikuliert
keine Kehrtwendung der Phänomenologie.[323] Schließlich gibt Husserl in ihr weder
den transzendentalen Standpunkt auf, noch findet die Vorrangstellung der Subjektivität ein Ende. Zwar ist es in seinem Sinne nicht falsch, eine »lebensweltliche
Ontologie auf dem natürlichen Boden« zu entwickeln.[324] Unerläßlich ist dies sogar
auf dem Weg, den die ›Krisis‹ zum Einstieg in die transzendentale Phänomenologie
vorschlägt.[325] Denn dessen Richtschnur gemäß ist die Erfahrung, von welcher der
Phänomenologe ausgehen soll, nicht mehr die isolierte einer »stumme[n], vor-
begriffliche[n] Anschauung«, sondern diejenige, die in eine »aktuelle, konkrete
historische Welt« eingelassen ist.[326] Darüberhinaus aber haben die »lebensweltlichen
Phänomene« für den Transzendentalphänomenologen Husserl, wie gesehen, »als
Ausgang, nämlich als transzendentaler Leitfaden [...] zu dienen«.[327] Ausgemacht ist
für Husserl, daß der »erste Ansatz der Epoché« notwendig, aber nicht hinreichend
ist. Seiner Orientierung zufolge bedarf es »eines zweiten, bzw. einer bewußten
Umgestaltung derselben durch Reduktion auf das *absolute ego* als das letztlich
einzige Funktionszentrum aller Konstitution«.[328]

So bleibt es dabei: Husserls Ringen um eine Absicherung des Wissens in den von
ihm bereits früh prätendierten »absolut klaren Anfänge[n]« hat sich gegen die
objektivistische »Verabsolutierung dieser Welt« und *für* die »Welt des absoluten
Geistes« entschieden, denn »nur der Geist« ist für die Husserlsche Phänomenologie
unbedingt, »in sich selbst und für sich selbst seiend«.[329] Daher muß der unter

---

322 Hua VI, *Krisis,* S. 150.
323 Vgl. Klaus Held (1991), »Husserls neue Einführung in die Philosophie. Der Begriff der
     Lebenswelt«, in: Gethmann (Hg.), S. 79–113, hier S. 79; Jitendra N. Mohanty (1974), »›Life-
     world‹ and ›a priori‹ in Husserl's later thought«, in: Tymieniecka (Hg.), S. 46–65, hier S. 64.
324 Hua VI, *Krisis,* S. 176.
325 Daß es »verschiedene gleichmögliche Wege«, die »zum Anfang einer ernstlichen Philosophie«
     im Sinne des »transzendental-phänomenologische[n] Idealismus« führen können, nicht nur
     gibt, sondern er solche selbst auch »eingeschlagen« hat, unterstreicht Husserl im ›Nachwort‹
     zu den ›Ideen I‹ in: Hua V, *Ideen III,* S. 138–162, hier S. 148–150.
326 Bernet/Kern/Marbach (1989), S. 203.
327 Hua VI, *Krisis,* S. 177. Daher verwundert es, wenn Brand (1973), für den die ›konkrete
     Analyse der Lebenswelt‹ »the total task of phenomenology itself« ist, schreibt, daß Phäno-
     menologie eines gewiß nicht sei: »It is not the analysis of a transcendental consciousness«. Gerd
     Brand (1973), »The structure of the life-world according to Husserl«, in: *Man and World,* 6,
     S. 143–162, hier S. 149.
328 Hua VI, *Krisis,* S. 190 (Herv. F.W.).
329 Husserl (1981), *Phil. als strenge Wiss.,* S. 71; Hua VII, *Erste Phil. I,* S. 283 und Hua VI, *Krisis,*
     S. 345.

phänomenologischer Anleitung »Philosophierende von *seinem* Ich ausgeh[en]« und müssen die methodischen Verfahren dieser Wissenschaft, auch die Analyse der Lebenswelt, als das »Eingangstor« begriffen werden, »mit dessen Durchschreiten die neue Welt der reinen Subjektivität entdeckt werden« soll.[330] Insofern stellt Husserls ›Krisis‹ keinen späten Bruch, sondern eher ein »Neudurchdenken seines Ansatzes« der ›Ideen‹ dar.[331] »Die Lehre von der ›Lebenswelt‹« entwickelt Husserl, das hat Gadamer früh erkannt, um »die transzendentale Reduktion fehlerfrei zu machen«.[332] Denn für Husserl gilt weiter uneingeschränkt: Das »an sich Erste ist die Subjektivität«. Die nach Grundlegung strebende neue Wissenschaft beruhigt sich noch in der Analyse der »Lebenswelt und [des] Menschen als ihr Subjekt« in der »vollkommene[n] Reduktion auf das *absolut einzige ego*«: »Der Subjektbestand der Welt verschlingt sozusagen die gesamte Welt und damit sich selbst.« Das ist für Husserl kein ›Widersinn‹ – wieviel er sonst auch als solchen zurückweist. Es ist vielmehr eine »auflösbare [...] Paradoxie« – sofern man der phänomenologischen Weise der Analyse des ›Wirklichen‹ folgen will.[333]

330 Hua VI, *Krisis*, S. 346 u. S. 260 (Herv. F.W.).
331 Urte Kocka (1982), *Phänomenologische Konstitution und Lebenswelt.* Untersuchungen zu Edmund Husserls ›Ideen II‹, Bielefeld [Diss.], S. 357, Anm. 1. Vgl. auch Antonio Aguirre (1982), *Die Phänomenologie Husserls im Licht ihrer gegenwärtigen Interpretation und Kritik*, Darmstadt, hier insbes. S. 148f.
332 Gadamer (1987a), S. 134 [zuerst: 1963].
333 Hua VI, *Krisis*, S. 70, S. 54 u. S. 183.

IV. *Kritik.* Die Denkform des Absolutismus und die Forschungsmethodologie der Wissenschaft

Es steht außer Zweifel, daß Husserls methodologisch angesetzter Idealismus, der sich in seiner Durchführung als ein Absolutismus des transzendentalen Ich erweist, nicht nur ein anderes Interesse als das sozialwissenschaftlicher Fragestellungen mitbringt, sondern in der Zielrichtung seiner Methodik wie der Konzeptualisierung seines Forschungsgegenstands dem sozialwissenschaftlichen Unternehmen entgegensteht. Daß gewichtige Teile respektive Techniken aus dem phänomenologischen Methodenarsenal indes nicht nur für die Sozialtheorie von Schütz, sondern beispielsweise auch für Luhmanns Systemtheorie bedeutsam sind, spielt dabei keine Rolle. Worauf es in der Darstellung und Kritik der Husserlschen Phänomenologie hier ankommen soll, ist nicht deren vermeintliche sozialwissenschaftliche Verwendbarkeit und auch nicht dieses oder jenes Detailproblem. Vielmehr war es bereits Bestreben der vorstehenden Teile, die die erkenntnistheoretische Position der Phänomenologie (Kap. I), ihre Methode (II.) sowie die Konzeption ihres Forschungsobjekts (III.) in erster Linie hatten darstellen sollen, die phänomenologische Denkweise in ihren zentralen Prinzipien zu zeigen. Bevor nun jene kritisch diskutiert werden können, werden die bislang ermittelten Befunde noch einmal knapp zusammengestellt.

1. Resümee. *Die Struktur der Phänomenologie Husserls*

Auf der einen Seite sind es zwei Elemente, welche die Konzeption Husserls prägen. Entsprechend leiteten diese die vorstehende Darstellung an. Das eine ist diejenige Denkform, die eines absolut tragenden Ausgangspunkts bedarf. Das andere Erkennungsmerkmal artikuliert sich im uneingeschränkten Vorrang, den die phänomenologische Theorie der Ich-Subjektivität einräumt.[334] Auf der anderen Seite ist auch Husserls Ansatz vom Stand der Wissenschaften seiner Zeit gezeichnet: Erstens ist es hier seine ›strenge Wissenschaft‹, die im Geist der exakten Naturforschung geschrieben ist. Zweitens zeigt Husserls Kritik an den Denkmustern der Tradition, insbesondere seine Ablehnung jeder statisch-formalen Subjektauffassung, in wel-

---

334 Dabei versteht es sich, daß der phänomenologische ›Primat der Subjektivität‹ nicht allein auf seiten der Husserl-Kritik bemerkt wird: Vgl. z. B. Mohanty (1989), hier S. 158.

chem Maß er implizit vom historischen Bewußtsein seiner Gegenwart beeinflußt ist und die Prozeßbezogenheit der menschlichen Lebensform bereits anerkennt (Kap. I, Exkurs). Wie für jeden philosophischen Entwurf der neuzeitlichen Tradition steht auch für seinen zunächst das tradierte Wissen in seiner Gesamtheit zur Disposition. So erweitert Husserl nicht dieses oder jenes bereits bekannte System, sondern schafft einen neuen Ansatz – in direktem Kontrast zur ›natürlichen Denkhaltung‹ (Kap. I). Gezeigt wurde oben, wie er die »Phänomenologie als radikale Erkenntnistheorie« begründet.[335] Doch trägt jene neu entwickelte Philosophie in ihrer Struktur die Züge der überkommenen alten. Denn wie ein guter Cartesianer sucht Husserl »noch nach dem archimedischen Punkt«, der sicheres Wissen verbürgen soll.[336] Gleichwohl rekurriert er nicht auf den ontologisch absoluten, den cartesischen Gott. Vielmehr greift er auf ein Absolutum allein in epistemologischer Hinsicht zurück:[337] Den gesuchten ›zweifellosen Anfang‹ wahren Erkennens findet die *Idee der Phänomenologie* in der »absolute[n] Gegebenheit des reinen Schauens«.[338] So ist es ein ganz anderer Rückgang als der des Empirismus oder jener der Transzendentalphilosophie Kants, den Husserl unternimmt. Obgleich er also mit Bedacht vermeidet, aus vorgegebenen Sinnesdaten einerseits oder vorgegebenen Verstandesformen andererseits das je in Frage stehende Wissen einfach abzuleiten, ist es dennoch der Rückgriff auf ein Erstes, auf dem sein Denken ruht. Auch in der Theorie Husserls meldet sich die Sehnsucht nach dem Ursprung, der das Wissen begründen soll. Um auf ein »Feld absoluter Erkenntnisse« vorzustoßen, setzt der Phänomenologe gegen alle »deduktive[n] Theoretisierungen« auf die »immanente Sphäre«, in der nur Phänomene interessieren: Für ihn kann nur das »Bewußtsein das Absolute«, unabhängig von allem anderem sein.[339]

Hinter diesem Ersten und Letzten der Husserlschen Phänomenologie verbirgt sich eine transzendentale Subjektivität (Kap. II), die in verkörperter Gestalt, in der Hülle einer konkreten Subjektivität, ›Erkennen‹ leistet. Zu Aufgabe und Ziel einer deskriptiven *Phänomen*ologie wird dann ausschließlich die Beschreibung jener, sich im reinen Bewußtsein vollziehenden Sinnkonstitution (Kap. II,2.). Aber das Ich des Phänomenologen, welches »allem Erdenklichen voran[liegt]«, ist nicht von vorn-

---

335 Hua VIII, *Erste Phil. II*, S. 498.
336 Hua VIII, *Erste Phil. II*, S. 69.
337 Demgegenüber erkennt Boehm in dem »letzten und wahrhaft Absoluten«, welches Husserl in den ›*Ideen I*‹ noch vom »transzendentale[n] ›Absolute[n]‹« als dessen »Urquelle« unterscheidet, etwas, »das rechtmäßig Gott hieße«. Hua III/1, *Ideen I*, S. 182 und Rudolf Boehm (1968), *Vom Gesichtspunkt der Phänomenologie*, Den Haag, S. 101. Vgl. dazu auch Hubert Hohl (1962), *Lebenswelt und Geschichte. Grundzüge der Spätphilosophie E. Husserls*, Freiburg/München, hier § 26 (»Wie gelangt der Gott in die phänomenologische Metaphysik«).
338 Hua II, *Idee der Phän.*, S. 9.
339 Hua II, *Idee der Phän.*, S. 9 und Hua III/1, *Ideen I*, S. 157 u. S. 116.

herein als eine »absolute Wirklichkeit« gewußt.[340] Erst gilt es, jenes »als reines Ich [zu] gewinnen«. Zu solcherart Freilegung entwickelt Husserl die Methodik der phänomenologischen Reduktion (II,1.). So zeigt sich durch die verschiedenen Schritte der Epoché und eidetischen wie transzendentalen Reduktion hindurch, welche freimachen sollen von allem überlieferten Wissen, herauslösen aus dem Empirischen und rückführen auf die ›Absolutheit des Geistes‹,[341] daß die architektonische Struktur der phänomenologischen Theorie der Subjektivität einen unumschränkten Vorrang gewährt (II,3.+4.). Husserls Absicht nach bekämpft dieser Rückzug ins Subjekt die von ihm konstatierte »Erkenntniskontingenz der Welt«.[342] Da er diese aber nicht erklären kann, vielmehr dazu erzieht, von der Wirklichkeit ›realer‹ Forschungsgegenstände methodisch abzusehen und nur das aus dem Empirischen herauspräparierte ›Wesen‹ respektive die von allem Weltlichen gereinigte Sicherheit des Immanenten der Kontingenz entgegenstellt,[343] steigert er letztere im Effekt (II,3.,a). Souverän allein steht für den Phänomenologen das Subjekt. Dabei begründet Husserl die »scheinbare Verflüchtigung der Weltwirklichkeit« nicht in einem metaphysischen Idealismus.[344] Nur methodologisch setzt er die Welt in Klammer (3.,b). Im phänomenologischen Verfahren, den »Geist als Geist zum Feld systematischer Erforschung« zu erheben, soll das philosophische Denken nicht nur programmatisch einen Meilenschritt vorangekommen sein (4.,a); selbst in inhaltlicher Hinsicht, »im wirklichen Sein der Welt«, wie es in den tradierten Vorstellungen verstanden ist, soll sich nicht »das mindeste [...] geändert« haben.[345] Noch dem berechtigten Verlangen nach Sachhaltigkeit des neu begründeten Wissens kann der Phänomenologe – in seiner Sicht – Genüge tun. Das soll die phänomenologische Konzeptualisierung des Forschungsgegenstands als einer »pure[n] Welt der Erfahrung« garantieren.[346] Schließlich ist die Erfahrung Husserl zufolge »die Kraft, welche die Existenz der Welt« und damit ›Welthaltigkeit‹ des phänomenologisch eruierten Wissens »verbürgt«.[347] Und dennoch bleibt seiner Version des transzendentalen »Versuchs einer absolut subjektivistischen Begründung der Philosophie vom apodiktischen ego aus« rätselhaft, wie in diesem Absolutismus, dessen Schlußstein dasjenige Ich bildet, welches »als dieses absolut gesetzte Eigenwesen [...] ›transzendentales Ich‹« ist (4.,b),[348] die zum Forschungsobjekt erhobene Subjektivi-

340 Hua XVII, *Logik*, S. 243 und Hua III/1, *Ideen I*, S. 98.
341 Hua IV, *Ideen II*, S. 97 u. S. 297.
342 Hua VIII, *Erste Phil. II*, S. 51.
343 Sang-Ki Kim (1976), *The Problem of the Contingency of the World in Husserl's Phenomenology*, Amsterdam, hier insbes. S. 5 u. S. 22.
344 Hua VIII, *Erste Phil. II*, S. 481.
345 Hua VI, *Krisis*, S. 347 u. S. 263.
346 Hua VI, *Krisis*, S. 303.
347 Husserl (1991), *Ding und Raum*, S. 290.
348 Hua VI, *Krisis*, S. 202 und Hua V, *Ideen III*, S. 149.

tät jemals über sich selbst hinauskommen können soll, so sie doch in transzendental-phänomenologischer Reduktion von jeglicher Relationierung entbunden wurde.
Entsprechend nimmt es nicht wunder, wenn Husserl selbst die »Ichaktualität«, die
er auf die *Stelle* der in der Fortentwicklung des neuzeitlichen Denkens aufgegebe-
nen ›Substanz‹ befördert, zuweilen »völlig leer« erscheint.[349] Denn damit gesteht das
Denken, das einen absoluten Anfang sucht, sich in einem iterativen Regreßver-
fahren zu erschöpfen: Es kommt nie an.[350]

Einen anderen Weg beschreitet Husserl zunächst in der Phänomenologie der
Lebenswelt (Kap. III). Mit der Thematisierung der Lebenswelt, so scheint es, wird
die vom Phänomenologen vorgenommene Konzentration auf die reine Subjektivität aufgesprengt (III,1.): Unhaltbar ist der Versuch, die historische Faktizität der
Welt, in der gelebt wird, auszublenden. So verschafft Husserl dieser in den *Doxa*
der vorwissenschaftlichen Welterfahrung Geltung, indem er jene als ein »vergesse-
nes Sinnesfundament« der *Episteme* der neuzeitlichen konstruierenden Wissenschaft
entgegenstellt (III,2.).[351] Betrachtet der Philosoph diese ›Welt‹, so entdeckt er in ihr
die Lebenswelt in zwei Funktionen (III,3.). Zum einen ist die Lebenswelt für die
Wissenschaft ein ›Boden‹. Jeder fachwissenschaftlichen Idealisierung liegt in ontologisch gerichteter Perspektive erfahrungsgesättigtes, ›lebensweltliches Bewußtsein‹
voraus.[352] Daher gilt es, nimmt man Husserl beim Wort, zunächst eine »Ontologie
der Lebenswelt« zu erarbeiten. Gleichwohl muß im Interesse epistemologischer
Begründung die Lebenswelt des weiteren in ihrer ›Leitfaden‹-Funktion verstanden
und hinsichtlich ihres »absoluten Boden[s], den der transzendentalen Subjektivität«,
reflektiert werden.[353] Insgesamt gesehen überwindet die Husserlsche Phänomenologie auf diese Weise im Moment ihres theoretischen Eintretens in den faktisch-realen
Bereich der ›Wirklichkeit‹ denselben sogleich: Selbst diesen durchstößt sie in der
Suche nach dem absoluten, das gesamte »All der Dinge« konstituierenden transzendentalen Ego. So läßt sie trotz Anerkennung des »Vorgegebensein[s] der
Lebenswelt« keinen Zweifel daran, daß sie noch jene der selbstgewählten »Aufgabe

---

349 Hua III/1, *Ideen I*, S. 179.
350 Vgl. in diesem Zusammenhang auch Leszek Kolakowski (1986), *Die Suche nach der ver-
     lorenen Gewißheit*. Denk-Wege mit Edmund Husserl, München/Zürich.
351 Hua VI, *Krisis*, S. 48.
352 Vgl. Paul Ricœur (1978), »Rückfrage und Reduktion der Idealitäten in Husserls ›Krisis‹ und
     Marx' ›Deutscher Ideologie‹«, in: Waldenfels/Broekman/Pažanin (Hg.), S. 207–239, hier
     S. 218f.
353 Hua VI, *Krisis*, S. 176 u. S. 313. Mit dieser Unterscheidung verschiedener Perspektiven auf
     ein und dieselbe ›Lebenswelt‹ braucht letztere nicht länger als ein »ontologisch-transzenden-
     taler Zwitterbegriff« erscheinen. Genauso läßt sich damit auch die wichtige Differenzierung
     verstehen, »[that] we have in phenomenological reflection an *epistemic* and *not* an ontological
     priority of the subject«. Claesges (1972), S. 97 und Thomas M. Seebohm (1987), »Afterword.
     Considerations of an Husserlian«, in: Corrington u.a. (Hg.), S. 217–229, hier S. 225.

[.. der] Emporleitung zu der transzendentalen Phänomenologie« unterstellt:[354] »Der Vorrang des Ich bleibt unangetastet«.[355]

2. Die Denkform des Absolutismus und die Methodologie der Wissenschaft

Allerdings ist Husserls Verabsolutierung des transzendentalen Ich von tragischer Form. Zum einen nämlich demaskiert der »phänomenologische Idealismus« die Erkenntnisstrukturen der Tradition und erklärt jene aus der Sicht eines fortgeschrittenen Denkens für obsolet.[356] Zum anderen aber teilt er noch *mit* jenen deren überkommene Logik des Weltverstehens. Es ist der Rückgang auf einen ›absoluten Anfang‹ (a) wie der aufs Subjekt (b), der sich der Forschungsmethodologie einer die Fortentwicklung des Denkens reflektierenden Sozialwissenschaft versperren muß.

a) Husserls ›absolute Begründung‹ und der Strukturwandel des wissenschaftlichen Weltverstehens

Dabei ist der »phänomenologische Cartesianismus Husserls« ein anderer als derjenige des die Philosophie der Neuzeit »urstiftenden Genius«.[357] Husserls ›Cartesianische Meditationen‹ sind weiter als die von 1641 und doch in ihrer Struktur – und Selbstauskunft – eine »radikale und universale Fortführung« derselben.[358] Sie sind, so Husserl, ein »Cartesianismus vom 20. Jahrhundert«.[359] Cartesianer ist Husserl im Beharren auf einen absoluten Anfang alles wahren Wissens. Wovon er abkehrt, ist allein die dualistische Grundlegung des cartesischen Philosophierens, bei der ein

354 Hua VI, *Krisis*, S. 145, S. 151 u. S. 364. Vernachlässigt wird dieser Zusammenhang jedoch, wenn man – wie Welter für die konstruktive Wissenschaftstheorie – den »Lebensweltbegriff von den ontologischen Schlacken seiner metaphysischen Vergangenheit in Husserls Denken« zu befreien versucht. Rüdiger Welter (1991), »Die Lebenswelt als ›Anfang‹ des methodischen Denkens in Phänomenologie und Wissenschaftstheorie«, in: Gethmann (Hg.), S. 143–163, hier S. 162f.

355 Bernhard Waldenfels (1971), *Das Zwischenreich des Dialogs*. Sozialphilosophische Untersuchungen in Anschluss an Edmund Husserl, Den Haag, S. 27.

356 Hua VIII, *Erste Phil. II*, S. 506.

357 Wilfried Lippitz (1980), ›*Lebenswelt*‹ *oder die Rehabilitierung vorwissenschaftlicher Erfahrung*. Ansätze eines phänomenologisch begründeten anthropologischen und sozialwissenschaftlichen Denkens in der Erziehungswissenschaft, Weinheim/Basel, S. 119 und Hua VI, *Krisis*, S. 75.

358 Hua I, *Cartes. Med.*, S. 182. Vgl. auch James S. Fulton (1966), »The cartesianism of phenomenology«, in: Natanson (Hg.), S. 58–78, hier bes. S. 78.

359 Hua I, *Cartes. Med.*, S. 3.

externer Gott dafür einstehen muß, das Zusammenkommen der eingeborenen Formen des Wissens auf der einen Seite mit dem wirklich Gewußten, eine Übereinstimmung mit der äußeren, ausgedehnten Körperwelt zu garantieren: Die Spielart
absolutistischer Begründung, welche sich im Verfahren der cartesischen Theoriebildung äußert, lehnt Husserl ab. Er durchschaut, daß der am Wissenschaftsideal der
Geometrie orientierte Grundlegungsversuch Descartes' auf der »Gestalt eines
deduktiven Systems« basiert, »bei dem der ganze Bau auf einem die Deduktion
begründenden axiomatischen Fundament ruhen muß«.[360] Ein solches ›Erstes‹ zu
akzeptieren, ist in Husserls Denken nicht mehr zulässig. Für Husserl kann es
keinen ›Ursprung‹ geben, der seinen Platz in einer »als ›Universalmathematik‹« verstandenen Philosophie zuerteilt erhalten hat.[361] Der cartesischen Antizipation eines
Rechenuniversums gilt seine Kritik. Husserls Ausgang kann, anders als die *ideae
innatae* des Descartes, nicht aus vorfixiert vorliegenden Fundamenten bestehen.
Denn Husserls Welt ist bereits prozessual geworden. Sein Weltverständnis anerkennt die Selbstgeschaffenheit der menschlichen Lebensverhältnisse und deren
Dynamik, die das menschliche Subjekt nicht unberührt lassen kann. So ist »das Absolute« der transzendentalen Phänomenologie kein statisches ›Ding‹. Husserls »absolute ego's« sind »nicht *Teile* der Welt, sie sind nicht *Substanzen*«.[362] Eingesperrt in
die »Cartesianische Zweisubstanzentheorie« bliebe dem Denken lediglich der Weg,
Erkenntnis als »das ego metaphysisch transzendierende« vorzustellen.[363] Dieser Weg
ist lange schon verschlossen. Da ist Husserl recht zu geben.

Denn spätestens seit Kant ist klar, daß ein Begründungsverfahren nicht verfängt,
welches die Elementarformen des Wissens entweder im Objekt, wie die vor-
neuzeitliche Metaphysik, oder im empirischen Subjekt, wie der Empirismus,
bereits so angelegt und eingeschrieben sieht, daß sie lediglich enthüllt und zu ›Erkenntnis‹ verknüpft werden müßten. So wenig sich der Lauf der Welt in einem
starren logischen Schema abbilden läßt, so als fände die Vielfalt des weltlichen
Geschehens in einem ersten Ort, gedacht gleich einer Substanz, ihren Ursprung, so
wenig erlaubt die Erklärungskraft der neuzeitlichen Wissenschaften, aus deren
Weltbild der sinnstiftende Beweger wie jedes ›erste‹ Prinzip eliminiert worden ist,
noch länger an der antik-christlichen Kosmologie einer lückenlos hierarchisch
gegliederten Ordnung der Welt festzuhalten.[364] Des weiteren geht es nicht mehr an,
das Bewußtsein desjenigen, der bemerkt, daß die Welt auf ihn konvergiert, in tradi-

---

360 Hua I, *Cartes. Med.*, S. 48f.
361 Hua VI, *Krisis*, S. 75.
362 Hua VIII, *Erste Phil. II*, S. 505.
363 Hua VI, *Krisis*, S. 232 u. S. 85.
364 Vgl. zu dem Gedanken einer »großen Kette der Wesen« die ideengeschichtlich angelegte
    Untersuchung von Arthur O. Lovejoy (1985), *Die große Kette der Wesen. Geschichte eines
    Gedankens*, Frankfurt a.M.

tioneller Weise »als eine Art in sich selber ruhende Substanz« zu denken,[365] deren Tun im Erkenntnisvorgang einfach ignoriert oder aber exakt bestimmt und von der als ›von außen‹ kommend angenommenen ›Information‹ abgegrenzt werden könnte. Was sollte dann aber das »wirklich Erste« sein? Auch die »vermeintlich unmittelbar gegebenen ›Empfindungsdaten‹« der empiristischen Erkenntnistheorie jedenfalls, auch hier ist Husserl weiter, können es nicht sein.[366] Dementsprechend war es der Standpunkt der Kantschen Transzendentalphilosophie, sich weder unmittelbar mit Gegenständen noch mit psychischen Akten des Subjekts zu beschäftigen, sondern vielmehr »mit unserer Erkenntnisart von Gegenständen, insofern diese a priori möglich sein soll«.[367] Denn allein der »Möglichkeit von Gegenstandserkenntnis« gilt das Interesse des Transzendentalphilosophen.[368] Doch auch der Nachfolger Kants konzipiert das dem Constitutum des Erkannten hinzugedachte Constituens in der Form einer festgelegten Struktur formal-logischer Prinzipien, mit Hilfe derer, nicht ohne Anschauung, sich Wissen aufbauen ließe. Noch die Lehre Kants glaubt sich verpflichtet auf die erste Person Singular. Kant glaubt, in einem Bewußtsein die universalen Grundzüge jedweden menschlichen Bewußtseins entdecken zu können.[369] Dieser Traum ist ausgeträumt. Mit der Anerkennung des geschichtlichen Charakters der ›Wirklichkeit‹ – und Theoriebildung – kann man »nicht mehr mit Kant von einem invarianten System kategorialer Formen sprechen«.[370] Gewiß hat Kant die gewichtige Einsicht – aus heutiger Sicht – zu Recht ans Licht befördert, daß Erfahrungswissen nicht unmittelbar ›von außen‹ zufällt und, *so betrachtet*, an seiner Konstitution vielmehr »apriorische Elemente beteiligt sein müssen«. Doch können jene nicht als von Natur und »ein für alle Mal festgelegt« behauptet werden. Allenfalls lassen sich heute die »apriorischen Anteile in allen unseren Wirklichkeitserkenntnissen *von Fall zu Fall* analysieren«.[371] Damit aber ist der Traum der *Husserl*schen Transzendentalphilosophie noch nicht dementiert.[372] Husserl selbst nämlich verwirft die Struktur der Kant

---

365 Emmanuel Levinas (1973), »Über die ›Ideen‹ Edmund Husserls« [1929], in: Noack (Hg.), S. 87–128, hier S. 114.

366 Hua VI, *Krisis*, S. 127.

367 Kant (1976), *Kritik der reinen Vernunft*, S. 55*(B 25).

368 Wolfgang Röd (1989), »Descartes und der Ursprung der modernen Philosophie«, in: Gombocz (Hg.), S. 11–23, hier S. 21.

369 David C. Hoy (1991), »A history of consciousness. From Kant and Hegel to Derrida and Foucault«, in: *History of the Human Sciences*, Bd. 4, H. 2, S. 261–281, hier S. 266.

370 Volker Gerhardt/Friedrich Kaulbach (1989), *Kant*, 2. Aufl., Darmstadt, S. 40f.

371 Günther Patzig (1988), »I. Kant. Wie sind synthetische Urteile a priori möglich?«, in: Speck (Hg.), S. 9–70, hier S. 67f.

372 Freilich wäre Husserls berühmtes Diktum, daß auch der Traum der von ihm erstrebten »apodiktisch strengen Wissenschaft [...] *ausgeträumt*« sei, mißverstanden, interpretierte man es – wie Grathoff (1987) – als ein Selbstbekenntnis. Vielmehr soll das bekannte Wort meines Erachtens in der Sicht Husserls lediglich die »allgemein herrschende Überzeugung« kon-

schen Argumentation, welche sich im Schema von Vorgabe und Ableitung begreifen läßt. Er wendet sich gegen jede »Ableitung [...] in dem Sinne einer ›transzendentalen Deduktion‹ aus irgend einem Postulat«. Er will »nicht *deduzieren*, sondern
selbst *finden* und Schritt für Schritt selbst schauend erfassen können«.[373] Gegen das
apagogische Verfahren Kants, das den Rückgang sucht vom gegebenen Wissen der
Naturwissenschaften auf ein mit einer fixen Zahl von Kategorien ausgestattetes
transzendentales Subjekt, welches die ›Welt‹ – reduziert auf das Objekt wissenschaftlichen Denkens – soll konstituieren können, fragt Husserl nach dem »Universum von Selbstverständlichkeiten« (der Lebenswelt), welches Kant zu Unrecht
nicht zu seinem Thema gemacht habe. Gegen dessen Ableitungen steht Husserls
Vorstellung, daß »an eine begriffliche und terminologische *Fixierung* [...] jedes [..]
fließenden *Konkretums* nicht zu denken ist«.[374] Er verwirft sie als die »mythischen
Konstruktionen Kants«: Dieser habe nur »eine transzendentale Subjektivität konstruiert, durch deren verborgene transzendentale Funktionen nach unverbrüchli-
cher Notwendigkeit die Welt der Erfahrung geformt wird«.[375] Husserl selbst fokussiert demgegenüber eine offene, »nicht eine in sich geschlossene Vernunft, die aus
ihrem eigenen Vermögen a priori die Welt zu entwerfen imstande wäre«.[376] Ihn
interessiert nicht ein »logisch erdachtes« Bewußtsein,[377] das »logische Subjekt des
Denkens«, wie es Kant thematisiert.[378] »Husserl does not start«, so schreibt Sokolowski, »with subjectivity and then show where it must go«.[379] Sein Interesse gilt
vielmehr einer Subjektivität, die, wie oben dargestellt, »als ›lebendig‹ fungierende
Subjekt der Lebenswelt ist«.[380] Er untersucht die »aktuelle«, die in der phänomenologischen Welt der Erfahrung lebende Subjektivität – »which is open-ended and

statieren (Hua VI, *Krisis*, S. 508). Anders dagegen und im Widerspruch zu der hier
vorgetragenen Analyse der Husserlschen Phänomenologie borgt sich indes z. B. David Bell
das Zitat, um es als Beleg der von ihm – im Einklang mit vielen frühen Interpreten –
vertretenen Lesart einer radikalen Abänderung bzw. Wende der Phänomenologie im
Spätwerk Husserls zu verwenden: »Husserl abandoned the conception of phenomenology
that had informed his thought for nearly thirty years.« Vgl. David Bell (1990), *Husserl*, Lon-
don/New York, S. 231f. und Richard Grathoff (1987), »Über die Einfalt der Systeme in der
Vielfalt der Lebenswelt. Eine Antwort auf Niklas Luhmann«, in: *Archiv für Rechts- und
Sozialphilosophie*, Bd. 73, S. 251–263, hier S. 260.

373 Hua V, *Ideen III*, S. 25.
374 Hua VI, *Krisis*, S. 451 und Hua III/1, *Ideen I*, S. 157.
375 Hua VI, *Krisis*, S. 116 u. S. 120.
376 Ludwig Landgrebe (1973), »Ist Husserls Philosophie eine Transzendentalphilosophie?«, in:
     Noack (Hg.), S. 316–324, hier S. 323.
377 Hua III/1, *Ideen I*, S. 104.
378 Kant (1976), *Kritik der reinen Vernunft*, S. 378a (A 350).
379 Robert Sokolowski (1964), *The Formation of Husserl's Concept of Constitution*, The Hague,
     S. 199.
380 Hua IV, *Ideen II*, S. 376.

only minimally structured«.[381] Entsprechend kann die phänomenologische Bestimmung der Strukturen der transzendentalen Subjektivität für Husserl keine Setzung sein, die auf »vorgegebene Wirklichkeiten und Wirklichkeitsbegriffe« rekurriert, auch nicht auf solche, welche sich auf das Subjekt beziehen. Husserls »Egologie« will ihr ›Ich‹ nicht als eine ›Vorgabe‹ verstanden wissen. Es soll nicht auf den Kantischen Fundus an Strukturen eingeschränkt werden. Vielmehr soll die phänomenologische Egologie von vornherein Ontologie mitbegründen, eben »totale Wissenschaft vom Apriori« sein, *und* dabei »von allen konstruktiven Erfindungen ferngehalten« werden.[382]

Obgleich also das Absolute der Phänomenologie weder das absolut Seiende der Metaphysik,[383] noch das aller Welterfahrung *voraus*gesetzte, fertige Subjekt sein kann, sei es das empirische, sei es das transzendentale Kants, bemüht sich auch das Husserlsche Denkverfahren um einen ›absoluten Anfang‹. In dessen spezifisch phänomenologischer Annahme und Ausarbeitung aber findet auch Husserls Theorie ihre Schranke. Scharf gezogen ist diese durch jenen kategorialen Wechsel im Weltverständnis, wie er sich im Denken der Neuzeit zunächst in der Betrachtung der Natur vollzogen hat. Ist die Strategie der Erklärung des Vorfindlichen von der Rückführung auf ein Prinzip oder einen Ursprung, aus dem das zu erklärende Geschehen soll entlassen worden sein, erst einmal auf das Verfahren einer genetisch-prozessualen Sichtweise umgestellt, dann ist jedem fundamentalistischen Rekurs der Boden entzogen.

Zwar setzt das neue Erklärungsschema den epistemologischen Absolutismus außer Kraft, doch sollen hier zunächst noch einige Überlegungen zur spezifischen Problematik der Denkform Husserls angeführt werden, bevor die Herausbildung jener relationierenden Weltsicht unter Bezug auf die Sichtweise Husserls sowie dessen entsprechende Abwehr Thema wird. Daß es sich beim phänomenologischen Ansatz um eine elaborierte Ausgestaltung einer tradierten Denkstruktur handelt, darauf wurde schon mehrmals hingewiesen. Wie weit aber nähert sie sich der bezeichneten Umstellung im Weltbegreifen an? Wo findet sie selbst ihre Grenze?

Letztere ist für diejenige Denkform, für die – wie oben ausgeführt – »absolute Gegebenheit [..] ein Letztes« ist,[384] zunächst in zweierlei Hinsicht anzugeben. Zum einen wurde seit Hegels Kritik der sinnlichen Gewißheit immer wieder nachgewiesen, daß in jede, selbst die als unmittelbar vermeinte Anschauung in der Explikation unvermeidbar das sprachlich respektive gedanklich Allgemeine Eingang findet. Nicht zuletzt hat Derrida, für den »das Medium (élément) des Bewußtseins und das

---

381 Hua III/1, *Ideen I*, S. 104 und Jitendra N. Mohanty (1988), »Husserlian transcendental phenomenology. Some aspects«, in: Sokolowski (Hg.), S. 175–181, hier S. 176.
382 Hua I, *Cartes. Med.*, S. 180f. u. S. 13.
383 Boehm (1968), S. 75.
384 Hua II, *Idee der Phän.*, S. 61.

der Sprache (langage) immer schwerer voneinander zu unterscheiden« sind, unter dem bezeichnenden Titel ›*Die Stimme und das Phänomen*‹ in der Auseinandersetzung mit Husserl, der »dem Erlebnis sicherlich eine ›vor-ausdrückliche‹, ursprüngliche stille Schicht des Gelebten [hatte] reservieren wollen«, darauf hingewiesen, »daß das Privileg der Präsenz als Bewußtsein sich nur mittels der ausgezeichneten Kraft der Stimme zu *etablieren* [...] vermochte«.[385] Theoriefreie Protokollsätze, so heißt es analog in der Sprache der Wissenschaftstheorie des zwanzigsten Jahrhunderts, kann es nicht geben. Daher ist es rätselhaft, wie Husserl glauben konnte, das in der phänomenologischen Erfahrung vermeintlich als »in reiner Evidenz« Gegebene aller weiteren theoretischen Arbeit wie ein Fundament voraussetzen zu dürfen.[386] Wie nämlich sollte auf die Akte einer leistenden Subjektivität in einem zweiten Akt reflektiert werden können,[387] so sich doch in jenen ersten, im »absolut geschlossene[n] Zusammenhang« des »Bewußtseinsleben[s]«, ›alles‹ Erkennen vollziehen soll?[388] Warum sollte das Sehen des ›Sehens‹ leichter fallen als das ›Sehen des Dings‹ im »(unreflektiert) dahingehenden Leben«?[389]

Zum anderen verhindert der auf das Apriori des Bewußtseins rückgewandte Blick des Phänomenologen die Analyse der jeweiligen Bedingungen, unter denen jedwedem erfahrenden Subjekt etwas erscheint.[390] Die aber *müssen* bedacht werden, weil man den Gedanken einer »theoriefreie[n] Deskription, die auf die Sedimentierung geschichtlicher Erfahrungen in ihrer eigenen Sprache nicht reflektiert« (Theunissen), – gegen Husserl – nicht länger aufrechterhalten kann.[391] Anders als im erwähnten Beispiel sind jene nicht allein sprachlicher Art. Denn der Aufbauprozeß des Wissens ist nicht ohne Bezug auf Situation und Kontext seines Vollzugs zu analysieren. Zusammengenommen zeigt das aber, daß der vom Phänomenologen thematisierte »Prozeß der Sinnbildung« – weil »kontingente Voraussetzungen in ihn einfließen« –, wie Waldenfels zeigt, »nicht auf einen letzten Grund gestellt werden kann«.[392] An einer ›Ersten Philosophie‹ festzuhalten, das ist zum Anachronismus geworden: Verabschiedet ist heute der Versuch einer Letztbegründung des

385 Jacques Derrida (1979), *Die Stimme und das Phänomen*. Ein Essay über das Problem des Zeichens in der Philosophie Husserls, Frankfurt a.M., S. 66f. Vgl. insbes. auch Ross Harrison (1975), »The concept of prepredicative experience«, in: Pivčević (Hg.), S. 93–107.
386 Hua II, *Idee der Phän.*, S. 8.
387 Tugendhat (1970), S. 209.
388 Hua VI, *Krisis*, S. 405.
389 Hua VII, *Erste Phil. I*, S. 260.
390 Vgl. Bernhard Waldenfels (1985), *In den Netzen der Lebenswelt*, Frankfurt a.M., S. 53.
391 Michael Theunissen (1991), »Möglichkeiten des Philosophierens heute«, in: *Suhrkamp Wissenschaft*. Neuerscheinungen 1. Halbjahr 1991, Frankfurt a.M., S. 1–13, hier S. 7.
392 Bernhard Waldenfels (1979a), »Die Abgründigkeit des Sinnes. Kritik an Husserls Idee der Grundlegung«, in: Ströker (Hg.), S. 124–142, hier S. 124f.

Wissens aus dem ›Geist‹. Es gibt keine Suche mehr. Wer dennoch sucht, kommt nie
an: Husserl.

Daher erweist sich das Denken Husserls als ein Absolutismus im Übergang.
Denn im Ringen um eine »absolut streng begründete Universalwissenschaft« dem
Anliegen absoluter Begründung ganz und gar verschrieben, sabotiert er das ein
Erstes ersehnende Unterfangen unter der Hand selbst.[393] Zum einen läßt der phänomenologische Erfahrungsbegriff nicht zu, daß Strukturen des Bewußtseins *unabhängig* von dem, was erfahren wird, ›entdeckt‹ werden können: So ist der Kontingenz der Welt ein Einfallstor geöffnet. Entsprechend hat Husserl das phänomenologische Unternehmen ja auch im Einbezug von Themen wie der ›Lebenswelt‹ und der ›passiven Genesis‹ modifiziert. Zum anderen ist er sich in der ›Krisis‹
im klaren darüber, daß der »meditierende Phänomenologe« in der Erforschung des
transzendentalen Ich »immer aufs neue reflektieren« kann, in immer »abermalige[r],
höhere[r] Reflexion«, und dabei doch »immer aufs neue [...] ein Ich der Reflexion«
vor Augen hat: »So besteht hier offenbar eine Iterativität.«[394] Im Unterschied zum
metaphysischen kommt der transzendentale Idealismus Husserls nie zum Abschluß.[395] Schließlich kennt er die »wirkliche, echte, letzte, absolute Selbsterkennt-
nis« als eine »unendliche Aufgabe«.[396]

Wenn aber »vielleicht [..] schon in dem apodiktisch absoluten Boden, im ego,
eine apodiktische Unendlichkeit beschlossen« liegt,[397] dann gibt sich *Husserls* Absolutismus von sich aus ›moderat‹.[398] Er ›beschildert‹ keinen Ursprung, aus dem
sich Erkenntnis ableiten ließe. Er weiß, daß die geforderte untrügliche »Evidenz«
der »absoluten Gegebenheiten« der Phänomenologie letztlich »Idee« bleiben muß,
»der ich mich annähern ›kann‹«.[399] Nicht zuletzt gesteht der Phänomenologe auch
ein, daß »neue Forschungen neue Beschreibungen mit vielfachen Besserungen erfor-
dern« können. Nicht zuletzt setzt er im »Habitus innerer Freiheit auch gegen [die

---

393 Hua I, *Cartes. Med.*, S. 106.
394 Hua I, *Cartes. Med.*, S. 76 und Hua VI, *Krisis*, S. 457.
395 Vgl. van Peursen (1962), S. 495.
396 Hua VI, *Krisis*, S. 472. Entsprechend wird auch »vom transzendental-phänomenologischen
     Standpunkt aus« darauf hingewiesen, daß »die transzendentale Phänomenologie [..] zwar auf
     das Absolute, das auch ihr vorgeordnet ist, [verweist], sofern jede transzendentale Auslegung
     selbst ein Vollzug des Absoluten ist[,] ihr [..] aber das Absolute an sich Geheimnis« bleibt:
     »Auch der Weg der Reduktion führt nicht zu seiner Erfassung.« Vielmehr erschiene es »als
     die Grenze aller Objektivation und Selbstobjektivation [...].« Thomas M. Seebohm (1962),
     Die Bedingungen der Möglichkeit der Transzendental-Philosophie. Edmund Husserls tran-
     szendental-phänomenologischer Ansatz, dargestellt im Anschluß an seine Kant-Kritik, Bonn,
     S. 161 u. S. 164.
397 Hua VI, *Krisis*, S. 426.
398 Vgl. Gail Soffer (1991), *Husserl and the Question of Relativism*, Dordrecht/Boston/London,
     S. 204.
399 Hua II, *Idee der Phän.*, S. 52 und Hua XVII, *Logik*, S. 293.

eigenen ..] Beschreibungen« die Ergebnisse, welche die phänomenologische Ermittlungsarbeit erbringt, als stets korrigierbar an.[400]

Noch gemäß dem Denkmuster der alten, geschlossenen Welt »auf die letzte[n] Ursprünge« zielend, gleichwohl, im ›Horizont‹ des phänomenologischen Weltbegriffs, das unendliche Universum der neuen bereits im Visier, muß Husserls Absolutismus scheitern.[401] Er kann nicht finden, was er sucht. Gerade weil er das Absolutum, nach dem er verlangt, sogleich mit einem Bilderverbot belegt, da er – um ein Bild Ricœurs aufzugreifen – »Feuer und Wasser miteinander verbunden« hat, gewinnt sein Scheitern tragische Züge.[402]

Denn auch wenn das »transzendentale All des Absoluten«, welches die phänomenologische Epoché eröffnet,[403] kein leblos-beharrendes Bewußtsein birgt und man des weiteren zugesteht, daß Husserl vielleicht nur »zunächst« auf eine eben solche »bedenkliche Substantialisierung des reinen Bewußtseins zu[steuerte], die in eine phänomenologische Metaphysik zweier Cartesischer *res* zu münden drohte«,[404] erweist sich doch selbst das phänomenologisch-lebendige ›Bewußtsein‹ als unbedingt – weil es sich noch in der Gestalt der transzendentalen Subjektivität der Husserlschen Spätphilosophie als ein »in sich absolut geschlossene[s] Universum« *selbst erhält*.[405] Schließlich ist es eine Emanation, als die Husserl die Leistungen des transzendentalen Ich beschreibt. In diesem erlebt die *Struktur* des alten Denkmodells von Urgrund und Ausströmung, Ausgang und Ableitung, welches Husserl an früheren Formen des Denkens bloßstellt, seine überraschende Restitution: Die Denkform der Phänomenologie ist absolutistisch.

Auch die Konzeption der *Lebenswelt* ändert in dieser Hinsicht, wie gezeigt, die Denkrichtung nicht. Zwar eröffnet die theoriestrategische Respektierung des »Bodens der lebensweltlichen Empirie« der Phänomenologie neue Chancen,[406] so daß es fast scheint, der absolutistische *Universalismus* würde durchbrochen, weil Husserl die *Relativität* anerkennt, »daß die Menschen [...] verschiedene kulturelle Umwelten konstituieren, als konkrete Lebenswelten«, doch dient ihm noch diese theoretische Neuerung dazu, auch »alle umweltlichen Sondergestalten« der Lebenswelt, »in denen sie sich für uns je nach unserer persönlichen Erziehung und

400 Hua III/1, *Ideen I*, S. 224. Für Føllesdal (1988) ist das ein wichtiger Grund, in Husserl »a foundationalist only on the surface« zu sehen. Dagfinn Føllesdal (1988), »Husserl on evidence and justification«, in: Sokolowski (Hg.), S. 107–129, hier S. 122.

401 Husserl (1981), *Phil. als strenge Wiss.*, S. 71. Den »phänomenologischen Durchbruch zu einer reflexiven Thematisierung des Weltbegriffs« beschreibt Johan P. Arnason (1989), »Weltauslegung und Verständigung«, in: Honneth u.a. (Hg.), S. 66–88, hier S. 70.

402 Paul Ricœur (1973), »Husserl und der Sinn der Geschichte«, in: Noack (Hg.), S. 231–276, hier S. 273.

403 Hua XV, S. 75.

404 Ströker (1987a), S. 224.

405 Hua VI, *Krisis*, S. 407.

406 Hua VI, *Krisis*, S. 232.

Entwicklung oder nach unserer Mitgliedschaft dieser oder jener Nation, dieses oder jenes Kulturkreises darstellt«, auf die »unser aller beständige Lebenswelt« zu durchleuchten und die zugehörigen »Wesensnotwendigkeiten« zu ermitteln, die im »transzendentalen ego [...] die Quellen [ihrer] Notwendigkeit« haben.[407] Mehrmals probiert Husserl einen neuen Anlauf, so läßt sich resümieren, die Idee der Phänomenologie theoretisch abzusichern. Aber durchgehend kann er der Logik seines »absolute[n] Begründungsanspruch[s]« nicht entkommen,[408] zumal er sich, wie Piaget schreibt, »methodisch in den Kreis der Subjektivität eingeschlossen« hat.[409] Dementsprechend erreicht das phänomenologische Philosophieren einen hohen Grad an *innerer* Schlüssigkeit und es bliebe für die Kritik wenig ergiebig, jene zu ausführlich zu befragen. Da hier aber unter Kritik, wie einleitend ausgeführt, weniger die Beanstandung dieser oder jener Bestimmung, statt dessen in erster Linie der Aufweis zentraler Theoriestrukturen verstanden werden soll, ist die Problematik wie heutige Antiquiertheit des Denkmodus der Husserlschen Philosophie besser einzusehen, wenn man denselben mit jenem konfrontiert, zu dem sich die Theorietechnik des Phänomenologen nicht minder in krassem Gegensatz wie im Übergang befindet:

Denn erst wenn die überkommene ›Substanz‹ entthront, erst wenn dem Gedanken der Genese *gegen* den Absolutismus Raum gegeben wird, wird möglich, die ›Genesis‹ von Subjektivität in einer Weise zu denken, die theorietechnisch nicht schon in einem begründenden Anfang verorten muß, was hernach sich entwickelt. Erst in einer der Prozessualität der menschlichen Lebensform Rechnung tragenden Form der Konzeptualisierung können »die Grundkategorien des psychischen Lebens der Menschen [..] als Resultate der sozialen Geschichte angesehen werden« und müssen nicht länger, historisch variabel, auf eine sich selbst genügende Substanz zurückgeführt werden.[410] Dann brauchen sie nicht als Kreation eines demiurgischen Ich begriffen werden. Statt dessen ermöglicht die empirisch-rekonstruktive Analyse ihres Herausbildungsprozesses, welche die Irreduktibilität des zu Erklärenden auf einen wie immer gearteten Pol der Differenz von menschlichem Geist und bedingender Wirklichkeit respektiert,[411] die progressive Überwindung der »in Jahrhunderten verfestigte[n] Auffassung, nach der Wahrnehmung und Vorstellung, Urteilen und logisches Schließen, Phantasie und Selbstbewußtsein unveränderliche Formen des Seelenlebens sind« – was sich, wie man weiß, im historischen Wandel als falsch erwiesen hat.[412]

---

407 Hua I, *Cartes. Med.*, S. 160 u. S. 163.
408 Tugendhat (1970), S. 195.
409 Jean Piaget (1985), *Weisheit und Illusionen der Philosophie*, Frankfurt a.M., S. 198.
410 Aleksandr R. Lurija (1986), *Die historische Bedingtheit individueller Erkenntnisprozesse*, Weinheim [Moskau 1974], S. 184.
411 Vgl. auch Adorno (1990), S. 187.
412 Lurija (1986), S. 184.

Husserl aber, der recht darin hat, daß Erfahrung jedem Denken über ›Erfahrung‹ vorangeht, sucht noch in der »Welt als Lebenswelt [.., die] schon vorwissenschaftlich die ›gleichen‹ Strukturen [hat], als welche die objektiven Wissenschaften [...] voraussetzen«, nach der universalen Matrix allen Denkens.[413] Doch selbst wenn es diesbezüglich sinnvoll sein kann, etwa mit Carr zu sagen, daß »*some* world-structure is pregiven or taken for granted and serves as the background for any new theoretical accomplishment«, steht eines außer Frage: »It will not always be the *same* structure that is thus taken for granted«.[414] In einem prozessualen Verständnis des Menschen und seiner Welt, welches sich nach den heute gegebenen Erkenntnissen der Forschung daran stoßen muß, daß die »Erfahrungswelt selber [...] in sich apriorisch-invariant strukturiert« sein soll,[415] kann es insofern auch in bezug auf die Lebenswelt »keine Ontologie [mehr] geben«.[416] Für ein solches Verständnis ist es daher eine Aporie der Husserlschen Lebensweltkonzeption, wenn die Lebenswelt einerseits, so Waldenfels, »konkret-geschichtlich«, andererseits aber »universales Fundament« sein soll:[417] »Wenn Lebenswelt grundsätzlich Welt im Werden ist«, fragt Landgrebe entsprechend, »wie kann es in ihr einen festen Bestand von Invarianten geben?«[418] Im historisch-genetischen Verständnis ist dieser Widerspruch eklatant. Für Husserl freilich besteht er nicht, hat für ihn doch, um es zu wiederholen, »diese Lebenswelt in allen ihren Relativitäten ihre allgemeine Struktur«.[419] Die ihm werdende Welt ist die, welche nicht historisch entsteht, sondern vom Absoluten der Phänomenologie geleistet wird. Stets muß im »absolutistischen philosophischen Ansatz« Husserls (Tugendhat)[420] noch alles Relative, von der Kontingenz der Welt Gefärbte, auf den einen Grund zurückgeführt werden, den »Boden«, wie Husserl sagt, »meiner absoluten Subjektivität«. Nur so scheint ihm die erstrebte »absolute Erkenntnisbegründung« möglich. Wenn aber die »Notwendigkeit des Ausgangs von der je-eigenen Subjektivität« erst einmal zementiert worden ist,[421] dann führt von dort kein Weg mehr hinaus: Indem Husserls Philosophie »Erklärung aus den letzten und konkretesten Wesensnotwendigkeiten« fordert,[422] ist ihr die operativ-prozessuale Auflösung des Begründungsproblems in der realistischen Praxis der Wissenschaft verwehrt. In klarer Absage an die ›realistische

413 Hua VI, *Krisis*, S. 142.
414 David Carr (1987), *Interpreting Husserl*. Critical and comparative studies, Dordrecht/ Boston/Lancaster, S. 243f.
415 Janssen (1972), S. 160.
416 Ludwig Landgrebe (1977), »Lebenswelt und Geschichtlichkeit des menschlichen Daseins«, in: Waldenfels/Broekman/Pažanin (Hg.), S. 13–58, hier S. 33.
417 Waldenfels (1979a), S. 129.
418 Landgrebe (1977), S. 46.
419 Hua VI, *Krisis*, S. 142.
420 Tugendhat (1970), S. 6.
421 Hua XVII, *Logik*, S. 281, S. 278 u. S. 243.
422 Hua I, *Cartes. Med.*, S. 164.

Ontologie‹,[423] auf welche die (re)konstruktiven Verfahren der Wissenschaften angewiesen sind, versperrt sie sich der Umstellung ihres Theorieprinzips, die zu einer
Erklärungsstrategie hätte führen können, deren Last nicht mehr an einen absoluten
Punkt fixiert, sondern dem prozessualen Geschehen der Herausbildung des jeweiligen Explanandums überantwortet wird. Erst eine solche Analyseperspektive
könnte die Möglichkeit eröffnen, die im Fokus der Forschung stehenden Sachverhalte in ihrem Einbezug in die historisch-gesellschaftliche Dynamik zu explizie-
ren, anstatt sie auf einen zeitfreien Wesenskern zu reduzieren.

Dabei hat das prozeßorientierte Begreifen der Welt seine Geburtsstunde weit vor
Husserl erlebt. Denn auf die Bahn ihrer revolutionären Durchsetzung gebracht
wurde die neue Logik des Weltverstehens, wie oben erörtert, bereits im sechzehn-
ten und siebzehnten Jahrhundert, in dem im Denken der Natur das geozentrische
ptolemäische Weltbild des Mittelalters durch das neue heliozentrische des Kopernikus ersetzt worden ist. Was den von Husserl an herausragender Stelle diskutierten
Galilei betrifft, hat nun letzteres in den Ausführungen dieses Neubegründers einer
mechanistischen Naturphilosophie nicht nur seine beredte Verteidigung gefunden,
sondern auch einen parallelen Ausdruck in der Ablösung des mittelalterlichen
Kosmos durch die von jenem mitinaugurierte Geometrisierung des Raumes.
Worauf es hier aber ankommt ist, daß es mit der aufkommenden mechanistischen
Weltsicht dieser Epoche nicht länger möglich war, die Vorgänge in der Natur im
subjektiv-teleologischen Erklärungsmuster der Tradition so zu beschreiben, als
wären sie von einem ursprünglichen Agens intendiert. Rational ließ sich unter der
Anleitung Galileis ausschließlich unter Zuhilfenahme der Mathematik entziffern,
was im ›Buch der Natur‹ geschrieben stand. Eben letzteres hat nun Husserl mar-
kant als die Leistung des für ihn »ganz im Ernste auch weiterhin an der Spitze der
größten Entdecker der Neuzeit« stehenden Galilei herausgestellt. Aber er hat sie in
erster Linie kritisch einzuholen und als die eines »zugleich entdeckende[n] und
verdeckende[n] Genius« aufzuweisen versucht.[424] Sein Argument ist gut bekannt:
»In der geometrischen und naturwissenschaftlichen Mathematisierung messen wir«,
was für »Galilei und die Folgezeit verdeckt blieb«, »der Lebenswelt – der in unserem konkreten Weltleben uns ständig als wirklich gegebenen Welt – [...] ein
wohlpassendes *Ideenkleid* an«. »Gleich mit Galilei beginnt also«, klagt Husserl an,
»die Unterschiebung der idealisierten Natur für die vorwissenschaftlich anschauli-
che Natur«.[425] Vollkommen im klaren ist sich Husserl dabei darüber, daß im
Denkzusammenhang des Galilei der »Ursprung des neuzeitlichen Geistes« liegen
muß. Allerdings entgeht ihm, der gegen die »Rationalität der Welt ›more geometri-

---

423 Vgl. Michael Hammond/Jane Howarth/Russell Keat (1991), *Understanding Phenomenology*,
    Oxford/Cambridge, S. 85.
424 Hua VI, *Krisis*, S. 53.
425 Hua VI, *Krisis*, S. 50f.

co«« auf den »Ursprungssinn aller [unserer..] Sinngebilde und Methoden« zurück-
fragen will, was weiter darin liegt, wenn jene »neuartige Naturbetrachtung«, in
welcher »durch Galilei die Idee einer Natur als einer in sich real abgeschlossenen
Körperwelt an den Tag tritt«, in ihrer »Blickrichtung auf die Welt [...] von allem in
jedem Sinne Geistigen« abstrahiert.[426] Denn in strenger Opposition gegen die von
der »Mathematisierung der Welt« bewirkte »Entleerung ihres Sinnes« fällt dem
phänomenologischen Rückführungsbedürfnis nicht auf,[427] daß die der »Welt der
wirklich erfahrenden Anschauung« in der Tat enthobene neue Vorstellung einer »in
sich geschlossene[n] Naturkausalität, in der alles Geschehen eindeutig und im
voraus determiniert ist«,[428] dem Denken eine neue Struktur ›gültiger‹ Erklärung
präsentiert. Nur einer ›beseelten‹ Welt nämlich, welche vom, für oder wenigstens
nach Menschen-art geschaffen ist, eignet das fundamentalistische Verfahren der
Weltinterpretation. In das, mit Husserl zugegebenerweise auf »ungeklärte[n] Sinnes-
voraussetzung[en]« basierende, neue Weltbild hingegen passen keine Fixpunkte
mehr, auf welche sich – als von allen anderen unabhängige Größen – alles Weitere,
ob Denken oder Sein, zurückführen ließe. Husserls Analyse indessen ist ganz auf
das »Versagen der anfänglich gelingenden neuen Wissenschaft« ausgerichtet. Er
assoziiert die neue Sicht in den dreißiger Jahren unmittelbar mit der »immer mehr
zutage tretende[n] Krisis des europäischen Menschentums«.[429] Da Husserls Absolutismus dieser gegenüber in »Rückbesinnungen« auf die »letzte Ursprungsechtheit«
der dem »»Menschentum‹ als solchen ›eingeborenen‹ Vernunft« zu ihrem Recht
verhelfen will, muß er den Durchbruch eines strukturell neuen Schemas des
Weltverstehens verzeichnen.[430] Seine »Denkweise, die überall die ›ursprüngliche
Anschauung‹ zur Geltung zu bringen sucht,«[431] beschränkt die Rolle des Denkens
in der Wissenschaft auf eine strukturelle Gleichheit mit der Wahrnehmung.[432] Wie
Descartes will er »Erkennen im Augenblick«, will Evidenz wie im »Bild vom Sehen«:[433] »Es gilt«, schreibt Husserl in der Analyse der Dingwahrnehmung, »in
keinem Punkt über das Wahrgenommene hinauszugehen«.[434]

426 Hua VI, *Krisis*, S. 58, S. 60f. u. S. 57.
427 Hua VI, *Krisis*, S. 67 u. S. 44.
428 Hua VI, *Krisis*, S. 50 u. S. 61.
429 Hua VI, *Krisis*, S. 8 u. S. 10.
430 Hua VI, *Krisis*, S. 16 u. S. 13f.
431 Hua VI, *Krisis*, S. 59f.
432 Herbert Schnädelbach (1983), *Philosophie in Deutschland 1831-1933*, Frankfurt a.M., S. 244.
433 Walter Herzog (1991), »Piaget im Lichte der Phänomenologie. Eine pädagogische Er-
    kundung«, in: Herzog/Graumann (Hg.), S. 288–312, hier S. 294 und Hua VI, *Krisis*, S. 204.
    Vgl. Cha (1968), S. 40.
434 Hua IX, *Phän. Psych.*, S. 159.

Besonders zwei Dinge fallen dabei auf. Zum einen verleiht Husserl mit der
Maßregel, die »Welt rein als Welt der Wahrnehmung« zu betrachten,[435] im Verbund
mit der Verpflichtung auf die Methodik der Reduktion, der Phänomenologie die
merkwürdige Dignität, als ein »Positivismus höherer Ordnung« aufzutreten.[436]
Dabei ist er, der Philosoph der Subjektivität, im Kern der strikten Unterscheidung
zwischen anschaulichen Gegebenheiten und theoretisch unanschaulichen Entitäten
und damit der Prämisse empiristischer Wissenschaftstheorie tief verpflichtet.[437]
Vollkommen noch auf die »klassische‹ Welt empirischer Aktualität« ausgerichtet,[438] unterschätzt Husserl die konstruktiven Leistungen, die eine Wissenschaft in
der Konzeptualisierung ihres Forschungsobjekts vollbringen muß. Für ihn ist jenes
»prinzipiell nicht das Resultat konstruktiver Tätigkeit des Subjekts«.[439] Er glaubt
vielmehr, daß »wir mit gutem Gewissen und in der Tat naturgemäß von unten
anfangen können, bei der niederen und gemeinen Erfahrung«.[440] Der notorischen
Rückbindung an ein Erstes vorgegebener Erfahrung aber steht entgegen, daß die
»höhere[n] Konstruktionen« der Wissenschaft »nicht völlig in der alltäglichen
Lebenswelt fundiert« sind.[441] Stets nämlich verlangt der explanatorische Anspruch
einer Theorie, sich unter Umständen auch mit Gegenständen zu beschäftigen, die
man nicht sehen, nicht unmittelbar erfahren kann. Schließlich ist die moderne
Wissenschaft »kein schlichtes Erfassen«.[442] Für Wetz läßt sie sogar »keinen Zweifel
daran, daß die Wirklichkeit nicht so beschaffen ist«, wie sie sich in der unmittelbaren Erfahrung darbietet.[443] Die in der Forschung »erschlossene Realität«, so H.
Lenk, geht »nicht allein auf Wahrnehmung« zurück.[444] Daß eine Elite oder Klasse
nicht anders als die Photosynthese oder ein Elementarteilchen in epistemologischer
Hinsicht zunächst als theoretisches Konstrukt gelten muß, heißt ja nicht, damit zu-

435 Husserl (1985), Erfahrung u. Urteil, S. 56.
436 Helmuth Plessner (1985), »Phänomenologie. Das Werk Edmund Husserls (1859–1938)«
    [1938], in: ders., Gesammelte Schriften, Bd. IX, Frankfurt a.M., S. 122–147, hier S. 146.
437 Daß Husserl in diesem Zusammenhang den »Kontrast von Wissenschaft und Lebenswelt
    nicht enträtselt, sondern im Gegenteil vertieft und schließlich ganz unverständlich macht«,
    ist eine die Untersuchung leitende These bei Joachim Kerz (1981), Lebenswelt und Sprache,
    Frankfurt a.M. [Diss.], S. 299.
438 Hedwig Conrad-Martius (1959), »Die transzendentale und die ontologische Phänomenolo-
    gie«, in: van Breda/Taminiaux (Hg.)(1959b), S. 175–184, hier S. 183.
439 V. A. Lektorskij (1985), Subjekt – Objekt – Erkenntnis. Grundlegung einer Theorie des
    Wissens, Frankfurt a.M./Bern/New York, S. 20 (Herv. F.W.).
440 Husserl (1991), Ding und Raum, S. 7.
441 Bernhard Waldenfels (1989), »Lebenswelt zwischen Alltäglichem und Unalltäglichem«, in:
    Jamme/Pöggeler (Hg.), S. 106–118, hier S. 109.
442 Schulz (1980), S. 26.
443 Franz J. Wetz (1994), Lebenswelt und Weltall. Hermeneutik der unabweisbaren Fragen,
    Stuttgart, S. 163 (Herv. F.W.).
444 Hans Lenk (1993), »Erlebte und erschlossene Realität«, in: Zeitschrift für philosophische
    Forschung, Bd. 47, H. 2, S. 286–292, hier S. 287.

gleich die Referenzlosigkeit oder Nichtexistenz jener methodisch kontrolliert zu postulierenden Sachverhalte und Zusammenhänge zu behaupten.[445] Denn Theoriebildung hat es auch dann mit der Realität zu tun, wenn diese nicht direkt beobachtbar ist: Sie zielt auf ein strukturiertes wie dynamisches Relationsgefüge von *Welt*, das sich in singulär wahrnehmbaren Effekten nicht erschöpft, sondern diese erst generiert. Weit vor der diesbezüglichen ›kopernikanischen Revolution‹ der postempiristischen Wissenschaftstheorie freilich, nach welcher, wie Harré sagt, »the picture of the inner structure and constitution of things, and of the structure of the world, is what is essential to a theory«,[446] bleibt Husserl jedoch, »was oft übersehen wird, der positivistischen Deutung der neuzeitlichen Naturwissenschaften verpflichtet«. Tendenziell reduziert er, das betont Rang, die »physikalische Realität auf die Sinneswirklichkeit«.[447] So zeigt sich der phänomenologische Ansatz in seiner Ausrichtung auf die unmittelbare Aufnahme und Beschreibung dessen, was ist, gerade dem Analysemodell des naiven Realismus verhaftet, den Husserl selbst an vielen Stellen attackiert. Entsprechend können phänomenologisch gewonnene Wesensbegriffe zwar als gleichsam wohlgeschliffene Grundtermini im Vorfeld sozialwissenschaftlicher Konzeptbildung fungieren, doch gehören sie ihrer Herkunft gemäß zu einem nominalistischen Verständnis von Theorie. Sie entspringen einer Auffassung, die allein beschreiben und nicht erklären will.

Zum andern bedingt der Husserlsche Rückbezug auf das Modell der immanenten Wahrnehmung noch etwas Weiteres. Denn die Ausschließlichkeit der Umwendung des phänomenologischen Blicks auf die Sphäre des Immanenten isoliert das ›Denken‹. Sie trennt es von seiner Verwurzelung in der Organisation des Lebendigen theoretisch ab. Die Überwindung des cartesianischen Dualismus im ›Subjekt‹ und ›Objekt‹ verknüpfenden Modell eines *tätigen* Organismus, bei welchem *Denken* in der Fortsetzung des *Handelns* veranschlagt ist,[448] muß Husserl verschlossen bleiben. Es ist das alte Weltverhältnis der Kontemplation, an dem er sich orientiert. In auf sich selbst bezogener Besinnung kennt das »Ichsubjekt« der Phänomenologie die Aktivität des Menschen nur als geistige.[449]

Damit ist der *Primat der Subjektivität* in der Philosophie Husserls total. Nicht nur, daß die empirische Genese der Formen des menschlichen Geistes im Forschungsblick des Phänomenologen vom Beginn seiner Unternehmung an abgeblendet bleibt; abgesichert zeigt sich dieser *Absolutismus*, welcher sich der »Selbstaus-

445 Vgl. auch Joseph C. Evans (1983), »Das Problem der prädikativen Kompossibilität«, in: Grathoff/Waldenfels (Hg.), S. 51–67, hier S. 63.
446 Rom Harré (1970), *The Principles of Scientific Thinking*, London/Basingstoke, S. 15.
447 Bernhard Rang (1990), *Husserls Phänomenologie der materiellen Natur*, Frankfurt a.M., S. 393f.
448 Vgl. Piaget (1985), *Weisheit und Illusionen*, S. 114.
449 Husserl (1985), *Erfahrung u. Urteil*, z. B. S. 56.

legung der transzendentalen Subjektivität« verschrieben hat,[450] zudem in der Unterlegung einer anthropozentrischen Optik des Weltverstehens:[451] Es ist das einer am Kamerablick des Wahrnehmungsmodells ausgerichteten Wissenschaftsauffassung.

b) Der Primat der Subjektivität und die Realität des sozialwissenschaftlichen
Forschungsgegenstands

Somit findet die neuzeitliche Subjektphilosophie in der Phänomenologie Husserls ihren Kulminationspunkt. Nirgends ist die Verabsolutierung der Subjektivität radikaler, nirgends das »Privileg des Bewußtseins« (Derrida)[452] weiter getrieben als in den Schriften Husserls. Was da einen Gipfel findet, ist die moderne Situation des Denkens. Daß diese eng an diejenigen sozialstrukturellen Umbrüche geknüpft ist, welche die Epoche der Neuzeit auf den Weg gebracht haben, ist dabei nicht Thema Husserls. Doch selbst ohne jenen ein Augenmerk zu schenken, ist er sich der spezifisch neuzeitlichen Konstellation nicht allein in der Dimension des Denkens bewußt: »Mit der fortwachsenden und immer vollkommeneren Erkenntnismacht über das All erringt der Mensch auch eine immer vollkommenere Herrschaft über seine praktische Umwelt« wie »über die zur realen Umwelt gehörige Menschheit«.[453] Allerdings thematisiert Husserl die in der industriellen und den politischen Revolutionen der Neuzeit immer deutlicher werdende Autorschaft des Menschen für die realen Lebensverhältnisse, die als selbstgeschaffene erkannt werden, nicht im Kontext ihrer Folgen für die Theoriebildung. Den Zusammenhang zwischen historischem Wandel und der neuzeitlichen Konstellation im Denken, wie er sich im Theorem der auf den Menschen konvergierenden Welt zusammenfassen läßt, analysiert er nicht. Gleichwohl sieht er die kopernikanische Umwendung im Geistesleben klar. Kaum finden sich anderwärts Analysen, in denen Descartes deutlicher »als Initiator der historischen Epoche der Neuzeit« herausgestellt worden wäre als in den Abhandlungen Husserls. Dessen Philosophie nun am höchsten Punkt einer für Husserl selbst in die Epoche der Renaissance zurückreichenden Denkbewegung anzusiedeln, in welcher »das europäische Menschentum [...] in sich eine revolutionäre Umwendung [...] gegen seine bisherige, die mittelalterliche Daseinsweise« vollzogen hat,[454] rechtfertigt sich darin, daß die Gegenlage von Mensch und Welt im »*cogito*« des Phänomenologen einen nicht weiter zu radikalisierenden Ausdruck findet, weil jenes im Unterschied zum Ich-denke Descartes'

450 Hua XVII, *Logik*, S. 280.
451 Vgl. Hammond/Howarth/Keat (1991), S. 277.
452 Derrida (1979), S. 65.
453 Hua VI, *Krisis*, S. 67.
454 Hua VI, *Krisis*, S. 274 u. S. 5.

oder zum Transzendentalsubjekt Kants die *gesamte* Welt »*qua cogitatum*« ein-
behält.[455]
In einem solchen Maße zwingt die phänomenologische Theorie das von ihr
bevorrechtigte ›Ich‹ im »reflexiv-regressiv-reiterierende[n] Reduktionsverfahren«,[456]
wie gesehen, zur Reinigung von allem Weltlichen, daß das, was bleibt, *alles* zu sein
beanspruchen muß. Dabei begeht Husserl den Fehlschluß »that statements about
being can always be transposed into statements about our knowledge of being«:[457]
Im Lehrgebäude der Phänomenologie ist das Forschungsobjekt der Wissenschaft
reduziert auf das erkennende Subjekt. Fraglos ist das »Bewußtsein [...] der eigentliche Gegenstand der Phänomenologie«.[458] Damit können sich weder Erkenntnisinteresse noch Weltverständnis der Sozialwissenschaft zufriedengeben. Eine erfah-
rungswissenschaftliche Konzeptualisierung kann sich bei einer »nur mentale Entitäten einschließenden ›Welt‹« nicht bescheiden: »Wenn es um wirklich erkenntnis-
erweiternde Aussagen gehen soll, können sie nicht an *vollständig bestimmte*, fixe
raum-zeitliche Anschauungsformen und konzeptuelle Schemata gebunden bleiben
[...], auch wenn sie immer an irgendwelche gebunden sind.«[459] Denn: »The proper
domain for the scientist to understand is the *network of dependencies in which actors
are entangled* and which set the parameters of whatever the actors may do«.[460]
Dieses Beziehungsgeflecht kann aber nur ausschnittsweise sichtbar werden, sofern
der Standpunkt der individuellen Erfahrung des Handelnden zum alleinigen For-
schungsort bestimmt wird. Das Forschungsobjekt der Sozialwissenschaft ist anders
zu verstehen. Interessieren müssen diejenigen *Prozesse*, welche die manifesten und
im Fokus der Wissenschaft stehenden *Phänomene* generieren, folglich mit letzteren
weder zusammenfallen noch sich auf jene reduzieren lassen. »Alle Wissenschaft«
nämlich, so der berühmte Satz, »wäre überflüssig, wenn die Erscheinungsform und
das Wesen der Dinge unmittelbar zusammenfielen«.[461] Daraus erklärt sich der
Bedarf an Theorie. Es bedarf jedoch auch, wie bereits ausgeführt, der genetischen
Methode wissenschaftlicher Erklärung, um über die aktuale Welt des Unmittel-

455 Hua I, *Cartes. Med.*, S. 75.
456 Gerhard Funke (1987), »Wissen und Wissenschaft in transzendental-phänomenologischer
     Begründung«, in: Wolfgang Marx (Hg.), S. 131–155, hier S. 131.
457 Bhaskar (1978), S. 16. Vgl. auch Christopher P. Prendergast (1979), *Phenomenology and the
     Problem of Foundations. A critique of Edmund Husserl's theory of science*, Ann Arbor
     [Diss.], hier S. 228.
458 Manfred Sommer (1988), *Einführung in die Phänomenologie Edmund Husserls. Kurseinheit 1:
     Die Intentionalität des Bewußtseins*, Hagen (Fernuniversität), S. 50.
459 Detlev Pätzold (1991), »Entwicklungen im Verhältnis von Ontologie und Epistemologie.
     Descartes bis Kant«, in: Sandkühler/Pätzold (Hg.), S. 45–63, hier S. 60.
460 Zygmunt Bauman (1989), »Hermeneutics and modern social theory«, in: Held/Thompson
     (Hg.), S. 34–55, hier S. 49 (Herv. F.W.).
461 Karl Marx (1983), *Das Kapital*. Kritik der politischen Ökonomie, Dritter Band, in: Marx/
     Engels, *Werke*, Bd. 25, 13. Aufl., Berlin, hier S. 825.

baren hinausgelangen zu können – ohne dieselbe in einem pur dezisionistischen
Konstruktivismus aus den Augen zu verlieren. Eine prozessuale Strategie des
Weltbegreifens aber verträgt sich nicht mit der Denkform des Absolutismus.
Zwar nötigt die Radikalität der absolutistischen Doktrin phänomenologischer
Provenienz, die den »Blick festgerichtet auf die Bewußtseinssphäre« fordert und
ebendort ein »absolutes Eigenwesen« findet,[462] gegenüber weiter zurückliegenden
Ansätzen insofern zu Respekt, als daß Husserls Versuch, ein lebendiges Bewußtsein
im offenen Horizont seiner Erfahrungswelt zu fokussieren, in der Idee der Bewußt-
seinsintentionalität nicht nur die empiristische Vorstellung einfacher Abbildung
außer Kraft zu setzen versteht, weil die Erfahrung eben »kein Loch in einem
Bewußtseinsraume [ist], in das eine vor aller Erfahrung seiende Welt hinein-
scheint«,[463] sondern auch die Subjekt-Objekt-Dichotomisierung der cartesianischen
Bewußtseinsphilosophie in ihren Grundfesten erschüttert. Daneben ist es ein
weiterer Verdienst Husserls, die subjektiven Leistungen im Erkenntnisaufbau samt
deren Voraussetzungen zu einem Forschungsthema ersten Ranges erhoben zu
haben. Letztendlich aber bleibt die phänomenologische Erforschung des Immanenten ein spiegelbildliches Gegenstück des Objektivismus der neuzeitlichen Wissenschaften, den Husserl zurückgewiesen hat. Denn es ist unverständlich, wie Subjektivität mit phänomenologischen Mitteln zu untersuchen und auszuweisen sein soll,
wenn alles zu ihr Differente, was eine Bestimmung durch Relationierung erst
ermöglichen könnte, durch die Einklammerung der Epoché aus der Analyse aus-
gesperrt wird. Wenn das erkennende Subjekt hingegen, gerade auch mit Husserl,
erfahrendes Ich in einer wirklich gelebten Welt, seiner Lebenswelt, ist und in einer
genetisch-diachronischen Betrachtung daher mit dem Menschen auch das Erkenntnissubjekt als Resultat eines evolutionären Prozesses begriffen werden kann, wird
der phänomenologische Versuch, Realität als eine ausschließlich vom individuellen
Subjekt konstituierte Wirklichkeit zu untersuchen, hinfällig;[464] denn in einer
prozeßbezogenen Konzeptualisierungsweise, welche heute nicht nur das Denken
über die Natur bestimmt, sondern auch das über den Menschen durchdringt, gilt
nicht mehr als Frage, ob das »Subjekt nur in dem Maße von der Gesamtheit der
sozialen Interaktionen beeinflußt [wird], in dem es sich ihrer *bewußt* wird, oder [..]
diese Interaktionen in ihrer diachronischen und auch in ihrer synchronischen
Funktion über das Bewußtsein« hinausgehen.[465]
Gegen die wissenschaftstheoretisch ›realistische‹ Konzeptualisierung des sozialwissenschaftlichen Forschungsgegenstands, die dem Vorstehenden entsprechend

---

462 Hua III/1, *Ideen I*, S. 68.
463 Hua XVII, *Logik*, S. 239.
464 Vgl. Robert G. Meyers (1990), »Evolution as a ground for realism«, in: Rescher (Hg.), S. 111–
     118, hier S. 112.
465 Piaget (1985), *Weisheit und Illusionen*, S. 203 (Herv. F.W.).

von strukturierten wie dynamischen Beziehungen im Objektbereich ausgehen
muß, genausowenig aber wie die Phänomenologie dabei das unmittelbar Vorfindliche zu verdinglichen braucht, verschlägt dann auch nicht länger der erkenntniskritische Skrupel des Transzendentalismus, welcher vermeint, nur in den subjektiven Bedingungen der Möglichkeit des Wissens einen sicheren Ausgang finden zu
können: Noch die transzendentaltheoretisch als universal unterstellten materialen
Formen der Erfahrung unterliegen einer ontogenetischen Entwicklung. In diesem
Zusammenhang ist es die Illusion transzendentalphilosophischer Theoretiker »that
the exhibition of their own categorial framework already includes the proof of its
uniqueness«.[466] So gibt es Piaget zufolge »nicht eine einzige von Kant definierte
Kategorie der Sinne oder des Denkens, die nicht seither ihre Struktur gewandelt
hätte«.[467] Zudem dokumentieren empirisch orientierte ethnologische und patho-
psychologische Forschungen einen »Freiheitsgrad [an ...] raumzeitlicher Mannigfaltigkeit menschlicher Effizienz wie Defizienz«, an den auch die der transzendentalen Wesensforschung noch vorgeschaltete ›freie Variation‹ des Phänomenologen
nicht heranreicht.[468] Doch selbst ohne Inanspruchnahme gegenläufiger empirischer
Evidenzen aus Forschungsarbeiten, die dem phänomenologischen Denkstil wider-
sprechen, bliebe die den transzendentalen Standpunkt dekonstruierende Rückfrage,
»mit welchem Recht [denn ..] das Subjekt in bezug auf sich, auf seine Grundstrukturen, eine bessere Erkennbarkeit« annehmen könne »als in bezug auf äußere
Gegenstände?«[469] Es ist die Aufhebung jedes nach letzten Fundamenten strebenden
Denkens wie die Tragik transzendentaler Begründung, auf immer grundsätzlichere
Aprioris der Erfahrungserkenntnis verwiesen zu werden. So wenig die Thesen
traditioneller Metaphysik zu halten waren, so wenig kann das in der Verteidigung
der Konzeption eines transzendental gereinigten Ich gelingen. Die »phänomenologische Idee der Letztbegründung« als eine »epistemische« gegen eine solche
»ontologische Letztbegründung« zu verteidigen, die ersterer die »Seinsfrage
entgegen[hält]«, kann daher nur ein Rückzugsgefecht sein.[470] Weder auf seiten der
›Welt‹ noch auf der des Subjekts: In der Prozessualität des Wirklichen steht keine
absolut.

466 Stephan Körner (1974), *Categorial Frameworks*, Oxford, S. 72.
467 Jean Piaget (1975), *Die Entwicklung des Erkennens III. Das biologische Denken. Das psycho-
     logische Denken. Das soziologische Denken* (Gesammelte Werke 10), Stuttgart, S. 286f.
468 Blumenberg (1986), S. 24.
469 Reinhart Maurer (1983), »Die Unmöglichkeit einer transzendentalen Begründung der Gesell-
     schaft«, in: Henrich (Hg.), S. 519–530, hier S. 525. Zur Diskussion »transzendentaler
     Argumente« sowie der Möglichkeit einer »erneuerte[n] Transzendentalphilosophie« vgl.
     Marcel Niquet (1991), *Transzendentale Argumente. Kant, Strawson und die Aporetik der
     Detranszendentalisierung*, Frankfurt a.M., hier S. 8.
470 Thomas M. Seebohm (1985), »Die Stellung der phänomenologischen Idee der Letztbegrün-
     dung zur Seinsfrage«, in: Gloy/Rudolph (Hg.), S. 303–321, hier S. 320.

Freilich ist der Philosophie Husserls im Resümee anzurechnen, sich einfacher Substantialisierungen zu versagen. Doch trägt auch die vom Phänomenologen beschlagnahmte transzendentale Sphäre die Züge der überkommenen Form der Weltexplikation. Denn wie gesehen ist es eine Erklärungsstruktur, die sich im unumschränkten Prinzipat des Ichsubjekts entziffern läßt, welches die Phänomenologie Husserls charakterisiert. Dabei exekutiert die unter dem Vorrang des Ich vollzogene Verabsolutierung des Immanenten die totale Überführung der Wirklichkeit aufs Subjekt. Damit degradiert das phänomenologische Geheiß, »alle wahre Äußerlichkeit in der Innerlichkeit suchen [zu] lassen«,[471] die wissenschaftliche Erforschung des Wirklichen zur Analyse der bloßen »Meinung über ›die‹ Welt«.[472] Zwar kommt auch Husserl indes terminologisch nicht ganz ohne die »wirkliche Wirklichkeit« aus,[473] doch läßt er als »Gegenstand des Bewußtseins« allein den zu, welcher »in ihm selbst als Sinn beschlossen« liegt.[474] Wer aber im Verlangen, »selbst [zu] sehen«, ausdrücklich die Reduktion »auf pure Meinung (cogito)« fordert und somit die wissenschaftliche Rekonstruktion eines Forschungsobjekts nur als die noematischer Bestände gestattet,[475] setzt programmatisch sich selbst als nicht bedingt. Bereits im Ansatz nämlich versperrt sich eine phänomenologische Untersuchung den Zugang zu der Forschungsaufgabe, den Vorgang der Genese von Subjektivität aus spezifischen Bedingungen heraus verständlich zu machen, indem sie rät, die eigenen Bewußtseinsleistungen als solche eines geschlossenen Zusammenhangs in transzendentaler Einstellung zu analysieren. Aber »wenn ich [..] meine eigenen ›Intuitionen‹ beobachte«, kommentiert Piaget, »sehe ich keinen Bildungsprozeß«.[476] Auf der Basis des zunächst durch die Naturwissenschaften transformierten heutigen Weltverständnisses drängt es sich daher auf, das Denkmuster der »Reduktion auf das absolut einzige ego« durch ein genetisches Verfahren der Analyse abzulösen,[477] bei welchem der Forschungsgegenstand als ein naturaler Prozeß verstanden werden kann, in welchem sich – im vorliegenden Fall: – Erkenntnis entwickelt.

Den menschlichen Geist aber seiner ursprünglichen Geistigkeit zu berauben und ihn vom »Vorrang der Natur« her zu denken,[478] das muß dem Bemühen der phänomenologischen Methode, auf die ›Absolutheit des Geistes‹ zurückzuführen, diame-

---

471 Hua VIII, *Erste Phil. II*, S. 174.
472 Hua VI, *Krisis*, S. 155.
473 Hua VI, *Krisis*, S. 148. Vgl. dazu auch Conrad-Martius (1959), bes. S. 179.
474 Hua I, *Cartes. Med.*, S. 80.
475 Hua I, *Cartes. Med.*, S. 64, S. 91 und Kohák (1978), S. 128.
476 Piaget (1985), *Weisheit und Illusionen*, S. 142.
477 Hua VI, *Krisis*, S. 260.
478 Günter Dux (1988), »Das historische Bewußtsein der Neuzeit. Anthropologie als Grundlagenwissenschaft«, in: *Saeculum*, XXXIX, H. 1, S. 82–95, hier S. 84f.

tral entgegenstehen.[479] Befördert wird Husserls radikale Abneigung gegen eine
»Naturalisierung des Geistes« zudem dadurch, daß ihm die »genetische Psychologie«
nur als »die kausal erklärende« seiner Zeit vor Augen steht: Und einer »psychologischen Ursprungsanalyse«, die ihr Erstes in Sinnesdaten aufnimmt, kann er nicht
mehr folgen.[480] Dabei muß eine »›realistische‹ Erkenntnistheorie« gegen Husserl,
der sie im Grundsatz boykottiert,[481] *nicht* bedeuten, das menschliche Erkennen
solle über die Analyse von Nervenfasern, Ganglienzellen und der Fortpflanzung
von Reizen begriffen werden. So meint die von Quines Naturalismus vertretene
Aufforderung, nach der ›Naturalisierung der Erkenntnistheorie‹ sich »nun unbe-
schwert der empirischen Psychologie [zu] bedienen«,[482] im hier zur Orientierung
gewählten Beispiel der genetischen Epistemologie Piagets *nicht* die Aufgabe, den
Menschen auf Natur zu reduzieren. Denn wenn in jener von einer »naturalisti-
sch[en]« Epistemologie die Rede ist,[483] richtet sich das zunächst nur gegen die
überkommene Frage nach der »Natur der Erkenntnis«. Statt der Leugnung subjektiver Formen möglicher Erfahrung bedeutet es vielmehr einfach die These, daß die
kognitiven Strukturen der Weltorientierung in einem ontogenetischen Entwicklungsprozeß erarbeitet werden, welcher der empirischen Analyse zugänglich ist. So
schafft erst diese Forschungsperspektive die Möglichkeit, den mittelbaren Charakter jeden Wissens zu begreifen.[484] Durch die realistische Annahme eines tätigen Subjekts im Objektbereich der eigenen Forschungen gelingt es ihr nicht nur, den Ob-
jekt-Pol mit dem des Subjekts *vermittelnd* zusammenzuschließen,[485] sondern
durchaus auch demjenigen Grundgedanken der erkenntnistheoretischen Tradition
Rechnung zu tragen, nach welchem »das Objekt nie an sich wahrgenommen oder
erfaßt wird«.[486]

479 Hua IV, *Ideen II*, S. 297.
480 Hua VI, *Krisis*, S. 339 und Hua XXIV, S. 207 u. S. 204.
481 Hua XVII, *Logik*, S. 239.
482 Willard V. O. Quine (1991), *Theorien und Dinge*, Frankfurt a.M., S. 35 sowie ders. (1975a),
     »Naturalisierte Erkenntnistheorie«, in: ders., *Ontologische Relativität und andere Schriften*,
     Stuttgart, S. 97–126, hier S. 116.
483 Jean Piaget (1974), *Abriß der genetischen Epistemologie*, Olten/Freiburg i.Br., S. 28.
484 Liebschs »Konfrontation Piagets mit der Phänomenologie Merleau-Pontys«, welche Piagets
     Theorie als eine »ontogenetisch gewendete Religion der Vernunft« thematisiert, gibt den-
     noch dem phänomenologischen Ansatz bei der unmittelbaren Wahrnehmung den Vorzug.
     Burkhard Liebsch (1992), *Spuren einer anderen Natur. Piaget, Merleau-Ponty und die ontoge-
     netischen Prozesse*, München, Zweiter Teil, S. 223ff., hier S. 224 u. S. 381.
485 Vgl. z. B. Piagets emphatische und an Marx erinnernde Formulierung, »spezifische[s] Merk-
     mal des Menschen« sei »nicht, Subjektivität zu sein, sondern Arbeit zu leisten«. Piaget (1985),
     Weisheit und Illusionen, S. 204.
486 Piaget (1975), *Entwicklung des Erkennens III*, S. 261.

Dabei versteht sich, daß mit der Inanspruchnahme des »Versuch[s], Erkenntnis durch ihre Bildung und Entwicklung zu erklären«,[487] auch die okulare Metaphorik, in welcher das Erkenntnisproblem über Jahrhunderte hinweg verstanden wurde, ausgedient hat. Schließlich erlaubt ein prozessuales Verstehen, der Erkenntnis nach wie vor Sachhaltigkeit zu attestieren, ohne jene länger im Vergleich von Bild und Abbild reklamieren zu müssen. Denn obgleich wir unser Wissen über die Realität nicht direkt der Wahrnehmung entnehmen können, ist es nicht der Beliebigkeit anheimgestellt. In seinen elementaren Strukturen ist es dem aktiven Umgang mit und in der Realität abgewonnen und insofern weder frei gewählt noch bloße Konvention.[488] Sachhaltig darf es daher heißen, weil im Aufbauprozeß der menschlichen Erkenntnisfähigkeiten bereits vom Subjekt nicht erzeugte Realität in ihrer Vermittlung durch des ersteren aktives Tun hat Eingang finden müssen. Eine genetische Betrachtung, welche die »mannigfaltigen Erwerbe des früheren aktiven Lebens«, die Husserl gleichwohl kennt,[489] mittels einer realistischen Konzeption des Forschungsgegenstands in der Rekonstruktion ihres Herausbildungsprozesses zugänglich machen kann, verspricht insofern eine Analyse, die weder auf erste Fundamente rekurrieren noch den jeweilig subjektbezogenen Kontext – in kulturrelativistischer Manier – verabsolutieren muß.

Die »iterierende phänomenologische Grundlagenkritik« jedoch, die »Aufklärungsinstanz« zu sein verspricht,[490] weil sie die in der konstatierten »Erfahrungskontingenz der Welt«[491] bemerkte Dissoziation von Subjekt und Welt weder relativistischer Beliebigkeit noch einer überholten objektivistischen Wirklichkeitsmetaphysik überlassen will, fügt im Sprung in den geschlossenen Sinnzusammenhang der Transzendentalität zusammen, was nur prozessual aufzulösen möglich bliebe. Und weil sie dies letztere nicht tut, ist die »Husserlsche Totalisierung«, um einen Ausdruck Foucaults aufzugreifen,[492] als was sie hier dargestellt wurde: ein Absolutismus auf den Schultern des transzendentalen Ich.

487 Jean Piaget (1988), *Einführung in die genetische Erkenntnistheorie*, 4. Aufl., Frankfurt a.M., S. 94f.
488 Vgl. auch Anthony Giddens (1991), *Modernity and Self-Identity. Self and society in the late modern age*, Cambridge/Oxford, S. 43.
489 Hua VI, *Krisis*, S. 152. Vgl. zu Überlegungen dazu, daß »genetic phenomenology, if its project is to be carried out properly, must rely on empirical genetic epistemology of the Piagetian kind«: Eduard Marbach (1982), »Two directions of epistemology. Husserl and Piaget«, in: *Revue International de Philosophie*, 139–140, 36. Jg., S. 435–469, hier S. 467 und Marbach (1977) sowie Maurizio de Negri (1978), »Activity and passivity in the genesis of the cognitive process in children's development«, in: Tymienecka (Hg.), S. 43–50.
490 Funke (1976), S. 80.
491 Hua VIII, *Erste Phil. II*, S. 51.
492 Michel Foucault (1991), *Von der Subversion des Wissens*, Frankfurt a.M., S. 19.

Zweiter Teil:

Die Verabsolutierung der Lebenswelt in Schütz' phänomenologischer Sozialtheorie

Sozialwissenschaft braucht »kein transzendentales Ego«. Das ist die Auffassung von Alfred Schütz.[1] Gleichwohl sind Schütz' eigene Untersuchungen ausdrücklich »phänomenologischen Charakters«. Nicht anders als Husserl will nämlich auch Schütz »Sinnphänomene« analysieren – nur aber: »in der *mundanen* Sozialität«. So fordert bereits diese erste Markierung der Schützschen Ambivalenz gleich in doppelter Hinsicht zum ersten Widerspruch. Denn muß Schütz' explizit »soziologische Problemstellung« einerseits nicht zum Protest gegen eine Denkhaltung führen,[2] die der »geistigen Welt« den »Vorrang« erteilt?[3] Muß sie andererseits nicht auch in Schütz' eigenen Arbeiten Aporien provozieren, zumal Husserls Fragestellung eine epistemische ist, die nicht empirisches Wissen über die ›mundane‹ Realität, sondern dessen erkenntnistheoretische Sicherung erstrebt?

In jedem Fall ist die sogenannte phänomenologische Sozialtheorie, die Schütz entwickelt hat, alles andere als eine logische Weiterbildung des Husserlschen Denktypus. Schütz' Theorie wendet diejenige Husserls weder auf anderem Gebiet einfach an, noch entwickelt sie dieselbe immanent fort. Die wissenssoziologische Kritik, die hier die paradigmatische Struktur entfalteter Theoriegebilde verständlich machen will, fördert anderes zutage. Sie rüttelt dort an Schütz' »Verankerung in der Philosophie Husserls«,[4] wo einer verbreiteten Auffassung zufolge Schütz' Position ohne die »Husserlsche Phänomenologie [...] nicht verständlich wird«.[5] Wo

---

1   Vgl. Alfred Schütz/Aron Gurwitsch (1985), *Alfred Schütz – Aron Gurwitsch. Briefwechsel 1939-1959*, Mit einer Einleitung von Ludwig Landgrebe, hrsg. von R. Grathoff, München (zit.: *Briefwechsel*), hier S. 402 (Schütz–Gurwitsch 22.3.57).

2   Alfred Schütz (1974), *Der sinnhafte Aufbau der sozialen Welt*. Eine Einleitung in die verstehende Soziologie, Frankfurt a.M. [zuerst: Wien 1932](zit.: *Sinnhafter Aufbau*), S. 55f. u. S. 105.

3   Edmund Husserl (1952), *Ideen zu einer reinen Phänomenologie und phänomenologischen Philosophie*, Zweites Buch: Phänomenologische Untersuchungen zur Konstitution, hrsg. von M. Biemel, Haag (zit.: Hua IV, *Ideen II*), S. 281.

4   Helmut R. Wagner (1981b), »Der Einfluß der deutschen Phänomenologie auf die amerikanische Soziologie«, in: Lepenies (Hg.), Bd. 4, S. 202–236, hier S. 213.

5   Walter M. Sprondel (1981), »Erzwungene Diffusion. Die ›University in Exile‹ und Aspekte ihrer Wirkung«, in: Lepenies (Hg.), Bd. 4, S. 176–201, hier S. 192.

Schütz vermeintlich im »Rückgriff [...] insbesondere auf die Phänomenologie Edmund Husserls« der ›verstehenden Soziologie‹ »ein erkenntnistheoretisch sicheres Fundament« hat geben wollen,[6] findet sie heraus: Schütz' erkenntnistheoretische Position ist nicht phänomenologisch. Wo Schütz im Ausgang von der »Krise des Husserlschen Ansatzes« die »Wende« zu einem Lebensweltkonzept in »erhebliche[r] Distanz zu Husserl« vollzogen hat,[7] stellt sie fest: Im kognitiven Kern entwickelt Schütz die Architektur der phänomenologischen Theorie nicht weiter.

Möglich werden diese Einblicke zum einen, weil die wissenssoziologische Perspektive auch am Beispiel der ›Sozialphänomenologie‹ statt auf oberflächlich verbindende Themen einer Theorietradition auf die Tiefenstruktur der untersuchten Konzeption gerichtet ist. Möglich werden sie zum anderen, weil die soziologische Kritik nicht dem Glauben traut, der die Entwicklung theoretischer Disziplinen und Ansätze als bloß kumulative Anhäufung immer neuer Einsichten oder aus sich selbst verständliche immanente Verbesserung ansieht, sondern demgegenüber die Verlaufsprozesse der Theorieproduktion vielmehr im Blick auf kontingente Bedingungen analysiert.

Dementsprechend interessiert hier zunächst die Ausgangslage, die Schütz' theoretische Arbeit erst in den Stand versetzt, eigene Konturen zu gewinnen (Kap. I, Exkurs). Während die Anlage des zweiten Teils der Untersuchung bereits insofern derjenigen des ersten gleicht und des weiteren auch die Konzeption von Schütz entsprechend der Husserls in den Perspektiven von vier Kapiteln behandelt wird, kommt nun zusätzlich die Möglichkeit hinzu, die tragenden Figuren der Ausarbeitungen Schütz' an den Vorgaben Husserls zu kontrastieren. Das erleichtert es nicht nur, die innere Organisation der phänomenologischen Sozialtheorie besser einzusehen. Es liegt insofern auch nahe, weil Schütz' sozialtheoretisches Programm zum einen weniger konsistent als dasjenige Husserls ist, zum anderen zudem keine ›erste Philosophie‹ versucht: So ist der indirekte Weg der geduldigen Analyse und des Vergleichs zu gehen, um die Matrix der Schützschen Theorie freizulegen. Denn anders als das philosophische Paradigma Husserls entwickelt Schütz' Denken keinen eigenständigen erkenntnistheoretischen Standpunkt. Entsprechend kann der Theoriekern seines Ansatzes nicht in dieser Ebene aufgefunden und verortet werden. Schütz' genuine Leistung liegt vielmehr im Bereich methodologischer Überlegungen.[8] Die grundlegenden Verfahrensweisen seiner Sozialtheorie bilden

---

6   Ronald Hitzler (1987), »Mundane Reflexivität. Zur Verständigung mit und über Alfred Schütz«, in: *Sociologia Internationalis*, 25, S. 143–161, hier S. 144.
7   Richard Grathoff (1989a), *Milieu und Lebenswelt*. Einführung in die phänomenologische Soziologie und die sozialphänomenologische Forschung, Frankfurt a.M., S. 43 u. S. 423.
8   Vgl. z. B. Barry Smart (1976), *Sociology, Phenomenology and Marxian Analysis*. A critical discussion of the theory and practice of a science of society, London/Henley/Boston, S. 99 sowie Reinhard Hörster (1984), *Kritik alltagsorientierter Pädagogik*. Das Problem von Konstitution und Geltung, dargestellt anhand einer Reinterpretation der Methodologie von

den Hauptteil seines Beitrags zur Theoriediskussion in der Soziologie. Sie werden deshalb gleich eingangs analysiert (Kap. I). Sodann muß die metatheoretische Basis der Theorie Schütz' überdacht und der Ort seiner verstehenden *Soziologie* mit demjenigen der *Philosophie* Husserls konfrontiert werden (Kap. II). Dies ermöglicht eine erste Positionsbestimmung, welche die Frage beantworten soll, wie Schütz eine Soziologie im Rückgriff auf den phänomenologischen Absolutismus Husserls entwerfen kann: Er transformiert dessen ›Ego‹ auf weltlichen Boden. Darin zeigt sich, an welcher Stelle die von Schütz ausgearbeitete Phänomenologie der sozialen Welt mit jenem auf epistemologische Grundlegung ausgerichteten Forschungsprogramm Husserls – zumindest an der Oberfläche – verschwistert ist. Denn schließlich kommt es beiden darauf an, den Konstitutionsprozeß der je in Frage stehenden Phänomene *im Bewußtsein* zu untersuchen. Auch tun das beide, das sozialtheoretische Derivat nicht anders als das philosophische Modell, im Rekurs auf die ›Lebenswelt‹. Die »konkreten Wissensformen«, mit denen gelebt und in denen erfahren wird, sind es, durch deren Thematisierung sich jede Lebenswelttheorie einer traditionell dichotomisierenden Bewußtseinsphilosophie gegenüber überlegen weiß (Kap. III).[9] Die Analyse wird erweisen, wie die schon in der Diskussion der Phänomenologie Husserls aufgetretene Frage, »ob nicht der Begriff der ›Lebenswelt‹ das ständig mitintendierte Konzept des Subjekts soweit bricht, daß schwerlich noch an einem transzendentalen Ich festgehalten werden kann«,[10] im Falle der phänomenologischen Sozialtheorie eine affirmative Antwort findet. Gleichwohl verbleibt die Denkform der Schützschen Konzeption jener Husserls verbunden. Denn nur, *was* sie verabsolutiert, ist neu: Es sind die Strukturen der subjektiv-relativen Lebenswelt, die Husserl, wie gesehen, noch im transzendentalen Ego hintergeht. Die Erörterung wie manche Konsequenzen dieses Sachverhalts bildet den Kern einer *Kritik der Lebensweltphänomenologie*, die die Untersuchungen des zweiten Teils der vorliegenden Arbeit beschließt (Kap. IV).

Alfred Schütz, Weinheim/Basel, S. 138.

9 Ferdinand Fellmann (1989), »Lebenswelt. Bericht von Ferdinand Fellmann«, in: *Information Philosophie*, H. 2, S. 18-27, hier S. 18.

10 Paul Wolters (1971), *Lebenswelt und Wissenschaft.* Sozialtheoretische Ansätze unter Aspekten der Phänomenologie, Münster [Diss.], S. 24.

I. Phänomenologie der sozialen Welt? Grundzüge der Schützschen Methodologie

Exkurs: Schütz' Wien. Der historische Kontext des Schützschen Denkens

Zunächst wird jedoch versucht, vorab in knappen Zügen die Merkmale einer Konstellation anzugeben, aus der heraus die spezifische Ausrichtung von Schütz' Variante der phänomenologischen Theorie verständlich werden kann. Anstelle einer Auflistung aller denkbaren Ursachen und Einflüsse – Lebensphasen, Freundschaften und Theorieinteressen Schütz' –, die als solche für die spezifische Eigenart seiner Konzeption wie deren Auslöser noch keine *Erklärung* bieten können,[11] kommt es darauf an, das historisch Vorfindliche in die auf die Ausbildung des Schützschen Ansatzes orientierte genetische Perspektive so einzubeziehen, daß allein die Elemente herausgestellt sind, welche die theoriekonstitutiven Grundpfeiler der phänomenologischen Sozialtheorie begreifen lassen. In dieser Hinsicht fallen nun genau zwei solcher Sachverhalte auf, die Husserls Vorgabe weder entstammen noch auf sie reagieren und dennoch für Schütz' phänomenologische Theorie prägend sind. Der eine ist eher an den Werdegang der Person Schütz gebunden (1), der andere umreißt spezifische Charakteristika des geistigen Klimas, in welchem Schütz studiert und sich gebildet hat (2).

(1) In bezug auf Schütz' Biographie interessiert nur eines.[12] Keineswegs geht es darum, im Lebenslauf Schütz' (1899–1959) nach Elementen zu suchen, die sich in bestimmten Themen seines Werkes niederschlagen. Schließlich wäre derjenige ein schlechter Soziologe, dessen Arbeit die Erfahrungen seiner Gegenwart nicht reflektierte. Gewiß bildet Schütz' Aufarbeitung seiner frühen Einberufung und Kriegsteilnahme in der österreichisch-ungarischen Armee, auf die hin er 1918 in ein von radikalen Umbrüchen, von Inflation, Arbeitslosigkeit und Wohnungsnot geplagtes

---

11   Vgl. Rasmussens Kritik an der Schütz-Biographie von Wagner. David M. Rasmussen (1984b), »Helmut R. Wagner, ›Alfred Schutz. An intellectual biography‹, Chicago/London 1983« [Rez.], in: Wolff (Hg.), S. 249–252, hier S. 250.

12   Vgl. zu den folgenden biographischen Angaben (soweit nicht anders angegeben): Maurice Natanson (1970a), »Introduction«, in: ders. (Hg.), S. IX–XI sowie Helmut R. Wagner (1983a), *Alfred Schutz. An intellectual biography*, Chicago/London.

Wien zurückkehrte – »alienated from a society no longer his«[13] –, den Hintergrund seiner Studie über den ›Heimkehrer‹.[14] Auch deutet seine vorzügliche Skizze des ›Fremden‹, für den ihm der »Immigrant« das »hervorragende Beispiel« gibt,[15] direkt auf die Erfahrungen seiner eigenen Emigration über Paris nach New York, welche er samt seiner Familie in den Jahren 1938/39 nach der Annexion Österreichs durch Nazideutschland vollziehen mußte. Doch wenn Schütz unter den lebensgeschichtlichen Härten der – und seiner – zwanziger und dreißiger Jahre gehalten war, eine kurze und anwendungsorientierte *rechts- und wirtschaftswissenschaftliche* Universitätsausbildung gerade in einer Zeit auf sich zu nehmen, in der es ›keine Laufbahn‹ gab, »außer vielleicht die, [die Schütz wahrnahm, F.W.] in eine Bank einzutreten«, und Schütz eine akademische Karriere in Jahren, in denen es an der Wiener Universität »häufig zu antisemitischen Unruhen« kam,[16] zudem seiner jüdischen »Abkunft wegen vollkommen versperrt war«,[17] dann kommt es hier auf etwas anderes an als nur auf den Respekt vor der lebenspraktischen Leistung des »Freizeitgelehrte[n]« und professionellen Finanzjuristen,[18] der, wie er selbst schreibt, »bei Nacht [...] Phänomenologe, aber bei Tag Beamter« war und erst ab 1952 seinen Lebensunterhalt als Professor an der ›New School‹ in New York hat bestreiten können.[19] In der einfachen Addition einer Vielzahl biographischer Umstände und Einflußfaktoren wäre sein wissenschaftlicher Beitrag indes verkannt. Auch die Parallelisierung, die in der für Schütz' Leben charakteristischen Trennung von »Wohnort und [..] Vaterland«, »Berufstätigkeit und [...] Berufung«, »Alltag [...] und geistige[r] Heimat« den im phänomenologischen Denken enthaltenen »Bruch zwischen Ich und Umständen« wiederfindet, unterschätzt die innere Kohärenz der *Theorie* Schütz'.[20] Um deren strukturelle Architektur zu durchschauen, ist es statt dessen wichtig, Schütz' Biographie zu entnehmen, daß er anfänglich keineswegs der Student Husserls war, der wie jener ein »von Alltagssorgen abgeschirmtes Leben«, eingebettet in die Zuneigung eines kleinen Kreises von [Husserl-, F.W.] Schülern«[21] hätte führen kön-

---

13 Helmut R. Wagner (1984a), »Schutz's life story and the understanding of his work«, in: Wolff (Hg.), S. 1–10, hier S. 4.
14 Alfred Schütz (1971), »Der Heimkehrer«, in: ders. (1971c), *Gesammelte Aufsätze*, Bd. 2. Studien zur soziologischen Theorie, Den Haag, S. 70–84 (zit.: *GA II*).
15 Alfred Schütz (1971), »Der Fremde. Ein sozialpsychologischer Versuch«, in: ders. (1971c), *GA II*, S. 53–69, hier S. 53.
16 Vgl. dazu den autobiographischen Bericht von Karl R. Popper (1982), *Ausgangspunkte. Meine intellektuelle Entwicklung*, 2. Aufl., Hamburg, hier S. 39 u. S. 149.
17 Vgl. die Mitteilung des Zeitzeugen J. Herbert Furth, in: Grathoff (1989a), S. 19, Anm. 3.
18 Wagner (1981b), S. 212.
19 Schütz/Gurwitsch (1985), *Briefwechsel*, S. 67 (SG 9.11.40).
20 Herman Coenen (1988), »Utensilien und Umstände. Bespiegelungen zur Strahlenmetapher bei Schütz«, in: List/Srubar (Hg.), S. 157–189, hier S. 184.
21 William M. Johnston (1974), *Österreichische Kultur- und Geistesgeschichte. Gesellschaft und Ideen im Donauraum 1848 bis 1938*, Wien/Köln/Graz, S. 304.

nen oder dessen institutionelle Einbindung die Fortschreibung des phänomenologischen Ansatzes verlangt hätte. Im Gegenteil, Schütz hat in einer Zeit und Stadt
in und außerhalb des Universitätsbetriebes studiert, in der zum einen das eigene
Fortkommen – im Falle Schütz' – statt einer denkbaren klassisch-philosophischen
Bildung die Wahl eines Brotberufs und entsprechende Studien auf dem Terrain der
Wirtschafts- und Sozialwissenschaften erforderte, zum anderen gerade im moder-
nistischen Zeitgeist Wiens das »Ringen um die Soziologie als einer neuen und
modernen Disziplin« auf der Tagesordnung stand.[22] Wenn Schütz daher »von
Anfang an [...] mehr an dem interessiert« war, »was Husserl [...] mit der *natürlichen
Einstellung* bezeichnete, als an den Problemen der transzendentalen Phänomenologie«, so ist das aufgrund der Universitätslehre, mit welcher er konfrontiert
wurde, nur allzu verständlich.[23] Schütz' Überzeugungen haben sich im Problemfeld
sozialwissenschaftlicher Diskussionen formiert. Im Unterschied zum Begründer der
phänomenologischen Theorie, dessen Arbeitsleistung, »im Zeitlosen gefangen«,[24]
zunächst primär der Grundlegung der mathematischen und logischen Theoriebildung galt, mußte Schütz die antirelativistische Rettung der Philosophie nicht
interessieren. Auch gab es in Schütz' Wien keinen organisierten Phänomenologen-
Kreis.[25] Schütz kommt aus einem anderen Umfeld. Er hat bei Kelsen Internationales Recht, Nationalökonomie hingegen bei Wieser und Mises studiert – allesamt
Fachvertreter, von denen bekannt ist, sich soziologischen Fragestellungen geöffnet
zu haben. Den erstgenannten lobt Schütz, einen ›einzigartigen sozialwissenschaftlichen Ansatz‹ zu präsentieren;[26] an Mises' Privatseminar nimmt er ein Jahrzehnt
lang teil. In dieser Umgebung gestaltet sich Schütz' »unorthodoxe[r] Weg zur
Phänomenologie« nicht nur »höchst ungewöhnlich«. Auch ist seine »Begegnung mit
der Philosophie Husserls [...] durch die Tatsache«, daß er »in den Sozialwissenschaften ausgebildet war«, nicht lediglich »stark beeinflußt«: Schütz konnte in Husserls
›*Logischen Untersuchungen*‹ sowie dem ersten Band der ›*Ideen*‹, als er sie zum
erstenmal – mit »der größten Sorgfalt« – las, keine »Brücke zu [s]einen eigenen
Problemen finden«.[27] Im Kontext seiner Studienerfahrungen entwickelt Schütz zu
einer Zeit, in der die deutsche Soziologie eine »Flut programmatischer Schriften«

22 Reinhold Knoll/Gerhard Majce/Hilde Weiss/Georg Wieser (1981), »Der österreichische
    Beitrag zur Soziologie von der Jahrhundertwende bis 1938«, in: Lepsius (Hg.), S. 59–101, hier
    S. 61.
23 Alfred Schütz (1971d), *Gesammelte Aufsätze*, Bd. 3. Studien zur phänomenologischen
    Philosophie, Den Haag (zit.: *GA III*), S. 10 (nach einer Tonbandaufzeichnung zitiert von A.
    von Baeyer).
24 Johnston (1974), S. 304.
25 Christopher P. Prendergast (1986), »Alfred Schutz and the Austrian School of Economics«,
    in: *American Journal of Sociology*, 92, S. 1–26, hier S. 5.
26 Alfred Schütz (1950), »Felix Kaufmann, 1895–1949«, in: *Social Research*, Bd. 17/1, S. 1–7, hier
    S. 4.
27 Schütz (1971d), *GA III*, S. 10 (nach einer Tonbandaufzeichnung).

produziert[28] – und in der heimischen die quantitativ-empirische Richtung im
übrigen noch keinen Einfluß gewonnen hat[29] –, selbst vielmehr ein Interesse, das
ihn seit seinen »frühesten Studientagen« auf die »philosophische Grundlegung der
Sozialwissenschaften, besonders der Soziologie«, orientiert.[30] So ist Schütz nicht der
Anhänger Husserls, der den phänomenologischen Ansatz in der erkenntnistheoretischen Diskussion verorten und dessen Fortschrittlichkeit dort verteidigen will.
Statt dessen begreift Schütz Husserls »phänomenologische Erkenntnisse« als Mittel
zum Zweck, von welchen er nur jene heranzieht, die für ihn »relevant sind«. Die
epistemologische Begründung, welche die Grundlagen des eigenen Erkennens
reflektiert, ist nicht sein Problem. Er selbst hat sie nicht formulieren wollen.
Diesbezüglich verweist er vielmehr auf »den Anschluß an die gesicherten Ergebnisse« anderer. Statt auf die Sinnkonstitution des transzendentalen Ich geht das
sozialwissenschaftliche Interesse von Schütz' Überlegungen auf das »alter ego
cogitans und sein Erleben«.[31] So trennen die beiden phänomenologischen For-
schungsrichtungen von Beginn an Welten. Anders auch wäre wenig verständlich,
wie eine um erkenntnistheoretische Grundlegung bemühte, transzendental ansetzende Theorie die Forschung in denjenigen Wissenschaften soll befördert haben
können, die als auf Empirie angewiesene Unternehmungen sich bei der *Erfahrung*
von Weltlich-Faktischem nicht mit Kants transzendentaler Frage nach »dem, was
in ihr liegt«, begnügen dürfen.[32] Denn gerade für die Methodologie empirischer
Wissenschaften, die schließlich vom historisch je Vorfindlichen herausgefordert
sind, bedeutete die Erforschung einer von jeder Kontamination mit Faktischem
befreiten Subjektivität einen Rückfall auf eine überwunden geglaubte Stufe ihrer
Theorie: In der anthropozentrischen Optik ist die Anerkennung des eigenständigen
Charakters der Sozialwelt wie die Bedingtheit des Subjekts a priori untersagt. Wer
indes heute den ›Menschen‹ begreifen will, kann ihn im weithin geteilten Blick der
Wissenschaften nicht ›an sich‹ in einer leeren Form, sondern allein von jener Welt
her verstehen, in deren selbstgeschaffenen Verhältnissen er sich bewegt. Da nun
Husserl jedoch »mit den konkreten Problemen der Sozialwissenschaften nicht ver-
traut« war, wie Schütz schreibt,[33] zwingt sich für die folgenden Ausführungen die

---

28 Fritz R. Ringer (1983), *Die Gelehrten. Der Niedergang der deutschen Mandarine 1890–1933*,
    Stuttgart, S. 212.
29 Leopold Rosenmayr (1966), »Vorgeschichte und Entwicklung der Soziologie in Österreich
    bis 1933«, in: *Zeitschrift für Nationalökonomie*, XXVI, S. 268–282, hier S. 276.
30 Schütz (1971d), *GA III*, S. 10 (nach einer Tonbandaufzeichnung).
31 Schütz (1974), *Sinnhafter Aufbau*, S. 105, S. 21 u. S. 189.
32 Immanuel Kant (1976), *Prolegomena zu einer jeden künftigen Metaphysik, die als Wissenschaft
    wird auftreten können*, 6. Aufl., Hamburg, S. 60 (§ 21a).
33 Alfred Schütz (1971), »Husserls Bedeutung für die Sozialwissenschaften«, in: ders. (1971b),
    Gesammelte Aufsätze, Bd. 1. Das Problem der sozialen Wirklichkeit, Den Haag, S. 162–173
    (zit.: »Husserls Bedeutung«, *GA I*), hier S. 162.

Frage auf, ob die sozialwissenschaftlich orientierte Ausgangsstellung von Schütz'
Denken die »transzendentale Architektur« der in seiner *phänomenologischen* Theorie gleichwohl zum Vorbild genommenen Philosophie im Verlauf seiner einschlägigen Aufarbeitung nicht unterhöhlen und umstülpen muß.[34] Dafür spricht im
Blick auf seine Interessenlage einiges.

(2) Dagegen spricht allerdings die andere Hintergrundüberzeugung, die Schütz'
intellektueller Entwicklung mit auf den Weg gegeben ist: Denn auch Schütz sieht
im Duktus Husserls seine Aufgabe darin, in »streng philosophischer Selbstbesinnung« und im Rückgang auf »Urphänomene« der von ihm zur Passion gewählten
Wissenschaft der Soziologie einen gesicherten »Unterbau« zu geben.[35] Dabei ist er
einerseits, wie erwähnt, zunächst gerade nicht ein Schüler des Architekten der
Phänomenologie, sondern vielmehr ein Kind seiner Zeit, aus deren Wissenschaftskultur andererseits mancher Bestandteil wiederum zum Erneuerungsbestreben der
›strengen Wissenschaft‹ Husserls ›paßt‹. Was die Denkstile beider Lager verbindet,
ist die Ablehnung allen tradierten Wissens sowie der ungebrochene Mut zu neuer
Grundlegung. Der Bruch mit der vormals einflußreichen historischen Anschauung,
den Husserl in Abgeschiedenheit vollzogen hat, ist im Wien der Jahrhundertwende
Common sense. Für diese Zeit zählt die Donaumetropole als eine der »frucht-
barsten Brutstätten« einer »ungeschichtlichen Kultur«. Die scharfen sozialen und
politischen Gegensätze und Integrationsprobleme, die Wien seit dem Fin-de-siècle
erlebt, bedingen es, daß gerade dort die resignative Abkehr von überlieferten
Auffassungen hat frühzeitig stattfinden und sich in einer Art kulturellen Revolution entladen können, die sich im Gemisch des krassen Stadt-Land-Gefälles und der
inneren Konflikte der Metropole »wie in einem Gewächshaus« entwickeln
konnte.[36] Zeugnisse hierfür geben nicht nur der Baustil Loos', Schönbergs Musik
oder Freuds Psychoanalyse. Insbesondere das volkswirtschaftliche und philosophische Denken konnte von der Umbruchsituation der Zeit vor und nach dem ersten
Weltkrieg nicht unberührt bleiben. Beide Entwicklungen stehen Schütz unmittelbar vor Augen. Beide sind für das Verständnis seines Denkens bedeutsam.

Was die Nationalökonomie betrifft, fällt auf, daß auch deren Erneuerung im
deutschen Sprachraum von Österreich ausging. Nicht in Deutschland, in welchem
jahrzehntelang die ›historische Schule‹ dominierte, sondern von Wien aus bot die
Grenznutzenschule von Menger und Wieser der etablierten Lehre Paroli.[37] Hier hat

34   Schütz/Gurwitsch (1985), *Briefwechsel*, S. 392 (SG 1.5.56).
35   Schütz (1974), *Sinnhafter Aufbau*, S. 9 u. S. 55.
36   Vgl. Carl E. Schorske (1982), *Wien. Geist und Gesellschaft im ›Fin de siècle‹*, Frankfurt a.M.,
     hier S. X u. S. XVIII.
37   Vgl. Thomas Nipperdey (1993), *Deutsche Geschichte 1866-1918*, Erster Band: Arbeitswelt und
     Bürgergeist, 3. Aufl., München, hier S. 665–668.

Schütz eine Auffassung vor sich, die unter dem Einsatz exakter Methoden, in der Anlage im übrigen Kelsens ›reiner Rechtslehre‹ nicht unähnlich, eine aprioristische Grundlegung ihres Gegenstandsgebiets versucht. In der subjektivistischen Werttheorie der Grenznutzenschule zeigt sich Schütz sodann eine Denkrichtung, für die das selbständig handelnde Individuum die Ansatzstelle der Theoriebildung ist. Auf dem in letzterem angedeuteten Hintergrund der weit über das Gebiet der Wirtschaftstheorie hinausreichenden individualistischen Kultur des österreichischen Denkens überrascht es daher kaum, »daß österreichische Autoren Webers Methodologie mit Enthusiasmus aufnahmen«.[38] Schließlich war es unter den großen Soziologen gerade Weber, der die neu organisierte Wissenschaft auf die Analyse des Tuns des Einzelnen verpflichtet hat. So versteht es sich von selbst, daß auch Schütz für die Problemstellung Webers – der 1918 mit großem Erfolg in Wien unterrichtete[39] – und insbesondere für dessen Forderung, »soziales Handeln deutend [zu] verstehen und dadurch in seinem Ablauf und seinen Wirkungen ursächlich [zu] erklären«, sehr empfänglich war.[40] Denn die handlungstheoretische Programmatik der ›Soziologischen Grundbegriffe‹ zeugt von einem Ansatzpunkt, der in den Wiener Zeitgeist paßt. Worauf es in diesem Zusammenhang zunächst jedoch lediglich ankommt, ist, aus der hier nur in einigen Zügen gestreiften Wiener Wissenschaftskultur gerade die folgende markante Tendenz herauszulesen, die insbesondere nach dem Zusammenbruch der Donaumonarchie offen zutage liegt: Neubeginn – Aufbau – Element.

Im Neopositivismus des Wiener Kreises ist diese Trias auf den Begriff gebracht. Statt mit den Mitteln der alten ›offiziellen‹ Philosophie versucht jener einen Neubeginn aus dem Geist der erfolgsverwöhnten exakten Wissenschaften. Gegen die zerfallenen Orientierungsmuster und Sinnzusammenhänge der Vergangenheit setzt die neubegründete ›wissenschaftliche Weltauffassung‹ in den schwierigen Jahren der österreichischen Republik, in denen die verschiedensten Lebensgebiete Erneuerung verlangen, auf den (nicht nur) ›logischen Aufbau der Welt‹ aus ursprünglichen und einfachen Elementen.[41] Auch wenn Schütz die inhaltlichen Überzeugungen der Wiener Philosophie nicht teilt und im Titel seines ersten und wichtigsten Buches womöglich eine gewisse »Gegenstellung« zu Carnaps Schrift andeutet:[42] Er protokolliert den ›sinnhaften Aufbau der sozialen Welt‹ am Tun des seiner Tradition entrissenen, einzelnen Subjekts.

38 John Torrance (1981), »Die Entstehung der Soziologie in Österreich 1885–1935«, in: Lepenies (Hg.), Bd. 3, S. 443–495, hier S. 474.
39 Wagner (1983a), S. 14.
40 Max Weber (1980), *Wirtschaft und Gesellschaft*. Grundriss der Verstehenden Soziologie (Studienausgabe), 5. Aufl. [¹1922], Tübingen, S. 1.
41 Otto Neurath/Hans Hahn/Rudolf Carnap (1929), *Wissenschaftliche Weltauffassung – Der Wiener Kreis*, Wien und Rudolf Carnap (1928), *Der logische Aufbau der Welt*, Berlin.
42 Grathoff (1989a), S. 22.

Abstrahiert von allen inhaltlichen Differenzen liegt hier die Parallele zur Struktur von Husserls Denken wieder recht nahe: Urphänomen und Subjekt. So zwingt Schütz' Ausbildung ihn einerseits zu einer Problemsicht, die von den Zusammenhängen dieser Welt nicht absehen, sondern sie vielmehr erklären will. Andererseits verpflichtet ihn die methodische Schule, die er in Studium und Beruf durchläuft, auf ein Denken, das, nicht unähnlich demjenigen Husserls, der rationalen Arbeit der Wissenschaft eine Garantieerklärung in einem enthistorisierten Ausgangspunkt vorausschicken will. Die strukturlogische Lesart muß daher im folgenden zeigen, inwiefern Schütz' soziologisches Interesse den Rahmen der tradierten Theorieanlage sprengt. Statt in der rhapsodischen Versammlung mancher Korrektur und Ergänzung gewinnt die soziologische Kritik, um die es hier geht, demgemäß auch im zweiten Teil der vorliegenden Studie in der Ermittlung der Strukturmuster der interessierenden phänomenologischen bzw. Lebenswelt-Theorie Aufgabe und Ziel.

Die erste Untersuchungsfrage lautet indes: Wie kann Schütz eine »husserlianische Phänomenologie« gelingen,[43] sofern er den »Gegenstand der Sozialwissenschaften« doch als die »eigentümliche Struktur der Mitwelt« anerkennt und nicht[44] – in allein epistemologischer Fundamentierungsabsicht entsprechend Husserls »Ausgang von sich selbst« – als das eigene Bewußtsein des forschenden Phänomenologen definiert?[45] Wenn Schütz' Sozialtheorie daher einen phänomenologischen Ausgangspunkt bezieht (Kap. I,1.), ist klar, daß das die Aufklärung des ›Fremdverstehens‹ zu einem Zentralproblem der Sozialwissenschaften machen muß (I,2.). Dabei ist es ein merkwürdiges methodologisches Kombinat, mit dem Schütz auf die Schwierigkeit reagiert (I,3.+4.). Gleichwohl beabsichtigt Schütz, der Theorie der Sozialwissenschaft eine ›phänomenologische‹ Basis zu unterlegen. Allerdings bemüht er sich anders als Husserl nicht um ein »zweifelssichere[s] Fundament«,[46] das die von ihm beanspruchte »Einleitung in die verstehende Soziologie« *erkenntnistheoretisch* absichern könnte.[47] Schütz verortet seinen Ansatz nicht selbst in der Systematik und Chronologie der tradierten Erkenntniskonzeptionen. Deshalb kann die Strukturbestimmung seiner Position auch nur über die Untersuchung der

---

43 Dietrich Böhler (1985), *Rekonstruktive Pragmatik.* Von der Bewußtseinsphilosophie zur Kommunikationsreflexion: Neubegründung der praktischen Wissenschaften und Philosophie, Frankfurt a.M., S. 206.

44 Schütz (1974), *Sinnhafter Aufbau,* S. 23.

45 Edmund Husserl (1991), *Cartesianische Meditationen und Pariser Vorträge* [frz. 1931], hrsg. von S. Strasser, 2. Aufl. [¹1950], Dordrecht/Boston/London (zit.: Hua I, *Cartes. Med.*), S. 110.

46 Edmund Husserl (1981), *Philosophie als strenge Wissenschaft* [1911], hrsg. von W. Szilasi, Frankfurt a.M. (zit.: *Phil. als strenge Wiss.*), S. 10.

47 Alfred Schütz (1974), *Der sinnhafte Aufbau der sozialen Welt.* Eine Einleitung in die verstehende Soziologie, Frankfurt a.M.

von ihm entwickelten *Methodologie* gelingen. Um deren Grundzüge geht es daher im folgenden zunächst.

Dabei fällt auf, daß Schütz' Entwurf eben doch ganz im Duktus einer Grundlegung die Vorstellung vor Augen schwebt, alle »Scheinprobleme [..], welche heute mehr denn je die Forschung [...] behindern«, ließen sich beseitigen, wenn nur der richtige »Ansatzpunkt jeder echten Theorie [– in seinem Fall: –] der Sozialwissenschaften« gefunden wäre. So verlangt auch die innere Architektur seines Denkens nach einer »radikalen Rückführung« und fordert eine »radikale Analyse« von »echten und ursprünglichen Elementen«, die eine »gesicherte Fundierung der weiteren [..] Arbeit« soll verbürgen können.[48] Ganz im Geist seiner Zeit, dem die großen Sinnentwürfe »metaphysischer Spekulation« zerfallen sind, ist es für Schütz' Programm überhaupt keine Frage, daß die »vornehmste Aufgabe jeder Betrachtung der Sozialwelt« darin besteht, die »Welt der *sozialen Tatsachen* selbst unvoreingenommen zu erfassen, in rechtschaffener logischer Begriffsarbeit zu ordnen und das so gewonnene Material mit den Mitteln exakter Analyse zu verarbeiten«. Wenn nur ein ›Anfang‹ – ähnlich, aber nicht gleich dem Husserls – gefunden ist, so ist Schütz zu verstehen, darf auch auf dem Gebiet der Sozialwissenschaften der »Titel der Wissenschaftlichkeit in Anspruch« genommen werden.[49] Fragt sich nur, woraus diese Anfangsstelle der Sozialwissenschaft bestehen soll. Denn schließlich geht es Schütz nicht um erkenntnistheoretische Rückversicherung, sondern darum, der »verstehenden *Soziologie* den bisher fehlenden [..] Unterbau zu geben«.[50] Insofern nimmt es nicht wunder, wenn Schütz' Ausgangselemente der Theoriebildung andere sind als jene, die Husserls Philosophie »hinzunehmen« und »ehrlich zu beschreiben« gewillt ist.[51] Daher ist nun zu sehen, was Schütz als die »Urphänomene des gesellschaftlichen Seins« ansetzt und wie er diese untersucht.[52] In dem, was er zum Gegenstand wählt, ist Schütz Soziologe. Allein sein Rüstzeug ist die egozentrische Forschungsperspektive der Phänomenologie.

48 Schütz (1974), *Sinnhafter Aufbau*, S. 9 u. S. 14f.
49 Schütz (1974), *Sinnhafter Aufbau*, S. 12f. (Herv. F.W.).
50 Schütz (1974), *Sinnhafter Aufbau*, S. 55 (Herv. F.W.).
51 Edmund Husserl (1976), *Ideen zu einer reinen Phänomenologie und phänomenologischen Philosophie*, Erstes Buch: Allgemeine Einführung in die reine Phänomenologie [1913]. Text der 1.–3. Aufl., neu hrsg. von K. Schuhmann, 1.Halbband, Haag (zit.: Hua III/1, *Ideen I*), S. 247.
52 Schütz (1974), *Sinnhafter Aufbau*, S. 9.

1. Der phänomenologische Ausgangspunkt: Die egozentrische Perspektive

Was ist also der Gegenstand der von Schütz protegierten ›verstehenden Soziologie‹? Fast beantwortet sich die Frage von allein. Denn da Schütz' Denken wie das seiner Wiener Herkunft in Elementarbausteinen einen sicheren Halt sucht, ergibt sich eine natürliche Affinität zum ›methodologischen Atomismus‹ Webers wie von selbst.[53] Entsprechend verstehen sich Schütz' eigene Ausarbeitungen des ›Sinnhaften Aufbaus‹ »in engstem Anschluß« an dessen Werk. Webers Arbeiten nennt Schütz als den »Ausgangs- und Endpunkt [.. seiner eigenen] Überlegungen«.[54] So liegt es nahe, was Schütz zur Elementareinheit seiner sozialtheoretischen Überlegungen wählt: Die Grundeinheit der sozialen Wirklichkeit ist die sinnhafte Handlung. Die hatte Weber zum »spezifische[n] Objekt« einer Soziologie bestimmt, die »das Einzelindividuum und sein Handeln als unterste Einheit, als ihr ›Atom‹« behandeln müsse.[55] Genau das lobt Schütz. »Worauf es uns ankommt«, schreibt er, »ist, daß Max Weber alle Arten sozialer Beziehungen und Gebilde, alle Kulturobjektivationen und Regionen des objektiven Geistes auf das ursprünglichste Geschehenselement des sozialen Verhaltens Einzelner zurückführt«.[56]

a) Die Grundeinheit der Handlung

Insofern ist die erwartete Differenz zur philosophischen Grundlegung Husserls offensichtlich. Natürlich muß eine soziologische Theorie – mit Schütz – »die in der Sozialwelt Handelnden« fokussieren. Selbstredend kann der ins Ziel genommene Forschungsgegenstand für die Wissenschaft des Sozialen nicht aus dem in der Bewußtseinsimmanenz angesiedelten ›Phänomen‹ bestehen. Wenn für Schütz aber der »eigentliche Grundbegriff der verstehenden Soziologie« im Einklang mit Weber der »Begriff der sinnhaften und daher verstehbaren Handlung des Einzelnen« ist, dann kommt es im Fortgang der Untersuchung seiner Konzeption nun darauf an, zu sehen, *worin* Schütz' phänomenologische Perspektive in der Analyse dieser Zentralkategorie der Handlungstheorie besteht.

Schließlich bricht in Schütz' Augen Webers »Analyse der sozialen Welt [..]« in einer Schicht ab, die nur scheinbar die Elemente des sozialen Geschehens in nicht

---

53   Talcott Parsons (1968), *The Structure of Social Action*. A study in social theory with special reference to a group of recent european writers [1937], 2 Bde., New York, S. 621.

54   Schütz (1974), *Sinnhafter Aufbau*, S. 350 u. S. 23.

55   Max Weber (1985), *Gesammelte Aufsätze zur Wissenschaftslehre*, 6. Aufl. [¹1922], Tübingen, S. 429 u. S. 439.

56   Schütz (1974), *Sinnhafter Aufbau*, S. 13.

weiter reduzierbarer oder auch nur in nicht weiter reduktionsbedürftiger Gestalt sichtbar macht«. Eine phänomenologische Theorie verspricht ihm hier die Möglichkeit einer »Erhellung der Unterschichten«.[57] Eine solche grundlegende Fundierung beabsichtigt Schütz. Er beginnt diese in einer sehr detaillierten Konfrontation mit einigen der bekannten Bestimmungen Webers, in der er im Verweis auf manche »willkürliche und innerlich unbegründete« Unterscheidung die »Grenzen der theoretischen Leistung« desselben zu demonstrieren sucht. Doch braucht es hier nicht im einzelnen nachgezeichnet zu werden, inwiefern nun Webers Handlungstheorie Schütz' zufolge »zwischen Handeln als Ablauf und vollzogener Handlung, zwischen dem Sinn des Erzeugens und dem Sinn des Erzeugnisses, zwischen dem Sinn eigenen und fremden Handelns bzw. eigener und fremder Erlebnisse, zwischen Selbstverstehen und Fremdverstehen keinen Unterschied« macht.[58] Vielmehr kommt es darauf an, die Struktur der spezifisch Schützschen Untersuchungsperspektive zu erkennen. Einsichtig wird sie – was den handlungstheoretischen Startpunkt betrifft –, wenn man drei Sachverhalte bedenkt.

(1) Davon wurde der erste implizit bereits angeführt. Denn bezeichnend für Schütz ist nicht nur, daß er seine Konzeption nach der Art Webers auf einem untersten »Atom« errichten will.[59] Bezeichnend ist auch, daß er sie auf einen Anschluß an Weber stützt, der dessen materiale Soziologie ignoriert und sich auf die methodologischen Ausführungen desselben beschränkt.[60] So setzt Schütz' Analyse der ›Handlung‹ seiner Wissenschaft einen enthistorisierten formalen Anfangspunkt voraus.

(2) Das bestätigt sich zum zweiten in dem, wie er die Struktur der Handlung bestimmt. Bevor diese jedoch eingesehen werden kann, sind zunächst einige der zentralen Definitionen vorauszuschicken, die Schütz im ›Sinnhaften Aufbau‹ entwickelt hat. Dort ist sein »Ausgangspunkt«, so schreibt es Schütz in einem späteren Aufsatz selbst, »die Unterscheidung zwischen Handeln (action) und Verhalten (behavior)«, wobei das Handeln dem »planentworfenen Verhalten« gleichzusetzen ist: »Daher ist der Entwurf der primäre und fundamentale Sinn des Handelns«.[61] Allerdings ist für Schütz, was entworfen wird, »nicht das sich schrittweise vollendende Handeln, sondern die Handlung, das ›Ziel‹ des Handelns«;[62] »Der Begriff ›Handeln‹ soll einen ablaufenden Prozeß menschlichen Verhaltens bezeichnen«.

57 Schütz (1974), *Sinnhafter Aufbau*, S. 15.
58 Schütz (1974), *Sinnhafter Aufbau*, S. 40 u. S. 15.
59 Weber (1985), *Wissenschaftslehre*, S. 439.
60 Vgl. David M. Rasmussen (1984a), »Explorations of the Lebenswelt. Reflections on Schutz and Habermas«, in: *Human Studies*, 7, S. 127–132, hier S. 129.
61 Alfred Schütz (1971), »Die soziale Welt und die Theorie der sozialen Handlung«, in: ders. (1971c), *GA II*, S. 3–21 (zit.: »Soziale Welt und soziale Handlung«), hier S. 12.
62 Schütz (1974), *Sinnhafter Aufbau*, S. 78.

Der »Begriff der ›Handlung‹« hingegen »soll das Ergebnis dieses ablaufenden Prozesses, also das vollzogene Handeln bezeichnen«.[63] Entscheidend sind nun freilich weniger die definitorischen Abgrenzungen. Darauf kann man sich einstellen. Entscheidend für die Bestimmung der Schützschen Konzeption ist vielmehr, was Schütz der Soziologie unterbreitet, um einen Zugang zu ihrem Gegenstand, hier dem »Handelnden, der eine konkrete Handlung ausführt«, zu finden. Zu diesem Zweck – um »eine Handlung auslegen« zu können – schlägt Schütz eine weitere Differenzierung vor: die Unterscheidung nach ›Um-zu-‹ und ›Weil-Motiven‹ des Handelns. Während sich die einen auf die Zukunft beziehen und einen Sachverhalt meinen, »welcher durch die entworfene Handlung realisiert werden soll«, motivieren die anderen wie ein »Grund oder [eine] Ursache« die »intendierte Handlung«, also den Entwurf selbst.[64] Deshalb können letztere auch nur im »rückwendenden Blick« auf die Vergangenheit – und sei es »in der Zeitperspektive des *modo futuri exacti*« – erfaßt werden. Soweit sind das recht allgemeine Bestimmungen, welche die Spezifität der Schützschen Theorie noch nicht zum Vorschein kommen lassen. Aber schon ein weiterer Blick befördert Wichtiges zutage. Denn sichtbar wird, daß Schütz' Methodologie über ihren Webers Soziologie formalisierenden Ansatzpunkt hinaus auch in ihrer Ergründung der Motive des Handelns das letztere analytisch seines Kontexts enthebt. Sie trennt das Subjekt ab von dem, was seine Erlebniswelt übersteigt. Das tut sie, indem sie die Bedingungen des Handelns allein im unmittelbaren Wissen des Subjekts aufsucht. Das zeigt die genauere Untersuchung des Weil-Motivs, zumal dieses, anders als die »wesentlich subjektive Kategorie« des Um-zu-Motivs, definitorisch dadurch auf den praktischen Lebenszusammenhang des Handelnden verweist, daß es dem Aktor angibt, »welche Umstände ihn bestimmten, so zu handeln, wie er gehandelt hat«.[65] Insofern ist die »Sachlage« im Falle des Weil-Motivs sogar »die gleiche für den außenstehenden Beobachter wie für den Handelnden selbst«.[66] Doch ausschlaggebend ist, *wie* Schütz den Bedingungsrahmen des Handelns an dieser Stelle in die Analyse einbezieht: Immer führt er ihn durchs Nadelöhr der »vorvergangenen Erlebnisse des Handelnden«. Unzweideutig erfolgt für Schütz die »Erfragung des echten Weil-Motivs [..] also in einer besonderen Weise der Selbstauslegung des Ich«. Somit überantwortet er noch die Erklärung des Handelns – über die Weil-Motive – dem reflektierenden Subjekt. Noch dem soziologischen Betrachter wird damit auferlegt, die »vorvergangenen Erlebnisse« des handelnden Ich zu erkunden.[67] Dabei will Schütz

63 Alfred Schütz (1971), »Das Wählen zwischen Handlungsentwürfen«, in: ders. (1971b), *GA I*, S. 77–110, hier S. 77.

64 Schütz (1971), »Soziale Welt und soziale Handlung«, *GA II*, S. 12f.

65 Schütz (1971), »Das Wählen zwischen Handlungsentwürfen«, *GA I*, S. 81f.

66 Schütz (1974), *Sinnhafter Aufbau*, S. 334.

67 Schütz (1974), *Sinnhafter Aufbau*, S. 127 u. S. 123.

gar nicht behaupten, die Weil-Motive seien vom Handelnden etwa »zufällig gewählt« worden. Selbstredend anerkennt er als Soziologe, daß das Subjekt des Handelns nicht als *Tabula rasa* zu seinen »motivierenden [...] Erlebnisse[n]« kommt.[68] Er selbst verweist auf die »strukturelle Sozialisierung des Wissens«, das, was man »›soziale Überlieferung‹« und »soziale Verteilung des Wissens« nennt.[69] Doch was zählt, ist, daß die vermittelnden Mechanismen, über die sich der »Aufbau der Systeme [an Weil-Motiven, F.W.], in denen sich die Persönlichkeit« der sozialen Akteure ausdrückt,[70] vollzieht, unter der methodologischen Anleitung der Schützschen Soziologie perspektivisch aus dem Blick geraten.

Gleichwohl ist eines zu erinnern: Das Problem der Schützschen Strukturbestimmung des Handelns ist nicht, daß das Subjekt Organisationseinheit des Handlungsentwurfs sein soll. Das gehört per definitionem zur Handlung. Auffallend und bezeichnend für Schütz' phänomenologischen Ansatz ist vielmehr, daß er noch die Klärung der Bedingungen der Handlungsmotivation zur Sache eines Subjekts macht, das in sich horcht. Was nicht in der subjektiven Erfahrungswelt des Handlungssubjekts auftaucht, geht in Schütz' Analyse nicht ein.[71] So rechnet sie im Effekt noch die weltverändernde Handlungspraxis dem Erleben des Handelnden zu. Entsprechend ist für Schütz' Interpret Luckmann Handeln auch eine »Bewußtseinsleistung« und keine »objektive Kategorie der natürlichen Welt«.[72] Eine »Phänomenologie sozialen Handelns« zielt, wie Sofsky schreibt, »nicht auf unser praktisches Tun, sondern auf die Art und Weise, wie jenes uns erscheint«.[73] Selbst wo es ihr um diejenige menschliche Aktivität zu tun ist, bei welcher etwas in der Welt geschieht, konzentriert sie sich, so Grathoff, »auf unmittelbare Sachverhalte des Handlungs*erlebens*«.[74] Schütz untersucht sie wie der Phänomenologe die Wahrnehmung.[75]

---

68 Schütz (1971), »Soziale Welt und soziale Handlung«, *GA II*, S. 13 und ders. (1974), *Sinnhafter Aufbau*, S. 127.

69 Alfred Schütz (1971), »Wissenschaftliche Interpretation und Alltagsverständnis menschlichen Handelns«, in: ders. (1971b), *GA I*, S. 3–54 (zit.: »Wissenschaftliche Interpretation«), hier S. 14–16.

70 Schütz (1971), »Soziale Welt und soziale Handlung«, *GA II*, S. 13.

71 Für Johnson u.a. unterscheidet sich Schütz' Konzeption von derjenigen Webers gerade in diesem Punkt. Terry Johnson/Christopher Dandeker/Clive Ashworth (1984), *The Structure of Social Theory. Dilemmas and strategies*, Houndmills/London, S. 94–96.

72 Thomas Luckmann (1992), *Theorie des sozialen Handelns*, Berlin/New York, S. 38.

73 Wolfgang Sofsky (1983), *Die Ordnung sozialer Situationen. Theoretische Studien über die Methoden und Strukturen sozialer Erfahrung und Interaktion*, Opladen, S. 7.

74 Grathoff (1989a), S. 231 (Herv. F.W.).

75 Vgl. Rüdiger Bubner (1976), *Handlung, Sprache, Vernunft. Grundbegriffe praktischer Philosophie*, Frankfurt a.M., S. 29.

(3) Doch dabei bleibt es nicht. Schütz' Perspektive blendet nicht nur vom Bedingungsgefüge einer Handlung analytisch ab, indem sie deren Ursprung auf ein Bewußtseinserlebnis des Handlungsakteurs zurückführt. Zusätzlich dividiert sie auch noch den Akteur und seine Handlung auseinander. Denn mag auch der »Sinn des Handelns derart durch den vorangegangenen Entwurf bestimmt« sein, stets ist zu bedenken, daß »die Sinnstruktur sich mit dem jeweiligen Jetzt und So verändert, von dem aus die Betrachtung vollzogen wird«.[76] Mag auch der »Sinn des Handelns die vorher entworfene Handlung« sein, nie ist gewiß, ob das, was passiert, auch dem entspricht, was im Handlungsentwurf antizipiert worden ist. Indem für Schütz die »vollzogene Handlung von der entworfenen Handlung prinzipiell in der Sinnstruktur verschieden« ist - »schon weil das Ich«, so Schütz, »während des Vollziehens der Handlung gealtert ist und sich mit neuen Erlebnissen bereichert hat«[77] -, wird evident, daß Schütz den Entwurf oder Sinn einer Handlung gerade nicht dem Bewußtsein eines Handelnden als Handelndem zurechnet. Für Schütz geht das Bewußtsein, das ein Handeln als Handlung allererst konstituiert, dem in Frage stehenden Geschehen voraus[78] - oder kommt ihm hinterher. Das Bewußtsein, das er fokussiert, handelt nicht. Es ist ein nachdenkliches Subjekt, zu dem es gehört.

Damit unterzieht Schütz die Zentralkategorie der Handlungstheorie nicht nur einer formalisierenden Strukturanalyse (1), die ihren Gegenstand aus seinem Kontext abstrahiert (2). Sie überträgt den Ursprung der Handlung zudem einem Subjekt, das nicht handelt, sondern denkt (3). Dies zeigt aber, in welche Richtung Schütz' Untersuchungen führen. Er hat es dem ›Sinnhaften Aufbau‹ ja explizit vorausgeschickt: Seine Arbeit stellt den Versuch dar, »die Wurzeln der sozialwissenschaftlichen Problematik bis zu den fundamentalen Tatsachen des Bewußtseinslebens zurückzuverfolgen«.[79] So beweist sich der Soziologe Schütz als ein guter Phänomenologe. Sein Ausgangspunkt ist der Ansatz beim Ich. Denn worauf es bei der Analyse des Handelns ankommt, der Sinn, der ihr zugehört, die »entworfene Handlung«, das konstituiert sich Schütz zufolge »im je eigenen Erleben des einsamen Ich«.[80]

76 Schütz (1974), *Sinnhafter Aufbau*, S. 83 u. S. 87.
77 Schütz (1974), *Sinnhafter Aufbau*, S. 79 u. S. 86f.
78 Vgl. Hans Haferkamp (1976), *Soziologie als Handlungstheorie*, 3. Aufl., Opladen, S. 58.
79 Schütz (1974), *Sinnhafter Aufbau*, S. 9.
80 Schütz (1974), *Sinnhafter Aufbau*, S. 79 u. S. 21.

b) Sinnkonstitution im ›einsamen Ich‹

Hier bedarf es »streng philosophischer Selbstbesinnung«. Hier gibt sich zu erkennen, wie Schütz den »methodischen Apparat der verstehenden Soziologie in einer tieferen Schicht« verankern will, »als dies durch Max Weber geschehen ist«. Hier ist die Stelle, an der Schütz auf die »großen philosophischen Entdeckungen Bergsons und vor allem Husserls« rekurriert, um die »Lösung der Rätsel« zu finden, »mit denen die Problematik der Sinnsetzungs- und Sinndeutungsphänomene umlagert ist«.[81] Daher ist nun zu betrachten, wie Schütz die Konstitution des Sinns konzipiert, der ein Tun als Handlung auszeichnet.

Fundamental für Schütz' Sinnkonzeption ist unerwarteterweise allerdings nicht der Rekurs auf den Sinnbegriff Husserls. Vielmehr stützen sich Schütz' entsprechende Untersuchungen explizit auf »den von Bergson aufgestellten Gegensatz zwischen dem schlichten Hinleben im Erlebnisstrom und dem Leben in der raumzeitlichen begrifflichen Welt«. So wählt Schütz einen Ausgangspunkt, der den »Bewußtseinsstrom der inneren Dauer« strikt von den »Phänomene[n] der raumzeitlichen Welt« scheidet. Während der erstgenannte Bereich, Bergsons *durée*, »prinzipiell unreflektiert« ist, gibt es allein im zweiten »Beharrendes: Bilder, Wahrnehmungen, Objekte«.[82] Wenn ich mich nun »in den Ablauf meiner Dauer versenke«, dann finde ich »keinerlei voneinander abgegrenzte Erlebnisse vor«. Erst in der »Rückwendung gegen den Fluß der Dauer«, in der »Reflexion«, gelingt es, ein Erlebnis »aus dem unumkehrbaren Dauerablauf« herauszuheben.[83] Das hat für Schütz' Vorstellung der Sinnkonstitution entscheidende Konsequenzen. »Denn da der Begriff des sinnvollen Erlebnisses«, wie Schütz schreibt, »immer voraussetzt, daß das Erlebnis, dem Sinn prädiziert wird, ein wohlunterschiedenes sei«, versteht es sich, »daß Sinnhaftigkeit nur einem vergangenen [...] Erlebnis zuerkannt werden kann«. Für Schütz ist daher »nur das Erlebte sinnvoll, nicht aber das Erleben«.[84] Nicht im ablaufenden Bewußtseinsstrom konstituiert sich Sinn, sondern erst in der nachfolgenden intellektuellen Reflexion. Insofern ist es in bezug auf Schütz' Handlungsanalyse klar, daß unter der Voraussetzung des von Bergson übernommenen dualistischen Denkmodells, wie oben gesehen, auch nicht das »Handeln (*actio*) als Erlebnisablauf«, sondern nur die »tatsächlich abgelaufene Handlung (*actum*)«

---

81 Schütz (1974), *Sinnhafter Aufbau*, S. 20f.
82 Schütz (1974), *Sinnhafter Aufbau*, S. 62. Schütz' »Bergsonianische[n] Anfang« hat insbesondere Srubar untersucht. Ilja Srubar (1988a), *Kosmion. Die Genese der pragmatischen Lebensweltheorie von Alfred Schütz und ihr anthropologischer Hintergrund*, Frankfurt a.M., S. 44–96, hier S. 44. Zuvor: Ilja Srubar (1981a), »Einleitung. Schütz' Bergson-Rezeption«, in: Schütz (1981), S. 9–76.
83 Schütz (1974), *Sinnhafter Aufbau*, S. 64.
84 Schütz (1974), *Sinnhafter Aufbau*, S. 69.

sinnvoll sein kann.[85] Denn der »>Sinn‹ eines Erlebnisses«, der nach Schütz' Definition in der »spezifische[n] Zuwendung zu einem abgelaufenen Erlebnis« besteht,
basiert auf einer »bestimmten Blickrichtung«, einer »besondere[n] Attitüde des
Ich«, die nur im Rückblick oder der Antizipation *modo futuri exacti* eines als abgeschlossen vorgestellten Geschehens möglich ist.[86] Mit dieser Konzeptualisierung
radikalisiert Schütz jedoch die Subjektivierung der Sinnkonstitution.[87] Er überträgt
sie nicht nur, von der Handlung her gesehen, dem Entwurf des Subjekts. Er überläßt sie zudem einem Subjekt ganz spezifischer Natur: dem »jeweilige[n] Jetzt und
So des lebendigen Ich«. Dadurch distanziert er den Handlungssinn vom realen
Ablauf des Handelns und bindet dessen Ursprung an die unzugängliche Eigenwelt
des »einsamen Ich«: »Prinzipiell subjektiv«, ist er »nur dem je eigenen Bewußtseins-
ablauf zugänglich«.[88] So wiederholt sich das phänomenologische Prinzipat eines
abgeschlossenen Ich selbst in Schütz' soziologischer *Handlungs*analyse. Schütz'
Subjekt ist, wie gesehen, nicht praktisch, sondern kontemplativ. Es ist ein Ego, ein
»Ich als freies Wesen«, das vor aller Welt diese konstituiert. Stets ist der sozialwissenschaftliche Betrachter auf ein »Ich im jeweiligen Jetzt und So« verwiesen. Dessen
jeweiligem Erfahrungsvorrat obliegt die Verleihung von Sinn. Immer ist es dessen
»neue[s] Erleben«, von dem aus das bereits abgelaufene Erlebnis seine Auslegung
findet.[89] Sinn nun auf diese Weise als ein subjektives Konstitutionsprodukt auszuweisen, macht zwar auf der einen Seite verständlich, wie sich angesichts eines vom
tatsächlichen Erleben und Handeln abgetrennten reflektierenden Subjekts der »Sinn
›eines und desselben‹ Erlebnisses [..] wandeln kann«. Auf der anderen Seite stellt
sich eine Sozialwissenschaft, die ihren Forschungsgegenstand unter der Anleitung
von Schütz nicht nur in Handlungen dekomponiert, sondern zudem deren Konstitution ins individuierte Subjekt verlegt, selbst vor die Frage, wie sie denn dann
diesen Ausgangspunkt eines Ich, das »Sinn prädiziert«, eigentlich aufklären soll.[90]

---

85 Schütz (1974), *Sinnhafter Aufbau*, S. 307. Entsprechend gibt es im ›*Sinnhaften Aufbau*‹,
     worauf Grathoff hinweist, »allenfalls eine Theorie der Handlung, [...] aber keine Theorie des
     sozialen Handelns«. Grathoff (1989a), S. 36.
86 Schütz (1974), *Sinnhafter Aufbau*, S. 307 u. S. 54.
87 Vgl. William Outhwaite (1975), *Understanding Social Life*. The method called verstehen,
     London, S. 92.
88 Schütz (1974), *Sinnhafter Aufbau*, S. 95, S. 99 u. S. 160.
89 Schütz (1974), *Sinnhafter Aufbau*, S. 104.
90 Schütz (1974), *Sinnhafter Aufbau*, S. 96 u. S. 69.

2. Die Folge: ›Fremdverstehen‹ als methodologisches Zentralproblem der Sozialtheorie

Schließlich kommt es ihr gerade darauf an. Denn Schütz ist nicht der schauende Phänomenologe. Die »Erwerbung phänomenologischer Einsicht« in der Analyse der Sinnkonstitution soll kein »Selbstzweck« bleiben. Durchaus geht es Schütz um die »Erforschung [...] des fremden Ichs«, nicht des eigenen.[91] Daher verläßt Schütz, der Soziologe, im dritten Abschnitt des ›Sinnhaften Aufbaus‹ ausdrücklich die »streng phänomenologische Betrachtungsweise«, mit der er zunächst noch die Sinnkonstitution im »einsamen Seelenleben« verfolgt hat und springt zur »Untersuchung der sozialen Welt« – ohne deren Existenz länger ›einzuklammern‹ – auf den Boden der »natürlichen Anschauung«.[92] So nimmt seine Aufnahme derjenigen Thematik, die als soziologische über die Selbstanalyse der Eigenwelt hinausführen muß, ihren Ausgang bei der »Voraussetzung eines gegebenen mundanen Du«. Dessen Sinnsetzungsprozesse aufzuklären, das steht im Zentrum seiner Forschung: Das »erste Ziel jeder Sozialwissenschaft«, schreibt Schütz, ist die »maximale Verdeutlichung und Explizierung dessen, was gemeinhin von den in der Sozialwelt Lebenden über diese gedacht wird«.[93]

Dabei fragt es sich aber, wie solches möglich sein soll, wenn gleichzeitig als gültig akzeptiert wird, was oben ausgeführt wurde. Wenn die Konstitution von Vorstellungssinn und Handlungserlebnissen analytisch der Husserlschen Figur des souveränen Ich überantwortet, Sinn also »prinzipiell an die Selbstauslegung durch den Erlebenden gebunden« ist, wie soll dieser Vorgang dann einem Anderen, dem »Beobachter der Sozialwelt«, zugänglich werden können? Entsprechend wird er es auch nicht. »Er ist«, so Schütz, »für jedes Du wesentlich unzugänglich«. »Bestenfalls« kann ein »Näherungswert zu dem gemeinten Sinn des Sinnsetzenden« erzielt werden.[94] Wer wie Schütz mit dem unbedingten Ego der Phänomenologie beginnt und die »durée des Du« gemäß der ›durée des Ich‹ als eine »absolute Realität« voraussetzt,[95] der fundamentiert seine Untersuchung der Sozialwelt auf einem radikalen Bruch zwischen Ich und Du.[96] Wer in der Grundlegung seiner Soziologie

---

91 Schütz (1974), *Sinnhafter Aufbau*, S. 105 u. S. 226.
92 Schütz (1974), *Sinnhafter Aufbau*, S. 137.
93 Schütz (1974), *Sinnhafter Aufbau*, S. 230 u. S. 315.
94 Schütz (1974), *Sinnhafter Aufbau*, S. 140, S. 45 u. S. 181.
95 Schütz (1974), *Sinnhafter Aufbau*, S. 144.
96 Vgl. Herman Coenen (1985), *Diesseits von subjektivem Sinn und kollektivem Zwang.* Schütz – Durkheim – Merleau-Ponty. Phänomenologische Soziologie im Feld des zwischenleiblichen Verhaltens, München, S. 45. – Entsprechend hat Theunissen die »Scheindialogik in der Sozialontologie von Alfred Schütz« entlarvt. Michael Theunissen (1977), *Der Andere*. Studien zur Sozialontologie der Gegenwart, 2. Aufl., Berlin/New York, S. 406.

selbst die »Generalthese der *Existenz* des alter ego« in Analogie zum phänomenologischen »ego transzendentale« entwickelt und einfach unterstellt, »daß der Gedan-
kenstrom des Anderen die gleiche Grundstruktur wie mein Bewußtsein aufweist«,
der kann das wechselseitige Verstehen allenfalls als ein versuchtes Annähern in
»unendlichem Progreß« konzipieren,[97] so daß dem gewählten Ansatz zufolge
letztendlich jeder für jeden ein ›Fremder‹ bleibt.[98] Entsprechend muß Schütz, Husserls »absolutes Selbst« vor Augen, Fremd- und Selbstauslegung scharf kontrastieren: »Prinzipiell zweifelhaft« sind die »Fremdseelisches zum Gegenstand habenden
Cogitationes«, unzweifelhaft hingegen die »auf eigene Erlebnisse gerichteten immanenten Akte«.[99] Unter der Leitvorstellung eines reduplizierten phänomenologischen Egos, auf der Schütz seine sozialtheoretischen Überlegungen basiert, ist
damit bereits vorgezeichnet, wie die – aus der Sicht Husserls dogmatisch unterstellten – fremden ›Bewußtseinsabläufe‹ erschlossen werden müssen.[100] Wenn der
phänomenologische »Primat des Ich« die Konzeptualisierung des Sinnverstehens
fundiert,[101] dann muß auch der »Deutung der Bewußtseinsabläufe des alter ego« immer die »Selbstauslegung des Verstehenden« vorangehen. Nur was man selbst vollziehen kann, läßt sich verstehen. Auch die Auslegung dessen, was »signitiv vermittels der äußeren Abläufe« vom Anderen erfahren wird,[102] nimmt ihren Ausgang
im »gegebenen Jetzt und So der Erfahrung des Deutenden«. In der Folge interpretiert der Verstehende den »subjektiven Sinn des Zeichens, welchen der Andere
setzt, als wäre dieses Zeichen ein von ihm gesetztes Zeichen« und macht, indem er
die »Serie der Bewußtseinserlebnisse« des Fremden »phantasierend nachvollzieh[t]«,
das fremde Handlungsziel zum eigenen, die »fremden Um-zu-Motive zu eigenen
Um-zu-Motiven eines fiktiven Handelns«.[103]

Unzweideutig verpflichtet Schütz insofern auch die Erforschung der Sozialwelt
auf die egozentrische Untersuchungsperspektive des phänomenologischen Absolutismus. Denn nach der hier skizzierten Konzeption des sozialwissenschaftlichen

---

97 Schütz (1971), »Schelers Theorie der Intersubjektivität und die Generalthese vom Alter Ego«,
    in: ders. (1971b), *GA I*, S. 174–206 (zit.: »Schelers Theorie der Intersubjektivität«), hier S. 201
    (Herv. F.W.) sowie Schütz/Gurwitsch (1985), *Briefwechsel*, S. 42 (SG 19.8.39) und Schütz
    (1974), *Sinnhafter Aufbau*, S. 150.
98 R. S. Perinbanayagam (1992), »The significance of others in the thought of Alfred Schutz, G.
    H. Mead, and C. H. Cooley« [1975], in: Hamilton (Hg.), S. 124–146, hier S. 142.
99 Hua III/1, *Ideen I*, S. 96 und Schütz (1974), *Sinnhafter Aufbau*, S. 148. Schütz bezieht sich
    hier explizit auf Husserls ›Ideen‹.
100 Kritisch dazu: Patrick N. Peritore (1975), »Some problems in Alfred Schutz's phenomeno-
    logical methodology«, in: *American Political Sciences Review*, 69, S. 132–140, hier insbes.
    S. 134.
101 Bernhard Waldenfels (1979b), »Verstehen und Verständigung. Zur Sozialphilosophie von
    Alfred Schütz«, in: Sprondel/Grathoff (Hg.), S. 1–12, hier S. 4.
102 Schütz (1974), *Sinnhafter Aufbau*, S. 156.
103 Schütz (1974), *Sinnhafter Aufbau*, S. 177, S. 158 u. S. 160.

Fremdverstehens ist der Ausgang vom Fixpunkt des Ich dreifach: Erstens werden
– was den Anderen betrifft –, um ein Verstehen allererst zu ermöglichen, die Be-
wußtseinsstrukturen von *Ego* generalisiert, so daß jeder Akteur annehmen darf, die
anderen seien wie er. Zweitens – was den Deutenden betrifft – hat auch das Fremdverstehen im Erfahrungsschatz desselben sein Fundament. Drittens – was die
Deutung angeht – werden zudem selbst die vom Erlebnisstrom des Anderen
erfaßten Segmente als seien sie eigene interpretiert.

Diese Analyseperspektive durchdringt Schütz' ›*Sinnhaften Aufbau*‹ fundamental.
Das ist auch dort so, wo Schütz abrückt von seiner die Untersuchung des Fremdverstehens leitenden Annahme, »daß das alter ego, dessen Verhalten verstanden
werden soll, seinem Beobachter unmittelbar und leibhaftig, also in dessen *Umwelt*,
gegenüberstehe« – wie er »zunächst der Einfachheit halber« unterstellt. Auch in der
weiter differenzierenden »Strukturanalyse der Sozialwelt«, die man sich wie eine an
Wieses ›Beziehungslehre‹ erinnernde »Formenlehre« vorzustellen hat,[104] bildet die
unter dem Vorrang des Ich konzipierte dyadische Ausgangskonstellation das Modell. Ersichtlich ist das bereits daraus, daß zwischen der zunächst fokussierten
»Grundrelation des Wir«, die mir durch »mein Hineingeborensein in die soziale
Umwelt vorgegeben« ist, und den nach Stufen der Erlebnisnähe unterschiedenen
»andere[n] soziale[n] Sphären«, »zwischen Umwelt bzw. Mitwelt und Vorwelt«,
»gleitende Übergänge möglich sind«.[105] Nicht anders als in der umweltlichen
Sozialbeziehung ist es im Bereich der sozialen *Mitwelt*, von der ich »keine Erfahrung habe, die aber Gegenstand meiner möglichen Erfahrung« ist, das *Ich*, welches
das Du »zunächst [..] mit einer Umgebung« ausstattet, »die ihren Index von der
jeweiligen Umgebung des Ich empfängt«.[106] Hat man den Analysemodus Schütz'
insofern einmal eingesehen, fällt es nicht schwer, sich zu überlegen, wie es sich
Schütz zufolge mit jener bereits abgelaufenen »Sphäre der sozialen *Vorwelt*, der Geschichte« verhalten muß, die »mit meinen Erlebnissen und mit meiner Dauer nicht
koexistiert«. Natürlich ist auch die »soziale Beziehung zur [...] Vorwelt«, so Schütz,
»aus der reinen Wirbeziehung abzuleiten«.[107] Da er sein sozialwissenschaftliches
Forschungsobjekt analog dem Ursprungs-Ich der Phänomenologie konzipiert, ist
er im speziellen Fall der ›entwordenen‹ Bewußtseinserlebnisse eines Alter ego auf
solche Zeugnisse verwiesen, die in Erinnerungen »unserer um- und mitweltlichen
alter egos« oder in »Urkunden oder Denkmäler[n]« überliefert sind. Immer sind es
›Zeichen‹, ›Zeugnisse‹, eines produktiven Ich. Daher wundert nicht, daß Schütz,
der die Genese des sich unter Bedingungen sozialisierenden Subjekts *theoretisch*

---

104 Schütz (1974), *Sinnhafter Aufbau*, S. 151, S. 198ff. u. S. 246.
105 Schütz (1974), *Sinnhafter Aufbau*, S. 230, S. 202 u. S. 293.
106 Schütz (1974), *Sinnhafter Aufbau*, S. 202 u. S. 285.
107 Schütz (1974), *Sinnhafter Aufbau*, S. 203 (Herv. F.W.) u. S. 219.

nicht aufgreift, die *Folgewelt* unserer Nachfahren für »absolut unbestimmt«, »notwendig unhistorisch« und »absolut frei« halten muß.[600] Obwohl Schütz also im Objektbereich seiner Forschung einen solchen kreativen Aktor unterstellt, dessen Leistungen er nach Maßgabe seiner eigenen Denkvoraussetzungen, wie bereits erwähnt, als »wesentlich unzugänglich« zugeben muß[601] – und den er *nur* über seine schöpferischen Produkte, dessen eigene Bildung aus einer kontingenten Ausgangslage heraus er indessen *nicht* analysiert –, soll das Verstehen in Schütz' verstehender Soziologie, wie er selbst schreibt, »mit Introspektion nichts zu tun« haben. »Keineswegs eine private Angelegenheit des Beobachters«, vielmehr »überprüfbar« durch die Kontrolle anderer soll es sein.[602] So ergibt es sich ganz von selbst, was das Hauptproblem einer sich auf Schütz stützenden Soziologie sein muß. Denn wenn sich Schütz zunächst die egozentrische Perspektive der Phänomenologie zu eigen macht und auf diese seine Analysen basiert (Kap. I,1.), sich gleichwohl jedoch in der »Annahme eines Du [...] in die gesellschaftliche Sphäre« begibt und dadurch die Thematik des Fremdverstehens zum methodologischen Zentralproblem seiner Wissenschaft erhebt (I,2.), dann kann die Aufgabenstellung »aller Wissenschaften von der Sozialwelt« im Sinne Schütz' nur sein, einen »objektiven Sinnzusammenhang von subjektiven Sinnzusammenhängen [...] zu konstituieren«. Dann kann es nur eine Frage geben, die zählt: »Wie sind Wissenschaften vom subjektiven Sinnzusammenhang überhaupt möglich?«[603]

3. Schütz' neukantianische Lösung: Das Verfahren sozialwissenschaftlicher Theoriekonstruktion

Unter den Basisannahmen des Schützschen Denkens liegt die Antwort nahe. Die Ausgangssituation ist klar: Erstens betrifft die radikale Differenz zwischen Ich und Du, die Schütz in der egozentrischen Perspektive anzunehmen gezwungen ist, nicht nur die Vorgänge des alltäglichen Fremdverstehens; sie durchfurcht des weiteren auch die Konstellation von Subjekt und Objekt der Wissenschaft. Zweitens ist das forschende Subjekt für nicht minder schöpferisch anzunehmen als sein mundanes Komplement im Gegenstandsbereich der verstehenden Soziologie. Zusammengenommen ergibt sich daraus, wie die im vorigen gestellte Frage zu beantworten ist. Denn während die zweitgenannte Unterstellung dazu anleitet, wissenschaftliche

600 Schütz (1974), *Sinnhafter Aufbau*, S. 293f. u. S. 301f.
601 Schütz (1974), *Sinnhafter Aufbau*, S. 140.
602 Alfred Schütz (1971), »Begriffs- und Theoriebildung in den Sozialwissenschaften«, in: ders. (1971b), *GA I*, S. 55–76 (zit.: »Begriffs- und Theoriebildung«), hier S. 64f.
603 Schütz (1974), *Sinnhafter Aufbau*, S. 198 u. S. 317.

Aussagen als kreative Konstruktionen ihrer Repräsentanten zu verstehen, ist die Begründung der die Wissenschaft auszeichnenden Objektivität gemäß der ersten Voraussetzung allein auf seiten der Subjektivität möglich. Daher ist es verständlich, wenn Schütz in Anlehnung an Webers neukantianische Idealtypenmethodologie zur Lösung des »Problem[s] jeder Sozialwissenschaft« – wie er es versteht – für die Konstruktion gedanklicher Gegenstände plädiert (a),[112] deren Objektivität nicht anders als in der konventionellen Wissenschaft mittels bestimmter »Verfahrensregeln des Denkens« gesichert werden soll (b).[113]

a) Idealtypische Modellbildung

Nimmt man Husserls Theorie der Erkenntnis zum Vergleich, dann verwundert es schon, den erkennenden Forscher in der sozialtheoretischen Variante der Phänomenologie nicht in der Pflicht zur iterierenden Beschreibung des Geschauten zu finden, sondern zuallererst vor der ›Wahl‹ eines »Bezugsschema[s], das dem Problem, welches [..ihn] interessiert, angemessen ist«.[114] Aber innerhalb eines auf das *mundane* Ego zentrierten Bezugssystems überrascht es nicht, daß auch die Modellkonstruktion des Sozialwissenschaftlers – wie die Sinnsetzung seitens Alter ego – in einem ›Hier und Jetzt‹ ihren Ursprung hat. So trägt der vom Forscher zu bildende »Idealtypus« in der Sicht Schütz' immer »den Index der bestimmten Fragestellung, die zu beantworten er konstruiert wurde«.[115] Tastend bewegt sich dieser Wissenschaftler mittels seines Entwurfs auf seinen Gegenstand zu. Im einzelnen beobachtet er zunächst, was die Sozialwissenschaften betrifft, »gewisse Tatsachen und Ereignisse [...], die auf menschliches Handeln verweisen«, um daraus »typische Muster des Verhaltens oder des Handlungsablaufs« zu konstruieren. Aus diesem Material formt er sodann einen »imaginären Handelnden«, einen »Homunculus«, dessen »fiktive[m] Bewußtsein« er »eine Reihe typischer Vorstellungen, Absichten und Ziele« und das heißt »eine Reihe typischer Um-zu- [... und] Weil-

---

112 Weshalb Schütz' Verfahren, was die forschungsleitende Konstruktion idealtypischer Modelle betrifft, mit Eberle »völlig in Webers Tradition« gesehen und es im selben Zusammenhang als ›neukantianisch‹ bezeichnet werden kann, darauf wird weiter unten näher eingegangen (Kap. I,4. und II,1.). Wenn Schütz' Lösung der Problemstellung seiner Sozialtheorie gleichwohl bereits hier entsprechend etikettiert wird, dann geschieht dies *zunächst* nur, um eine Distanz zur Phänomenologie Husserls anzuzeigen. Thomas S. Eberle (1984), *Sinnkonstitution in Alltag und Wissenschaft. Der Beitrag der Phänomenologie an die Methodologie der Sozialwissenschaften*, Bern, S. 331.
113 Schütz (1974), *Sinnhafter Aufbau*, S. 317 und Schütz (1971), »Wissenschaftliche Interpretation«, *GA I*, S. 6.
114 Schütz (1971), »Soziale Welt und soziale Handlung«, *GA II*, S. 9.
115 Schütz (1974), *Sinnhafter Aufbau*, S. 266.

Motive« zuschreibt.[116] Zu beachten ist dabei, daß in der »personalen idealtypischen
Konstruktion«, wie Schütz das Verfahren nennt, »zu einem gegebenen objektiven
Sinnzusammenhang ein Bewußtsein *gesucht* [wird], für welches der objektive
Sinnzusammenhang ein motivationsmäßig erlebter sein *könnte*«.[117] Denn Schütz'
Wissenschaftler muß wissen, daß der von ihm durch die Invariantsetzung *typischer*
Bewußtseinserlebnisse des erfahrenen Alter ego konstituierte ›personale Ideal-
typus‹, »niemals identisch mit dem einen konkreten alter ego« sein kann – auch
nicht »einer Vielzahl konkreter alter egos, welche an dem personalen Typus teil-
haben«. Schütz zufolge macht schließlich eben dies »die ›Idealität‹ des personalen
Typus aus« – und »rechtfertigt den Weberschen Terminus ›Idealtypus‹«.[118]

b) Schütz' methodologische Postulate sozialwissenschaftlicher Modellkonstruktion

Wenn im Denken Schütz' aber die idealtypisch zu konstruierende »Figur und ihr
künstliches Bewußtsein« als von »seinem Schöpfer, dem Sozialwissenschaftler«, zu
formender Entwurf betrachtet werden muß, kann die Frage nach der Objektivität
ihres Inhalts nur im Rekurs auf diejenigen »Prinzipien« gestellt werden, die »allgemein die Konstruktion von wissenschaftlichen Modellen menschlichen Handelns
leiten«. Daher formuliert Schütz Postulate, die bei der Bildung der gedanklichen
Gegenstände der Sozialwissenschaft zu beachten sind, soll der subjektive Sinn des
menschlichen Handelns, das Forschungsobjekt, »in objektiver Weise« erfaßt werden können.[119] So lenkt er die Begründung der beanspruchten Sachhaltigkeit
wissenschaftlicher Aussagen ab von der Thematisierung der Sache und sucht sie in
der »Übereinstimmung mit den in allen empirischen Wissenschaften gültigen
Verfahrensregeln« – auf seiten der *Subjektivität*. Insbesondere in drei Hinsichten
besteht Schütz auf eine seinem Anspruch angepaßte Absicherung wissenschaftlicher
Theoriekonstruktionen, die zeigen soll, inwiefern letztere »auf keinen Fall beliebig
sind«.[120] Zu erkennen geben seine drei zentralen Postulate der ›logischen Konsistenz‹, der ›Adäquanz‹ und der ›subjektiven Interpretation‹,[121] daß Schütz die auf

---

116 Schütz (1971), »Begriffs- und Theoriebildung«, *GA I*, S. 73f. und »Wissenschaftliche Inter-
    pretation«, *GA I*, S. 46.
117 Schütz (1974), *Sinnhafter Aufbau*, S. 265 (Herv. F.W.).
118 Schütz (1974), *Sinnhafter Aufbau*, S. 257.
119 Schütz (1971), »Wissenschaftliche Interpretation«, *GA I*, S. 47 u. S. 49.
120 Schütz (1971), »Begriffs- und Theoriebildung«, *GA I*, S. 72 u. S. 74.
121 Daß Schütz noch weitere ›Postulate‹, über mehrere Texte seiner ›Gesammelten Aufsätze‹
    hinweg verstreut, entwickelt hat, kann hier vernachlässigt werden. Vgl. dazu etwa die Zu-
    sammenstellung von Ingeborg K. Helling (1979), *Zur Theorie der Konstrukte erster und
    zweiter Ordnung bei Alfred Schütz. Einige Probleme der Explikation und Anwendung*, Kon-
    stanz [Diss.], S. 88.

ein Ursprungs-Ich zentrierte Perspektive der phänomenologischen Theorie nicht
nur in einem spezifischen Teil ihres Gehalts übernimmt, sondern sie gleichfalls der
Form nach teilt. So rekurriert er zwar nicht auf den ›absoluten Anfang‹ dieser
eigenartigen ›Sachen selbst‹, wie sie nur im transzendentalen Denken Husserls
ihren Platz haben können, doch nimmt auch Schütz' Theoriebildung formal von
einer ähnlich elementaren Anfangsstelle ihren Ausgang: Denn Schütz verlangt von
jeder wissenschaftlichen Modellkonstruktion nicht nur gemäß dem *»Postulat
logischer Konsistenz«*, in Übereinstimmung mit den »Prinzipien der formalen Logik«
mit dem »höchstmöglichen Grad an Klarheit und Bestimmtheit« begründet zu
werden. Im Gebiet der Sozialwissenschaft fordert er zudem, jeden Begriff des
Modells so anzusetzen, »daß eine innerhalb der Lebenswelt durch ein Individuum
ausgeführte Handlung, die mit der typischen Konstruktion übereinstimmt, für den
Handelnden selbst ebenso verständlich wäre wie für seine Mitmenschen, und das
im Rahmen des Alltagsdenkens«. Entsprechend ist es das *»Postulat der Adäquanz«*,[122]
das den Anschluß der »objektive[n], idealtypische[n] Konstruktionen« der Wissenschaft an die »Konstruktionen des Alltagsverstands« sichern soll. Zwar zeigt Schütz
nicht, wie die verlangte Konsistenz der »wissenschaftlichen Konstruktionen zweiter
Stufe« mit ihrem Gegenstand, den »Konstruktionen erster Stufe«,[123] überprüft
werden kann[124] – wo doch die »Konstruktionen von den Konstruktionen« gerade
zu schaffen sind, um die Primärkonstruktionen allererst aufzuklären; doch wiederholt er im Adäquanzpostulat die phänomenologische Egozentrik *formal*: Wissenschaft braucht einen elementaren Anfangspunkt, soll sie auf sicherem Fundament errichtet sein. Hier sind es die »Konstruktionen des alltäglichen Lebens«,[125]
auf denen die der Wissenschaft in induktiven Schritten sollen aufgebaut werden
können.[126] Während das Postulat der Adäquanz aber eher den terminologischen
Anschluß an die elementaren Ausgangseinheiten garantiert, ist es das ›*Postulat der
subjektiven Interpretation*‹, das die Schütz' Sozialtheorie charakterisierende Forschungsstrategie überhaupt erst ins rechte Licht und ins Zentrum der Überlegungen
rückt. Zweifellos darf dieses Postulat insofern als das wichtigste gelten. In ihm legt
Schütz seine Analyseperspektive fest: Stets muß der die Sozialwelt beobachtende
Sozialwissenschaftler fragen, das verlangt die »Auslegung auf den subjektiven Standpunkt«, »was [..] all dies für den Handelnden« bedeutet.[127] Sämtliche Erscheinungen

---

122 Schütz (1971), »Wissenschaftliche Interpretation«, *GA I*, S. 49f.
123 Schütz (1971), »Begriffs- und Theoriebildung«, *GA I*, S. 72.
124 Vgl. Smart (1976), S. 101.
125 Schütz (1971), »Begriffs- und Theoriebildung«, *GA I*, S. 72 u. S. 74.
126 Vgl. dazu Hugh P. Gallacher (1983), »On the meaning of ›adequacy‹ in the sociology of
    Alfred Schutz«, in: Tymieniecka/Schrag (Hg.), S. 91–97, hier S. 96 sowie Magduddin Khairy
    (1986), »The search for a phenomenologically grounded theory of action. A critique of
    Schutz«, in: *The Arab Journal of the Social Sciences*, Bd. 1/1, S. 130–136, hier S. 134f.
127 Schütz (1971), »Soziale Welt und soziale Handlung«, *GA II*, S. 18.

der sozialen Welt, die erklärt werden sollen, müssen auf die in der phänomenologischen Egozentrik vorausgesetzte Subjektivität zurückbezogen werden. Verlangt ist,
so Schütz' eingängige Formulierung, das »Verstehen des Handelns des Handelnden
von seinem eigenen Standpunkt aus«.[128] Daher stempelt erst das »Postulat der
subjektiven Auslegung«, wie Schütz das hier in Anspruch genommene »methodologische Prinzip« auch nennt,[129] seine Konzeption zu jener radikalen ›Wissenschaft des Subjektiven‹,[130] die sie ist.

4. Die Paradoxie eines phänomenologischen Konstruktivismus

Allerdings ist sie dies in ganz anderer Weise als Husserls phänomenologischer
Subjektivismus. In Husserls Denkgebäude nämlich dient der Rückgang aufs Ich
dazu, dem Erkennen einen sicheren Ausgangspunkt allererst zu finden. Im meditierenden Blick auf die inneren Erlebnisse des Philosophierenden sollen dort durch
die »absolut getreue Beschreibung dessen, was in der phänomenologischen Reinheit
vorliegt«,[131] die Leistungen des eigenen Bewußtseins transzendental vermessen
werden. Für Schütz' Egozentrik hingegen ist vielmehr, wie Husserl hätte sagen
können, die »schlechthin vorhandene Welt der thematische Boden«. Aus der Sicht
Husserls betreibt Schütz »Wissenschaft in der natürlichen Einstellung«, welche »die
in der Welt vorkommenden Seelen« erforschen will. Insofern ist offensichtlich, daß
eine so verstandene »Bewußtseinssubjektivität« nicht »diejenige sein [kann], auf die
transzendental zurückgefragt werden soll«.[132] Wie gesehen beabsichtigt Schütz
solches im Fortgang seiner Untersuchungen auch gar nicht mehr. Was er durch-
führt, ist statt dessen eine weitere Radikalisierung des Subjektivismus Husserls.
Denn Schütz' Ego, das der methodische Rekurs auf die ›subjektive Perspektive‹
aufdecken soll, ist nicht mehr das eine für alle, das in transzendentaler Grundlegung
ermittelt wird. Es ist durchaus das *mundane* Subjekt – von dem es viele gibt – mit
seinem ganz spezifischen Wissensvorrat, für welches sich Schütz, der Soziologe,
interessiert. Das hat jedoch zur Folge, daß sein Verfahren in der Durchführung die
cartesische Grenzziehung zwischen Denker und Erkanntem in Differenz zu Husserl restauriert. Denn ›privat‹ sind für Schütz nur die Bewußtseinsabläufe des

---

128 Schütz (1971), »Begriffs- und Theoriebildung«, *GA I*, S. 72.
129 Alfred Schütz (1971), »Das Problem der Rationalität in der sozialen Welt«, in: ders. (1971c),
     GA II, S. 22–50 (zit.: »Rationalität in der sozialen Welt«), hier S. 46 und ders. (1971), »Soziale
     Welt und soziale Handlung«, *GA II*, S. 18.
130 Maurice Natanson (1970b), »Alfred Schutz on social reality and social science«, in: ders.
     (Hg.), S. 101–121, hier S. 113.
131 Hua III/1, *Ideen I*, S. 207.
132 Edmund Husserl (1968), *Phänomenologische Psychologie*. Vorlesungen Sommersemester 1925,
     hrsg. von W. Biemel, 2. Aufl., Den Haag (zit.: Hua IX, *Phän. Psych.*), S. 290f.

beobachteten Subjekts, nicht die wissenschaftlichen Leistungen seines *Beobachters*.
Anders als bei Husserl ›erlebt‹ dieser die Richtigkeit seiner Analysen nicht in
unmittelbarer Evidenz. Was er tun muß, ist für Schütz »keineswegs eine private
Angelegenheit des Beobachters« allein. Auch ihm muß an einer »Art Verifizierung
[.. seiner] Ergebnisse« durch andere gelegen sein.[133] Schütz' Wissenschaft ist *inter-*
subjektiv. Schütz' Wissenschaftler zieht sich nicht auf die gleichsam passive Aufnahme phänomenaler Gegebenheiten zurück. Objektivierbar ist sein Startpunkt
– da er ihn selbst konstruiert. Zu beachten ist nämlich, daß die »Konstruktion
typischer Bewußtseinsmodelle«, zu der Schütz auffordert, selbstredend dazu dient,
den je »erfaßten objektiven Sinnzusammenhang als subjektiven Sinnzusammenhang
für ein alter ego *ansehen* zu können«.[134] Mehr ist im Konstruktivismus Schütz' nicht
zu beanspruchen. Für Schütz ist es selbstverständlich, daß der »Sozialwissenschaftler [..] mit besonderen methodologischen Hilfsmitteln [...] die gedanklichen Gegenstände des Alltagsdenkens« nur »ersetzt«, nicht wirklich – etwa mit phänomenologischer Evidenz – in ihrer Einzigartigkeit erfassen kann.[135] Auf diese Weise
intendiert Schütz ›objektive‹ Wissenschaft – vom ›Subjektiven‹. Zugleich ersetzt er
damit jedoch Husserls ursprüngliche Erlebnisse der Immanenz durch einen Nomi-
nalismus erster Begriffe.[136] Für Schütz ist Wissenschaft Konstruktion. Für ihn gibt
es keinen absolut sicheren Fixpunkt des Wissens. Es gibt nur einen Absolutismus
des Entwurfs. Auf der einen Seite die »Wirklichkeit der Welt«, auf der anderen das
Subjekt der Wissenschaft, das von der ersteren nur »jeweils bloß bestimmte ihrer
Aspekte erfassen« kann, ist Schütz' Wissenschaft zum beständigen Entwurf
idealtypischer Konstruktionen gezwungen, der allein in den methodologischen
Postulaten der verstehenden Soziologie, die »akzeptierten Verfahrensregeln des
Denkens« im Hintergrund,[137] einen konventionalistisch festgelegten Anhaltspunkt
hat.

Offensichtlich kann sich ein solcher Konstruktivismus nicht phänomenologisch
nennen. Aber wo sonst stammt er her? Bedenkt man den zu entwerfenden Begriffs-
rahmen auf der einen, auf der anderen Seite Schütz' »Welt, in der ich und Du [...]
handeln und wirken«, die nur »unter Einbuße ihrer Lebendigkeit« annäherungs-
weise im »künstliche[n] Verfahren« wissenschaftlicher Modellkonstruktion wieder-
erstehen kann,[138] dann fällt die Antwort nicht schwer. Denn in der Sache erinnert
diese Skizze an Webers »›hiatus irrationalis‹ zwischen der stets nur konkret und

---

133 Schütz (1971), »Begriffs- und Theoriebildung«, *GA I*, S. 64f.
134 Schütz (1974), *Sinnhafter Aufbau*, S. 288f. (Herv. F.W.).
135 Schütz (1971), »Wissenschaftliche Interpretation«, *GA I*, S. 41.
136 Vgl. auch Helmut R. Wagner (1983c), »Soziales Feld und Wirbeziehung im Frühwerk von
     Aron Gurwitsch und Alfred Schütz«, in: Grathoff/Waldenfels (Hg.), S. 134–153, hier S. 147.
137 Schütz (1971), »Wissenschaftliche Interpretation«, *GA I*, S. 5f.
138 Alfred Schütz (1971), »Über die mannigfaltigen Wirklichkeiten« [am. 1945], in: ders. (1971b),
     GA I, S. 237–298 (zit.: »Mannigfaltige Wirklichkeiten«), S. 293.

individuell gegebenen Wirklichkeit und den durch Abstraktion vom Individuellen entstehenden allgemeinen Begriffen und Gesetzen«.[139] Besonders in zwei Punkten ist die Übereinstimmung der in der neukantianischen Tradition stehenden Wissenschaftslehre Webers – dessen »richtige erkenntniskritische Einstellung« Schütz in den Vorbemerkungen zum ›Sinnhaften Aufbau‹ lobt[140] – mit entsprechenden und oben bereits dargestellten Überlegungen von Schütz eklatant. Daher sollen diese schon hier angeführt werden, obgleich der genaueren Bestimmung des metatheoretischen Orts der Schützschen Konzeption im Anschluß ein eigenständiges Teilkapitel gewidmet ist. Sie nämlich können bereits anzeigen, daß sich im Denken Schütz' zumindest zwei Quellen widerstreiten. Denn wo für Weber, erstens, die »»Objektivität‹ sozialwissenschaftlicher Erkenntnis« darauf beruht, daß die »gegebene Wirklichkeit nach Kategorien geordnet wird, welche in einem spezifischen Sinn *subjektiv*, nämlich die *Voraussetzung* unserer Erkenntnis darstellend«, sind,[141] beginnt auch die »theoretische Aufgabe« des Schützschen Theoretikers, wie gesehen, mit dem »Aufbau eines Begriffs-Schemas, in das er seine Information über die soziale Welt bringen wird«.[142] Auch Schütz' »Idealtypus ist nur ein Modell«.[143] Nicht nur der beobachtete Akteur in der Sozialwelt konstituiert eine modale Welt; dasselbe tut Schütz' Beobachter in der Konstruktion eines Erkenntnisgegenstands, der, so Hörster, »immer nur in der Form der Möglichkeit« existiert.[144] Zwar ist im ›Idealtypus‹ per definitionem der Abstand zu jedweder empirischen Gegebenheit betont, doch hofft Weber gleichwohl, zweitens, auf eine »empirische Verifizierung«, so es zur »*Konfrontierung* des Empirischen mit dem Idealtypus«,[145] ja sogar zu einer »*Annäherung* einer historischen Erscheinung an einen oder mehrere dieser Begriffe« kommen kann.[146] Ähnliches verfolgt Schütz im Adäquanzpostulat. Schließlich soll dieses für den Anschluß der wissenschaftlichen an die alltäglichen Konstruktionen sorgen. Auch die »Anwendung fertig konstituierter Idealtypen auf ein konkretes Handeln«, wie eine Formulierung im ›Sinnhaften Aufbau‹ lautet, ist – einer Abstandsmessung analog – durchaus möglich.[147]

---

139 Weber (1985), *Wissenschaftslehre*, S. 35.
140 Schütz (1974), *Sinnhafter Aufbau*, S. 15.
141 Weber (1985), *Wissenschaftslehre*, S. 213.
142 Schütz (1971), »Soziale Welt und soziale Handlung«, *GA II*, S. 19.
143 Schütz (1971), »Rationalität in der sozialen Welt«, *GA II*, S. 42.
144 Überdeutlich akzentuiert Hörsters »Reinterpretation der Methodologie von Alfred Schütz« die extreme Gegenlage von Erkenntnis und Gegenstand in dessen Konzeption – allerdings ohne ein Problem darin zu bemerken –, wenn er die Ergebnisse von Schütz' Konstitutionsanalysen auf »keinen Fall als empirisch überprüfte und sachhaltige Aussagen im Gefüge einer gegenständlichen und empirisch gehaltvollen sozialwissenschaftlichen Theorie« aufgenommen sehen will. Hörster (1984), S. 169 u. S. 192f.
145 Weber (1985), *Wissenschaftslehre*, S. 100 u. S. 212.
146 Weber (1980), *Wirtschaft und Gesellschaft*, S. 10.
147 Schütz (1974), *Sinnhafter Aufbau*, S. 332.

Erkennt man die Züge einer quasi-empirischen Ausrichtung auf elementare Untersuchungseinheiten im Verbund mit jener zuerst genannten subjektiv begründeten Konstruktion der Erkenntnismittel demnach nicht nur in Webers – für Schütz – »bewunderswert[em..] philosophische[n] Instinkt«,[148] sondern ebenso in Schütz' eigener Methodik, so gibt sich auch dort diese eigentümliche »Einheit von Empirismus und Konventionalismus« zu erkennen, wie sie Outhwaite Webers Auffassung attestiert hat.[149]

Und das im Gewand einer phänomenologischen Theorie, die doch, wie Gadamer schreibt, »gegenüber allen konstruktiven Theorien die schlichte Tatsache« hatte wieder herstellen wollen, »daß Erkennen Anschauen ist«?[150] Es kann nur gegen die »phänomenologische *Erfahrung*«, die laut Husserl »von allen konstruktiven Erfindungen ferngehalten« werden muß,[151] gerichtet sein, von der Sozialwissenschaft die »*Konstruktion* von Modellen menschlichen Handelns« zu verlangen, um etwa »abweichendes Verhalten in der wirklichen Sozialwelt« feststellen zu können.[152] Für Husserl jedenfalls ist »phänomenologische Auslegung [..] also wirklich nichts dergleichen wie *metaphysische Konstruktion*«.[153] Er attackiert den »hohlen Ontologismus der Begriffsanalysen« nicht weniger als diejenige »Begriffs- und Urteilsbildung«, die »konstruierend verfährt«.[154] Insofern offenbart sich ein ›phänomenologischer Konstruktivismus‹ als Widerspruch in sich. Ähnliches muß Schütz selbst geahnt haben, wenn er im Zusammenhang mit einer vorläufigen Fassung seiner Abhandlung zur ›*Wissenschaftlichen Interpretation*‹ an Gurwitsch schreibt, daß er »in einer rein phänomenologischen Analyse [...] wahrscheinlich das Wort und den Begriff ›construct‹ überhaupt vermieden« hätte.[155]

In jedem Fall aber erweist sich Schütz' Methodologie, welche doch die Durchführung einer Phänomenologie der sozialen Welt hatte ermöglichen sollen, – in ihrer konstruktivistischen Komponente – als wenig phänomenologisch (Kap. I, 3.+4.). Demontiert im methodologischen Rüstzeug Schütz' ist demzufolge Husserls Absolutismus des transzendentalen Ich. Mit dessen in der puren Geistigkeit angesiedeltem Einheitspunkt hat Schütz nur wenig noch zu schaffen. Was die Methodik der Sozialwissenschaften betrifft, traut er dem Rückgang auf die phänomenalen Gegebenheiten der immanenten Anschauung nicht. Allerdings hält sich,

148 Schütz (1974), *Sinnhafter Aufbau*, S. 15.
149 William Outhwaite (1987), »Max Webers Theorie der Begriffsbildung im Licht einer marxistischen Wissenschaftstheorie«, in: Böckler/Weiß (Hg.), S. 16–28, hier S. 21.
150 Hans-Georg Gadamer (1987a), »Die phänomenologische Bewegung« [1963], in: ders., *Gesammelte Werke*, Bd. 3, Tübingen, S. 105–146, hier S. 107.
151 Hua I, *Cartes. Med.*, S. 13 (Herv. F.W.).
152 Schütz (1971), »Wissenschaftliche Interpretation«, *GA I*, S. 50 (Herv. F.W.) u. S. 52.
153 Hua I, *Cartes. Med.*, S. 177.
154 Hua IX, *Phän. Psych.*, S. 254 und Hua III/1, *Ideen I*, S. 127.
155 Schütz/Gurwitsch (1985), *Briefwechsel*, S. 279 (SG 20.4.52).

wie gesehen, die *Form* der phänomenologischen Architektonik selbst in ihrem
mundan orientierten Komplement. Denn Schütz konzipiert nicht nur den im
›Fremdverstehen‹ aufzuklärenden, in der Sozialwelt handelnden Aktor in der
egozentrischen Perspektive (1.+2.). Er versperrt sich nicht nur jeglichem Versuch,
die Herausbildung des problematisierten Akteurs aus dessen aktiver Orientierung
in einer Welt historisch zuhandener Bedingungen verständlich zu machen. Er
veranschlagt zudem auch das Wissenschaft leistende Subjekt als Nullpunkt dessen
konstruktiven Weltentwurfs (3.). So denkt Schütz in der konzeptionellen Logik
Husserls, ohne über den von ihm vorgenommenen Wechsel der inhaltlichen
Füllung Rechenschaft zu geben. Auch dies ist ein Grund, nach der Methodologie
nun die metatheoretische Basis von Schütz' ›phänomenologischer Sozialtheorie‹
genauer zu untersuchen.

II. Schütz' metatheoretische Basis. Die ursprüngliche Aporie einer phänomenologischen Sozialtheorie

Bezeichnend für die sozialtheoretischen Ausarbeitungen von Schütz ist dabei bereits, daß sie anders als die Theorie Husserls nicht hinsichtlich einer erkenntnistheoretischen Standortbestimmung ausgewiesen werden können. Wie oben erwähnt, nimmt Schütz eine solche nicht vor. Schütz' Konzeption ist in metatheoretischer Hinsicht eher als eine wissenschaftstheoretische Option denn als erkenntnistheoretisch begründet zu begreifen. Dies hat einen einfachen Grund. Denn während die »radikale Erkenntnistheorie« der phänomenologischen Philosophie einen selbstgeschaffenen Ort zwischen der Scylla des Empirismus und der Charybdis von Kants Transzendentalphilosophie beanspruchen kann,[156] überläßt Schütz die erkenntnistheoretische Grundlegung der phänomenologischen Unternehmung den philosophischen Untersuchungen Husserls. Seine eigenen metatheoretischen Überlegungen sind daher nur aus dem Kontext der wissenschaftstheoretischen Diskussionen seiner Zeit, aber auch aus der Anlehnung an die Wissenschaftslehre Max Webers zu verstehen. Die pure Übernahme der Forschungsergebnisse Husserls sind sie in jedem Fall nicht. Demnach ist Schütz' Interesse durchaus wissenschafts- und weniger erkenntnistheoretischer Natur (Kap. II,1.). Es versteht sich daher, daß das Unterfangen einer phänomenologischen *Sozial*theorie zunächst in einer ersten Gegenüberstellung zur phänomenologischen Grundlegung Husserls analysiert werden muß – gerade weil es die einfache Fortführung der Forschungsarbeit des Philosophen auf dem Gebiet des Sozialen *nicht* ist (II,2.). Aber Schütz' Leistung auf dem Feld der Methodologie der Sozialwissenschaft dürfte sich nicht ›phänomenologisch‹ nennen, hätte sie aus der Phänomenologie Husserls nichts aufgenommen. So ist zu zeigen, welche Hypothek sich Schütz von Beginn an auflastet, eine »phänomenologische Analyse« zu versuchen, die ungleich derjenigen Husserls die »natürliche Weltanschauung« nicht suspendiert, sondern sich in der Wahl ihres Untersuchungsgegenstands an jene gerade hält (II,3.).[157] Das bereitet den Boden für eine Zwischenbetrachtung, der eine erste Bestimmung und Kritik des kognitiven Kerns der von Schütz' entwickelten Konzeption vorbehalten ist (II,4.).

---

156 Edmund Husserl (1956), *Erste Philosophie (1923/24)*, Erster Teil: Kritische Ideengeschichte, hrsg. von R. Boehm, Haag (zit.: Hua VII, *Erste Phil. I*), S. 377.
157 Schütz/Gurwitsch (1985), *Briefwechsel*, S. 279f. (SG 20.4.52).

1. Schütz' wissenschaftstheoretische Position: Zwischen phänomenologischer Orientierung und neukantianischer Epistemologie

Wie es sich im einzelnen mit der phänomenologischen Abkunft von Schütz' Sozialtheorie auch immer verhalten mag, seine dezidierte »*Orientierung* an der transzendentalen Phänomenologie Husserls« muß jeder Analyse seiner Überlegungen ins Auge springen.[158] Vor allem Weiteren ist daher anzugeben, was an diesen ›phänomenologisch‹ genannt werden kann. Dabei braucht der Streit um Worte nicht zu interessieren. Zu gut eingeführt in den Theorienkanon der Sozialwissenschaften ist die sogenannte phänomenologische Tradition. Insofern steht es gar nicht zur Diskussion, ob eine phänomenologische Soziologie ›existiert‹.[159] Indessen ist deren Berufung auf die Philosophie Husserls weit eher das Problem. Denn ob nun lediglich die Bezeichnung ›phänomenologische Soziologie‹ mit manchen ihrer Verfechter für unglücklich eingeschätzt werden soll oder der Ansatz selbst – mit manchen Kritikern – für inkompatibel zu demjenigen Husserls gehalten werden muß:[160] In jedem Fall ist es zunächst wenig einsichtig, was die Problemstellung der Sozialwissenschaften dem epistemologischen Fundamentalismus der phänomenologischen Philosophie abgewinnen soll (2). Schließlich informiert auch der ›absolute Anfang‹ wahrer Erkenntnis noch nicht über das Forschungsproblem der Sozialwissenschaft: ihren Gegenstand (1).

(1) *Gegenstand.* Nun steht aber der »Gegenstandsbereich der Sozialwissenschaften« – bis heute – »in Frage«. Schütz hat das gut gesehen.[161] Anders als heute, wo in der Soziologie weithin von der Fraglichkeit des Gegenstandes,[162] zuweilen sogar von

---

158 Theunissen (1977), S. 406 (Herv. F.W.).

159 Unberührt davon bleibt die Möglichkeit, eine »phänomenologische Soziologie als einen begrifflichen Widerspruch« zu betrachten – wie es Luckmann tut (der sie statt dessen als eine »Proto-Soziologie« verstanden wissen will). Thomas Luckmann (1979a), »Phänomenologie und Soziologie«, in: Sprondel/Grathoff (Hg.), S. 196–206, hier S. 205. Die Gegenrede führt Wolfram Fischer-Rosenthal (1990), »Diesseits von Mikro und Makro. Phänomenologische Soziologie im Vorfeld einer forschungspolitischen Differenz«, in: *Österreichische Zeitschrift für Soziologie*, 3, S. 21–34, hier S. 22f. Vgl. auch Kap. I,4. und II,3. der vorliegenden Arbeit.

160 Helmut R. Wagner (1981a), »Die Soziologie der Lebenswelt«, in: Lepsius (Hg.), S. 379–394, hier S. 392; ders. (1984b), »The limitations of phenomenology: Alfred Schutz's critical dialogue with Edmund Husserl«, in: *Husserl Studies*, 1, S. 179–199, hier S. 184 und Barry Hindess (1972), »The ›phenomenological‹ sociology of Alfred Schutz«, in: *Economy and Society*, 1, S. 1–27, hier S. 8.

161 Schütz (1974), *Sinnhafter Aufbau*, S. 11.

162 Vgl. z. B. den Artikel ›Soziologie‹ im von Schmidt und Schischkoff besorgten Wörterbuch der Philosophie; Heinrich Schmidt (1978), *Philosophisches Wörterbuch*. Neu bearb. von G. Schischkoff, 20. Aufl., Stuttgart, hier S. 633.

einem »Gegenstandsverlust« die Rede ist,[163] stellt sich das Problem für Schütz allerdings noch in der klassischen Dualität von natur- und geisteswissenschaftlicher Betrachtungsweise. Würden die »sozialen Phänomene« einerseits »bald in Analogie zu den Naturereignissen als kausalbedingte Abläufe der äußeren Welt« betrachtet, so würden sie andererseits »bald im Gegensatz zu den Naturdingen als Gegenstände einer Welt des objektiven Geistes aufgefaßt«, einer Welt, die »zwar verstanden, aber nicht unter Gesetzen begriffen werden kann«.[164] Schütz lehnt beide Auffassungen ab. Jedoch bleibt seine Auseinandersetzung mit den von ihm zurückgewiesenen soziologischen Traditionen blaß. Entsprechend finden sich in seinen Schriften auch nur marginale Bemerkungen zur »zeitgenössischen deutschen Soziologie, wie z. B. die von Scheler, Wiese, Freyer« und anderen,[165] und es ist hier nicht lohnenswert, darauf einzugehen. Was zählt, ist vielmehr das: Im festen Blick auf die ›soziologischen Grundbegriffe‹ und die ›Wissenschaftslehre‹ Max Webers gelingt es Schütz im Rückgriff auf Elemente, die er Husserls Phänomenologie entlehnt, der ›verstehenden Soziologie‹ seiner Zeit eine kohärente Form zu verleihen und zwar so, daß die von Schütz entwickelte Variante späterhin zu einer festen Größe im durchaus begrenzten Theorienkanon der Soziologie hatte werden können.[166] Schütz gelingt es, weil er »Husserls Bedeutung für die Sozialwissenschaften« in einer Weise auszudeuten vermag,[167] daß die von ihm begründete handlungstheoretische Soziologie ihr Forschungsobjekt nicht lediglich als Handlungen, Handelnde oder gar ›Menschen‹ verstehen muß. Denn Schütz' Sozialtheorie revidiert die Auffassung vom Forschungsgegenstand der Soziologie grundlegend. Darin ist die Orientierung seiner ›Einleitung in die verstehende Soziologie‹ phänomenologisch.[168] Wie für Husserl nämlich ist es für Schütz »nicht die ontologische Struktur der Gegenstände, [... welche] die Wirklichkeit konstituiert«, »sondern der Sinn unserer Erfahrungen«.[169] Daher kann die »soziale Wirklichkeit« für Schütz, anders als für »alle Formen des Naturalismus und des logischen Positivismus«, nicht »einfach als selbst-

163 Stefan Müller-Doohm (1991), »Soziologie ohne Gesellschaft? Notizen zum Gegenstandsverlust einer Disziplin«, in: ders. (Hg.), S. 48–99.
164 Schütz (1974), *Sinnhafter Aufbau*, S. 11.
165 Schütz (1974), *Sinnhafter Aufbau*, S. 13.
166 Von einer phänomenologischen Richtung innerhalb der institutionell etablierten Soziologie kann etwa seit den sechziger Jahren die Rede sein. Dokumentiert ist ihr Erfolg beispielsweise in dem der beiden Titel Paul Filmer/Michael Phillipson/David Silverman/David Walsh (1975), *Neue Richtungen in der soziologischen Theorie* [engl. 1972], Wien/Köln/Graz und Anthony Giddens (1976), *New Rules of Sociological Method* [dt. 1984], London.
167 Alfred Schütz (1971), »Husserls Bedeutung für die Sozialwissenschaften«, *GA I*, S. 162–173 (zit.: »Husserls Bedeutung«).
168 So lautet der Untertitel von Alfred Schütz (1974), *Der sinnhafte Aufbau der sozialen Welt. Eine Einleitung in die verstehende Soziologie*, Frankfurt a.M.
169 Schütz (1971), »Mannigfaltige Wirklichkeiten«, *GA I*, S. 264.

verständlich« hingenommen werden.[170] Vielmehr darf sich »der Phänomenologe«,
so kennt es Schütz von Husserl, »nicht mit den Gegenständen selbst« beschäftigen,
sondern muß sich statt dessen »für ihren *Sinn*« interessieren, »wie er sich in unseren
Bewußtseinstätigkeiten konstituiert«.[171] Dabei will Schütz Soziologe bleiben.
Natürlich zielt er über das Unternehmen der phänomenologischen *Philosophie*
hinaus. Wenn er nun sein Programm als den Versuch beschreibt, die Problematik
der Sozialwissenschaft bis in die »Tiefenschicht« des »Bewußtseinslebens« zurückzuverfolgen, dann deshalb, weil für ihn »eben diese Welt, welche wir als sinnhafte
erleben, [..] auch als Gegenstand der *sozialwissenschaftlichen Deutung* sinnhafte
Welt« ist: »Eben die Sozialwelt, die sich in unserem täglichen Leben mit Anderen
aufbaut und konstituiert, *ist* als Gegenstand der Sozialwissenschaften bereits aufgebaut und konstituiert.«[172] Sozialwissenschaft also, das ist das Credo der phänomenologischen Sozialtheorie, hat es mit einem besonderen Stoff zu tun. Ihr ist »ein
Material vorgegeben, das die Eigenart besitzt, bereits in einer vorwissenschaftlichen
Stufe [..] Elemente des Sinns und Verstehens zu enthalten«. Gerade diese »*innerhalb*
der Sozialwelt vorfindliche[n] Sinngebilde« hat sie »zum Gegenstand der Betrachtung« zu machen. Versuchen muß sie sodann, »die im hochkomplexen Sinngefüge
der Sozialwelt sichtbar werdenden Phänomene [...] aus ursprünglichen und
allgemeinen Wesensgesetzen des Bewußtseinslebens abzuleiten«.[173]
      Kaum bedarf es hier eines Hinweises auf den Einfluß Husserls. Zudem macht
Schütz selbst seine Anleihen bei Husserl genauso wie die bei den »philosophischen
Entdeckungen Bergsons« bereits im Vorfeld seiner eigenen Analysen explizit. Wie
es seine Untersuchungen zur Sinnkonstitution bezeugen (vgl. Kap. I,1. oben), kann
für Schütz »nur mit Hilfe einer allgemeinen Theorie des Bewußtseins, wie Bergsons
Philosophie der Dauer oder Husserls transzendentaler Phänomenologie, [..] die
Lösung der Rätsel gefunden werden, mit denen die Problematik der Sinnsetzungs-
und Sinndeutungsphänomene umlagert ist«.[174]
      Wie Husserl also legt Schütz eine aktuale, seiende Subjektivität unters Objektiv
seiner Forschungsarbeit. Wie Husserl begreift Schütz ›Wirklichkeit‹ als eine Leistung des Subjekts. Auch für Schütz steht zentral, was Husserl fokussiert: »das
einzelne, nur sich selbst absolut vorfindende Ich [.., welches] in Stufenfolgen von
Erscheinungen seine ›äußere‹ Welt, eine ihm transzendente, aber zu ihm relative
Erscheinungswelt« konstituiert.[175] Gleichwohl ist das kein solipsistisches Konzept,
bei welchem die ›reale‹ Wirklichkeit geleugnet werden soll. Natürlich bleibt die

170 Schütz (1971), »Begriffs- und Theoriebildung«, *GA I*, S. 61.
171 Alfred Schütz (1971), »Einige Grundbegriffe der Phänomenologie«, in: ders. (1971b),
      GA I, S. 113–135 (zit.: »Einige Grundbegriffe«), hier S. 132.
172 Schütz (1974), *Sinnhafter Aufbau*, S. 9 u. S. 17f.
173 Schütz (1974), *Sinnhafter Aufbau*, S. 18f. (Herv. F.W.) u. S. 20f.
174 Schütz (1974), *Sinnhafter Aufbau*, S. 21.
175 Hua IV, *Ideen II*, S. 324.

eine Subjektivität – im Vergleich zu ›anderen‹ –, wie es in Husserls ›*Krisis*‹ in Abwandlung heißt, »auf dieselbe ›reale‹ Welt bezogen«. Der phänomenologischen Vorstellung gemäß ist es nur so, »daß eine jede die Welt ganz anders auffaßt, ihr eine ganz andere Wirklichkeit gibt«.[176]

Phänomenologisch wird die Theorie Schütz' *daher* zu Recht genannt, weil sie ihren *Gegenstand* mit den Mitteln der Husserlschen Philosophie bestimmt. Den – im angedeuteten Sinne – »sinnhaften Aufbau der sozialen Welt methodisch zu untersuchen«, das wählt sie zur Aufgabe. Es ist die oftmals »als ›fraglos gegeben‹ hingenommene Sinnstruktur«, die Schütz' Sozialtheorie »als alleiniges oder zumindest als zentrales Gegenstandsgebiet der Soziologie« angibt.[177] Damit ist klar, inwiefern Schütz' Programm der verstehenden Soziologie alle Ehre erweist. Die nämlich betont seit Max Weber die »ontische Besonderheit des zu untersuchenden *Objektes*«.[178] Entsprechend zählt die durch Sinn konstituierte Sozialwelt zu ihren »ontologischen Grundannahmen«.[179] Der ›interpretativen Soziologie‹ zufolge hat es das Fach daher auch – so analysiert Giddens Schütz' Konzeption Seite an Seite mit Garfinkels Ethnomethodologie und Winchs wittgensteinianischer ›Idee der Sozialwissenschaft‹[180] – »nicht mit einer ›vorgegebenen‹ Welt von Objekten« zu tun, »sondern mit einer, die durch das aktive Tun von Subjekten konstituiert oder produziert wird«.[181] Statt der Beobachterperspektive eines sozialtheoretischen Objektivismus rehabilitiert die phänomenologisch begründete Soziologie die Perspektive des im Alltagsleben situierten *Teilnehmers*, dessen Deutungs- und Verstehensprozesse sie Theorierang verschafft. *Insofern* sie also das natürliche Bewußtsein ins Forschungsfeld der Sozialwissenschaft zurückholt und sie »ihren Gegenstand [..] als einen sich in menschlichen Erfahrungen [und Handlungen] aufbauenden erkennen« will,[182] kann die phänomenologische Theorie mit Schütz – ganz in der Tradition Husserls – die »schlichte Erfassung und Deskription der vorgegebenen Tatsachenwelt« gegen jede »metaphysische Spekulation« für sich reklamieren.[183] Der Phäno-

176 Edmund Husserl (1976), *Die Krisis der europäischen Wissenschaften und die transzendentale Phänomenologie*. Eine Einleitung in die phänomenologische Philosophie [1936], hrsg. von W. Biemel, 2. Aufl. [¹1954], Den Haag (zit.: Hua VI, *Krisis*), S. 299.
177 Schütz (1974), *Sinnhafter Aufbau*, S. 18f.
178 Georg Weippert (1961), »Verstehende Soziologie«, in: Beckerath (Hg.), S. 249–259, hier S. 254.
179 Michael Phillipson (1975a), »Theorie, Methodologie und Konzeptualisierung«, in: Filmer/Phillipson/Silverman/Walsh (1975), S. 85–128, hier S. 96.
180 Peter Winch (1974), *Die Idee der Sozialwissenschaft und ihr Verhältnis zur Philosophie*, Frankfurt a.M.
181 Anthony Giddens (1984), *Interpretative Soziologie*. Eine kritische Einführung [engl. 1976], Frankfurt a.M./New York, S. 62 u. S. 197.
182 Thomas Luckmann (1983), »Eine phänomenologische Begründung der Sozialwissenschaften?«, in: Henrich (Hg.), S. 506–518, hier S. 510.
183 Schütz (1974), *Sinnhafter Aufbau*, S. 12f.

menologe geht vom offensichtlich Gegebenen aus. Er will sich den Weg zu seinem Gegenstand nicht durch die analytische und gegenstandsferne Konstruktion sozialtheoretischer Entwürfe verbauen, die den Konstitutionsprozessen der jeweiligen, auch theoretischen Sinngebilde nicht Rechnung tragen.

(2) *Erkenntnis.* Allerdings täuscht die hier aufscheinende Übereinstimmung der Schützschen Position mit derjenigen Husserls in einem zentralen Punkt. Denn während Husserl das epistemologische Problem wahrer Erkenntnis ein für allemal lösen will, verfolgt Schütz ein völlig anders geartetes Interesse. Ihm liegt an der Erforschung der »allgemeinen Prinzipien [...] nach denen der *Mensch im Alltag* seine Erfahrungen und insbesondere die der Sozialwelt ordnet«. Nicht die erkenntnistheoretische Begründung von Wissen ist sein Ziel. Vielmehr veranschlagt er die Vorgänge der Wissenskonstitution als reale Abläufe – durchaus im »Beobachtungsfeld des Sozialwissenschaftlers«.[184] Während Husserl also ganz bewußt von der natürlichen Einstellung abstrahiert, um die transzendentalen Strukturen eines Ich, das »reines Ich und nichts weiter« ist, freilegen zu können,[185] fordert Schütz genau umgekehrt die »phänomenologische Analyse der sogenannten natürlichen Einstellung«.[186] Entsprechend deklariert er es offen als die Absicht seiner frühen Hauptschrift, »die Sinnphänomene in der *mundanen* Sozialität zu analysieren«. Folgerecht ist deshalb für Schütz im Unterschied zu Husserl »ein weiteres Verbleiben in der transzendental-phänomenologischen Reduktion nicht erforderlich«.[187] Er wählt den Anderen, nicht Ich, Ego, zum Gegenstand seiner Arbeit. Fraglos ist sein Erkenntnisinteresse insofern das der Soziologie. »*Jede* empirische Sozialwissenschaft«, schreibt Schütz im ›Sinnhaften Aufbau‹ entsprechend, nimmt »die Attitüde eines mitweltlichen Beobachters ein«.[188] Wenn nun aber die Erfahrungswelt und die Prozesse der Sinnkonstitution nicht als die eines epistemologischen Ich untersucht werden sollen, sondern als die des konkreten menschlichen Subjekts, das aus der Perspektive der Sozialwissenschaft *beobachtet* – und das heißt hier: verstanden – werden soll, dann muß sich für Schütz die »epistemologische Frage« trotz der Analysen Husserls neu stellen. Nur deshalb kann Schütz schließlich fragen, »wie [..] solch ein Verstehen möglich« ist.[189] Daraus wird noch einmal klar, daß Schütz die ihm bekannten phänomenologischen Analysen Husserls gerade dafür verwendet, den »Gegenstandsbereich der Soziologie« neu zu definieren.[190] Die epistemische Frage nach der Möglichkeit sicheren Wissens hingegen überläßt er wider Erwarten

---

184 Schütz (1971), »Begriffs- und Theoriebildung«, *GA I*, S. 68 (Herv. F.W.).
185 Hua III/1, *Ideen I*, S. 195.
186 Schütz (1971), »Begriffs- und Theoriebildung«, *GA I*, S. 68.
187 Schütz (1974), *Sinnhafter Aufbau*, S. 56.
188 Schütz (1974), *Sinnhafter Aufbau*, S. 289.
189 Schütz (1971), »Begriffs- und Theoriebildung«, *GA I*, S. 66.
190 Schütz (1974), *Sinnhafter Aufbau*, S. 23.

nicht der Phänomenologie. Hier sind es vielmehr die wissenschaftstheoretischen Debatten seiner Zeit, mit denen sich Schütz zu arrangieren versucht.

Zweifellos stünde von einer phänomenologisch orientierten Sozialtheorie auch eine phänomenologische Lösung des Erkenntnisproblems zu erwarten. Doch ist Schütz entgegen der verständlichen Annahme vieler, die ihm eine ›phänomenologische Epistemologie‹ attestieren,[191] in epistemologischer Hinsicht nicht Phänomenologe. Welche Position soll es sonst aber sein, die Schütz in Fragen der Sicherung wissenschaftlichen Wissens bezieht?

Zunächst einmal ist festzuhalten, daß ein Standpunkt, für den *mit* Husserl, wie gesehen, »nicht die ontologische Struktur der Gegenstände, sondern der Sinn unserer Erfahrungen die Wirklichkeit konstituiert«,[192] alle erkenntnistheoretischen Überlegungen von vornherein aus dem korrespondenztheoretischen Abbildungsdilemma empiristischer Vorstellungen befreit. Wissen ist immer Leistung des Bewußtseins. Stets ist es vermittelt. Nie gibt es Erkenntnis von der Realität direkt.[193] Entsprechend enthält sich Schütz gut husserlsch jeder Spekulation darüber, wie die Welt ›wirklich‹ ist.[194] Auf der anderen Seite flüchtet er jedoch keineswegs in die antinaturalistische und antiempiristische Gegenposition. Das Verstehen sozialer Vorgänge erfolgt nicht intuitiv. Falsch verstanden wäre es für Schütz, würde es als abhängig von der »privaten, unüberprüfbaren und unverifizierbaren Intuition des Beobachters« aufgefaßt.[195] Auch distanziert er sich rigoros von solcherlei phänomenologischen Studien von Schülern Husserls, die geglaubt hatten, »daß konkrete sozialwissenschaftliche Probleme durch unmittelbare Anwendung der Methode eidetischer Reduktion auf ungeklärte Vorstellungen des Common-Sense-Denkens oder auf ebenso ungeklärte Begriffe der empirischen Sozialwissenschaften zu lösen seien«. Die beispielsweise von Edith Stein und »Gerda Walther naiv angewandte eidetische Methode in der Analyse von Problemen der Sozialbeziehungen, der Gemeinschaft und des Staates«, so grenzt er sich ab, habe jene »dazu verleitet, gewisse apodiktische und angeblich apriorische Sätze zu formulieren, die dazu beigetragen haben, die Phänomenologie unter Sozialwissenschaftlern zu diskreditieren«.[196] Mit derjenigen ›Wesensschau‹, die von »esoterischen Phänomeno-

---

191 Vgl. z. B. Robert A. Gorman (1977), *The Dual Vision*. Alfred Schutz and the myth of phenomenological social science, London/Henley/Boston, hier S. 38 sowie William C. Gay (1978), »Probability in the social sciences. A critique of Weber and Schutz«, in: *Human Studies*, 1, S. 16–37, hier S. 33.

192 Schütz (1971), »Mannigfaltige Wirklichkeiten«, *GA I*, S. 264.

193 Vgl. zu entsprechenden ›erkenntnistheoretischen Annahmen‹ bei Schütz: Irving M. Zeitlin (1973), *Rethinking Sociology*. A critique of contemporary theory, New York, S. 175.

194 Vgl. Burke C. Thomason (1982), *Making Sense of Reification*. Alfred Schutz and constructionist theory, London/Basingstoke, S. 88.

195 Schütz (1971), »Begriffs- und Theoriebildung«, *GA I*, S. 65.

196 Schütz (1971), »Husserls Bedeutung«, *GA I*, S. 162f.

logen benutzt [wird], um die ewigen Wahrheiten erschauen zu können«, will Schütz nichts zu schaffen haben.[197] Wenn es auch keinen direkten Zugang zu sozialen Phänomenen geben kann, so muß sich Wissenschaft dennoch nicht der Beliebigkeit überantworten. Sie wird genau dadurch zu einem vernünftigen Unternehmen, weil die in ihr angewandten Regeln objektivierbar sind. Dort jedenfalls liegt für Schütz ihre Rationalität begründet. Entsprechend ist seine Auseinandersetzung mit der Wissenschaftslogik von Nagel und Hempel – »gegen die man einfach etwas tun muß«, wie er einerseits schreibt[198] – entgegen allem Anschein weniger als Abwehr der naturalistischen Hauptströmung der Wissenschaftstheorie der fünfziger Jahre zu verstehen. Vielmehr steckt in ihr der Versuch, die methodologischen Regeln des Logischen Empirismus in das Unternehmen der verstehenden Soziologie einzubringen.[199] Schütz geht dabei sogar so weit, sich zu der Auffassung zu bekennen, »daß der prinzipielle Unterschied zwischen den Sozial- und Naturwissenschaften nicht in einer verschiedenen Logik zu suchen ist, die jeden einzelnen Wissenszweig auszeichnet«:[200] »Bestimmte wissenschaftliche Verfahrensregeln [sind] für alle empirischen Wissenschaften gleicherweise gültig.« So gelten Schütz zufolge in beiden Richtungen der Forschung, ob nun Natur oder Gesellschaft Objekt der Erkenntnis sein soll, »die Prinzipien des kontrollierten Schließens und der Verifikation durch andere Wissenschaftler, sowie die theoretischen Ideale der Einheit, Einfachheit, Allgemeinheit und Exaktheit«. Insofern fällt es nicht schwer, Schütz' Synthese zweier höchst differenter metatheoretischer Fundamente einzusehen. Auf der einen Seite nämlich greift Schütz auf »gewisse Prinzipien der Phänomenologie« zurück – sofern es darum geht, das spezifische Erkenntnisobjekt der Sozialwissenschaften zu erläutern.[201] Hier baut er auf die Analysen Husserls. Hier ist er phänomenologisch orientiert. Was hingegen diejenige Theoriebildung betrifft, mit welcher der phänomenologisch ausgezeichnete Forschungsgegenstand erfaßt werden soll, konvergieren Schütz' methodologische Vorstellungen durchaus mit denen aus einem auf metatheoretischer Ebene konträr

197 Schütz (1971), »Einige Grundbegriffe«, GA I, S. 130.
198 Schütz/Gurwitsch (1985), Briefwechsel, S. 321 (SG 9.4.53).
199 Vgl. Elisabeth List (1983), Alltagsrationalität und soziologischer Diskurs. Erkenntnis- und wissenschaftstheoretische Implikationen der Ethnomethodologie, Frankfurt a.M./New York, S. 41. Von einer »Übereinstimmung von Schütz mit Nagel und Hempel« in Fragen der Wissenschaftlichkeit seiner eigenen Sozialtheorie geht auch Helling aus (1979, S. 56). Vgl. des weiteren Hartmut Esser (1991a), Alltagshandeln und Verstehen. Zum Verhältnis von erklärender und verstehender Soziologie am Beispiel von Alfred Schütz und ›Rational Choice‹, Tübingen, S. 30.
200 Schütz (1971), »Begriffs- und Theoriebildung«, GA I, S. 75f. In Schütz' Augen mißachtet daher jede dezidiert antinaturalistische Konzeption, wie Smart bemerkt, »the fact that certain procedural rules relating to valid thought are common to all empirical sciences«. Smart (1976), S. 100.
201 Schütz (1971), »Begriffs- und Theoriebildung«, GA I, S. 56f. u. S. 60.

angesiedelten Lager. So spricht manches für die Auffassung, daß Schütz' »epistemological foundations [...] correspond rather closely to those of the naturalistic positivist sciences against which Schutz directed [.. his] imprecations«.[202] Denn was Schütz anstrebt, ist eine durchaus »objektiv verifizierbare Theorie« – nur eben »von subjektiven Sinnstrukturen«. Demnach bildet der Sozialtheoretiker seine Konstruktionen, wie gesehen, durchaus »in Übereinstimmung mit den in allen empirischen Wissenschaften gültigen Verfahrensregeln«. Durchaus bestehen jene, das konzediert Schütz an die Seite des Logischen Empirismus – »im Sinne der Definition Professor Hempels« –, aus »theoretische[n] Systeme[n], die überprüfbare, allgemeine Hypothesen einschließen«.[203] So kommt es, daß sich die Problemstellung empiristischer Orientierungen bis in Schütz' phänomenologische Sozialtheorie hinein fortschreibt.[204] Auch Schütz basiert die theoretische Arbeit auf die ›Erfahrung‹ singulärer ›Gegenstände‹. Nur darf für ihn »Erfahrung mit sinnlicher Beobachtung« nicht gleichgesetzt werden. Zugelassen werden muß ihm zufolge »auch die Erfahrungsweise [..], in der der Alltagsverstand menschliches Handeln und dessen Ergebnisse als auf Motive und Ziele begründet erfaßt«.[205]

Keineswegs also übernimmt Schütz in epistemologischer Hinsicht die »absolut klaren Anfänge« derjenigen phänomenologischen Erkenntnistheorie, die sich »um keine noch so schönen Argumente zu kümmern« braucht.[206] Er fragt erst gar nicht nach dem »Apriori innerhalb der absoluten Selbstgegebenheit«, wie es der »auf die letzten Ursprünge« zurückgehende Fundamentalismus Husserls im Versuch erkenntnistheoretischer Grundlegung noch unternahm.[207] Schütz stützt sich in dieser Frage vielmehr auf die einflußreiche empiristische Wissenschaftslehre seiner Zeit. Als eine Art ›modifizierter Empirismus‹, wie Gorman meint, ist Schütz' erkenntnistheoretischer Ort nicht phänomenologisch.[208] Spätestens an der Stelle, an der sich Schütz zur idealtypischen Modellkonstruktion empirischer Sachverhalte – »subjektive[r] Sinnstrukturen« – bekennt,[209] ist das Programm phänomenologi-

202 Lawrence Hazelrigg (1989), *Social Science and the Challenge of Relativism*, Bd. 1. A wilderness of mirrors. On practices of theory in a gray age, Tallahassee, S. 330.
203 Schütz (1971), »Begriffs- und Theoriebildung«, *GA I*, S. 72f.
204 Vgl. Ino Rossi (1983), *From the Sociology of Symbols to the Sociology of Signs*. Toward a dialectical sociology, New York, S. 217.
205 Schütz (1971), »Begriffs- und Theoriebildung«, *GA I*, S. 60 u. S. 75.
206 Hua III/1, *Ideen I*, S. 169.
207 Husserl (1981), *Phil. als strenge Wiss.*, S. 71 und ders. (1950), *Die Idee der Phänomenologie*. Fünf Vorlesungen [unveröffentl. 1907], hrsg. von W. Biemel, Haag (zit.: Hua II, *Idee der Phän.*), S. 9.
208 Robert A. Gorman (1988), »Epistemology and politics in Alfred Schütz«, in: List/Srubar (Hg.), S. 191–208, hier S. 204.
209 Schütz (1971), »Begriffs- und Theoriebildung«, *GA I*, S. 72.

scher Forschung aufgegeben.[210] Denn was die Sozialwissenschaften nach Schütz erfassen, sind nicht die Strukturen eines transzendentalen Ego. Nicht rückgewandt ist ihr Blick. Sie müssen auf anderes zielen. Entsprechend können sie auch, wenn sie ihrer Aufgabe folgen und »den Menschen in der mundanen Sozialität« betrachten, ihn »nicht als lebendiges mit echter Dauer begabtes Du« begreifen.[211] So mag sich Schütz' phänomenologische Sozialforschung wider Husserls erkenntnistheoretische Aufklärung gerade nicht »im *reinen Schauen* [..] halten«.[212] Demgegenüber soll sich die Tätigkeit des Sozialwissenschaftlers als »idealtypische Konstruktion« vollziehen. Die zu fokussierenden »subjektiven Sinnzusammenhänge« können dabei keineswegs »vermittels der typisierenden Technik [...] an einem lebendigen und reale Dauer habenden Bewußtsein« begriffen werden. Nur an einem »Modell eines solchen Bewußtseins« ist sozialwissenschaftliche Arbeit möglich.[213] Damit jedoch errichtet Schütz eine grundlegende Differenz zur Phänomenologie Husserls. Während jener noch in der Analyse der Bewußtseinsakte nach einem ›absoluten Anfang‹ sucht, konzediert Schütz bereits die Verbannung derselben aus der transzendentalphilosophischen Erkenntnislehre an den Neukantianismus seiner Studienzeit. In der Folge begibt sich Schütz, obgleich für Husserl schließlich »Kant und der ganze von ihm abhängige Neukantianismus« von der phänomenologischen Methodik »keine Ahnung gehabt« haben,[214] in Fragen der *epistemologischen* Absicherung gerade nicht auf die Spuren der phänomenologischen Lehre. Er begibt sich statt dessen in die Gefilde einer Philosophie, welcher wie Kant an der »Begründung objektiven Wissens« gelegen ist.[215] Daher greift selbst eine Interpretation wie die Thomasons zu kurz, die in bezug auf Schütz' Wiener Lehrer Kelsen – dessen Rechtsphilosophie, so Schütz, den »epistemological teachings of the neo-Kantian school« zugehört – immerhin davon spricht, daß Schütz von der neukantianischen Orientierung auch weiter stark beeinflußt blieb »even after [he] shifted away from neo-Kantian epistemology and toward phenomenology«.[216] Noch eine solche Darstellung traut Schütz' Selbstverständnis zu sehr. Denn statt ins Lager der Phänomenologie zu wechseln, bleiben Schütz' Vorschläge für eine Strategie des Wissens-

210 John R. Hall (1977), »Alfred Schutz, his critics, and applied phenomenology« in: *Cultural Hermeneutics*, 4, S. 265–279, hier S. 270.
211 Schütz (1974), *Sinnhafter Aufbau*, S. 340.
212 Hua II, *Idee der Phän.*, S. 9.
213 Schütz (1974), *Sinnhafter Aufbau*, S. 340f.
214 Hua VII, *Erste Phil. I*, S. 382.
215 Vgl. Hans-Ludwig Ollig (1979), *Der Neukantianismus*, Stuttgart, hier S. 118.
216 Schütz (1950), S. 4 und Thomason (1982), S. 17.

erwerbs durchaus von anderer Provenienz. In ihren Grundzügen ist Schütz' epistemologische Position neukantianisch:[217]

Unerheblich ist dabei, was die philosophischen »Lehren des Neukantianismus«
betrifft, daß in Schütz' Sicht ihm »weder [...] die Werke Cohens, Natorps, noch die
frühen Schriften von Ernst Cassirer« einen »Zugang« zu der Problemstellung seiner
Forschungsarbeit eröffneten,[218] obwohl er nach eigener Auskunft sein philosophisches Leben doch als Neukantianer begonnen hat.[219] Wie im Vorkapitel demonstriert, übernahm er nämlich ungeachtet seiner eigenen distanzierenden Stellung-
nahme bereits im ›Sinnhaften Aufbau‹ entsprechend Vokabular und Ausrichtung
aus der Wissenschaftslehre Max Webers – welche bekanntlich im Umfeld der
Südwestdeutschen Schule des Neukantianismus, und insbesondere Rickerts, entstanden ist.[220] Neben derjenigen Webers akzeptiert Schütz im Grunde auch
Parsons' »Position des ›Neukantianismus‹«.[221] In deutlichen Worten bescheinigt er
Parsons – bei allen sonstigen Differenzen – seine »volle Übereinstimmung« darin,
»daß alle wissenschaftlichen Konzepte sozialer Tatsachen schon immer eine bewuß-
te oder unbewußte Theorie der Struktur der Sozialwelt voraussetzen«.[222] Damit
stellt sich Schütz hinter die Arbeit an einem kategorialen Bezugsrahmen, ohne den
für einen in der Tradition Kants stehenden Denker auch soziologische Analyse
nicht möglich ist. Im einzelnen sind es nun drei zentrale Übereinstimmungen, die
es erlauben, Schütz' implizite Epistemologie neukantianisch zu nennen.

Erstens gibt sie sich von einer ontologischen Enthaltsamkeit inspiriert, wie sie
der Neukantianismus der Jahrhundertwende von seinem berühmten Namensgeber
übernimmt: ›Als solche‹ ist die Wirklichkeit nicht zu erkennen. Immer bleibt das
Erkennen des Wirklichen auf begriffliche Instrumente angewiesen, welche nicht
ihrerseits der Wirklichkeit entnommen werden können. Nicht anders argumentiert
Schütz. So antwortet er demjenigen, der »nach der Realität verlangt«, daß er »leider
nicht genau weiß, was Realität ist«.[223] Ferner stellt er unzweideutig klar, daß die
»theoretische Aufgabe« des Sozialwissenschaftlers »mit dem Aufbau eines Begriffs-

217 Residuen einer solchen Epistemologie beim frühen Schütz sieht Fred R. Dallmayr (1973),
     »Phenomenology and social science. An overview and appraisal«, in: Carr/Casey (Hg.),
     S. 133–166, hier S. 154.
218 Schütz (1971d), GA III, S. 10 (nach einer Tonbandaufzeichnung).
219 Eine entsprechende mündliche Mitteilung berichtet Maurice Natanson (1978), »Foreword«,
     in: Grathoff (Hg.), S. IX–XVI, hier S. XIII.
220 Vgl. dazu z. B. Karl-Heinz Nusser (1986), Kausale Prozesse und sinnerfassende Vernunft. Max
     Webers philosophische Fundierung der Soziologie und der Kulturwissenschaften, Freiburg/
     München, hier insbes. S. 75.
221 Talcott Parsons (1977), »Rückblick nach 35 Jahren«, in: Alfred Schütz/Talcott Parsons, Zur
     Theorie sozialen Handelns. Ein Briefwechsel, Frankfurt a.M., S. 127–136, hier S. 128.
222 Schütz/Parsons (1977), S. 27.
223 Schütz (1971), »Rationalität in der sozialen Welt«, GA II, S. 49.

schemas [beginnt], in das er seine Information über die soziale Welt bringen wird«.[224]

Ein zweites zentrales Merkmal der neukantianischen Auffassung besteht darin, die kantische Begründung der Objektivität in Subjektivität unter Verzicht auf Kants Grenzbegriffs eines Ding-an-sich so weit radikalisiert zu haben, daß das Objekt im erkannten Objekt aufgeht, Erkennen als Erzeugung des Gegenstands verstanden werden muß. Auch in dieser Hinsicht laufen Schütz' wissenschafts-theoretische Vorstellungen parallel. Denn auch der Schützsche Wissenschaftler, der ein »Modell eines Sektors der Sozialwelt« konstruiert, gewinnt ein Verhältnis zu seinem Gegenstand nach der Art desjenigen »zwischen Gott und seinem Geschöpf«. Daher kann er Schütz zufolge »in der Tat in dem so geschaffenen Universum die perfekte Harmonie finden, die er selbst begründet hat«.[225]

Ersichtlich wird daraus, daß Schütz des weiteren in einem dritten Punkt auf neukantianischen Linien argumentiert. So bezieht er Erkenntnis zwar kantisch auf die für sie konstitutive Subjektivität zurück, doch will er sie – anders als Kant – nicht in einem transzendentalen Subjekt sichergestellt wissen. Der von ihm gesehene Startpunkt »wissenschaftlicher Arbeit« ist deshalb das »Gebiet vor-geordneten Wissens«, der »corpus« der je in Frage stehenden Wissenschaft. Was die Schützsche Methodologie demnach dem Erkenntnisstreben des tätigen Sozialwissenschaftlers mit auf den Weg gibt, sind nicht fundamentale Elementarstrukturen auf seiten eines transzendentalen Erkenntnissubjekts. Vielmehr unterrichtet sie ihn, sein »Suchen nach der Wahrheit« allein der »Übereinstimmung mit vorgegebenen Regeln, wissenschaftliche Methode genannt«, zu unterstellen.[226] Dementsprechend gilt Schütz' Interesse keiner erkenntnistheoretischen Rückversicherung im Sinne einer ersten Philosophie, wie sie Husserl versucht. Statt dessen fragt er, das bleibt im Resümee, nach den methodologischen Regeln praktizierter Wissenschaft. Insofern betreibt Schütz nicht Erkenntnis-, sondern Wissenschaftstheorie.[227]

Ambivalent erscheint daher Schütz' metatheoretischer Ort. Durchaus konventionell nämlich will Schütz den Gewinn und die Objektivität der Erkenntnis gesichert wissen. Allein in der Konzeptualisierung des Untersuchungsgegenstands seiner Wissenschaft orientiert er sich am phänomenologischen Modell des ursprünglichen Ich.

224 Schütz (1971), »Soziale Welt und soziale Handlung«, GA II, S. 19.
225 Schütz (1971), »Wissenschaftliche Interpretation«, GA I, S. 41 u. S. 53f.
226 Schütz (1971), »Wissenschaftliche Interpretation«, GA I, S. 43.
227 Demgegenüber ist für Eberle »Schütz' Werk [..] erkenntnistheoretisch ausgerichtet«. Thomas S. Eberle (1988), »Die deskriptive Analyse der Oekonomie durch Alfred Schütz«, in: List/Srubar (Hg.), S. 69–119, hier S. 112.

2. Das soziologische Interesse an der natürlichen Einstellung.
Phänomenologische Sozialtheorie versus transzendentale Phänomenologie

So zwingt die neukantianisch belehrte Distanz zur erkenntnistheoretisch gerichteten Perspektive der Phänomenologie Schütz' Sozialtheorie zwar in Gegenlage zur Fundierungsbemühung Husserls, doch eröffnet sie ihr gleichzeitig die Chance zum Überschritt von der philosophischen Bewußtseinsergründung zur soziologischen Analyse. Schließlich hängt das Unternehmen der Soziologie von Anbeginn daran, seine jeweiligen Gegenstände als Konstituenten eines Geflechts zu begreifen: Noch das einzelne menschliche *Subjekt* hat seinen Platz in der sozialen *Welt*. Wie letztere theorietechnisch auch immer kalkuliert werden mag, in soziologischer Perspektive gehört der Mensch *in* die Welt und kann nur in ihr, nicht ›an sich‹, verstanden werden. Ein außerweltliches Refugium des Geistes gibt es nicht. Fraglos ist insofern selbst ein vermeintlich singulärer Forschungsgegenstand wie das ›Bewußtsein‹ nicht isoliert zu begreifen. Unerklärbar bliebe dessen lebendiges Funktionieren ohne Bezugnahme auf den naturalen und historischen Kontext, als dessen Teilmoment es fungiert. Die Fragestellung der Sozialwissenschaft jedenfalls ist durch den phänomenologischen Rückbezug auf ein epistemisches Ich nicht erreicht. Worauf sie sich bezieht, ist nicht das körperlose erkennende Ich. Ihre Gegenstände sind anderer Natur: sozial. Die Existenz anderer ist vorausgesetzt.[228] Retrospektiv betrachtet lag es daher in der Luft, daß der latente Widerspruch zwischen der explizit »sozialwissenschaftlichen Problematik« des ›Sinnhaften Aufbaus‹ und der ebendort nicht minder expliziten Anlehnung an die »*transzendentale* Phänomenologie« sich irgendwann in Schütz' intellektueller Entwicklung würde artikulieren müssen.[229] Wenn es darum im folgenden geht, dann muß zuerst noch einmal zurückgefragt werden auf die eingangs beschriebene Ausgangskonstellation, in welcher sich Schütz' Denken ausgerichtet hat. Wie hat sich die von Husserls Ansatz abweichende metatheoretische Grundauffassung formiert?

Wer wie Schütz im geistigen Klima des Wien der österreichischen Republik ausgebildet worden ist, dem war nicht nur die Abneigung gegen die zerbrochenen philosophischen Systeme der Tradition, sondern auch eine Wahlverwandtschaft zur empirisch gerichteten ›wissenschaftlichen Weltauffassung‹ mitgegeben. Schließlich war das Österreich der zwanziger Jahre nicht nur ›Nachkriegszeit‹. Mit dem ersten Weltkrieg ging zugleich eine Welt – die der versteinerten Dynastie des Habsburgerstaates – zu Ende. Was blieb, war die Aufgabe, eine neue Welt zu errichten. Da kam der Positivismus gerade recht. Eine »Art natürliche Hinwen-

---

228 James L. Heap/Philipp A. Roth (1973), »On phenomenological sociology«, in: *American Sociological Review*, 38, S. 354–367, hier S. 360.
229 Schütz (1974), *Sinnhafter Aufbau*, S. 9f. (Herv. F.W.).

dung« zum positivistischen Forschergeist, so Janik und Toulmin, lag nahe: »Alle
Bereiche des Lebens, des Denkens und der Kunst verlangten nach Erneuerung.«[230]
Dies war die Chance für eine Orientierung, die in Anlehnung an die Methodik der
exakten Wissenschaften der Erfahrung und Beobachtung den Primat zuwies. Auch
wenn nun Schütz stets auf Distanz zum Wiener Neopositivismus der Gruppe um
Schlick, Neurath und Carnap blieb – deren Treffen von seinem Freund Felix Kaufmann besucht worden sind[231] –, so haben sich seine metatheoretischen Hinter-
grundüberzeugungen doch in einem geistigen Kontext konstituiert, in welchem die
unter Druck geratene Philosophie in Absage an ihre Klassik auf den sicheren Weg
der Wissenschaften hatte geführt werden sollen. An demjenigen Ort, den Karl
Kraus als die »Versuchsstation des Weltuntergangs« charakterisiert hatte,[232] mußte
die vormals metaphysische Einheit verbürgende Philosophie ihren »Ehrenplatz« an
die Nationalökonomie, die Rechts- und die politische Wissenschaft abtreten.[233] Was
die Orientierung an den erfolgreichen Naturwissenschaften betrifft, stand Schütz
im übrigen neben der lokal dominanten Philosophieauffassung des ›Wiener Kreises‹
ein vergleichbares Bild im theoretischen Diskurs der deutschen Soziologie vor
Augen. In den zwanziger Jahren hat sich auch dort eine naturwissenschaftlich
orientierte Richtung institutionell durchsetzen und die Diskussionen dominieren
können.[234] Vielleicht nimmt es insofern nicht wunder, wenn in Schütz' impliziter
Ontologie der Mensch von vornherein auf den Boden der natürlichen Welt her-
abgeholt und dessen Stellung allein mit den Mitteln der Wissenschaft, nicht in
metaphysischer Reflexion zu erhellen ist: Alfred Schütz vertritt den Standpunkt
der Sozialwissenschaft. Er wählt die »Wirklichkeitswissenschaft« Max Webers zum
Ausgangspunkt seiner theoretischen Problemstellung.[235] Selbst im Rückgriff auf
Husserls Phänomenologie steht für Schütz außer Frage, so hält es Habermas fest,
»daß die Sozialwissenschaften von einer philosophischen Methode einen empirischen Gebrauch machen mußten«.[236] Bereits im ›Sinnhaften Aufbau‹ gilt sein
Interesse dem »Handelnden *in der Sozialwelt*«.[237] Noch das Geistwesen Mensch ist
für ihn mundaner Natur. »Das Hauptziel der Sozialwissenschaften ist es«, schreibt

230 Allan Janik/Stephen Toulmin (1987), *Wittgensteins Wien*, München/Zürich, S. 327.
231 Vgl. Schütz (1950), S. 4.
232 Karl Kraus (1968–76), *Die Fackel* (Reprint), Frankfurt a.M., Nr. 400–403, S. 2.
233 Torrance (1981), S. 469.
234 Vgl. Dirk Käsler (1984), *Die frühe deutsche Soziologie 1909 bis 1934 und ihre Entstehungs-
     milieus. Eine wissenschaftssoziologische Untersuchung*, Opladen, S. 50f.
235 Weber (1985), *Wissenschaftslehre*, S. 170.
236 Jürgen Habermas (1987), »Alfred Schütz. Die Graduate Faculty der New School of Social
     Research (1980)«, in: ders., *Philosophisch-politische Profile*. Erweiterte Ausgabe, Frank-
     furt a.M., S. 402–410, hier S. 408.
237 Schütz (1974), *Sinnhafter Aufbau*, S. 19 (Herv. F.W.).

er später, »geordnetes Wissen von sozialer Wirklichkeit zu gewinnen« – von einer Welt, »in die wir alle hineingeboren werden«.[238]

Wenn für Schütz dementsprechend »alle Kultur- und Sozialwissenschaft [...] prinzipiell mundan und nicht auf das transzendentale ego oder transzendentale alter ego bezogen« ist, worauf soll die »hervorragende Bedeutung des Husserlschen Lebenswerks für die Grundlegung der Sozialwissenschaften« dann gründen können?[239] Wo genau liegt die Differenz einer phänomenologischen Sozialtheorie zur Phänomenologie Husserls? Und wie bestimmt Schütz diese selbst? Demontiert Schütz' soziologisches Interesse etwa die ursprünglich transzendentale Architektur der phänomenologischen Theorie? Man kann die Struktur der Schützschen Konzeption besser einsehen, wenn man letztere diesen Fragen gemäß noch genauer am Denken Husserls mißt.

Allerdings ist Schütz' Stellung zu Husserl in der hier gebotenen Kürze schon aus dem Grund nicht leicht anzugeben, weil sie sich im Verlauf von Schütz' Schaffenszeit durchaus geändert hat. Besonders deutlich ist das an der für die Phänomenologie »fundamentale[n] Problematik der Intersubjektivität« zu sehen.[240] Denn hoffte er im ›Sinnhaften Aufbau‹ von 1932 noch, es könne Husserl gelingen, »die Intersubjektivität alles Erkennens und Denkens transzendental abzuleiten«, und war er dort noch der Ansicht, Husserls ›Cartesianische Meditationen‹ hätten »die ganze Bedeutsamkeit dieser Fragen in ungemein tiefdringenden Analysen aufgezeigt und bereits die wesentlichen Ansatzpunkte für deren Lösung dargeboten«,[241] so wird es später »mehr denn je [seine] Überzeugung, daß Husserls Phänomenologie das Problem der Intersubjektivität, und besonders der transzendentalen, nicht lösen kann und daran scheitert«.[242] Darauf reagieren die weiteren Ausführungen so, daß in der Analyse von Schütz' neu entwickelter Gegenstrategie, die anstelle des Ich das ›Wir‹ in den Vordergrund rückt, in erster Linie Schütz' Verhältnis zu Husserl interessiert und es allein darum geht, zu sehen, worin sich Schütz' anderweitig geschultes Denken der zur Orientierung gewählten transzendentalen Phänomenologie entgegenstellt. Demgegenüber muß die Frage, ob Schütz' mutmaßlicher Wechsel zum ›Wir‹ nicht auch die egozentrische Perspektive seines frühen ›Sinnhaften Aufbaus‹ tangiert, entsprechend zurückgestellt werden. Inwiefern Schütz'

238 Schütz (1971), »Begriffs- und Theoriebildung«, GA I, S. 60f.
239 Schütz (1971), GA I, S. 138 u. S. 167.
240 Alfred Schütz (1971), »Das Problem der transzendentalen Intersubjektivität bei Husserl«, in: ders. (1971d), GA III, S. 86–126 (enthält am Schluß die Transkription einer Diskussion mit Fink, Ingarden, Graumann u.a.; zit.: »Transzendentale Intersubjektivität«), hier S. 90.
241 Schütz (1974), Sinnhafter Aufbau, S. 43 u. S. 193, Anm. 2. Vgl. dazu auch Grathoff (1989a), S. 43f. sowie Steven Vaitkus (1990), How is Society possible? Intersubjectivity and the fiduciary attitude as problems of the social group in Mead, Gurwitsch and Schutz, Dordrecht/Boston/London, S. 75.
242 Schütz/Gurwitsch (1985), Briefwechsel, S. 358 (SG 23.8.54).

eigener Ansatz eine Umwandlung durchläuft, ist erst im Anschlußkapitel – unter
der Thematik der Lebenswelt – zu behandeln. Zunächst bildet Schütz' Husserl-
Kritik das Problem.

Dabei ist es unstrittig, daß Schütz' Arbeiten diejenigen Husserls nicht nur
beständig kommentieren und immer wieder auf jene rekurrieren, sondern letzteren
zudem eine Begrifflichkeit sowie Themen entleihen, die Schütz als »den ganzen
Schatz der von Husserl erschlossenen Erkenntnisse« auf das von ihm abgesteckte
Gebiet der Sozialtheorie anwenden will.[243] Doch auch Schütz' gewiß selektive
Aufnahme der verschiedenen phänomenologischen Konzepte ist hier nicht
Thema.[244] Statt dessen kommt es darauf an, die strukturelle Gegenlage der Schützschen Theorie zu jener Husserls zu durchleuchten. Das geschieht in vier Schritten.
Zuerst ist anzugeben, inwieweit das Husserlverständnis von Schütz mit der oben
dargelegten Analyse der Husserlschen Philosophie übereinstimmt (1). Sodann muß
der Kern derjenigen Einwände vorgestellt werden, die Schütz gegen Husserl findet
(2). Das kann zum Vorschein bringen, worin sich die phänomenologische Sozialtheorie und Husserls transzendentale Phänomenologie entscheidend widerstreiten.
Zeigen wird es auch, welche metatheoretische Basis Schütz' Absetzung von Husserl
unterliegt (3). Im Anschluß ist es nicht nur möglich, Schütz' Husserl-Kritik zu
überprüfen (4). Die Untersuchung der metatheoretischen Differenz der beiden
Positionen soll auch den Boden dafür bereiten, zu verstehen, welche ›ursprüngliche
Aporie‹ in die Fundamente einer auf Schütz zurückgehenden Sozialtheorie eingeschrieben ist (Kap. II,3. im Anschluß).

(1) *Schütz und Husserl.* Bei allem Widerspruch zwischen Schütz' sozialwissenschaftlichem Interesse und einer Denkrichtung, die in der Figur des vom Weltlichen befreiten transzendentalen Ich ihren archimedischen Punkt erklimmt, bleibt
unbenommen: Studiert hat er sie gründlich. Obwohl er erst über Husserls ›*Vorlesungen zur Phänomenologie des inneren Zeitbewußtseins*‹ von 1928 sowie die ›*Formale und transzendentale Logik*‹ (1929) einen »unmittelbaren Zugang zu Husserls
Denken und zu seiner Sprache« fand, arbeitete er sich von dort doch auch »zurück
zu Husserls frühen Werken und erkannte, wieviele wichtige Themen seiner späteren Philosophie er bereits in den frühen Schriften berührt hatte und wie viele von
ihnen für die Grundlegung der Sozialwissenschaften von Bedeutung waren«.[245]
Entsprechend ist selbstverständlich auch dem Sozialtheoretiker Schütz das »reine
oder transzendentale Ego« als »das Zentrum, der *Terminus a quo*« der Husserlschen

---

243 Alfred Schütz (1971), »Phänomenologie und die Sozialwissenschaften«, in: ders. (1971b),
     GA I, S. 136–161, hier S. 161.
244 Vgl. Thomason (1982), S. 176.
245 Schütz (1971d), *GA III*, S. 10 (nach einer Tonbandaufzeichnung).

Phänomenologie vertraut.[246] Schütz ist sich durchaus im klaren darüber, daß in der phänomenologischen Denkungsart »nur der Geist [..] in sich selbst seiend und eigenständig« ist und diese daher über die »Aufweisung der intentionalen Leistungen der transzendentalen Subjektivität« eine Philosophie ist, »die es mit der radikalen Erklärung der Welt durch den Geist ernst meint«.[247] Schütz' Kenntnisse versetzen ihn daher in die Lage, die phänomenologische Theorie gegen jene zu verteidigen, die »völlig mißverstanden haben, was Husserl beabsichtigt hatte«.[248] Das tut er zum Beispiel gegenüber demjenigen Standpunkt, der einwendet, die »transzendentale Phänomenologie [leugne] die wirkliche Existenz der realen Lebenswelt«. Demgegenüber nimmt Schütz die Phänomenologie ganz im Sinne des oben dargestellten methodologischen Idealismus in Schutz. Schließlich ist es, phänomenologisch gesprochen, doch »ganz zweifellos, daß die Welt existiert«. Insofern klassifiziert Schütz die von Husserl initiierte Forschungsrichtung, deren Zentrum und Nahziel die »Aufklärung und Begründung der Konstitutionsleistungen des Bewußtseins« ist,[249] – wie man es von einem Phänomenologen erwarten darf – auch »jenseits [...] allen Unterscheidungen zwischen Realismus und Idealismus«. So versteht er, wie der *Primat der Subjektivität* der transzendentalen Phänomenologie in diesem Zusammenhang begriffen werden muß. Nur »in analytischer Absicht« entschließt sich der Phänomenologe, den Glauben an die Existenz der äußeren Welt auszusetzen. Wie die »eidetische Betrachtungsweise«, welche aus »allen vorstellbaren Transformationen des konkreten wahrgenommenen Dinges [eine] unveränderliche Gruppe von Merkmalen« wie dessen »Kern« herauszufiltern hat,[250] ändert auch Husserls »phänomenologische Epoché oder transzendental phänomenologische Reduktion«, die der Welt allein die »Seinsgeltung« entziehen soll, nichts daran, daß selbst in der phänomenologisch geforderten Freilegung der »Sphäre der transzendentalen Subjektivität« die »erfahrene Welt genau mit dem ihr jeweils zugehörigen Gehalt erhalten bleibt«.[251] Durchaus richtig zeichnet Schütz demnach die Konturen von Husserls Phänomenologie. Doch obwohl er die Theorie Husserls zu Recht als den Versuch einer »Begründung der Philosophie von der absolut erkennenden transzendentalen Subjektivität her« bestimmt,[252] kann er die absolutistische Struktur der Theoriebildung Husserls nicht erfassen. Zu sehr ist er in die unmittelbare Aufarbeitung und Umgestaltung der phänomenologischen

---

246 Alfred Schütz (1971), »Edmund Husserls ›Ideen‹, Band II«, in: ders. (1971d), *GA III*, S. 47–73 (zit.: »Husserls ›Ideen‹, Bd. II«), hier S. 54f.
247 Schütz (1971), »Phänomenologie und die Sozialwissenschaften«, *GA I*, S. 153 u. S. 145.
248 Schütz (1971), »Einige Grundbegriffe«, *GA I*, S. 132.
249 Schütz (1971), »Phänomenologie und die Sozialwissenschaften«, *GA I*, S. 143f. u. S. 140.
250 Schütz (1971), »Einige Grundbegriffe«, *GA I*, S. 115, S. 119 u. S. 131.
251 Schütz (1971), »Phänomenologie und die Sozialwissenschaften«, *GA I*, S. 144.
252 Alfred Schütz (1971), »Edmund Husserls ›Meditations Cartesiennes‹«, in: ders. (1971d), *GA III*, S. 222–230, hier S. 222.

Theorie verstrickt, um deren architektonische Form aufdecken zu können. Gewiß sieht er, daß »die Phänomenologie [..] nach einem wirklichen Anfang« forscht und sich wie Descartes auf die »Suche [macht] nach einem Bereich unzweifelbarer Wahrheit als Ausgangspunkt philosophischen Denkens«, der »absolute Gewißheit« soll garantieren können.[253] Das innere Band der phänomenologischen Theorie aber zu enthüllen, das will Schütz nicht gelingen. Entsprechend geht seine Kritik auch nicht auf die Logik des Systems der methodologischen Verfahrensweisen der Phänomenologie.

(2) *Schütz contra Husserl.* Schütz geht vielmehr davon aus, daß sämtliche von Husserl »in phänomenologischer Reduktion durchgeführten Analysen ihre Geltung« in der von Schütz selbst an den »Anfang aller methodologischen und wissenschaftstheoretischen Probleme aller Kultur- und Sozialwissenschaften« gestellten »eidetisch mundanen Wissenschaft« beibehalten, obwohl doch »alle diese Wissenschaften auf eben jene mundane Sphäre bezogen sind, welche die transzendentale Phänomenologie in Klammer gesetzt hat«.[254] Damit genehmigt sich Schütz, sich im Arsenal der phänomenologischen Verfahrensweisen auch zu solchen Zwecken zu bedienen, die nicht die der »auf die letzten Ursprünge« abzielenden Phänomenologie Husserls sind.[255] Schütz' Interesse ist nicht dasjenige erkenntnistheoretischer Grundlegung. Statt der »phänomenologisch reduzierten Sphäre« fokussiert er die »mundane Welt, der allein alle Bemühungen der konkreten Sozialwissenschaften gelten und gelten sollen«.[256] Insofern stimmt die Demarkationslinie zwischen phänomenologischer Philosophie und Sozialtheorie gerade mit derjenigen Markierung überein, welche die Frage nach dem Status des jeweilig proklamierten Forschungsobjekts beantwortet: *transzendental* oder *mundan?* Dementsprechend ist auch die Kritik aufgebaut, die Schütz am Programm Husserls übt.

Schließlich kann sich eine Sozialtheorie nicht bei der Egologik eines beständig auf das epistemische Ich gewandten Blicks bescheiden. Daher adressiert Schütz folgerecht schon in einer seiner frühesten Arbeiten nach dem ›Sinnhaften Aufbau‹ die Frage an Husserl: »Kann er das *alter ego* verständlich machen und damit alle Sozialphänomene, die ja auf dem Zusammenwirken von Mensch und Mitmensch in der realen Lebenswelt fundiert sind?« Oder muß »der Versuch, die Welt aus den

---

253 Schütz (1971), »Einige Grundbegriffe«, *GA I*, S. 115–117.
254 Schütz (1971), »Phänomenologie und die Sozialwissenschaften«, *GA I*, S. 154 u. S. 143.
255 Husserl (1981), *Phil. als strenge Wiss.*, S. 71.
256 Schütz (1971), »Phänomenologie und die Sozialwissenschaften«, *GA I*, S. 153f.

Leistungen der transzendentalen Subjektivität zu konstituieren«, nicht generell »notwendigerweise zum Solipsismus führen?«[257] Zwar spricht Schütz bereits zur Zeit der Formulierung dieser Fragen vom »Mißlingen des Husserlschen Lösungsversuchs«,[258] doch bringt er seine Einwände erst 1957 in eine ausführliche Fassung von beeindruckender Geschlossenheit. Dabei handelt es sich um jene klassische Husserl-Kritik,[259] die er im Husserl-Kolloquium in Royaumont vorgetragen hat.[260] In der Problematisierung des Konzepts der ›Transzendentalen Intersubjektivität bei Husserl‹ hat er sich dort nicht nur von Husserls transzendentaler Phänomenologie distanziert, sondern mit seiner Abgrenzung von dieser notwendigerweise auch den Ausgangspunkt seines eigenen sozialtheoretischen Versuchs spezifiziert. Lehrreich für die Analyse des letzteren ist es deshalb, zu untersuchen, wie sich Schütz vom Denken seines »Meisters« freizumachen versucht.[261]

Im Royaumont-Vortrag wählt er zur Hauptfrage seiner Auseinandersetzung nun die, »die den Gegenstand der V. Meditation« der ›Cartesianischen Meditationen‹ Husserls bildet. Schütz formuliert sie wie folgt: »Wie kann innerhalb dieses egologischen Kosmos die Objektivität der Welt, als Welt für jedermann, und die Existenz anderer begründet werden?«[262] Dabei hat sich für Schütz mit der Antwort Husserls ein ganzer »Katalog« von Problemen aufgetan, von welchen hier nur eine knappe Skizze gegeben werden kann. Auch soll auf die spezifische Argumentation Husserls nicht eingegangen werden. Es genügt, die Schützschen Einwände zu studieren, um die Differenz der beiden phänomenologischen Theorievarianten einzusehen.

Für Schütz türmen sich bereits die Schwierigkeiten, wenn Husserl auf dem Weg zur Begründung der Intersubjektivität in einer ›zweiten‹ Epoché, innerhalb der egologischen Sphäre also, methodisch »von allem ›Fremden‹ zunächst abstrahiert«, um sodann durch eine »analogisierende Auffassung oder ›Appräsentation‹« dem in das Wahrnehmungsfeld von Ego tretenden Körper des Anderen »den Sinn ›Leib‹« verleihen zu können, indem zum einen stets der je eigene »primordinal reduzierte Leib das immer lebendig gegenwärtige urstiftende Original« bildet, zum anderen der so je erreichte ›Andere‹ »sich in weiteren synthetisch einstimmig verlaufenden Appräsentationen [...] als ›Anderer‹« fortlaufend bewähren muß.[263] Denn ist es der

257 Schütz (1971), »Phänomenologie und die Sozialwissenschaften«, GA I, S. 142. Bei dieser zuerst in englischer Sprache im Jahr 1940 erschienenen Arbeit handelt es sich um Schütz' erste Veröffentlichung aus der Emigration. Vgl. GA I, S. 136.
258 Schütz (1971), »Phänomenologie und die Sozialwissenschaften«, GA I, S. 138.
259 Vgl. Jeff King (1982), »Ontology and Intersubjectivity in Husserl and Schutz«, in: International Studies in Philosophy, XIV/2, S. 33–56, hier S. 33.
260 Alfred Schütz (1971), »Das Problem der transzendentalen Intersubjektivität bei Husserl«.
261 Schütz (1971), »Phänomenologie und die Sozialwissenschaften«, GA I, S. 139.
262 Schütz (1971), »Transzendentale Intersubjektivität«, GA III, S. 91.
263 Schütz (1971), »Transzendentale Intersubjektivität«, GA III, S. 109, S. 92 u. S. 96–98.

bewußtseinsimmanenten Konstitution des »fremden beseelten Leibes als ›Anderer‹«
wirklich möglich, »auch dessen primordinale Welt, die fremde eigenheitliche
Sphäre« zu erreichen? Zementiert nicht gerade Husserls transzendentale Egologie
in ihren Grundfesten einen unüberwindbaren Hiatus zwischen der konstituierenden Subjektivität einerseits und jeglichem ›Anderen‹ andererseits, so daß die von
Husserl verlangte Bewährung einer analogisierenden Auffassung des Fremden,
»nämlich das zusammenstimmende Gebaren eines anderen Menschen in der
primordinalen Sphäre«, als solches gar nicht erfaßt werden kann?[264] Unlösbar sieht
Schütz das Problem, welchen »Sinn [...] die Bezugnahme auf zusammenstimmendes
Fremdpsychisches innerhalb der eigenheitlich reduzierten Sphäre haben« soll, wo
doch letztere gerade »dadurch gewonnen wurde, daß von allen sinnbestimmenden
oder sinnmitbestimmenden Leistungen fremder Subjektivität abstrahiert wurde?«
Diesen Widerspruch vor Augen macht sich Schütz klar, daß die Forschungswelt
des Sozialen vom Standpunkt einer Philosophie des Ich unerreichbar bleiben muß.
Denn »konstituiere [etwa] ich Sokrates oder er mich?«[265]

Dabei indiziert Schütz' polemische Frage, wo er die spezifische Trennlinie
zwischen seinen eigenen sozialtheoretischen Überlegungen und jenen Husserls
gezogen wissen will. Gegen »Husserls bedauerliche Unkenntnis der konkreten Wissenschaften von der Gesellschaft« gerichtet, geht Schütz an der Stelle, an der Husserl auf das Absolutum der transzendentalen Subjektivität rekurriert, davon aus,
daß von einem solchen Fundament die Forschungsprobleme der Sozialwissenschaft
unerreichbar bleiben müssen.[266] Husserls letztlich »erfolglose[r] Versuch, das Problem der Konstitution transzendentaler Intersubjektivität in der reduzierten egologischen Sphäre zu lösen«, übersieht Schütz zufolge nämlich, daß noch die
intersubjektive Kommunikation zwischen »zeichensetzende[m] Ich« und zeichen-
deutendem Anderen eine »Gemeinsamkeit des Wissens, ja sogar eine gemeinsame
Umwelt (und das Bestehen einer sozialen Beziehung) *bereits voraussetz[t]*, und nicht
umgekehrt«: Jeder Kommunikation, das meint Schütz, geht ein »äußere[r] Vorgang
in eben jener gemeinsamen Umwelt voraus, die nach Husserl erst durch Kommunikation konstituiert werden soll«.[267] Eben weil »alle Kommunikation [..] Her-
gänge in der natürlichen Welt« erfordert und »Intersubjektivität, nämlich Wir-
Beziehung, bereits voraus[setzt]«, ist unter dem Vorzeichen der »absoluten Einzig-
keit des Ego«, also »in der transzendentalen Sphäre selbst, das ist ohne Rückfall in
die natürliche Einstellung, [...] die Stiftung einer kommunikativen Intersubjektivi-

264 Schütz (1971), »Transzendentale Intersubjektivität«, *GA III*, S. 102 u. S. 100.
265 Schütz (1971), »Transzendentale Intersubjektivität«, *GA III*, S. 99 u. S. 116.
266 Schütz (1971), »Transzendentale Intersubjektivität«, *GA III*, S. 107.
267 Schütz (1971), »Husserls Bedeutung«, *GA I*, S. 172f. und ders. (1971), »Transzendentale
    Intersubjektivität«, *GA III*, S. 106 (Herv. F.W.).

tät nicht möglich«.[268] So lautet Schütz' zentrales Argument. Abgesetzt von ihrem Thron ist damit die transzendentale Subjektivität der Husserlschen Philosophie. Statt dessen plaziert Schütz die »Intersubjektivität und Wirbeziehung« als die »ontologische Grundkategorie des menschlichen Seins in der Welt und somit aller philosophischen Anthropologie«: Sie ist es, die, »solange Menschen von Müttern geboren werden, [...] alle anderen Kategorien des Menschseins« fundiert. Sie muß für Schütz daher auch diejenige sein, die »die Grundlage sämtlicher Sozialwissenschaften bildet«.[269] So tauscht er dasjenige aus, woran sich das phänomenologische Denken ausrichten soll. Statt dem puren Ich gibt Schütz' ›mundane Phänomenologie‹ in ihrer *expliziten* Absetzung von Husserl dem Grundverhältnis der ›Intersubjektivität‹ den Primat.[270]

(3) *Der ›Aufstand des Mundanen‹ im Interesse der Soziologie.* Insofern ist Schütz' späte Husserl-Kritik nicht zuletzt ein programmatischer Aufweis des Standorts seiner eigenen *Sozial*theorie. Denn erklärtermaßen dokumentiert der Intersubjektivitäts-Aufsatz Schütz' »Abschied von der transzendentalen Konstitutionsanalyse«. »Jeder Versuch einer Klärung der Grundbegriffe der Husserl'schen Philosophie«, das eröffnet Schütz enttäuscht seinem Freund Gurwitsch am Ende einer langen Auseinandersetzung, »zeigt die Unhaltbarkeit der Konstruktion«,[271] einer Konstruktion, die ihm vormals die »untrügliche Gewißheit« bot, sich mit ihr »den einzigen echt wissenschaftlichen Boden philosophischer Einsicht erarbeitet zu haben«.[272] Gestrichen ist die Analyse der Leistungen des transzendentalen Ich. Gefordert wird eine »Ontologie der Lebenswelt«. Schließlich steht es für Schütz im Fortgang seiner Überlegungen immer weniger in Frage, »daß Intersubjektivität nicht ein innerhalb der transzendentalen Sphäre lösbares Problem der Konstitution, sondern eine Gegebenheit der Lebenswelt ist«.[273] Wenn also die »Möglichkeit der Reflexion auf das Selbst [...], die Fähigkeit zum Vollzug jeglicher Epoché, aber auch die Möglichkeit aller Kommunikation [...] auf der Urerfahrung der Wirbeziehung fundiert« ist, dann *konnte* »Husserls Versuch, die Konstitutionsleistungen der

268 Schütz (1971), »Transzendentale Intersubjektivität«, *GA III*, S. 111 u. S. 109.
269 Schütz (1971), »Transzendentale Intersubjektivität«, *GA III*, S. 116.
270 Vgl. James J. Valone (1977), »The problem of intersubjectivity in transcendental and mundane phenomenology«, in: *The Annals of Phenomenological Sociology*, 2, S. 63–86, hier S. 71.
271 Schütz/Gurwitsch (1985), *Briefwechsel*, S. 400 (SG 15.3.57) u. S. 461 (SG 3.2.59).
272 Alfred Schütz (1994), [Brief von] »Schütz an Husserl, 26.IV.1932 (Durchschlag)«, in: Husserl, *Briefwechsel*, Bd. 4, S. 481–483, hier S. 482.
273 Schütz (1971), »Transzendentale Intersubjektivität«, *GA III*, S. 116. Eher »noch offen« sieht Schütz 1942 dasselbe Problem in seinem Aufsatz zu »Schelers Theorie der Intersubjektivität«, in: ders. (1971b), *GA I*, S. 193.

transzendentalen Intersubjektivität aus den Bewußtseinsleistungen des transzendentalen Ego zu begründen«, nicht gelingen.[274]

Unabdingbar kann sozialwissenschaftliche Forschung für Schütz »ihre eigentliche Grundlage nicht in einer *transzendentalen* Phänomenologie« finden. Verwiesen ist sie ihm zufolge vielmehr darauf, eine »konstitutive Phänomenologie der
natürlichen Einstellung« zu entwickeln.[275] Da aber in der natürlichen Einstellung
die »Existenz Anderer kein Problem« ist, darf Schütz' Theorie in ihrem Ausgang
bereits voraussetzen, was Husserl noch hatte transzendentalphänomenologisch
aufklären wollen. Wenn die natürliche »Alltagswelt« nun, anders als die transzendentale Welt des Egos, »von Anfang an intersubjektiv« ist, weil »in der praktischen Ontologie dieses Wirklichkeitsbereichs [..] ich nicht allein« bin, liegt offen,
was für Schütz die Basis jeglicher sozialwissenschaftlichen Analyse sein muß:[276]
Interessieren muß sich der Soziologe für die »Phänomenologie der natürlichen
Einstellung«. Die Gegebenheiten der Sozialwelt sind nicht im Rückgang auf das
demiurgische Ich einer transzendental gerichteten Forschung zu hintergehen. Eine
Sozialtheorie, wie sie Schütz fordert, hat statt dessen »eine phänomenologische
Analyse der ontologisch als gegeben angesetzten Sozialwelt einzuschlagen«. Sie muß
»das Ich von vornherein im Wechselbezug mit Anderen zeigen«.[277] Aufheben muß
sie die Einklammerung der natürlichen Einstellung. Das vorzügliche Objekt dieser
phänomenologischen Theorie ist nicht mehr das transzendentale Ich. Statt jenem
spendet sie ihre Aufmerksamkeit dem mundanen Ego.[278] Entsprechend hat Waldenfels die Strategie, mit der Schütz der Phänomenologie Husserls den Rücken kehrt,
treffend charakterisiert: Es ist der »Aufstand des Mundanen gegen das Transzendentale«, den Schütz' späte Schriften propagieren.[279]

Soweit ist die Bestandsaufnahme des Verhältnisses von Schütz zu Husserl un-
problematisch. Das belegt zum Beispiel die sorgfältige Arbeit von Srubar, wenn sie
hervorhebt, daß für Schütz in Frontstellung gegen die »bloß bewußtseinsimma-
nente Betrachtung« die »Sozialität [..] die Subjektivität« fundiere – und »nicht umgekehrt«.[280] Auf dem Hintergrund der Einsicht in die Selbstgeschaffenheit der
menschlichen Lebensverhältnisse versucht Schütz des weiteren gewiß zu Recht, das
Brennglas der Forschung von der Aufklärung der Leistungen eines epistemisch

---

274 Schütz (1971), »Transzendentale Intersubjektivität«, *GA III*, S. 116.
275 Schütz (1971), »Husserls Bedeutung«, *GA I*, S. 172 (Herv. F.W.).
276 Alfred Schütz/Thomas Luckmann (1984), *Strukturen der Lebenswelt*, Bd. 2, Frankfurt a.M.,
     S. 157.
277 Schütz (1971), »Transzendentale Intersubjektivität«, *GA III*, S. 125.
278 Vgl. Maurice Roche (1973), *Phenomenology, Language and the Social Sciences*, London/
     Boston, S. 275.
279 Bernhard Waldenfels (1983), »Das umstrittene Ich. Ichloses und ichhaftes Bewußtsein bei A.
     Gurwitsch und A. Schütz«, in: Grathoff/Waldenfels (Hg.), S. 15–30, hier S. 24.
280 Srubar (1988a), S. 266.

angesetzten Ich auf den Boden der vorgegebenen Wirklichkeit zurückzuschwenken. Die Frage bei seinem Neuerungsversuch ist nur, ob Schütz' Analysen Husserls Phänomenologie überhaupt richtig deuten und es tatsächlich so ist, wie Schütz trotz aller Husserl-Kritik annimmt, daß »alles in der Reduktion Aufgewiesene seine Gültigkeit nach Rückkehr in die natürliche Einstellung der Lebenswelt« beibehalten kann.[281]

(4) *Metakritik.* Das wird hier bezweifelt. Da nämlich Schütz in seiner Auseinandersetzung mit Husserl zum einen die absolutistische Logik der phänomenologischen Methodologie nicht zu Gesicht bekommt, kann die Stoßrichtung seiner Kritik Husserls Phänomenologie nur wenig treffen. Dies läßt es zum anderen schwer verstehen, wie Schütz – entgegen aller Betonung der ›Wir-Beziehung‹, die sich, den vorstehenden Ausführungen zufolge, in unvermittelter Diskrepanz zur dezidiert egozentrischen Perspektive des ›*Sinnhaften Aufbaus*‹ in seinen späteren Schriften findet – die subjektzentrierte Analyseperspektive Husserls zusammen mit manchen Elementen aus dem Methodenarsenal der Phänomenologie umstandslos für die von ihm intendierte Soziologie der natürlichen Einstellung übernehmen kann. Denn wie soll eine *phänomenologische* Wissenschaft ohne ein transzendentales Ego möglich sein? Diese Frage fordert nun den weiteren Schritt, Schütz' Verständnis der Husserlschen Phänomenologie in den hier relevanten Bezügen zu überprüfen, nachdem die Basis der Schützschen Sozialtheorie im Abstand der *mundan* begriffenen Intersubjektivität zu Husserls *transzendentaler* Subjektivität zunächst nur aufgezeigt wurde. Schließlich soll diese Markierung von Schütz' eigener Position nicht Selbstzweck bleiben. Ihr kommt die Aufgabe zu, verständlich werden zu lassen, wie die ›ursprüngliche Aporie einer phänomenologischen Sozialtheorie‹ in Schütz' Unternehmen hatte Eingang finden können (Kap. II,3.) – und worin diese des näheren besteht.

So ist anhand seiner Husserl-Kritik zu beurteilen, wie sich Schütz' vermeintlich soziologische Transformation der phänomenologischen Theorie in ihren Anfängen gestaltet. Dazu bietet es sich an, die Diskussion in Anknüpfung an eine oft zitierte Passage des Intersubjektivitäts-Aufsatzes aufzunehmen. Gemeint ist die einprägsame Formulierung, in welcher er dem Denken Husserls vorwirft, die phänomenologische »Idee der Konstitution« habe sich in der Durchführung des phänomenologischen Philosophierens »unter der Hand und geradezu unversehens [...] von einer Aufklärung der Sinnstruktur, von der Aufklärung des Sinns des Seins, in eine Begründung der Seinsstruktur« gewandelt und das heißt »von einer Auslegung in eine Kreation«. »Husserls Fehlschlag« gründe daher darin, daß dieser »die lebensweltliche *Seins*gegebenheit der sozialen Welt als eine Konstitutionsleistung des transzen-

---

281 Schütz (1971), »Transzendentale Intersubjektivität«, *GA III*, S. 117. Vgl. auch *GA I*, S. 138 u. S. 154.

dentalen Subjekts darzustellen« suche.[282] Dies letztere wäre nun zweifellos eine ab-
surde These und zweifellos muß man, wie Srubar, Schütz beipflichten in der
Zurückweisung jeder »illegitime[n] ontologisierende[n] Eigendynamik«, nach
welcher es die transzendentale Konstitution sei, die »die soziale begründe«.[283] Für
sozialwissenschaftliche Theoriebildung steht das Nein zur transzendentalen Egologie außer Frage, ist sie doch darauf verwiesen, Subjekt und Denken ohne Vorgabe
einer universalen Geistigkeit – die zu erkennen, bedürfte es keiner Soziologie,
sondern Metaphysik – in ihrer *Genese* im Kontext einer gegebenen »naturalen
Sphäre«[284] verständlich zu machen. Allein *wie* Schütz die Grenze zur transzendentalen Phänomenologie zieht, verstellt den Blick auf die grundlegende Unverträg-
lichkeit seiner ›phänomenologischen‹ Theorie mit derjenigen seines »hochverehrten
Lehrers«.[285] Denn nach der Darstellung Schütz' scheint es, als habe Husserl die
phänomenologische Konstitutionsanalyse lediglich überzogen. So will Schütz die
von ihm »aufgezeigten *Aporien*« der Gedankengänge Husserls keineswegs als den
Aufweis eines »Versagen[s]« der transzendentalen Phänomenologie überhaupt« verstanden wissen. Husserl habe ja nur »bei seinem Anspruch, die Existenz der sozialen Welt aus den konstitutiven Bewußtseinsleistungen des transzendentalen Ego zu
begründen, von der Methode der transzendentalen Konstitution [...] ›einen über-
schwänglichen Gebrauch‹ gemacht«.[286] Hat aber nicht umgekehrt gerade Schütz die
von ihm für »fundierend« erklärte »*weltliche* Intersubjektivität« zum Maßstab für
eine Konzeption erhoben, die im Anschluß an eine völlig andersgerichtete Problemstellung entwickelt wurde?[287] Hat nicht vielmehr gerade Schütz das Kon-
stitutionsproblem ontologisiert, wo Husserl – in derselben Begrifflichkeit – allein
die Lösung der Problematik epistemologischer Begründung intendierte? Denn
gewiß fungiert das Ich bei Husserl »als erzeugende[s], konstituierendes«, das insofern »neue Gegenstände ursprünglich [zu] konstituieren« vermag,[288] doch ist dies
Ich, so Husserl, »also wirklich nichts in der Welt Vorkommendes«.[289] Nach Husserl
wäre es demnach ganz »unsinnig«, etwas »fassen zu wollen *als etwas*, das außerhalb
des Universums möglichen Bewußtseins, möglicher Erkenntnis [...] steht«.[290] Für
die Philosophie des absoluten Ich sind sämtliche Unterscheidungen, auch die
»zwischen Sein und Schein«, eine Angelegenheit der »Bewußtseinssphäre« des

282 Schütz (1971), »Transzendentale Intersubjektivität«, *GA III*, S. 117f. u. S. 122.
283 Srubar (1988a), S. 264f.
284 Schütz (1994), S. 482.
285 Schütz (1971), »Transzendentale Intersubjektivität«, *GA III*, S. 122.
286 Schütz (1971), »Transzendentale Intersubjektivität«, *GA III*, S. 125f. (Herv. F.W.). Schütz
     bezieht sich hier, wie er selbst anmerkt, auf einen »Kantischen Terminus«.
287 Schütz (1971), »Transzendentale Intersubjektivität«, *GA III*, S. 126.
288 Hua I, *Cartes. Med.*, S. 111.
289 Hua VI, *Krisis*, S. 410.
290 Hua I, *Cartes. Med.*, S. 117 (Herv. F.W.).

forschenden Phänomenologen. Noch »Transzendenz« ist ein »immanenter, innerhalb des ego sich konstituierender Seinscharakter«.[291] Wie sollte da so etwas wie die »offene Monadengemeinschaft, die wir als transzendentale *Intersubjektivität* bezeichnen«, anders als, »wie kaum gesagt werden muß, rein in mir im meditierenden ego, rein aus Quellen meiner Intentionalität für mich konstituiert« werden?[292] Husserls Absolutismus ist durchaus konsistent. Durch die bloße Entgegensetzung eines ›Zwischen‹ – zweier mundaner Subjekte – ist der Fluchtpunkt des in hoher Abstraktionslage angesiedelten transzendentalen Subjekts weder erfaßt noch widerlegt. Schütz jedoch läßt die argumentative Struktur der phänomenologischen Theorie Husserls unangetastet. Zuzustimmen ist daher Gadamer, wenn dieser den vom Theorem der ›Intersubjektivität‹ getragenen Angriff, den Schütz gegen Husserls transzendentales Ego führt, als einen »Rückfall« kritisiert, »wie ihn Husserl mit aller Mühe zu verhüten versucht hat«. Denn auch das Problem der Intersubjektivität hat Husserl nie davon abgebracht, »den methodischen Primat des transzendentalen Ego festzuhalten«.[293] Es ist also nicht der Absolutismus Husserls, dem Schütz nun hätte nachweisen können, nicht absolut genug gestritten, sich unwillentlich und nur vom Zwang der Sache geleitet in die Ebene der Mundanität verstiegen zu haben. Es ist vielmehr Schütz selbst, der Inkomparables kontrastiert. Schütz ist es, der zwar einerseits eine phänomenologische Theorie intendiert, andererseits jedoch die von Husserl geschaffenen Bahnen phänomenologischen Denkens nicht akzeptiert. Wenn Schütz daher mit der These der ›Kreation‹ den Eindruck erzeugt, die Husserlsche Aufklärung der ›Konstitution‹ fiele vom Studium des sinngebenden Zur-Erscheinungbringens in die Fallstricke eines subjektiven Idealismus, bei welchem der Geist noch selbst die mundane Welt erzeugen muß, dann übersieht er die innere Stringenz der Denkform Husserls, deren methodologischer Idealismus weder die Leugnung der mundanen, wirklichen Welt zulassen noch für deren Erzeugung einstehen kann.[294] Inwiefern man bei Husserl Konstitution aber doch als eine Art ›Kreation‹ verstehen kann, das hat Fink, auf den die Diskussion der Frage zurückgeht, lange vor Schütz bedacht und ausgeführt. Fink nämlich hat den Begriff der Kreation lediglich zur »Aufweisung des *produktiven* Charakters der transzendentalen Intentionalität« gerade im Gegensatz zur innerweltlichen, psychischen, »wesenhaft *rezeptiv[en]*« Intention verstanden wissen wollen und war sich auch beim ›harten Klang‹ seiner Bestimmung doch darüber im klaren, daß das in Frage stehende »›Konstituieren‹ [...] ein mit ontischen Begriffen nicht erreichbares [...] Verhältnis

291 Hua I, *Cartes. Med.*, S. 115 u. S. 117.
292 Hua I, *Cartes. Med.*, S. 158.
293 Gadamer (1987a), S. 134 u. S. 130.
294 Vgl. auch Richard Kozlowski (1991), *Die Aporien der Intersubjektivität.* Eine Auseinandersetzung mit Edmund Husserls Intersubjektivitätstheorie, Würzburg, S. 16.

bedeutet«.[295] Schütz jedoch faßt unter dem Begriff der Kreation die »der objektiven Welt für jedermann«, welche sich »innerhalb der transzendentalen Subjektivität« – was ja nicht wunder nehmen kann – als »unmöglich« erweist.[296]

3. Die ursprüngliche Aporie einer phänomenologischen Sozialtheorie

Damit hat er einen Widerspruch aufgewiesen, der für Husserl keiner war.[297] Dabei verdankt die phänomenologische Sozialtheorie diesem zwiespältigen Aufweis zweierlei. Zum einen legitimiert sie durch ihn ihr Fundament in kritischem Abstand zu Husserl. Zum anderen befreit sie sich in ihrer Distanzierung zugleich von einer schärferen Analyse derjenigen Forschungsrichtung, der sie schließlich nicht nur ihren Namen verdankt. Die Struktur des Husserlschen Denkens jedenfalls legt Schütz' Kritik der transzendentalen Phänomenologie nicht frei. Aber es ist nun klar, worin die grundlegende Differenz zwischen der phänomenologischen Theorie Husserls und Schütz' Sozialtheorie besteht: Letztere verzichtet auf das »Ur-Ich« der Husserlschen Philosophie, welches dort unter dem Diktat deren inneren Aufbaus als die Quelle aller konstitutiven Leistungen des Bewußtseins herhalten muß.[298] An seine Stelle plaziert sie die »Urerfahrung der Wirbeziehung«.[299] Damit tauscht sie Husserls »alter ego«, das für diesen noch »eben innerhalb der erfahrenden Intentionalität meines ego« hatte ausgewiesen werden müssen,[300] gegen denjenigen *Anderen*, der »in der natürlichen Welt« lebt,[301] – zu welchem Husserl freilich einen Zugang weder sucht noch findet.

Wenn sich der Sozialwissenschaftler Schütz »von der Voraussetzung eines gegebenen mundanen Du ausgehend« nun endlich dem »Boden der transzendentalen Subjektivität, [.. der] mundane[n] Intersubjektivität«, zuwendet, wirkt das zunächst wie eine Befreiung von »Husserls ganze[r] Subjektivitätstheorie«, die Schütz in immer entschiedenerer Bestimmung für den »verzweifelten Versuch« hält, »die transzendentale Phänomenologie [...] zu retten«.[302] Aber unterm Strich bedeutet Schütz' Angriff auf Husserls Philosophie der Subjektivität im Vergleich zu dieser nur bedingt einen Fortschritt. Auf der einen Seite vermag er zwar am Prinzipat des Geistes zu rütteln, der Husserls Phänomenologie bestimmt. Das geschieht darin,

295 Eugen Fink (1966), *Studien zur Phänomenologie 1930–1939*, Den Haag, S. 143.
296 Schütz (1971), »Transzendentale Intersubjektivität«, *GA III*, S. 118.
297 Vgl. King (1982), hier insbes. S. 54.
298 Hua VI, *Krisis*, S. 187.
299 Schütz (1971), »Transzendentale Intersubjektivität«, *GA III*, S. 116.
300 Hua I, *Cartes. Med.*, S. 175.
301 Schütz (1971), »Transzendentale Intersubjektivität«, *GA III*, S. 111.
302 Schütz (1974), *Sinnhafter Aufbau*, S. 230 und Schütz/Gurwitsch (1985), *Briefwechsel*, S. 280 (SG 20.4.52) u. S. 287 (SG 12.10.52).

daß er sich programmatisch bereit erklärt, die »Gegebenheit[en] der Lebenswelt« ohne den Ausweg eines Ursprungs-Ich anzuerkennen.[303] Nur hieraus ist es im übrigen zu erklären, daß Schütz die »Grundrelation des Wir«, die er in seinem Erstlingswerk nur peripher erwähnt, in Argumentationsnot gegen Husserl nun so emphatisch hervorhebt. Auf der anderen Seite jedoch übersteigt Schütz' ›Überwindung‹ der »transzendentale[n] Architektur« der Phänomenologie deren Zentralidee noch.[304] Denn an der Stelle, an welcher sich Husserls »strenge Wissenschaft« ihrer Grenzen durchaus bewußt zeigt,[305] geht Schütz weiter. Das ist dort der Fall, wo er Husserls strikt egologische Analyseperspektive aus der reduzierten Sphäre einfach in die Ebene des Mundanen übernimmt.[306] Die demiurgischen Kräfte des sinngebenden Ich sind dann nicht länger ausschließlich in der eine epistemologische Begründung erheischenden Analyse des meditierenden Phänomenologen zugänglich. Trotz Verlassen der »streng phänomenologische[n] Betrachtungsweise« verortet sie Schütz nunmehr als den Ursprung jeglicher »Sinnphänomene« selbst in der »mundanen Sozialität«.[307] Das ist die *Aporie*, die in das Unternehmen der phänomenologischen Sozialtheorie von ihrer Schützschen Grundlegung an eingelassen ist: Denn wenn der phänomenologische Denkansatz übernommen und einem absoluten Ich die Macht der Weltkonstitution zugestanden werden soll, dann wäre das freilich nur in demjenigen »geschlossene[n] Seinszusammenhang« möglich, in welchem dem transzendentalen Ur-Ego per definitionem alle Sinngebung übertragen ist.[308] Dem mundanen Ich solches zuzumuten, wie Schütz es tut, treibt die Egologie indes auf die Spitze.[309] Dies gilt um so mehr, als sich theorietechnisch eigentlich nur zwei Möglichkeiten bieten. Entweder man akzeptiert den Absolutismus des transzendentalen Ich, dann dürften die Akte der Sinnkonstitution nicht auf das ›fremde‹, irgendwie bestimmte *mundane* Subjekt der Sozialwissenschaft rückbezogen werden; oder man wendet sich mit Schütz – und zweifellos, wie oben ausgeführt, mit gutem Grund – gegen diese Denkart, die der »geistigen Welt« den »ontologische[n] Vorrang« einräumt,[310] dann ist es nicht gerechtfertigt, den alten Nullpunkt des phänomenologischen Koordinatensystems reempirisiert zu übernehmen. So einfach hatte es sich Husserl nicht gemacht. Immerhin war der Platz, den er zur Zurechnungsstelle des Wissens erkoren hat, nicht leicht zu finden. In die Welt mochte Husserl den Felsengrund nicht mehr legen. Denn lebendiger Natur ist bereits diejenige Erfahrungswelt, die er untersucht: Kein Ort für ein Fundament.

---

303 Schütz (1971), »Transzendentale Intersubjektivität«, *GA III*, S. 116.
304 Schütz/Gurwitsch (1985), *Briefwechsel*, S. 392 (SG 1.5.56).
305 Husserl (1981), *Philosophie als strenge Wissenschaft* [1911].
306 Vgl. Kozlowski (1991), S. 29.
307 Schütz (1974), *Sinnhafter Aufbau*, S. 137 u. S. 55.
308 Hua III/1, *Ideen I*, S. 105.
309 Vgl. Coenen (1985), S. 45.
310 Hua IV, *Ideen II*, S. 281. Vgl. auch Schütz (1971), »Husserls ›Ideen‹, Bd. II«, S. 68.

Allein die hergebrachte Matrix, die noch sein Denken organisiert, ist der Grund
dafür, daß selbst der Denkstil des Kritikers aller Fixierungen, dem nach den ›Sachen selbst‹ verlangt, auf einen Sicherungspunkt nicht verzichten kann. Der ›wirklichen Welt‹ indes hat er ihn nicht länger zumuten wollen. *Insofern* ist das *epistemische* Absolutum des reinen Ich ein Markstein des Fortschritts, der sich vom
Fortgang der Wissenschaften im Denken Husserls reflektiert. Um jede Verdinglichung der menschlichen Wirklichkeit zu vermeiden, hatte Husserl schließlich der
Subjektivitätsphilosophie eine letzte Zufluchtsstätte in der durch Abstraktion vom
Faktischen gewonnenen Sphäre gesucht. Aus Husserls Sicht kann deshalb ein in die
»raum-zeitlich materielle Welt« eingeordnetes Bewußtsein nur »objektiviertes [..] =
psychologisches Bewusstsein« sein, das vergißt, daß »doch eben diese Welt Phänomen des Bewusstseins ist: des absoluten Bewusstseins«.[311] Schütz hingegen hebt die
phänomenologische Suspension der natürlichen Weltgeltung auf, ohne zu fragen,
ob das transzendental vorausgesetzte Ich auch in der Welt der natürlichen Einstellung noch ein Erstes bleiben kann. Ohne weitere Bedenken erlaubt er es sich,
den mit den Mitteln der Phänomenologie beschriebenen Vorgang der Sinnkonstitution als eine Sache des empirischen Subjekts zu betrachten, das der beobachtende
Soziologe analysiert.[312]

Allerdings bedeutet dies für eine *phänomenologische* Untersuchung einen fol-
genreichen Unterschied. Auch provoziert es im Erkenntnisinteresse der vorliegenden Arbeit sofort die Frage, ob Schütz' Transformationsversuch dann anstelle des
›reinen Ich‹ der Phänomenologie nun etwa das empirische verabsolutiert. Daher ist
es an dieser Stelle angebracht, die krasse Differenz zum Denken Husserls, die sich
hier unter Beibehaltung der subjektzentrierten Ausrichtung in die sozialtheoretische Grundlegung Schütz' einschleicht, – mit einigen Belegen – noch einmal zu
verdeutlichen. Schließlich ist weder Husserls ›transzendentales Ich‹ am Gegenpol
des mundanen positioniert, noch springt die Unterscheidungskraft des Begriffs-
paares transzendental/mundan sofort ins Auge. Was das erstere betrifft, muß ja
bekanntlich selbst die transzendentale als eine »an mir am Werk seiende Subjektivität« verstanden werden, wie Strasser schreibt.[313] Insofern ist die Höhenlage der
Husserlschen Unterscheidung, die das »transzendentale Ich« als zwar »evident
›verschieden‹ vom natürlichen Ich, aber keineswegs als ein zweites, als ein davon
getrenntes« konzipiert, in der Tat nicht leicht nachzuvollziehen.[314] Verständlich
macht das den Unmut über dieselbe, wie er bei Schütz im Verlauf seiner Ausein-

311 Edmund Husserl (1973), *Zur Phänomenologie der Intersubjektivität.* Texte aus dem Nachlass,
     Erster Teil: 1905–1920, hrsg. von I. Kern, Den Haag (zit.: Hua XIII), S. 246.
312 William Outhwaite (1983), *Concept Formation in Social Science,* London usw., S. 93.
313 Stephan Strasser (1976), »Der Begriff der Welt in der phänomenologischen Philosophie«, in:
     Orth (Hg.), S. 151–179, hier S. 170.
314 Hua IX, *Phän. Psych.,* S. 294.

andersetzung immer mehr zum Vorschein kommt und darin mündet, daß Husserls ›Ich‹ für Schütz letztendlich »sowohl mundan als transzendental prinzipiell schizophren« erscheint.[315] Zum zweiten verwischt die von Husserl intendierte Unterscheidung, insbesondere auch die zwischen dessen Theorie und Schütz' sozialphänomenologischer Variante, zudem, sofern in der Schütz-Rezeption »stets« auf Husserls »grundlegende Ideen zur Phänomenologie des Bewußtseins [..] rekurriert wird, wenn [..] vom ›phänomenologischen Ansatz‹ oder auch von der ›Phänomenologie des Alltags‹ oder der ›Lebenswelt‹ gesprochen wird«.[316] Aufgrund dieser Sachlage sollen nun drei Überlegungen weiter dokumentieren, was Husserl und Schütz an zentraler Stelle trennt – und die Übernahme der phänomenologischen Perspektive in das Problemfeld soziologischer Forschung fragwürdig macht.

(1) Die erste Überlegung betrifft den von Husserl reklamierten »Parallelismus der beiden Strukturen« von Noesis und Noema. Hier kommt zum Vorschein, inwiefern Schütz einen völlig anderen Weg einschlägt, dessen Konsequenzen er jedoch nicht zureichend bedenkt. Während es nämlich im in sich durchaus konsistenten Ansatz Husserls die denkenden Akte selbst sind, welche die gedachten Gegenstände und das heißt auch ›Sinn‹ in einem Vorgang konstituieren, in welchem beides »voneinander unabtrennbar« bleibt,[317] reißt Schütz den Zusammenhang auseinander.[318] Während für Husserl der »Gegenstand des Bewußtseins [...] in ihm selbst als Sinn beschlossen« liegt,[319] ist der »Sinn einer Erfahrung« für Schütz nicht in dieser selbst aufzufinden. ›Sinn‹ ist in Schütz' Konstitutionsanalysen, wie im Vorkapitel gesehen, »keine Eigenschaft, die bestimmten Erfahrungen, die innerhalb unseres Bewußtseinsstromes auftauchen, innewohnt«. Vielmehr gilt ihm Sinn als die »Folge einer Deutung der vergangenen Erfahrung, die vom gegenwärtigen Jetzt in reflektiver Einstellung betrachtet wird«.[320] Insofern demnach »das ›Sinnhafte‹ [..] nicht im Erlebnis oder seiner noematischen Struktur, sondern nur in dem Wie der Zuwendung auf dieses Erlebnis« liegen soll,[321] unterläuft Schütz die für Husserl zentrale Idee der Intentionalität, nach der das Bewußtsein gewissermaßen die »Beziehung auf den Gegenstand‹ [...] selber *ist*« und ›Sinn‹ demzufolge etwas sein muß,[322] so

---

315 Schütz/Gurwitsch (1985), *Briefwechsel*, S. 440 (SG 21.7.58).
316 Grathoff (1989a), S. 57.
317 Hua III/1, *Ideen I*, S. 296f.
318 Vgl. auch Coenen (1985), S. 51f., Anm. 26.
319 Hua I, *Cartes. Med.*, S. 80.
320 Schütz (1971), »Mannigfaltige Wirklichkeiten«, *GA I*, S. 240f.
321 Schütz (1974), *Sinnhafter Aufbau*, S. 94.
322 Emmanuel Levinas (1973), »Über die ›Ideen‹ Edmund Husserls« [1929], in: Noack (Hg.), S. 87–128, hier S. 101 (Herv. F.W.).

Husserl, was »jedes intentionale Erlebnis [...] in sich [birgt]«.[323] Wenn Schütz daher
der transzendentalen Phänomenologie vorwirft, »bei einer Weltschöpfung durch
das Gottgewordene Ego zu enden«,[324] dann trifft das für seine eigene Konzeption in
noch stärkerem Maße zu. Denn dort ist die Subjektivität mächtig genug, als mundanes Subjekt dem eigenen Verhalten, das einem »Beobachter, objektiv gesehen, als
ein und dasselbe [..] erscheinen mag«, durchaus einen »sehr verschiedenen – oder
überhaupt keinen – Sinn« zu spenden.[325] So gesehen avanciert das Ich der Schützschen Sozialtheorie zu einem freien Kreator des Sinns, während es als das transzendentale Absolute Husserls noch stets an die Grenzen des vorgegebenen und einzigartigen Welterfahrens gebunden blieb.[326]

(2) Zweitens unterstreicht auch der oben dargestellte Sachverhalt, daß Husserl
Erkenntnis-, Schütz jedoch Wissenschaftstheorie betreibt, die grundsätzliche
Differenz. Husserl stellt die transzendentale Frage, die unabdingbar nur Rückfrage
sein kann. Er sucht nach dem ›absoluten Anfang‹, der den Wissenschaften endlich
ein sicheres Fundament soll gewährleisten können. Dabei vergißt er nicht, die
Herkunft der in den Wissenschaften praktizierten Methoden und Regeln in der
Lebenswelt aufzusuchen. Schütz hingegen sieht keinen Bedarf für eine solche
Grundlegung.[327] Sein Wissenschaftler geht direkt vom »*corpus* seiner [jeweiligen,
F.W.] Wissenschaft« und deren Regeln aus.[328] Er hat »kein ›Hier‹ in der Sozialwelt«,
sondern ist relativ frei darin, seinen jeweiligen Gegenstand zu modellieren: »Der
Sozialwissenschaftler baut die Bühne auf und verteilt die Rollen«.[329] Schließlich ist
sein hierfür wichtigstes Hilfsmittel, der Idealtypus, stets »eine Funktion der Interessenlage desjenigen, welcher ihn konstruiert«.[330] Offensichtlich hat Schütz also
auch in diesem Zusammenhang für Husserls phänomenologisches Erstes wenig
übrig. Er intendiert keine »Philosophie von unten«. Weder die Lebenswelt und
schon gar nicht das entweltlichte Ego verbürgen für ihn eine »in sicheren Fun-

---

323 Hua III/1, *Ideen I*, S. 202. Vgl. in bezug auf Schütz: Arthur S. Parsons (1977), *Alfred Schutz
    and the Foundations of Phenomenological Sociology* [Diss. Brandeis University], hier S. 35 u.
    S. 440 sowie Waldenfels (1979b), S. 3.
324 Alfred Schütz (1988), »Antwort auf Erich Vögelins Brief über Husserls "Krisis der europäi-
    schen Wissenschaften" (New York, 11.November 1943). Hrsg. u. eingel. von R. Grathoff«,
    in: List/Srubar (Hg.), S. 23–41, hier S. 29.
325 Schütz (1971), »Mannigfaltige Wirklichkeiten«, *GA I*, S. 240.
326 Robert Sokolowski (1964), *The Formation of Husserl's Concept of Constitution*, The Hague,
    S. 199.
327 Vgl. Gorman (1988), S. 206.
328 Schütz (1971), »Wissenschaftliche Interpretation«, *GA I*, S. 45. Vgl. auch James J. Valone
    (1976), »A critical theory of knowledge and the phenomenology of Alfred Schutz«, in: *Cul-
    tural Hermeneutics*, 3, S. 199–215, hier S. 210.
329 Schütz (1971), »Wissenschaftliche Interpretation«, *GA I*, S. 45 u. S. 48.
330 Schütz (1974), *Sinnhafter Aufbau*, S. 287.

damenten gründende [...] Wissenschaft«.[331] Statt dessen wählt Schütz in wissen-
schaftstheoretischer Hinsicht eine konventionalistische Methodologie, die ihrer
Herkunft nach, wie oben erörtert, auf ein neukantianisches Verständnis der
Erkenntnisproblematik zurückdeutet. Anders als Husserl, aber im Einklang mit
»jeder empirischen Sozialwissenschaft«, blickt Schütz aus der Perspektive des
»mitweltlichen Beobachters« auf den subjektiven Sinnzusammenhang eines in der
Sozialwelt lebenden ›Fremden‹.[332]

(3) Demnach hat sich Schütz gegen Husserls Absolutum – das doch »keine Realität«
und schon gar nicht der der Welt integrierte Andere ist[333] – von der transzendentalen *Rück*frage befreit. Ihn interessiert vielmehr die Verfassung dessen, was ohne
»ein weiteres Verbleiben in der transzendental-phänomenologischen Reduktion« im
*Gegenstands*feld seiner soziologisch motivierten Forschung auszumachen ist.[334]
Zumindest diesen letzten Sachverhalt kann ein Seitenblick in die Schütz-Rezeption
bestätigen. Denn wenn beispielsweise Eberle in der Diskussion der »metatheoretischen Ausgangsposition« von Schütz klarstellt, daß jener »in einem gewissen Sinn
an ontologischen Sachverhalten interessiert« ist,[335] bei Phillipson von den »ontologischen Grundannahmen der phänomenologischen Soziologie« die Rede und zur
Kennzeichnung der Schützschen Position verschiedentlich auf den »ontologischen
Primat der Intersubjektivität« hingewiesen wird (Srubar),[336] dann unterstreicht das
an dieser Stelle auf eine dritte Weise die These, nach welcher die phänomenologische Perspektive Husserls in den Arbeiten von Schütz nicht nur konterkariert,
sondern zudem in Richtung einer Ontologisierung respektive Mundanisierung der
vom Phänomenologen fokussierten Konstitution transformiert wird. Auch dies
fundiert den Hinweis auf die prinzipielle Diskrepanz der Ansätze von Husserl und
Schütz.
  Freilich ist letztere nicht allein im Interpretationstopos einer sukzessiven »Abkehr von der transzendentalen Phänomenologie« zu begreifen, wie er in der Schütz-
Rezeption breite Zustimmung findet.[337] Entschieden ist hier über die bisherige
Dokumentation hinauszugehen, in welcher Schütz' Konzeption nicht nur diskus-

331 Husserl (1981), *Phil. als strenge Wiss.*, S. 48 u. S. 67.
332 Schütz (1974), *Sinnhafter Aufbau*, S. 289.
333 Hua IV, *Ideen II*, S. 325.
334 Schütz (1974), *Sinnhafter Aufbau*, S. 56.
335 Eberle (1984), S. 262f.
336 Phillipson (1975a), S. 96 und Ilja Srubar (1983), »Abkehr von der transzendentalen Phäno-
    menologie. Zur philosophischen Position des späten Schütz«, in: Grathoff/Waldenfels (Hg.),
    S. 68–84, hier S. 77. Vgl. auch Helmut R. Wagner (1983b), »Toward an anthropology of the
    life-world. Alfred Schutz's quest for the ontological justification of the phenomenological
    undertaking«, in: *Human Studies*, 6, S. 239–246.
337 Srubar (1983).

sionslos der ›phänomenologischen Tradition‹ zugeschlagen, sondern zuweilen auch allein im Verweis auf die erkenntnistheoretischen Begründungsleistungen Husserls ›begründet‹ wird. Ist Schütz' Denken aber einmal als eine Anwendung der Ideen Husserls auf das Problemfeld der Sozialwissenschaften klassifiziert,[338] so reduziert sich erheblich die Chance, über eine nur wiederholende Darstellung hinaus zur Struktur der von Schütz' initiierten Sozialtheorie vorzustoßen. Verbaut ist der Weg dorthin, sofern man Schütz' Annahme eines isomorphen Verhältnisses zwischen der mundanen und der transzendentalen Analyseperspektive unbefragt übernimmt.[339] Denn Schütz vergegenwärtigt sich nicht, daß die Unterstellung einer entsprechenden Korrespondenz der beiden Betrachtungsweisen – die sich unter *bestimmten* Bedingungen auf Husserl berufen darf [340]–, *dann* in sich zusammenfallen muß, wenn die fundierende transzendentale Perspektive eingezogen wird – und das ist bei Schütz der Fall.[341] Zwar besteht nach Husserl tatsächlich die Möglichkeit, die Ergebnisse der transzendentalphänomenologischen Analyse für eine »auf dem Boden der natürlichen Weltbetrachtung« stehende Psychologie nutzbar zu machen, *doch* ist das Denken Husserls bereits entwickelt genug, zu wissen, daß das »Menschen-Ich« der »positive[n] Wissenschaft« letztlich kein sicheres Fundament sein kann – man es »also relativieren könnte«. Nur das »transzendentale ego« seiner eigenen, der »absolute[n] Phänomenologie« ist für Husserl irrelativ.[342] Es ist die letzte Fluchtburg der Denkform des Absolutismus.

Schütz hat sich dieser Problematik jedoch nicht gestellt. Er hat nicht berücksichtigt, daß die Verabsolutierung des Ich und mit ihr die egologische Perspektive *bereits* für Husserl nur noch in der transzendentalen Dimension denkbar war. Entsprechend enthob er sich, die genauen Folgen seiner Zurückweisung der *transzendentalen* Phänomenologie zu bedenken und entsprechende Konsequenzen zu ziehen.[343] So bricht Schütz zwar dem Absolutismus des ›Geistes‹ die Spitze, indem er dem phänomenologischen ›Ich‹ »das transzendentale Gewand« abstreift,[344] doch holt ihn jener auf mundanem Boden wieder ein: Gegen Schütz muß die Übernahme der phänomenologischen Orientierung in der Konzeption des sozialwis-

---

338 Natanson (1970b), S. 119.

339 Srubar allerdings, der den ›phänomenologischen‹ Ansatz in der Soziologie immer wieder auf dem Prüfstand kritischer Einwände reflektiert, fragt nach, doch hofft auch er »auf eine mögliche Lösung bei Husserl«. Ilja Srubar (1979), »Die Theorie der Typenbildung bei Alfred Schütz. Ihre Bedeutung und ihre Grenzen«, in: Sprondel/Grathoff (Hg.), S. 43–64, hier S. 62, Anm. 1.

340 Vgl. z. B. Hua IX, *Phän. Psych.*, S. 250.

341 Vgl. dazu Natanson (1970b), S. 115.

342 Hua I, *Cartes. Med.*, S. 107.

343 Vgl. dazu Joseph J. Kockelmans (1981), »Deskriptive und interpretierende Phänomenologie in Schütz' Konzeption der Sozialwissenschaft«, in: Sprondel/Grathoff (Hg.), S. 26–42, hier S. 38.

344 Waldenfels (1983), S. 25.

senschaftlichen Forschungsobjekts aber als eine unbegründete ontologische These zurückgewiesen werden. Schütz wendet sich nicht nur dem empirischen Ich zu. Er unterstellt im Gegenstandsbereich seiner Sozialtheorie, was Husserls Verabsolutierung des transzendentalen Ich selbstredend nur in epistemologischer Hinsicht hatte erforschen können – und wollen. Hierin hat die Aporie, welche die metatheoretische Basis der phänomenologischen Sozialtheorie kennzeichnet, ihren Grund. Schließlich beläßt das Studium der Phänomenologie nur zwei Möglichkeiten: Ist Husserls Egologie richtig, dann verbietet sich ihre Mundanisierung. Ist sie falsch, dann bleibt kein Anlaß, die egologische Perspektive als einen gleichsam ontologischen Sachverhalt in die Erforschung einer empirischen Welt zu übernehmen, in welcher das wie auch immer in die ›Wir-Relation‹ eingelassene mundane Ich zum Fundament und Zentrum erhoben ist.

4. Zwischenbetrachtung. *Das ›absolute Ich‹ auf weltlichem Boden*

Damit muß die Beurteilung der sozialtheoretischen Konzeption von Schütz im Rückblick auf die Struktur der phänomenologischen Theorie Husserls zwiespältig ausfallen. Denn es sind zwei Tendenzen, die sich in Schütz' Theoriebildung widerstreiten. So ist einerseits die »phänomenologische Analyse [...] der natürlichen Weltanschauung«, wie sie Schütz einfordert,[345] zunächst als ein Versuch der Überwindung derjenigen Denkform zu verstehen, die vom »Vorrang der geistigen Welt« ausgeht.[346] Statt über die Verfahren der phänomenologischen Reduktion »die natürliche Einstellung [...] zu überwinden«, um die Leistungsmechanismen eines transzendentalen Ich freizulegen, fordert Schütz, gerade den »Mensch[en] in der natürlichen Einstellung«, der weder seine Welt noch sein Wissen, sondern genau »seine Zweifel an der Existenz dieser Welt [...] ›in Klammern setzt‹«, zum vorzüglichen Gegenstand der Sozialwissenschaft zu erheben.[347] In einer Art Arbeitsteilung konzediert er, obgleich mit der Zeit »so häretisch geworden« in bezug auf Husserls phänomenologische Forschung,[348] zwar jener noch die Behandlung von manchen »philosophischen Aspekten«, doch steht für ihn außer Frage, daß sich die Sozialwissenschaften mit der Lebenswirklichkeit nicht im Rückblick auf ein Ursprungs-Ich befassen können, sondern nur im Blick darauf, wie diese in der »natürlichen Einstellung erfahren wird«. Die von Schütz untersuchten Subjekte sind »Menschen«. »Vorgegeben« ist ihnen eine »sozio-kulturelle Welt«. »Hineingeboren« sind sie in

345 Schütz/Gurwitsch (1985), *Briefwechsel*, S. 279f. (SG 20.4.52).
346 Hua IV, *Ideen II*, S. 281 (Kapitelüberschrift der Herausgeberin).
347 Schütz (1971), »Mannigfaltige Wirklichkeiten«, *GA I*, S. 263.
348 Schütz/Gurwitsch (1985), *Briefwechsel*, S. 440 (SG 21.7.58).

diese:[349] Schütz orientiert das phänomenologische Denken um aufs empirische Subjekt. So sprengt der von ihm gewählte Ansatz das absolutistische Theoriesystem des *transzendentalen* Ich.

Dennoch kommt Schütz' Sozialwissenschaft von der Denkform der von Husserl begründeten phänomenologischen Theorie nicht wirklich los. Das ist die Kehrseite seines Überwindungsversuchs. Nicht anders als Husserl sucht Schütz ein Erstes. Nur findet er das mundane Ich (resp. Wir). Dessen sinngebende Aktivitäten wollen von Schütz' Soziologie *verstanden* werden. Dabei bleibt auch das von Schütz fokussierte Subjekt – wenngleich in der raum-zeitlichen Welt angesiedelt – ein Bewußtsein. Insbesondere bleibt es, wie bei Husserl, Zentrum und Ausgangspunkt der vom Phänomenologen zu beschreibenden Konstitution seiner subjektiven Welt. So ontologisiert Schütz gleichsam Husserls erkenntnistheoretische Figur des Ego cogito: Er räumt jenem noch in der mundanen Sphäre den Primat ein. Entsprechend scheint es zunächst auch, als hätten die von der phänomenologischen Sozialtheorie untersuchten Aktoren freie Wahl beim sinnhaften Aufbau ihrer individuellen Welt. Schließlich ergeht es Schütz' sinngebendem Subjekt nicht anders als seinem neukantianischen Wissenschaftler. Weder das eine noch der andere weiß, wie es ›wirklich gewesen‹ ist: Wie das mundane Subjekt, phänomenologisch betrachtet, im »reflexive[n] Blick« einem bereits »abgelaufenen, entwordenen Erlebnis« Sinn attestiert,[350] so bleibt auch der Wissenschaftsgemeinschaft im Sinne Schütz' nichts anderes, als ihre Gegenstände nach eigenem Entwurf zu modellieren. Einen Zugang zum ›Fremden‹ gibt es nicht. Immer nur läßt sich deuten. Indes nimmt das nicht wunder. Denn wo das Jetzt und Hier des Ich-Subjekts, wo »das ›hic‹ [...] Nullpunkt eines Koordinatensystems« ist,[351] an welches sich die Analyse hält, gibt es keine andere Realität als die der ›subjektiven Perspektive‹. Zumindest bleibt jene andere – in Schütz' phänomenologischer Optik – ohne Struktur. Ob Sinn, ob idealtypische Konstrukte: Beides ist Entwurf des Subjekts.

Somit erneuert sich Husserls ›Ich‹ – auf mundanem Boden. Insofern kommt Schütz' Ausbruchsversuch nicht weit. Denn auch die methodischen Anleitungen, die Schütz den Untersuchungen des sinnhaften Aufbaus der sozialen Welt auf den Weg gibt, rücken nicht ab von der phänomenologischen Figur eines ›Ich‹, das sämtliche Fäden seines sinngebenden Lebens selbst in der Hand hält. So trifft die Kritik am Fundamentalismus der phänomenologischen Egozentrik Husserls die Konzeption von Schütz nicht minder. Gleichwohl geht letztere im Ansatz Husserls nicht auf. Daher wird nun in einem Zwischenschritt auf die Problemlast hingewiesen, die sich eine Sozialtheorie einhandelt, die das Denkmodell Husserls zwar nicht im Gehalt, jedoch seiner Struktur nach transportiert. Dabei beschränkt sich die

---

349 Schütz (1971), »Husserls Bedeutung«, *GA I*, S. 167f.
350 Schütz (1974), *Sinnhafter Aufbau*, S. 95.
351 Schütz (1971), »Husserls Bedeutung«, *GA I*, S. 170.

Darstellung *zunächst* auf diejenige Kritik, die Schütz' *ichzentrische* Analyse provoziert. Inwieweit sich Schütz' Theorie in ihrer Entwicklung vom Ansatz des ›*Sinnhaften Aufbaus*‹ womöglich lösen kann und sich gegen die These einer egologisch beschränkten Soziologie, das heißt einer »Soziologie ohne Gesellschaft«,[352] zu wehren vermag – wovon ihre Verteidiger ausgehen[353] –, kann daher vorerst außer Betracht bleiben. Die hier unternommene Strukturanalyse wird zeigen, soviel vorneweg, daß sich Schütz' Sozialtheorie trotz eines perspektivischen Wandels, in dem das zunächst egologisch isolierte ›Ich‹ in den ›Strukturen der Lebenswelt‹ relativiert wird, in ihrer Form nicht wandelt – und die bleibt husserlsch. Sie bleibt die einer absolutistischen Theoriestrategie, die im Falle Schütz' überdies substanzlogische Züge rückgewinnt. Denn während Husserls Erstes – in der Sphäre der *reinen* Geistigkeit angesiedelt – praktisch unauffindbar bleibt, ist dasjenige Schütz' wieder aus solchem Stoff, der es als Urgrund einer auf ihn zurückgeführten Welt erlaubt, ihn eine Substanz zu nennen: das konkrete innerweltliche ›Ich‹, das seine Welt selbst erzeugt.

Allerdings steht mit den hier konturierten Bestimmungen viel auf dem Spiel. Wie geradlinig es der strukturlogischen Analyse der phänomenologischen Theorie auch immer gelingen mag, die ihrem Gegenstand zugrundeliegenden Denkformen hervorzukehren, in jedem Fall lädt sie sich dabei eine hohe Beweislast auf. Schließlich zielt sie auf den kognitiven Kern differenziert ausgeformter Theoriekonstruktionen. Doch müssen ihre Thesen von hohem Allgemeinheitsgrad auch im Detail noch stimmen. Daher wird im folgenden noch einmal untermauert, warum es im Studium der Schützschen Konzeption gerechtfertigt ist, von einer solchen Transformation der phänomenologischen Theorie zu sprechen, die in ihrem Effekt das »absolute Ich« Husserls auf weltlichem Boden wiederholt (a).[354] Des weiteren wird die hier erarbeitete Analyse gegen zwei denkbare Einwände verteidigt (b), ehe dann der Weg frei ist, noch im Rahmen der Zwischenbetrachtung einen ersten

---

352 Rolf Eickelpasch/Burkhard Lehmann (1983), *Soziologie ohne Gesellschaft?* Probleme einer phänomenologischen Grundlegung der Soziologie, München. Während der plakative Titel auf Mayrls Arbeit zur Ethnomethodologie Garfinkels zurückweist – die sich mit Schütz' Konzeption in manchem vergleichen läßt – liegt die entsprechende Kritik der Sache nach mit Habermas' frühem Literaturbericht zur »Logik der Sozialwissenschaften« bereits seit dem Jahr 1967 vor. Dabei dürfte es sich, was die hier in Frage stehende Problematik betrifft, um die einflußreichste Auseinandersetzung handeln, die in deutscher Sprache bislang vorgelegt wurde. Vgl. William W. Mayrl (1977), »Ethnomethodology: sociology without society?«, in: Dallmayr/McCarthy (Hg.), S. 262–282 und Jürgen Habermas (1985), *Zur Logik der Sozialwissenschaften*, Kap. 4,6., Der phänomenologische Ansatz [1967], 5. Aufl., Frankfurt a.M., S. 207–240.

353 Vgl. z. B. Srubar (1988a), S. 296, Anm. 24.

354 Edmund Husserl (1959), *Erste Philosophie (1923/24)*, Zweiter Teil: Theorie der phänomenologischen Reduktion, hrsg. von R. Boehm, Haag (zit.: Hua VIII), S. 506.

Einblick in die Problemlage zu geben, die sich Schütz unter dem methodischen Diktat der phänomenologischen Analyseperspektive einhandelt (c).

a) Primat des Ich?

Inwiefern gewährt also auch Schütz – gut phänomenologisch – dem ›Ich‹, obwohl aus der transzendentalen Sphäre entlassen, einen solchen Vorrang, daß es sinnvoll bleibt, es weiter ›absolut‹ zu nennen? Drei Gründe sind zu nennen. Schütz' ›Ich‹, das er seinen Analysen als ein phänomenologisches *fundamentum inconcussum* voraussetzt, hat drei Merkmale. Es ist allein. Es ist vor aller Welt, und es hat keine Geschichte. Allein ist es, weil Schütz, wie E. Düsing schreibt, »die einzelne, sich für sich konstituierende Person als selbstverständlich vorauszusetzenden elementaren Faktor« seinen Betrachtungen unterlegt.[355] Es erscheint ohne Welt, da Schütz den Konstitutionsprozeß der Handlung nicht aus seiner externen Bedingungslage heraus verständlich macht, sondern der nicht weiter aufklärbaren immanenten Erinnerung eines sinngebenden Bewußtseinsstroms zuschreibt. Zudem kennt das »erfahrende Ego cogitans« des ›Sinnhaften Aufbaus‹ keine Bildungsgeschichte.[356] Indem Schütz mit Husserl »immer vom gesunden erwachsenen Menschen höchster Wachheitsstufe« ausgeht, setzt er ein fertiges, vollständig ausgebildetes und der Reflexion bereits mächtiges »Selbst« stets als gegeben voraus und unterschlägt dabei,[357] daß dieses ein »Entwicklungsphänomen« ist, dessen »Entstehung [...] als ein *prozessuales* Geschehen« verstanden werden muß.[358] Dazu kann Schütz jedoch keinen Zugang finden, da der strukturelle Zwang der phänomenologischen Theorie es nicht erlaubt, die Genese des Subjekts als einen Vorgang in der Zeit und im Kontext äußerer Bedingungen zu rekonstruieren. Phänomenologisch nimmt Schütz das Gegebene hin und erklärt es zur Leistung eines schöpferischen ›Ich‹.

355 Edith Düsing (1986), *Intersubjektivität und Selbstbewußtsein*. Behavioristische, phänomenologische und idealistische Begründungstheorien bei Mead, Schütz, Fichte und Hegel, Köln, S. 7.
356 Schütz (1974), *Sinnhafter Aufbau*, S. 135, Anm. 74.
357 Schütz (1971), *GA I*, S. 158 u. S. 247. Vgl. dazu auch Ralf Twenhöfel (1985), *Handeln, Verhalten und Verstehen*. Eine Kritik der verstehenden Soziologie Max Webers und Alfred Schütz', Königstein/Ts., S. 169f.
358 Beate Rachstein (1992), *Der Aufbau des Selbst beim Kind*. Zur Entstehung des Selbstbewußtseins in den ersten Lebensjahren, Wiesbaden, S. 18 u. S. 152.

b) Einwände

Ist es deshalb aber bereits berechtigt, auch Schütz eine ›Verabsolutierung‹ vor-
zuwerfen? Denn verbietet es sich nicht, einer Position, der doch mit Recht *relativi-
stische* Züge bescheinigt werden,[359] im Strukturvergleich dieselbe Denkform zuzuschreiben wie dem Ansatz Husserls – wo dem offenen »Heroismus der Vernunft«
des letzteren die genannten Tendenzen von Schütz' phänomenologischer Theorie
doch als völlig unvereinbar hätten erscheinen müssen?[360] Schließlich ist zu sehen,
daß Schütz, anders als Husserl, nicht mehr auf erste Prinzipien rekurriert oder
einen ›absoluten Anfang‹ sucht. Wie sollte sein Denken da noch an einer absolutistischen Logik haften? Darauf ist zweierlei anzumerken. Erstens geht es nicht um
theoriepolitische Bekenntnisse für oder wider eine universale Vernunft. Nicht
einmal die inhaltliche Ausgestaltung der jeweiligen Theoriegerüste interessiert.
Vielmehr zielt die wissenssoziologische Analyse hier darauf, die Organisations-
strukturen der untersuchten Ansätze einsichtig zu machen – und nur in dieser
Dimension wird hier die Parallele der in der angegebenen Hinsicht so verschieden
erscheinenden ›Positionen‹ beansprucht. Zweitens löst sich das vermeintliche
Problem von selbst, sofern man einem entsprechenden Hinweis Husserls folgt. Für
den Kritiker jedweder Form des Historismus nämlich mündet ein Denken, welches
das »empirische Geistesleben [...] *absolut* setzt, ohne es gerade zu naturalisieren«, in
einen »Relativismus, der [... in] skeptische Schwierigkeiten verwickelt«.[361] Insofern
läßt sich sehen, daß Schütz, indem er den strukturlogischen Absolutismus Husserls
aus seinem epistemologischen Kontext löst und dessen tragendes Ursprungs-Ich in
die empirische Welt überführt, das erkenntnistheoretische *Fundament* der phänomenologischen Theorie nicht lediglich streicht. Vielmehr ergeben sich für Schütz'
Sozialtheorie gerade *aus* der *Verabsolutierung* des konkreten Ich notwendig relativi-
stische Implikationen: Schließlich kommt dieses im Unterschied zum transzendentalen nur in der Mehrzahl vor. Welches sollte da noch ein Maßstab sein?

Ein weiterer denkbarer Einwand kann der Schütz-Monographie von Thomason
abgewonnen werden, deren Hauptaussage die ist, daß Schütz' Sozialtheorie strikt
methodologischen Charakters sei. Gut phänomenologisch habe sich Schütz nie zu
ontologischen Behauptungen über den ›wirklichen‹ Status der sozialen Realität
hinreißen lassen.[362] Weder behaupte Schütz, die Sozialwelt ginge in den entsprechenden Definitionsleistungen der Individuen auf, noch bestünde er darauf, daß die
im Bewußtsein der Einzelnen aufgebaute Realität die für die Sozialwissenschaften

---

359 Vgl. Hazelrigg (1989), Kap. 4,7., »Alfred Schutz (1899-1959)«, S. 320-336, insbes. S. 329-333.
360 Hua VI, *Krisis*, S. 348.
361 Husserl (1981), *Phil. als strenge Wiss.*, S. 49 (Herv. F.W.).
362 Vgl. Thomason (1982), S. 63 u. S. 127.

einzig relevante sei.[363] Da Schütz' Analyse der sinnhaften Konstruktion der Sozialwelt seitens handelnder Aktoren sich zu einer ›ontologischen Neutralität‹ bekenne
und Schütz insofern einen ›methodologischen Konstruktivismus‹ verfolge, müsse
bezüglich seiner Perspektive eines klar sein: »He never presented this view as any
kind of ontological absolute.«[364] Wie sollte jemandem wie Schütz daher vorgewor-
fen werden können, er habe Husserls demiurgisches Ich ›ontologisiert‹? Gewiß ist
diesem Einwand darin recht zu geben, daß Schütz - nach eigenem Zeugnis - »niemals ein ontologischer Dogmatiker war«.[365] Natürlich war Schütz, so Thomason,
»fully aware that his own conception of models could not then masquerade as the
real reality«.[366] Das ist nicht zu bestreiten. Aber darum kann es nicht gehen. Denn
die Verteidigung der Schützschen Position, die sich hier mit Thomason gegen alle
›Verdinglichung‹ zur ›humanistischen Perspektive‹ der Schützschen Theorie bekennt,[367] übersieht, daß zwei Betrachtungsebenen unterschieden werden müssen.
Denn in epistemologischer Hinsicht, das wurde oben gezeigt, ist Schütz in der Tat
skeptisch. Hier sieht er den Sozialwissenschaftler tatsächlich als den »Direktor
dieses Marionettentheaters, das wir das Modell der Sozialwelt nennen«.[368] Nur in
der Konzeption des Forschungsobjekts der von ihm begründeten Methodologie
hingegen kommt es zur Übernahme des phänomenologischen Denkmodells. In
dieser Ebene mundanisiert Schütz dessen Figur des ›absoluten Ich‹ - gerade ohne
dasselbe in einer empirischen Bedingungskonstellation zu relativieren. Daß er nun,
wie Thomason argumentiert, die Ergebnisse seiner Theoriekonstruktion nicht mit
der ›wahren Wirklichkeit‹ verwechselt, trägt dabei wenig zur Analyse der ersteren
bei. Schließlich interessiert gerade, *wie* sich Schütz' Theorie ausformt und *was*
Schütz angesichts der Aufgabe der Sozialwissenschaft, einen Zugang zu ihrem
Gegenstand zu finden, als Lösung vorschlägt. Schütz verabsolutiert nicht seine
Theoriekonstruktion. Seine Theorie verabsolutiert den in ihr konstruierten
Forschungsgegenstand.

c) Kritik der egozentrischen Konstitutionsanalyse

Gerade daß sie das tut, ist das Problem. So ist selbst für Schütz »nicht ohne weiteres
zu sehen, warum in den Sozialwissenschaften die subjektive Perspektive einen
solchen Vorrang genießen soll«, wie es in seiner Konzeption der Fall ist.[369] Dabei

---

363 Thomason (1982), S. 162.
364 Thomason (1982), S. 69, S. 62 u. S. 162.
365 Schütz/Parsons (1977), S. 116.
366 Thomason (1982), S. 62.
367 Vgl. Thomason (1982), S. 160.
368 Schütz (1971), »Wissenschaftliche Interpretation«, *GA I*, S. 48.
369 Schütz/Parsons (1977), S. 60.

gilt es unstrittig als seine Leistung, die subjektiven Deutungsvorgänge der in der Sozialwelt Lebenden zu einem vorzüglichen Thema erhoben und der Sozialwissenschaft ins Gedächtnis geschrieben zu haben. Wenn Giddens davon ausgeht, daß die Sozialwissenschaften es »mit einer vor-interpretierten Welt zu tun [haben], in der die Bedeutungen, die von aktiven Subjekten entwickelt werden, tatsächlich in die reale Konstitution oder Produktion jener Welt Eingang finden«,[370] oder sich das Problem der Interpretation für Habermas bereits »bei der Gewinnung und nicht erst bei der theoretischen Beschreibung« der den Sozialwissenschaften vorgegebenen Daten stellt, da deren Grundlage, die Alltagserfahrung, »ihrerseits schon symbolisch strukturiert und bloßer Beobachtung unzugänglich« sei,[371] dann ist unverkennbar Schütz der Ahne, der auf die Methodologiediskussion der Sozialwissenschaften starken Einfluß nimmt. Der Kritik hier kommt es auf anderes an. Nicht dem, was er zum Thema wählt, sondern wie er es tut, gilt der Einspruch. Kritik verdient allein das Denkmodell, *in* welchem sich Schütz seinem Forschungsfeld annimmt. Denn seine Analyseperspektive führt in eine Problemlage, aus der sich auf dem Boden der inneren Logik seines Ansatzes kein Ausweg findet. Drei Hinweise können dies verdeutlichen. Sie zielen auf drei Schwierigkeiten: eine erkenntnistheoretische, eine methodische sowie eine ›ontologische‹.

Was letztere betrifft, handelt es sich um die *implizite Ontologie* der Schützschen Untersuchungen. Gemeint ist dabei derjenige Punkt der phänomenologischen Theorie, »an dem dem unmittelbaren Wissen des Subjekts ein fast metaphysischer Status zugeschrieben« wird – was nicht nur von Parsons, von dem die Formulierung stammt, nicht akzeptiert werden kann.[372] Schließlich steht gerade Husserls Phänomenologie gleichsam als *letzte* Station am Gipfelpunkt der Ausgestaltung derjenigen Kernstruktur des Denkens, die sich durch den Rekurs auf einen Punkt absoluter Zurechnung auszeichnet. *Diesen* zu reempirisieren kann nur ein Rückschritt sein. Die in empirischer Hinsicht verstandene Behauptung eines »Primat[s] der Subjektivität vor der Gesellschaft«, mit der man Schütz dementsprechend kritisiert,[373] war bereits für das Denken Husserls nicht mehr akzeptabel. Allerdings steht Schütz' Unterstellung eines Fixpunktes im mundanen Ich nicht nur im Widerspruch zum bei Husserl erreichten Niveau der Theoriebildung. Sie widerspricht auch dem soziologischen Interesse, aus welchem heraus Schütz immerhin seinen »Abschied von der transzendentalen Konstitutionsanalyse« erklärt.[374] So trägt Schütz eine aporetische Erblast aus der Phänomenologie Husserls, die ihm

370 Giddens (1984), S. 179.
371 Jürgen Habermas (1981), *Theorie des kommunikativen Handelns*, Bd. 1, Handlungsrationalität und gesellschaftliche Rationalisierung, Frankfurt a.M., S. 162.
372 Schütz/Parsons (1977), S. 129.
373 Vgl. E. Düsing (1986), S. 8.
374 Schütz/Gurwitsch (1985), *Briefwechsel*, S. 400 (SG 15.3.57).

letzterer nicht mitgegeben hat. Schütz' Einspruch gegen die transzendentale
Phänomenologie zieht nicht die Schlüsse, über die allein er konsequent hätte
werden können. Vielmehr versucht Schütz eine Art empirische Analyse in
transzendentaler Einstellung. Trotz transformiertem Forschungsfeld im Vergleich
zum Arbeitsgebiet Husserls unternimmt er nicht anders als jener weiter die Rückführung auf einen Einheitspunkt. Doch das empirische Subjekt ist kein »Mensch
ohne Geschichte« wie Schütz' ›Fremder‹.[375] Es ist kein Letztes. Auch diejenigen
Regeln, die sich im Aufbau der subjektiven Sinnwelt eines Individuums dechif-
frieren lassen, stehen unter empirischen Bedingungen und können sich ändern. Sie
sind, so Habermas' frühe Kritik, »ihrerseits Produkt von gesellschaftlichen Prozessen, die es zu begreifen gilt«.[376] Nicht möglich an letztere heranzukommen ist es
jedoch, sofern mit Schütz stets »notwendig auf den subjektiven Standpunkt [ver-
wiesen wird, F.W.], das heißt auf die Interpretation des Handelns und seines Situa-
tionsrahmens, so wie diese vom Handelnden selbst erfaßt werden«.[377] Die in
Schütz' Wissenschaft verborgene Ontologie des fertigen, kreativen und reflektierenden Ich-Subjekts duldet hier keinen Überstieg.

   Nicht anders verhält es sich in *erkenntnistheoretischer Hinsicht*. Zwei Überlegungen können das demonstrieren. Die erste überläßt sich Schütz' phänomenologischer Orientierung, insofern diese in die Konzeption des Forschungsobjekts der
verstehenden Soziologie Eingang findet. Die zweite nimmt Schütz' erkenntnis-
kritischen Standpunkt beim Wort. Beide Wege führen in eine je paradoxe Problem-
konstellation. Denn fragt man mit Schütz auf der einen Seite wirklich ernsthaft,
»was geht im Bewußtsein des Handelnden, in dessen Perspektive tatsächlich
vor?«,[378] so wird man, das reale »Ich als Zurechnungspunkt« zunächst als ontologische Gewißheit verstanden,[379] im Einklang mit Schütz zugeben müssen, daß der
vermeinte subjektive Sinn nie der »fremde ›gemeinte Sinn‹« wird sein können, da
dieser »immer und auch bei optimaler Deutung ein Limesbegriff bleibt«.[380] So
gesehen könnte die Untersuchung ihren empirisch kontingent vorgefundenen Gegenstand nie erreichen. Aber so ist es andererseits von Schütz gar nicht gemeint
– zumindest nicht dann, wenn er erkenntniskritisch reflektiert. In dieser Hinsicht
steht er, wie gesehen, der Sache nach im Banne neukantianischer Vorstellungen.
Hier weiß er, daß noch die Konstrukte ersten Grades, um die es der Sozialwissenschaft im Sinne Schütz' zu tun sein muß, auch nur als »subjektive Phänomene im
Rahmen eines objektiven Begriffsschemas zu bearbeiten« sind und daher, sobald

375 Schütz (1971c), »Der Fremde«, *GA II*, S. 53–69, hier S. 60.
376 Habermas (1985), S. 258.
377 Schütz (1971), »Wissenschaftliche Interpretation«, *GA I*, S. 39.
378 Schütz/Parsons (1977), S. 52.
379 Schütz (1974), *Sinnhafter Aufbau*, S. 101.
380 Schütz (1974), *Sinnhafter Aufbau*, S. 49.

erfaßt, bereits der Beobachterebene zweiter Ordnung zuzählen.[381] Warum aber sollte dann ein sozialwissenschaftlicher Beobachter, der als aufgeklärter Nachfolger Kants keine ontologischen Gewißheiten voraussetzen kann, davon ausgehen, daß alles, was (zu analysieren) ist, seinen ausschließlichen Ursprung in einem empirischen – und doch autonomen – Subjekt hat? Und wie konnte eigentlich Schütz selbst *seine* Vorstellung über die Vorstellungen der in der Sozialwelt Lebenden gewinnen, wo doch die Analyse der letzteren ihm zufolge gerade der methodologischen Handreichung durch Schütz' Konzeption bedarf?[382]

Insofern sind die Grenzen der phänomenologischen Analysetechnik bereits auch in *methodischer Hinsicht* berührt. Denn es ist leicht einzusehen, an welchem empirischen Substrat sich Schütz' Vorstellungen hatten entwickeln können: Stets ist der Phänomenologe an die eigene, individuelle Selbsterfahrung verwiesen. Wenn der sinnhafte Aufbau der Sozialwelt strukturlogisch an ein unbedingtes Ich gebunden wird, dann ist es nur konsequent, wenn sich für Schütz zeigt, daß selbst »jede Erfahrung von Fremdseelischem auf der Erfahrung meiner je eigenen Erlebnisse von diesem alter ego fundiert ist«.[383] Damit fixiert sich Schütz *methodisch* mit derselben Bestimmtheit auf Selbstanalyse wie er in *ontologischer* Hinsicht ein fertiges, unbedingtes Ich voraussetzt, zu welchem *erkenntnistheoretisch* kein Zugang zu finden ist. Gleichwohl entbehrt das nicht innerer Stringenz. Vielmehr kommt darin die gleiche Struktur zum Vorschein, die auch Husserls Theorie organisiert: Dem einen Grund – sei es das empirische Subjekt, sei es eine nur halb-wirkliche, transzendentale Subjektivität – soll das ›Wissen‹ zugerechnet werden.

Im Denken Schütz' geriert sie sich als eine absolutistische Logik des Entwurfs. Diese ist es, welche das egozentrisch ausgerichtete Programm der phänomenologischen Theorie dominiert. Insgesamt betrachtet initiiert sie jedoch ihre eigene Kritik. Indem sie alle Sinngebilde, für die sich Schütz' Theorie interessiert, den schöpferischen *Entwürfen* eines quasi-empirischen Ich-Subjekts zurechnet, läßt sie dessen Produktionen letztendlich unerreich- und unerforschbar werden – weil sie sie den Idealtypen, die der modellkonstruierende Sozialwissenschaftler *entwirft*, frontal entgegensetzt.

Mit der Kritik am egozentrischen Ansatz ist die Strukturanalyse von Schütz' Sozialtheorie allerdings noch nicht zum Abschluß gebracht. Zu prüfen bleibt

---

381 Insofern zweifelt Silverman mit Recht, »ob es Konstrukte ›erster Ordnung‹ gibt«. Vgl. Schütz/Parsons (1977), S. 59 und David Silverman (1975a), »Einige vernachlässigte Fragen über die soziale Wirklichkeit«, in: Filmer/Phillipson/Silverman/Walsh (1975), S. 176–195, S. 192, Anm. 13.

382 Schließlich sind Schütz' Analysen im ›Sinnhaften Aufbau‹, aber auch die seiner späteren Aufsätze, in der Hauptsache nicht selbst schon soziologische – am Gegenstand orientierte – Untersuchungen, sondern metatheoretisch fundierenden Charakters. Vgl. Twenhöfel (1985), S. 95.

383 Schütz (1974), *Sinnhafter Aufbau*, S. 147.

nämlich, ob jene »Grundrelation des Wir«, welche Schütz im ›Sinnhaften Aufbau‹ zwar kennt,[384] jedoch erst später zur eindeutigen Abgrenzung von Husserls transzendentaler Egologie sowie zur Untermauerung seiner eigenen *mundanen* Perspektive in den Vordergrund rückt, Schütz' Theorie nicht in einem – hier bislang vernachlässigten – Maße modifiziert, daß von einer beiden phänomenologischen Ansätzen gemeinsam unterliegenden Argumentationsfolie nicht länger die Rede sein dürfte. Hat sich Schütz' Ansatz im Verlauf seiner Fortentwicklung nicht nur in Problemstellung und inhaltlicher Hinsicht, sondern am Ende auch von der Denkform der Husserlschen Phänomenologie emanzipiert? Vielleicht hat Schütz, wie er an Gurwitsch schreibt, zunächst nur »aus pädagogischen Gründen den Ausgangspunkt von einem theoretischen solipsistischen Ich genommen und erst nachher die Strukturen eingeführt, die die soziale Welt mit sich bringt«.[385] Das protokolliert einerseits zwar eine gewisse »methodologische Ambiguität« und rechtfertigt zudem,[386] auch die nachbetrachtende Kritik zweckmäßigerweise in die getrennte Analyse der zwei unterscheidbaren Denkstränge zu teilen. Auf der anderen Seite aber provoziert es die alte Frage, inwiefern sich in Schütz' Sozialtheorie nicht doch Ansätze eines Bruchs mit dem Fundamentalismus der phänomenologischen Egologie finden lassen. Schließlich ist Schütz zu konzedieren, daß er sich mehr und mehr von Husserl hatte lösen wollen. Schütz' entsprechende Frontstellung, die oben bereits unter dem Titel seines soziologischen Interesses an der ›natürlichen Einstellung‹ Behandlung fand (Kap. II,2.), ist nun mit neuen Fragen wieder aufzunehmen. In Klammern rückt daher für die weiteren Ausführungen, daß Schütz' Transformation des Husserlschen Denkmodells in ihrem Anbeginn, wie gezeigt, auf aporetischem Grund errichtet ist. Auch soll nicht weiter nachgerechnet werden, inwieweit Schütz, worauf Eberle hinweist, – »methologisch inkonsequent – zwischen der egologischen Analyse und der Voraussetzung einer gegebenen intersubjektiven Lebenswelt geschwankt« hat.[387] Schlußendlich hat sich Schütz die »Erforschung der Lebenswelt« vorgenommen[388] – und zwar einer Lebenswelt, die »nicht meine private Welt, sondern von vornherein eine uns allen gemeinsame, intersubjektive Welt ist«.[389] So berücksichtigt Schütz' Theorie explizit »materiale Bereiche oder Regionen des Seienden«, die gerade »nicht durch Leistungen unseres Bewußtseins konstituiert« werden, sondern »in der Tat ontologische Regionen der Welt [sind] und als solche unserer Erfahrung vorgegeben, oder – wie man sagen

---

384 Schütz (1974), *Sinnhafter Aufbau*, S. 230.
385 Schütz/Gurwitsch (1985), *Briefwechsel*, S. 279f. (SG 20.4.52).
386 Eberle (1984), S. 172.
387 Eberle (1984), S. 177. Vgl. auch Giddens (1984), S. 62.
388 Schütz/Gurwitsch (1985), *Briefwechsel*, S. 391 (SG 1.5.56).
389 Schütz (1971), »Schelers Theorie der Intersubjektivität«, GA I, S. 192.

kann – uns auferlegt«.[390] Insofern stellt er sich in der Überarbeitung seiner
Forschungsperspektive nicht mehr auf den Standpunkt der subjektivierten Welt
Husserls, »deren Mittelpunkt *ich* bin«[391] – und das verdient, anders als Husserls epistemologische Rückführung auf den transzendentalen Einheitsgrund, die weitere
Aufmerksamkeit der Soziologie. Es versteht sich von daher, daß die Auseinandersetzung mit Schütz sich nun der im Thema der Lebenswelt angezeigten Relationierung des Ich zuwenden muß. Dabei wird nicht nur zu überlegen sein, inwiefern
seine Lebensweltkonzeption »Elemente einer Überwindung« des »transzendental-
idealistischen Denkmuster[s]« der phänomenologischen Theorie enthält und Schütz
– wie Grathoff annimmt – in der Ausformulierung seiner »radikale[n ..] These einer
mundanen Intersubjektivität [...] aus Husserls Bewußtseinsphänomenologie
ausbricht«?[392] Die Leitfrage zielt tiefer: Überwindet Schütz' Denken in zunehmen-
der Distanz zum Ansatz Husserls auch die theorieorganisierende Denkform, mit
deren Hilfe jener die Phänomenologie errichtet hat?

---

390 Alfred Schütz (1971), »Typos und Eidos in Husserls Spätphilosophie«, in: ders. (1971d), *GA
     III*, S. 127–152, hier S. 152.
391 Schütz (1971), »Phänomenologie und die Sozialwissenschaften«, *GA I*, S. 156 (Herv. F.W.).
392 Wilfried Lippitz (1978), »Der phänomenologische Begriff der ›Lebenswelt‹. Seine Relevanz
     für die Sozialwissenschaften«, in: *Zeitschrift für philosophische Forschung*, Bd. 32, S. 416–435,
     hier S. 417 und Richard Grathoff (1987), »Über die Einfalt der Systeme in der Vielfalt der
     Lebenswelt. Eine Antwort auf Niklas Luhmann«, in: *Archiv für Rechts- und Sozialphilosophie*,
     Bd. 73, S. 251–263, hier S. 251.

III. Sozialontologie der Lebenswelt statt Bewußtseinsanalyse

Die Antwort erfolgt in zwei Schritten. In einem ersten Abriß wird Schütz' Lebensweltanalyse dargestellt. Das geschieht im Interesse, die vermeintlichen Neuerungen
seines Denkens zu eruieren (Kap. III,1.). Im zweiten Schritt ist Schütz' Lebensweltkonzept sodann hinsichtlich seines paradigmatischen Kerns zu analysieren. Auf der
Folie der Husserlschen Vorgabe hebt sich dieser plastisch ab (III,2.).

Dabei scheint die Sachlage in bezug auf die Entwicklung von Schütz' Werk
zunächst eindeutig. Erst Schütz' Lebensweltbegriff konturiert die theoretische
Eigenständigkeit der »Sozialphänomenologie«.[393] Er zementiert zum einen den
Bruch mit dem transzendentalen Ansatz Husserls und signalisiert zum anderen
zugleich eine Fortbildung von Schütz' eigenem Denken. In seiner ersten Funktion
stellt Schütz' Gebrauch des Begriffs definitiv klar, daß das sinnkonstituierende Ich,
welches die phänomenologische Sozialtheorie fokussiert, unverwechselbar dasjenige
»in der *mundanen* Sozialität« ist.[394] Zwar bleibt die ›Lebenswelt‹ auch für Schütz
subjektbezogen, da es »der einzelne« ist, der sie »um sich gruppiert«,[395] doch impliziert das soziologische Interesse, diese »Lebenswelt aber wissenschaftlich betrachten [zu] wollen«, ohne jeden Zweifel den »methodischen Vorsatz [..], nicht mehr
sich selbst [...] als Zentrum dieser Welt anzusetzen«. Natürlich ist die »zum Gegenstand der Forschung gemachte Lebenswelt [...] in erster Linie die Lebenswelt des
Anderen, des Beobachteten«.[396] Das belegt ein weiteres Mal die oben markierte
Trennlinie zwischen phänomenologischer Philosophie und Sozialwissenschaft.
Dabei hat es den Anschein, daß Schütz selbst die für ihn charakteristische, dem
transzendentalen Denken völlig konträre metatheoretische Grundauffassung sich
erst in seinen Arbeiten der amerikanischen Periode hat verdeutlichen können. Zu
schmerzlich war der Ablöseprozeß von Aura und Ansatz desjenigen Philosophen,
der die eigenen Überlegungen ursprünglich hatte begründen und legitimieren
sollen. Wichtiger jedoch als in der theoriehistorischen Abgrenzung ist der Lebensweltbegriff Schützscher Provenienz in seiner zweiten Funktion. Dort dient er dem
systematischen Zweck, die phänomenologisch orientierte Forschungsrichtung in
der Soziologie ein für allemal von jedweder Egologie zu unterscheiden. Darum geht

---

393 Grathoff (1987), S. 254.
394 Schütz (1974), *Sinnhafter Aufbau,* S. 56.
395 Schütz (1971), »Husserls Bedeutung«, *GA I,* S. 170.
396 Schütz (1971), »Phänomenologie und die Sozialwissenschaften«, *GA I,* S. 159f.

es im Kern, wenn in der einschlägigen Rezeption die sogenannte »Wende im
Schützschen Werk« vom Interesse am »intentionalen egologischen Bewußtsein« hin
zur Untersuchung von zwar »subjektiven, aber gesellschaftlich strukturierten
Sinnsetzungsprozessen« als eine Art Fortschritt wertgeschätzt wird.[397] Denn in der
Theorieentwicklung der Sozialwissenschaft steht es über alle sonstigen Differenzen
hinweg außer Frage, daß alles andere als ein dezentralisierter Subjektbegriff vor den
Erfahrungen und Möglichkeiten des Denkens im zwanzigsten Jahrhundert nicht
bestehen kann. Das empirische Subjekt ist keine Substanz. Anders als situiert ist es
nichts. Begreifbar wird es allein aus den soziohistorischen und organischen Bezügen
seines Weltverhaltens. Darüber grübelt Schütz. Nur ist seine Sprache geprägt von
der Auseinandersetzung mit der Phänomenologie. Nichts anderes jedenfalls als das
Bekenntnis zu einer zeitgemäßen sozial*wissenschaftlichen* Ontologie will Schütz
artikulieren, wenn er oftmals so emphatisch betont, daß die »alltägliche Lebenswelt
[..] also grundsätzlich intersubjektiv« und »Sozialwelt«, ja die erlebte »natürliche
Welt [..] durch und durch *social*« sei.[398] Wenn der Ausdruck ›Lebenswelt‹ mit
Grathoff heute als der »Kernbegriff der Sozialphänomenologie« gelten darf,[399] dann
deshalb, weil er, das anerkennt Luhmann, »über das einzelne, in sich selbst ruhende
Subjekt hinaus[zielt]«.[400] Über ihn soll der »Zugang zu den konstitutiven Zusam-
menhangsformen der Gesellschaft gefunden« werden.[401] So bedarf es keiner weiteren Begründung, daß eine »phänomenologische Soziologie« statt Husserls ›Ego‹
allein die ›Lebenswelt‹ für würdig befindet, den »Ausgangs- und Schlußpunkt jeder
sozialwissenschaftlichen Interpretation« zu bilden.[402]

Was ist unter der von Schütz entwickelten »Phänomenologie der Lebenswelt«
nun aber im genaueren zu verstehen?[403] Im Anschluß wird sie in drei kurzen
Schritten vorgestellt. Zunächst steht ein Abriß der räumlichen, zeitlichen und
sozialen Strukturen der alltäglichen Lebenswelt (Kap. III,1.,a). Dieser sucht die
Neuartigkeit der Schützschen Lebenswelttheorie in der Divergenz zur ›egozentrischen Perspektive‹. Die gegenläufige Konvergenz analysiert eine Skizze der von
Schütz behandelten subjektiven Strukturen der Organisation lebensweltlichen

---

397 Leonhard Hennen (1992), *Technisierung des Alltags*. Ein handlungstheoretischer Beitrag zur
    Theorie technischer Vergesellschaftung, Opladen, S. 138.
398 Alfred Schütz/Thomas Luckmann (1979), *Strukturen der Lebenswelt*, Bd. 1, Frankfurt a.M.
    [Neuwied/Darmstadt 1975], S. 39 und Schütz/Gurwitsch (1985), *Briefwechsel*, S. 280 (SG
    20.4.52).
399 Grathoff (1987), S. 254.
400 Niklas Luhmann (1986), »Intersubjektivität oder Kommunikation. Unterschiedliche Aus-
    gangspunkte soziologischer Theoriebildung«, in: *Archivio di Filosofia*, 54, S. 41–60, hier S. 48.
401 Grathoff (1989a), S. 113.
402 Michael Phillipson (1975b), »Phänomenologische Philosophie und Soziologie«, in: Filmer/
    Phillipson/Silverman/Walsh (1975), S. 129–175, hier S. 171.
403 Alfred Schütz (1971), »Strukturen der Lebenswelt«, in: ders. (1971d), *GA III*, S. 153–170 (zit.:
    »Lebenswelt«), hier S. 163.

Wissens (1.,b), ehe der Frage nachgegangen wird, inwiefern die Vorgegebenheit der Lebenswelt, die Schütz betont, sein Denken zu einer konsequenten Umstellung zwingt. Denkt Schütz vom Primat der Welt her? Die Antwort gibt ein Ausblick auf die ›mannigfaltigen Wirklichkeiten‹, wie sie das Subjekt der Schützschen Lebenswelt erfährt, welcher im Verbund mit einem knappen Resümee den darstellenden Teil beschließt (1.,c). Insgesamt kommt es auch hier darauf an, das der Schützschen Argumentation unterliegende Muster zu erhellen. Dazu eignet es sich, seine Lebenswelttheorie in einem gesonderten Abschnitt mit derjenigen Husserls zu konfrontieren (2.). Das genannte Erkenntnisziel bedingt, daß die Darstellung sehr selektiv und knapp gehalten werden kann. So läßt sich die Gefahr umgehen, die Analyse der hier relevanten Untersuchungen zu den ›Strukturen der Lebenswelt‹, die Luckmann aus Schütz' Nachlaß zusammengestellt, überarbeitet und ergänzt hat,[404] in einer ermüdenden Aneinanderreihung von Elementen vorzutragen, die bereits im Original in einer langatmigen Klassifikation, für manchen »nicht eben spannend«, dargelegt sind.[405]

1. Schütz' Analyse der Lebenswelt. Ein Neuansatz?

Nicht zuletzt auch aus diesem Grund ist hier die erste Untersuchungsfrage gleich die: Was ist neu an Schütz' Lebensweltkonzept im Unterschied zu seinem frühen Denken?

a) Die Situiertheit des Subjekts in der Lebenswelt. Räumliche, zeitliche und soziale Strukturen der alltäglichen Erfahrung

Die Antwort fällt nicht schwer. Die Erörterung der Grundstrukturen alltäglicher Erfahrung, wie sie sein Lebensweltansatz expliziert, kann dies zeigen. Worin bestehen diese ›Grundstrukturen‹, welche Schütz auch als die elementaren »Aufschichtungen der Lebenswelt des Alltags« definiert? Unmittelbar zum Vorschein kommen sie, wenn die Aufmerksamkeit der Analyse von dem puren Sinngebungsakt des Handelnden auf den weiteren Bezugsrahmen jeder Sinnkonstitution umgelenkt wird. Bereits für denjenigen solchen Rahmen nämlich, der für Schütz/

---

404 Schütz/Luckmann (1979/1984), 2 Bde.
405 Peter Kiwitz (1986b), »Lebenswelt – zwischen Moderne und Tradition«, in: *Philosophische Rundschau*, 33. Jg., S. 35–48, hier S. 41. Eine ausführlichere Darstellung von Schütz' Lebensweltanalyse gibt Eberle (1984), S. 50–80.

Luckmann[406] als der »Bereich unmittelbaren Handelns« im »Kern der Wirklichkeit«
liegt, steht außer Frage, daß er seine »Grenzen« hat. Es ist klar, daß für ein Kind
diejenige »Zone, auf die [.. es] durch *direktes* Handeln einwirken kann«, eine andere
ist als die korrespondierende »Wirkzone« des Erwachsenen.[407] Schon daraus ist
ersichtlich, daß die alltägliche Erfahrungswelt ›räumlich‹ strukturiert ist – und: daß
Schütz beabsichtigt, Dimensionen der Sozialwelt aufzuklären, die dem Subjekt
nicht frei verfügbar sind. Um solcherart die »absolute Begrenzung« des ›Bereichs
des Bewirkbaren‹ in der unveränderlichen »ontologischen Struktur der Lebenswelt«
abzustecken, ist seiner Analyse zunächst zu tun.[408] Es versteht sich, daß einige
Beispiele seines Geschäfts vorgestellt werden müssen: anhand der Dimensionen von
Raum, Zeit sowie der sozialen Struktur.

Was die Strukturiertheit des Raumes betrifft, das ist zu sehen, grenzt Schütz nun
des weiteren den »Sektor der Welt, der meiner unmittelbaren Erfahrung zugänglich
ist«, als die »Welt in aktueller Reichweite« von derjenigen in »potentieller Reichweite« ab. Schließlich bleibt, was aus dem Bereich ›meines aktuellen Hier‹
entschwunden ist, in »wiederherstellbare[r] Reichweite«: »Das Haus, in dem ich
wohne, wird stehen«. Selbst was »nie in meiner Reichweite war«, kann in sie
gebracht werden – sofern es sich in der Zone potentieller »Erlangbarkeit«
befindet.[409] Dabei zeigt sich, daß die aktuelle Reichweite mit der »Gegenwart«, die
wiederherstellbare mit der »Erinnerung« und die erlangbare mit der »Erwartung«
korreliert.[410] Also hat die Lebenswelt auch eine zeitliche Struktur.

Diese »Struktur der lebensweltlichen Zeit« baut sich für Schütz auf in den
»Überschneidungen der subjektiven Zeit des Bewußtseinsstroms, der inneren
Dauer, mit der Rhythmik des Körpers wie der ›biologischen Zeit‹ überhaupt, mit
den Jahreszeiten wie der Welt-Zeit überhaupt und dem Kalender, der ›sozialen
Zeit‹«: »Wir leben in all diesen Dimensionen zugleich.« Denn obwohl das subjektive Zeiterleben sein »charakteristisches ›Tempo‹« hat, bleibt es doch nicht unbeein-
flußt von der objektiven Weltzeit, der sich »unabänderliche, auferlegte Elemente

---

406 Schütz/Luckmann (1979), Bd. 1, S. 62. Obwohl die posthume Herausgabe des Schützschen
      Manuskripts durch Luckmann bedingt, daß das entstandene Buch »nicht so sein [kann], wie
      Schütz es geschrieben hätte«, wird es im Text nachfolgend, der sprachlichen Vereinfachung
      wegen, allein Schütz zugeschrieben. Über Schwierigkeiten und Umstände der Veröffentli-
      chung informieren die editorischen Bemerkungen von Thomas Luckmann (1979b), »Vor-
      wort«, a.a.O., S. 11–22, hier zit. S. 16. – Da der ›phänomenologische Ansatz‹ in der Soziolo-
      gie im vorliegenden Zusammenhang in systematischer Hinsicht interessiert, tritt das bei den
      ›Strukturen der Lebenswelt‹ von Schütz/Luckmann auftretende Problem individueller
      Zurechnung hier in den Hintergrund.
407 Schütz/Luckmann (1979), Bd. 1, S. 69–72.
408 Schütz/Luckmann (1979), Bd. 1, S. 78.
409 Schütz/Luckmann (1979), Bd. 1, S. 63–66.
410 Schütz/Luckmann (1979), Bd. 1, S. 80.

des lebensweltlichen Daseins« verdanken.[411] Meine »Endlichkeit« nämlich erfahre ich gerade in Opposition zur »Fortdauer der Weltzeit«. Angesichts deren »Zwangsläufigkeit« bin ich in meinem Tagesplan verwiesen auf das »Prinzip des ›first things first‹«. »Und die spezifische Historizität meiner Situation hebt sich von der Geschichtlichkeit der Weltzeit ab.«[412]

Unübersehbar sind die Implikationen der räumlichen und zeitlichen Aufschichtungen der Lebenswelt für die Ordnung der Sozialität, wenn Schütz innerhalb der »soziale[n] Struktur der Lebenswelt des Alltags« – vergleichbar seiner Analyse im ›Sinnhaften Aufbau‹ – die »zeitgenössische Welt« von der ›Vor-‹ und »Nachwelt« abhebt. Auch kann sich beispielsweise die auf unmittelbare Präsenz angewiesene ›Wir-Beziehung‹ nur konstituieren, sofern ich auf einen anderen Menschen treffe, der »mit mir einen gemeinsamen Sektor des lebensweltlichen Raumes und der Weltzeit teilt«.[413] Daß die einfache Existenz desselben, des in der persönlichen »Umwelt« angetroffenen, aber auch des in der ›Mitwelt‹ lebenden »Mitmenschen«, in der »natürlichen Einstellung des Alltags« kein Problem und insofern eine Grundgegebenheit der Lebenswelt ist, betont Schütz bereits im ersten Satz seiner Überlegungen zur sozialen Strukturierung der alltäglichen Erfahrungswelt. Schließlich ist in Schütz' Perspektive die »Lebenswelt von vornherein intersubjektiv«. »Die Lebenswelt ist weder meine private Welt, noch deine private Welt«, schreibt Schütz programmatisch, »sondern die Welt unserer gemeinsamen Erfahrung«.[414]

Immer wieder fokussiert Schütz' Analyse also diejenigen Bedingungen des Handelns, die diesem wie ein Rahmen auferlegt sind. Dadurch versucht sie auf bestimmte Weise, das wird jetzt klar, die Situierung des Subjekts in den Strukturen der Lebenswelt. Kein solipsistisches Geist-Ego ist das mundane Ich der Schützschen Soziologie. Nicht alles ist Reflexion. Dieser liegt anderes voraus.

Gleichwohl sind die Erfahrungswelten nicht alle gleich. Wie vermittelt Schütz daher die jeweilige Besonderheit der mundanen Subjekte mit der von ihm zunächst untersuchten »unabänderlichen Auferlegtheit der ontologischen Weltstruktur«?[415] Zwingend sogar folgt die Originalität des Subjekts aus der Einsicht in die Strukturen der Lebenswelt. Es versteht sich nämlich, »daß ›dasselbe‹ Objekt notwendig für jeden von uns Unterschiede aufweisen muß«, wenn doch »meine Wirkzone nicht gleich der deinen ist« und die »Welt in meiner Reichweite nicht identisch« mit der in deiner ist. Erneut stellt sich hier für Schütz demnach das Problem des Zugangs zum Anderen – und erneut löst er es durch die Einführung von »Idealisierungen«: hier der »Vertauschbarkeit der Standpunkte« sowie der »Kongruenz der Relevanz-

411 Schütz/Luckmann (1979), Bd. 1, S. 75, S. 84 u. S. 78.
412 Schütz/Luckmann (1979), Bd. 1, S. 134.
413 Schütz/Luckmann (1979), Bd. 1, S. 87, S. 137 u. S. 90f.
414 Schütz/Luckmann (1979), Bd. 1, S. 87f. u. S. 98.
415 Schütz/Luckmann (1979), Bd. 1, S. 136.

systeme«, welche eine für Ich und Du im Prinzip gleiche Erfahrung im gelebten Verhältnis zur Welt unterstellen.[416]

b) Die subjektiven Strukturen der Organisation lebensweltlichen Wissens. Wissensvorrat, Relevanz und Typik

Wird die Verschiedenheit der Erfahrungen im Strukturgefüge der Lebenswelt demnach doch nivelliert? Wo bliebe dann die ›subjektive Perspektive‹ der phänomenologischen Theorie? Verschwindet sie im Thema der Lebenswelt? Natürlich geschieht dies nicht. Das zeigen Schütz' Überlegungen zu den subjektiven Strukturen der Organisation lebensweltlichen Wissens. Denn an diesen Ingredienzen der Lebenswelt fällt auf, daß sie deutlich »auf die Situation des erfahrenden Subjekts bezogen« sind.[417] Worum handelt es sich?

Es geht um diejenigen Strukturen, über die beispielsweise der Fall erfaßbar wird, daß die Teilnehmer einer ›umweltlichen‹ Wirbeziehung ihre Standpunkte als different erfahren: Deren jeweils verfügbare Wissensvorräte und Relevanzsysteme unterscheiden sich stark. Schließlich ist *Wissen* von der Lebenswelt in Abhebung zu den oben dargestellten »Grundstrukturen«, die »Bedingung einer jeglichen Erfahrung der Lebenswelt« sind, durchaus subjektiv. Dabei zählt die »grundlegende zeitliche, räumliche und soziale Gliederung« der subjektiven Erfahrung wie selbstverständlich zu den »Grundelementen des Wissensvorrats«.[418] Aber der jeweils subjektive Wissensvorrat umfaßt auch einen Bestand an Teilelementen, die im Unterschied zu den ›Grundelementen‹ auch »problematisch werden« können. Denn man muß sehen, daß konkrete Erfahrungen, die sich einmal mittels »darauf aufgestufte[r] Typisierungen« im Wissensvorrat sedimentiert haben, durch »neue Erfahrungen immer in Frage gestellt« werden können. Insofern entwirft Schütz hier die begrifflichen Mittel, die es verbieten, die sozialphänomenologische Analyse der Lebenswelt als die ausschließliche Bestimmung einer subjektlosen »ontologischen Struktur der Welt« mißzuverstehen.[419] Zwar hat Schütz diese in der Ermittlung der invariablen ›Grundstrukturen‹ kartiert, doch nimmt er der ›Lebenswelt‹ durch die Thematisierung der subjektiven Organisation des Wissens – gut phänomenologisch – ihren Subjektbezug nicht. Schütz differenzierte Klassifikation ist das eine. Was er mit ihr intendiert, ist das andere. Nach wie vor nämlich, nicht anders als im ›Sinnhaften Aufbau‹, interessiert sich Schütz nicht für die Sozialwelt per se, sondern für den Handelnden *in* derselben. Entsprechend impliziert die

---

416 Schütz/Luckmann (1979), Bd. 1, S. 88.
417 Schütz/Luckmann (1979), Bd. 1, S. 133.
418 Schütz/Luckmann (1979), Bd. 1, S. 138, S. 136 u. S. 133.
419 Schütz/Luckmann (1979), Bd. 1, S. 138 u. S. 145.

Vermessung der Strukturen der subjektiven Erfahrung, die er betreibt, nicht die Gültigkeit der Behauptung, auch der lebensweltliche Wissensvorrat sei als ein »logisch integriertes System« aufzufassen. Mittels des individuell je spezifisch zur Verfügung stehenden, eben subjektiven Wissensvorrats, der »nur die Totalität meiner sedimentierten situationsbedingten Auslegungen« ist,[420] wird die Lebenswelt vielmehr »ungefähr so erfaßt, wie man sich in einer Landschaft mit Hilfe von Karten zurechtfindet«. Demgemäß bleibt von ihr im Wissensvorrat stets ein Bereich von »biographisch bedingte[r] relative[r] Undurchsichtigkeit«. Zudem individuiert sich das subjektiv zuhandene Wissen des weiteren nach Graden der »Glaubwürdigkeit«, »Vertrautheit, Bestimmtheit und Widerspruchslosigkeit zwischen Wissenselementen«. Somit leisten auch diese »Dimensionen der Struktur des Wissensvorrats« ihren Beitrag dazu,[421] daß der soziologische Forscher die Lebenswelt subjektzentriert analysieren kann und muß.

Nicht anders verhält es sich mit den Strukturen der Relevanz. Allerdings bildet das ›Problem der Relevanz‹ für Schütz das »wichtigste und zugleich schwierigste Problem, das es in der Beschreibung der Lebenswelt zu lösen gilt«.[422] Relevanzstrukturen sind es, die die Frage beantworten können, warum sich bestimmte Erfahrungen von anderen abheben oder überhaupt thematisch werden. Erst sie lassen die Selektivität der Aufmerksamkeit des Bewußtseins verstehen. Drei Hauptformen unterscheidet Schütz. ›Thematische Relevanzen‹, sei es in der Form »erzwungener Aufmerksamkeit«, sei es in der Form »freiwilliger Zuwendung«,[423] bestimmen die »ursprüngliche Konstitution einer Erfahrung«. Sie klassifizieren Gegebenheiten als relevant oder nicht relevant. Den Charakter von Deutungsmustern hingegen tragen ›Interpretationsrelevanzen‹, die – je nachdem wie man »interpretieren ›gelernt‹« hat – die »Richtung der Auslegungsvorgänge« steuern. Schlußendlich ist es die dritte Relevanzstruktur, die ›Motivationsrelevanz‹, die das »Verhalten in der aktuellen Situation in Sinnbezug zu Lebensplänen und Tagesplänen« setzt.[424]

Auch die knappe Skizze der Schützschen Begriffsarbeit zur Problematik der Relevanz deutet insofern darauf hin, wie Schütz' Denken Lebenswelt und Subjekt zu integrieren versucht. Zum einen sind Relevanzstrukturen stets subjektiv, zugehörig der »Biographie des einzelnen«. Genau in dieser wiederum werden sie, zum

420 Schütz/Luckmann (1979), Bd. 1, S. 36.
421 Schütz/Luckmann (1979), Bd. 1, S. 222, S. 220 u. S. 198.
422 Schütz/Luckmann (1979), Bd. 1, S. 225. Vgl. auch Alfred Schütz (1971a), *Das Problem der Relevanz*, hrsg. u. erl. von R. M. Zaner, Einl. von T. Luckmann, Frankfurt a.M. (zit.: *Relevanzmanuskript*).
423 Schütz/Luckmann (1979), Bd. 1, S. 235.
424 Schütz/Luckmann (1979), Bd. 1, S. 276, S. 252 u. S. 256.

anderen, ›gesellschaftlich geprägt‹.[425] Deutlicher indes als im abstrakten Verweis auf
die Figur der »subjektiven, wiewohl gesellschaftlich geprägten Relevanzsystem[e]«
wird Schütz' entsprechende Verknüpfungsstrategie am Beispiel der »im Wissensvorrat angelegten Typik«. Denn der Typisierung bedarf es, um Erfahrung subjekt-
spezifisch aufnehmen und verarbeiten zu können. Hier zeigt sich die Lebenswelt
subjektiv.

Dabei ist ein Typ für Schütz zunächst einfach »ein Bestimmungszusammenhang,
in dem irrelevante Bestimmungsmöglichkeiten *unterdrückt* werden«. Er sorgt für
die »Vertrautheit« von Erfahrungsgegenständen, die als »›ähnlich‹ bestimmten
früher erfahrenen Gegenständen [...] erfaßt werden«.[426] Der Typ drückt sozusagen
jeder kommenden Erfahrung in vorprädikativer Ebene – gemäß der Selektivität
vorliegender Relevanzen – seinen Stempel auf. Schließlich kann es »keine Typen
schlechthin« geben. Jeder Typ ist spezifisch. Er ist eine »in vorangegangenen
Erfahrungen sedimentierte, einheitliche Bestimmungsrelation« und enthält daher
notwendig »einen Rückverweis auf seine Konstitution«. So hat jeder Typ seine
»›Geschichte‹«. Doch wiederum ist auch das nur die eine Seite. Auf der anderen
steht, daß das Individuum insbesondere durch die »historisch vorgegebene Sprache
[...] weitgehend von selbständiger Typisierung entlastet« wird. Weil in der Sprache
die »Welt vor-typisiert« ist,[427] weil »alle Typisierungen des täglichen Denkens [..]
Bestandteile der konkreten historischen, sozio-kulturellen Lebenswelt« sind, wie
Schütz an anderer Stelle schreibt,[428] verfügt jeder einzelne also nicht nur über ein
individuelles Repertoire an Typisierungen. Ihm sind zudem die »von der Subjektivität abgelösten Erfahrungstypisierungen« als ein »gesellschaftliche[s] Apriori«
vorgegeben:[429] Schütz' probiert die Verschränkung des alten Ansatzes bei der
subjektiven Perspektive mit der in der Fortgestaltung seines Werks später verstärkt
betonten Idee der Situierung des Subjekts in der ›vorgebenen‹ Lebenswelt.[430]

425 Schütz/Luckmann (1979), Bd. 1, S. 303 (Die angegebene Textstelle entstammt dem von
     Luckmann völlig neu verfaßten Kapitel IV, ›Wissen und Gesellschaft‹, S. 293–392).
426 Schütz/Luckmann (1984), Bd. 2, S. 14 und dies. (1979), Bd. 1, S. 277 u. S. 286.
427 Schütz/Luckmann (1979), Bd. 1, S. 278f. u. S. 283.
428 Schütz (1971), »Husserls Bedeutung«, *GA I*, S. 172.
429 Schütz/Luckmann (1979), Bd. 1, S. 282.
430 Auf das Zusammenspiel einer »intersubjektive[n] *Objektivität* der sozialen Realität« mit ihrer
     »subjektbezogene[n] *Perspektivität*« in Schütz' Lebensweltbegriff verweist auch Ilja Srubar
     (1993), »Schütz' pragmatische Theorie der Lebenswelt«, in: Bäumer/Benedikt (Hg.), S. 335–
     346, hier S. 339.

c) *Primat der Welt? Schütz' mannigfaltige Wirklichkeiten – in der phänomenologischen Egozentrik*

Mit Schütz/Luckmanns Ausführungen zu den ›Strukturen der Lebenswelt‹ steht damit fest, daß sich der sinnhafte Aufbau der Welt, obwohl nach wie vor mittels des Prinzips der subjektiven Perspektive untersucht, für Schütz fraglos auf einer Basis vollzieht, die sich – als Lebenswelt – erforschen läßt. Demnach hat sich die »erfahrbare Wirklichkeit des Anderen gegen die theoretische Konzeption von Schütz« nicht nur »punktuell durchgesetzt«, wie Lippitz annimmt.[431] Schütz' Sozialontologie der Lebenswelt ist vielmehr bereits im Ansatz daran interessiert, durch die Beschreibung der »Rahmenbedingungen« der Erfahrung, »die jedermann auferlegt sind«, den »vergesellschaftete[n] Mensch[en]« in seiner »historische[n] Lebenswelt« zu analysieren.[432] Aber *wie* tut sie das? Begreift sie, wie es insbesondere Schütz' emphatische Formulierungen seiner Husserl-Kritik suggerieren, das fokussierte mundane Subjekt jetzt, in Schütz' späterer Phase, aus dem ›weltlichen‹ Vorgang seiner Genese im Kontext realer Interaktionserfahrungen? Denkt Schütz' Sozialtheorie demnach versus Husserls methodologischem Primat der Subjektivität vom Vorrang der Welt her? Gewiß ist Schütz' Welt ihren Bewohnern »vorgegeben«.[433] Doch ist es weder die materielle Natur noch die zur zweiten Natur gewordene Sozialwelt, auf deren historischer Vorgabe Schütz die Genese des empirisch-faktischen Subjekts analysiert. In Schütz' Untersuchung findet die ›Wirklichkeit‹ statt dessen weiterhin allein auf die Weise Eingang, wie sie in der Optik des erfahrenden Ichs erscheint. Seine Überlegungen zu den ›mannigfaltigen Wirklichkeiten‹ verdeutlichen dies.[434] Denn in deren Zusammenhang weist Schütz darauf hin, daß der »alltäglichen Lebenswelt« nur sehr begrenzt ein »gewisse[r] Vorrang« zukäme. Sie sei nur der »Urtypus unserer Realitäts*erfahrung*«. Auch ihr nämlich müsse, wie jedem »anderen Sinngebiet«, der »Realitätsakzent« erst erteilt werden: Nur »solange unsere Erfahrungen am gleichen Erlebnis- bzw. Erkenntnisstil teilhaben, solange sie also in einem geschlossenen Sinnbereich bleiben, dauert für uns die Wirklichkeit dieser Erfahrungen an«.[435] Insofern sorgen nicht nur der subjektive Wissensvorrat oder das subjektive Relevanzsystem für ein individuell und biographisch spezifisches Erleben der ›Wirklichkeit‹. Die Wirklichkeitsordnung selbst, die für Schütz

431 Wilfried Lippitz (1980), ›*Lebenswelt‹ oder die Rehabilitierung vorwissenschaftlicher Erfahrung.* Ansätze eines phänomenologisch begründeten anthropologischen und sozialwissenschaftlichen Denkens in der Erziehungswissenschaft, Weinheim/Basel, S. 159.
432 Schütz/Luckmann (1979), Bd. 1, S. 124 und dies. (1984), Bd. 2, S. 96 u. S. 207.
433 Schütz (1971), »Husserls Bedeutung«, *GA I*, S. 168.
434 Schütz/Luckmann (1979), Bd. 1, S. 25–61. Vgl. insbes. auch Schütz (1971), »Mannigfaltige Wirklichkeiten«, *GA I.*
435 Schütz/Luckmann (1979), Bd. 1, S. 50f. (Herv. F.W.).

bekanntlich »nicht durch eine etwaige ontologische Struktur ihrer Objekte, sondern durch den Sinn unserer Erfahrung konstituiert« wird, macht Schütz zur Sache
der »spezifischen Spannung des Bewußtseins«. Bei »höchste[r] Bewußtseinsspannung« handeln wir. Bei »niedrigste[m] Grad der Bewußtseinsspannung« leben wir
im Traum. Dann gibt es kein Interesse, der »Realität zu begegnen«. Wenn es dieses
Interesse ist, das den »für uns relevanten Bereich der Welt« definiert,[436] dann ist
klar, daß es für Schütz nach wie vor stets »meine Welt« ist, auf die es ankommt.[437]
Diese kann neben der »Vorzugsrealität« der »Lebenswelt des Alltags« die der
Wissenschaft, diejenige der Phantasie oder die des Traumes sein, deren spezifische
Sinnbereiche Schütz' »Typologie« allesamt gleichsam als Derivate der ersteren
faßt.[438] Aber wie die ›mannigfachen Wirklichkeiten‹ auch immer nach je spezifischen Formen der Spontanität bis hin zur je spezifischen Zeitperspektive unterschieden werden, wie auch immer sich der Tagtraum durch Passivität oder die ihm
spezifische »innere Zeit«, der Alltag durch Wirken oder die »soziale Standardzeit«
abheben mag, offenkundig wird in jedem Fall:[439] Schütz' Denken begreift den
Menschen nicht als Teilmoment einer lebendigen Welt, aus deren Zusammenhang
er erst verständlich werden kann. Auch seine Strukturuntersuchung der Lebenswelt
konzipiert die Wirklichkeit aus der Perspektive des Subjekts. Allein vom Standpunkt der phänomenologischen Egozentrik ist das Kaleidoskop der ›Wirklichkeiten‹ möglich.

So betrachtet erwiese sich Schütz' ›Neuansatz‹ nur als ein Neuversuch des alten.
Doch wäre die Entwicklung des Schützschen Denkens zumindest in seiner Programmatik verkannt, bliebe die in den Vordergrund gerückte Betonung des »lebensweltlichen ›Boden[s]‹« der Intersubjektivität unkommentiert.[440] Daß Schütz ›Welt‹
immer noch als Welten konzeptualisiert, sie zentriert auf den erfahrenden Men-

---

436 Schütz/Luckmann (1979), Bd. 1, S. 49 u. S. 51.
437 Schütz (1971a), *Relevanzmanuskript*, S. 180.
438 Schütz/Luckmann (1979), Bd. 1, S. 62 u. S. 54 und Schütz (1971), »Mannigfaltige Wirklich-
     keiten«, *GA I*, S. 267. Inkonsequent ist dabei allerdings Schütz' Gebrauch des Lebenswelt-
     begriffs, weil für ihn die alltägliche »Wirkwelt als eine ausgezeichnete Wirklichkeit« aus dem
     »Gesamtzusammenhang der Lebenssphäre« der ›Lebenswelt‹ zuweilen »herausragt«, also die
     »Lebenswelt noch mehr als die alltägliche Wirklichkeit« umfaßt, zuweilen jedoch nichtall-
     tägliche Sinnbereiche gerade in »Kontrast zur Lebenswelt« stehen und diese dadurch unter
     Aufgabe des zunächst beibehaltenen Fundierungsanspruchs der ›Lebenswelt des *Alltags*‹
     gleichgesetzt ist. Schütz (1971a), *Relevanzmanuskript*, S. 182; ders. (1971), »Mannigfaltige
     Wirklichkeiten«, *GA I*, S. 284 sowie Schütz/Luckmann (1979), Bd. 1, S. 47 u. S. 54. Insofern
     wundert es nicht, wenn ›Lebenswelt‹ und ›Alltag‹ (bei Schütz) für Mörth weder ›identisch‹
     noch ›synonym‹ verwendbar, für Eberle hingegen »synonym zu verstehen« sind. Ingo Mörth
     (1986), *Lebenswelt und religiöse Sinnstiftung. Ein Beitrag zur Theorie des Alltagslebens*,
     München, S. 13 und Eberle (1984), S. 51.
439 Schütz/Luckmann (1979), Bd. 1, S. 52f.
440 Richard Grathoff (1989b), »Metaphorik und Apriori lebensweltlicher Forschung. Inter-
     subjektivität, Typik und Normalität«, in: Kojima (Hg.), S. 53–72, hier S. 69.

schen beschreibt, war bereits Thema. Daß er *nach* dem ›*Sinnhaften Aufbau*‹ gleich-
wohl die »Einfügung der individuellen Existenz in die ontologische Struktur der
Welt« hervorhebt,[441] darf nun nicht unterschlagen werden. Aus dieser Sachlage
heraus ist es verständlich, wenn die einschlägige Rezeption darin schwankt, ob sich
Schütz' »grundlegende Konzeption« nun auf dem Weg von der auf das erlebende
Subjekt gerichteten Perspektive des ›*Sinnhaften Aufbaus*‹ bis in die spätere Phase der
Lebensweltforschung »*nicht* in ihrem Kern verändert« habe, wovon Luckmann
ausgeht, oder ob im Blick auf Schütz' intellektuelle Entwicklung eher mit Grathoff
von einer »positiven Wende des Schützschen Werkes in eine Soziologie des Alltags«
die Rede sein müsse.[442] Je nachdem, ob man analog zu den »gängigsten Vorbehal-
te[n]« gegenüber Schütz' Methodologie dessen »egologischen Ansatz« – im spezifischen Fall den »Solipsismus« – hervorhebt,[443] oder ob man statt dessen eher
»Schütz' Konzeption der Sozialität des Handelns« als einen Ansatz begreifen will,
»in dem Handlungs- und Lebenswelttheorie als eine Einheit gedacht werden«
(Srubar),[444] gewinnen beide Standpunkte ihr relatives Recht. Da es damit einerseits
eine gewisse Plausibilität besitzt, mit Srubars soziologisch orientierter Anknüpfung
an Schütz zu interpretieren, gerade der »konsequente Vollzug des egologischen Ansatzes« habe »den späten Schütz über den Bereich des Subjektiven hinaus[ge-
führt]«,[445] andererseits aber gleichermaßen festgehalten werden kann, daß bereits
das Fremdverstehen des ›*Sinnhaften Aufbaus*‹ nicht transzendentalphänomenologisch, sondern mundan, aus der Wir- respektive »Wirkensbeziehung heraus« zu
begreifen ist,[446] muß die soziologische Kritik, die mehr als nur eine thematische
Verschiebung konstatieren will, anders ansetzen. Im Suchmuster der Egologie/
Lebenswelt-Differenz jedenfalls, das in der Schütz-Literatur geläufig ist, ist Schütz'
Denkweise nicht zureichend zu verstehen. Denn es genügt nicht anzuerkennen,
daß Schütz' »Taxonomie der Strukturen der Sozialwelt« – die bereits der ›*Sinnhafte
Aufbau*‹ hatte leisten sollen[447] – in ihrer späteren Ausarbeitung schon im Ansatz
versucht, die Abstraktion des Subjekts aus der Sozialwelt zu vermeiden. Klar ist des
weiteren, daß im Verhältnis von Ich und Lebenswelt auch letztere aus der Perspektive des Subjekts analysiert wird und sich damit in methodologischer Hinsicht
durchaus als ein »egologisches Konzept« zu erkennen gibt. Mörth weist darauf zu
Recht hin. Auch die von Schütz' Analyse der Lebenswelt aufzudeckenden »invariante[n] Strukturmerkmale« sind solche der »subjektiven Orientierung in der

---

441 Schütz/Luckmann (1979), Bd. 1, S. 145.
442 Luckmann (1979b), S. 14 (Herv. F.W.) und Grathoff (1989a), S. 45.
443 Srubar (1979), S. 43.
444 Ilja Srubar (1988b), »Alfred Schütz' Konzeption der Sozialität des Handelns«, in: List/Srubar
    (Hg.), S. 145–156.
445 Srubar (1983), S. 76.
446 Srubar (1988a), S. 120.
447 Schütz (1971), »Wissenschaftliche Interpretation«, *GA I*, S. 19.

Welt«.[448] So zwingt die Sachlage der Schützschen Ausführungen ihre textimmanen-
te Interpretation zu einer Pendelbewegung zwischen der ›Vorgegebenheit‹ und dem
Subjekt der Lebenswelt und dessen subjektiver Perspektive. Einen weiterführenden
Blick soll demgegenüber die wissenssoziologische Perspektive eröffnen, wie sie hier
vertreten wird. Denn erst eine kognitive Soziologie der Erkenntnisstrukturen, über
die Denkgebilde organisiert sind, kann ermöglichen, den paradigmatischen Kern
der Schützschen Lebenswelttheorie zu bestimmen. Erst das erlaubt den Strukturvergleich Schütz' später zu seiner früheren Konzeption. Demgemäß lautet die
nächste Frage: Wie läßt sich die kognitive Identität der Schützschen Lebensweltanalyse charakterisieren?

2. Die Verabsolutierung lebensweltlicher Strukturen bei Schütz und Husserls Lebenswelt

Zum Vorschein kommt sie auf überraschend einfache Weise in der direkten Konfrontation mit der Architektonik von Husserls Lebenswelttheorie. In dieser Hinsicht ist Schütz' spezifische Aufnahme der Husserlschen Konzeption bislang
allerdings nicht nur »keineswegs ausdiskutiert«,[449] ihre Analyse bleibt weitgehend
Desiderat, obgleich doch Schütz' Sozialphänomenologie nach geläufiger Ansicht
nicht lediglich ihren Kernbegriff der Lebenswelt »aus den Trümmern der
transzendentalen Phänomenologie« errettet hat,[450] sondern insgesamt als eine
»Fortführung und erste beachtenswerte Einlösung des Husserlschen *Krisis*-Pro-
gramms im [...] Problemkreis der Sozialwissenschaften« angesehen wird.[451]
Selbstverständlich besteht auch mancher Grund, Schütz' Lebenswelttheorie in
engem Bezug zu Husserls ›Krisis‹ zu verorten.[452] Doch entscheidender ist die
theoriearchitektonische Differenz beider Lebensweltkonzeptionen. Bleibt diese
unbeachtet - was nicht wundert, wenn man mit Schütz vom »Scheitern« der
Leistung Husserls überzeugt ist[453] -, wird nicht nur der Zugang zu Rang und
Stellung der Husserlschen Philosophie verschüttet. Selbst die tragende Struktur von
Schütz' Ansatz ist dann kaum einzusehen.

Schütz' Anknüpfungspunkt liegt nun dort, wo Husserl zwar programmatisch
eine »Ontologie der Lebenswelt rein als Erfahrungswelt« fordert, jedoch »nie

---

448 Mörth (1986), S. 4.
449 Mörth (1986), S. 13.
450 Luhmann (1986), S. 48.
451 Thomas Luckmann (1971), »Einleitung«, in: Schütz (1971a), S. 7–23, hier S. 21.
452 Grathoff (1989a), S. 30, Anm. 13.
453 Schütz/Gurwitsch (1985), *Briefwechsel*, S. 380 (SG 1.1.56).

systematisch ausgearbeitet« hat.[454] Husserl spricht zwar von der »große[n] Aufgabe einer reinen Wesenslehre von der Lebenswelt«,[455] was seinen Ausführungen fehlt, ist indes, wie Schütz sagt, eine »durchgearbeitete Ontologie«.[456] In dieser Hinsicht bietet Schütz' Lebenswelttheorie in der Tat »detaillierte[re] Analysen« als Husserls früherer Entwurf.[457] Zudem wendet sie die Perspektive der am Paradigma der Wahrnehmung ausgerichteten Phänomenologie Husserls, deren Interesse der »Dingerfahrung« gilt,[458] auf die Untersuchung der Erfahrung des Sozialen. Ihre Lebenswelt ist Sozialwelt. Auch das ist eine Ansatzstelle dafür, Schütz' Arbeit als eine Fortentwicklung derjenigen Husserls aufzufassen. Trotzdem wäre Schütz' »phänomenologische Analyse der Strukturen der Lebenswelt« damit noch immer nicht zureichend beschrieben.[459] Über welche Struktur nämlich formt sie sich aus? Was ist das Gesetz ihres inneren Aufbaus? Das ist noch nicht ermittelt. Dort, wo Schütz' Konzept an der Oberfläche seine stärkste Parallele zu demjenigen Husserls aufweist, lagert zugleich der tiefste Bruch. Das ist die Stelle, an welcher der Denkmodus Schütz' auffällig zutage tritt.

Die Parallele findet sich offenkundig dort, wo Schütz, wie Hitzler und Honer schreiben, die »von Husserl ›liegengelassene‹ Aufgabe einer Ontologie der Lebenswelt aufgegriffen« hat.[460] Denn wenn Schütz den allumfassenden Bezugsrahmen jeder Sinnkonstitution abklären, die »Bedingung einer jeglichen Erfahrung der Lebenswelt« ausloten und die »Grundaxiome der sozialisierten natürlichen Einstellung« ermitteln will,[461] dann tut er das ganz im Sinn der Husserlschen, bereits im ›Sinnhaften Aufbau‹ aufgegriffenen Frage nach den »invarianten eigenwesentlichen Strukturen einer Seele, bzw. einer Gemeinschaft seelischen (geistigen) Lebens: d.h. nach ihrem Apriori«.[462] Wenn er dieses Apriori zudem ›sozial‹ versteht,[463] dann ist Schütz' Ansatz »Sozialontologie«.[464] Schütz fragt weder nach dieser oder jener historischen Wirklichkeit noch nach irgendeiner besonderen Erfahrungswelt eines bestimmten Menschen. Sein Interesse gilt vielmehr der ›Lebenswelt‹ eines jeden

---

454 Hua VI, *Krisis*, S. 176 und Rudolf Bernet/Iso Kern/Eduard Marbach (1989), *Edmund Husserl. Darstellung seines Denkens*, Hamburg, S. 208.

455 Hua VI, *Krisis*, S. 144.

456 Schütz/Gurwitsch (1985), *Briefwechsel*, S. 439 (SG 21.7.58).

457 Eberle (1984), S. 85.

458 Hua VI, *Krisis*, S. 141.

459 Schütz (1971), »Lebenswelt«, *GA III*, S. 170.

460 Ronald Hitzler/Anne Honer (1984), »Lebenswelt - Milieu - Situation. Terminologische Vorschläge zur theoretischen Verständigung«, in: *Kölner Zeitschrift für Soziologie und Sozialpsychologie*, 36. Jg., S. 56–74, hier S. 59.

461 Schütz/Luckmann (1979), Bd. 1, S. 138 u. S. 88.

462 Schütz (1974), *Sinnhafter Aufbau*, S. 56.

463 Schütz/Luckmann (1979), Bd. 1, S. 322.

464 Theunissen (1977), S. 406.

Menschen jeder Gesellschaft zu jeder Zeit an jedem Ort.[465] Insofern dient seine
Untersuchung der »invarianten Strukturen subjektiver Orientierung« dem Zweck,
eine ›universale Matrix‹ bereitzustellen, so Luckmann, »in der die notwendig
egologischen und subjektiven Aussagen über das Alltagsleben in verschiedenen
historischen Lebenswelten lokalisiert und in Daten höheren Allgemeinheitsgrades
übersetzt werden können«.[466] Diese ›Matrix‹ der sozialen Wirklichkeit ist nur eine
Art Vergleichsmaßstab oder Übersetzungsinstrument, eine ›Protosprache‹, wie
Luckmann meint, zur ›Übersetzung‹ von Aussagen aus den jeweiligen »historischen
Sprachen« – keine genuin soziologische Untersuchung. Sie schafft nur die
Voraussetzungen für die »innerhalb der Einzelwissenschaften geleisteten empiri-
schen Analysen«.[467]

Was ist das daher also für eine Lebenswelt, die Schütz' Sozialontologie beschreibt? Zumindest ist sie alles andere als diejenige Husserls. Denn während dessen
Lebenswelt unter Weglassung ihres transzendentalen Aszendenten in sich zu-
sammenbrechen müßte, streicht Schütz das absolut tragende Fundament des Ego
durch,[468] ohne sich die systematischen Implikationen seiner Abänderung bewußt zu
machen. Wer Husserls Denken die Spitze nimmt, bricht mit der Phänomenologie.
Was für Husserl nur ein ›Zwischenschritt‹ hatte sein können, wählt Schütz zum
Programm.[469] So jedoch ist Schütz' Unternehmen in Husserls Terminologie allenfalls die »in transzendental ›naiver‹ Positivität zu begründende *mundane Ontologie*«.[470] Schütz ist gewillt, die Gegebenheit der Lebenswelt versus Husserls Geistphi-
losophie einfach hinzunehmen. Das ist das eine. Daß er ›Strukturen der Lebenswelt‹ aber gleichsam ontologisch zu bestimmen versucht, ist das andere. Für
Husserl ist der »Rückgang auf die ursprüngliche Lebenswelt [..] kein solcher, der
einfach die Welt unserer Erfahrung, so wie sie uns gegeben ist, hinnimmt«, er
verfolgt vielmehr »die in ihr bereits niedergeschlagene Geschichtlichkeit auf ihren
Ursprung zurück«. Für Schütz hingegen ist der »Rückgang auf eine verhüllte
Subjektivität« kein Thema.[471] Jene »radikale Epoché der intersubjektiv vorhandenen

465 Vgl. Agnes Heller (1986), »The sociology of everyday life«, in: Himmelstrand (Hg.), Bd. 2,
     S. 150–163, hier S. 154.
466 Luckmann (1979a), S. 205.
467 Thomas Luckmann (1980), *Lebenswelt und Gesellschaft.* Grundstrukturen und geschichtliche
     Wandlungen, Paderborn usw., S. 51 u. S. 44. Dem folgt Ronald Hitzler (1988), *Sinnwelten.*
     Ein Beitrag zum Verstehen von Kultur, Kap. II,1., »Rationales Verstehen (Schütz)«, Opladen,
     hier insbes. S. 27. Vgl. auch Smart (1976), S. 95.
468 Vgl. Robert Williame (1973), *Les Fondements Phénoménologiques de la Sociologie Compréhens-
     ive.* Alfred Schutz et Max Weber, La Haye, S. 115f.
469 Vgl. Simone Dietz (1993), *Lebenswelt und System.* Widerstreitende Ansätze in der Gesell-
     schaftstheorie von Jürgen Habermas, Würzburg, S. 28.
470 Edmund Husserl (1974), *Formale und transzendentale Logik.* Versuch einer Kritik der logi-
     schen Vernunft, hrsg. von P. Janssen, Den Haag (zit.: Hua XVII), S. 296.
471 Husserl (1985), *Erfahrung u. Urteil*, S. 44 u. S. 47.

Welt«, welche die »transzendentale Reinigung« verlangt, kommt für ihn nicht in Frage.[472] Den methodischen Stellenwert des Husserlschen Ego macht er sich nicht klar. Er eliminiert jenes vielmehr gleich einem lästigen Überbleibsel aus einer vergangenen Epoche. Das mag verständlich sein im Kontext der Sozialwissenschaften, im amerikanischen des Pragmatismus zudem. Aber es erklärt auch, wie sich der innere Kern von Schütz' Lebensweltanalyse ausgeformt hat. Denn wer der ›objektiven Welt‹ ihre phänomenologische »Verwurzelung [...] in der transzendentalen Subjektivität«[473] nimmt und der gegebenen Wirklichkeit *dennoch* eine Universalmatrix findet, der verdinglicht die Erfahrung der eigenen Welt zur Kernstruktur aller: Das begründet die Verabsolutierung lebensweltlicher Strukturen, die Schütz de facto vollzieht.

Schon Husserl war hier vorsichtiger. Er schreibt die Lebenswelt nicht fest. Weil er sie in ihrem »nie stillhaltenden Fluß« stets vor jeder vergegenständlichenden Konnotation bewahren will,[474] entläßt Husserl die Lebenswelt nicht aus dem Prozeß ihrer transzendentalen Genese. Seine Lebenswelt erhält sich nicht selbst.[475] Einem absoluten Bewußtsein der puren Vorstellung rechnet er sie statt dessen zu. Die »Idee einer objektiven universalen Wissenschaft von der Welt, die hinter sich ein universales Apriori hätte, welchem gemäß jede mögliche faktische Welt more geometrico erkennbar wäre«, ist bereits für Husserl nur »nonsens«: »Für das Reich der Seelen gibt es prinzipiell eine solche Ontologie nicht.«[476] Die »Bewußtseinserlebnisse«, die er untersucht, der »Explikation in identische und durch feste Begriffe faßbare Elemente« zu unterwerfen, wäre ihm freilich »ein Wahn«.[477] Schütz' mundanphänomenologische Alternative hingegen setzt die fundierungstheoretischen Implikate der Husserlschen Philosophie einfach beiseite und behandelt die Lebenswelt gleich einem »Objekt unter anderen«.[478] Sie zu hinterfragen, lehnt Schütz kategorisch ab. Er ist, im Gegenteil, zu ganz anderem bereit. So sucht sein Programm einer »*mathesis universalis* für die soziale Wirklichkeit« in der Lebenswelt durchaus nach einem apriorischen Fundament empirischer Forschung[479] – und erstellt den Katalog ihres Inventars. Schütz' Modellierung der Lebenswelt übersieht dabei, daß sie gerade das klassifiziert, was doch in einem erkenntnis-

472 Hua IX, *Phän. Psych.*, S. 276.
473 Hua I, *Cartes. Med.*, S. 164.
474 Hua VI, *Krisis*, S. 465.
475 Manfred Sommer (1980), »Der Alltagsbegriff in der Phänomenologie und seine gegenwärtige Rezeption in den Sozialwissenschaften«, in: Lenzen (Hg.), S. 27–43, hier S. 37.
476 Hua VI, *Krisis*, S. 268.
477 Hua I, *Cartes. Med.*, S. 86.
478 Vgl. Peter Gross (1972), *Reflexion, Spontaneität und Interaktion. Zur Diskussion soziologischer Handlungstheorien*, Stuttgart, S. 80.
479 Luckmann (1980), S. 37.

theoretischen Sinn die nichtfixierbaren Voraussetzungen jeder wissenschaftlichen Modellkonstruktion erst hatte bezeichnen sollen.

Damit ergibt sich: Beide Lebenswelttheorien rehabilitieren die natürliche Welterfahrung. Sie werten sie auf zum Gegenstand der Forschung. Beide ordnen sich – ausschließlicher als manche ›Soziologie des Alltags‹[480] – konzentrisch ums erfahrende Subjekt. Allerdings ist dieses im einen Fall transzendental, im anderen gleichsam empirisch verstanden. Das macht einen entscheidenden Unterschied, um dessen Konsequenzen sich Schütz nicht sorgt. Er verdeutlicht sich nicht, daß der ›Fortschritt‹ der Erkenntnistheorie Husserls zur Jahrhundertwende eben darin bestand, weder Welt noch Geistigkeit in den Formen einer fixen Matrix zu veranschlagen. Was Husserl, der kein »lebensweltliches Bewußtsein metaphysiziert«,[481] allein in den Grenzen der noch in seinem Ansatz tradierten Struktur des Denkens haften ließ, war die *Ausrichtung* seiner Methodologie auf einen absoluten Ausgangspunkt jedweder Reflexion. Hier liegen, wie oben gesehen, Format und Schranke der Husserlschen Philosophie nahe beisammen. Schütz demgegenüber geht einen Schritt vor und geht doch zurück. Verständlich ist, daß er dem Entwicklungsstand der Wissenschaften Rechnung tragen und das erlebende Ich als mundanes Phänomen analysieren will. Daß er indes noch auf empirischem Boden nach der »unmodifizierbaren ontologischen Struktur der Lebenswelt« Ausschau hält,[482] ist unverkennbar eine Reminiszenz an das Rückführungsdenken Husserls. In derselben Logik der Begründung wie jener nach dem Ego sucht Schütz nach dem Wesenskern der erfahrbaren Wirklichkeit, der noch deren Variabilität verständlich machen soll. Im Übergang zu einem Denken, daß die Mundanität seiner Phänomene auch auf dem faktischen Boden des Zusammenhangs verstehen will, dem sie entsprungen sind, bleibt Schütz auf halbem Wege stehen. Im Verzicht auf die überkommene Erklärungsstrategie Husserls, die dem transzendentalen Ich den Vorrang gibt, findet Schütz keinen Ersatz, mit dem sich die Gegebenheiten der Lebenswelt erklären ließen. So entdeckt er jene nicht in einer prozessualen Strategie des Begreifens. Er nimmt sie einfach hin. Was er findet, ist nichts anderes als ein neues Fundament.

480 Kurt Hammerich/Michael Klein (Hg.)(1978), *Materialien zur Soziologie des Alltags,* Sonderheft 20 der ›Kölner Zeitschrift für Soziologie und Sozialpsychologie‹, Opladen.
481 Gerhard Funke (1966), *Phänomenologie – Metaphysik oder Methode?,* Bonn, S. 142.
482 Schütz/Luckmann (1979), Bd. 1, S. 78.

IV. Kritik der Lebensweltphänomenologie

Damit ist die Aufarbeitung der Schützschen Sozialtheorie abgeschlossen. Bevor im weiteren abschließend einige überdenkenswerte Folgen ihrer Struktur erörtert werden, ist eine Zusammenfassung der bisherigen Ausführungen angemessen. Da Schütz' egozentrische Konstitutionsanalyse des ›Sinnhaften Aufbaus‹ bereits oben im Rahmen der Zwischenbetrachtung zur Diskussion stand, kann der Rückblick kurzgefaßt und die nachfolgende Kritik auf Schütz' spätere ›Lebensweltphänomenologie‹ konzentriert werden.

1. Resümee. *Schütz' Phänomenologie der sozialen Welt*

Alfred Schütz ist Soziologe, Husserl aber Philosoph. Die Diskrepanz durchfurcht die ›phänomenologische *Sozial*theorie‹. Entscheidend ist die Doppelstellung, die Schütz' Denken prägt (Kap. I, Exkurs). Schon das Wien, aus dem Schütz kommt, kennt in den sozialen und politischen Umbrüchen der zwanziger Jahre andere Probleme als allein »geistige Not«.[483] Aber Schütz studiert an der rechts- und staatswissenschaftlichen Fakultät der Wiener Universität nicht nur aus Gründen beruflicher Sorge solche Fächer, welche die Philosophie als Leitwissenschaft abgelöst haben. Auch seine *Interessen* sind sozialwissenschaftlicher Art. Schütz interessiert sich für Phänomene, die im Bedingungszusammenhang der Welt anzusiedeln sind. Unter diesem Gesichtspunkt sucht er in der Philosophie Husserls nichts weiter als »*Werkzeuge* für die Bearbeitung sehr konkreter Probleme der Sozialwissenschaften«.[484] Auf der anderen Seite kommt auch Schütz aus einer Wissenschaftskultur, die sich nicht nur individualistisch zeigt und ihn zum Ansatz bei der »Handlung des Einzelnen« prädestiniert, sondern zudem der Theorie der Wirtschaft, des Rechts, ja der Wissenschaft schlechthin eine apriorische respektive zweifelssicher garantierte Grundlage verleihen will. So ist die Affinität zum Denken Husserls gerade dort eher oberflächlich, wo sich Schütz im anders gerichteten Interesse der Sozialwissenschaft im Bestand der phänomenologischen Methodologie bedient. Eine strukturelle Übereinstimmung findet sich deshalb vielmehr in der Tiefenstruktur seines Anliegens, der Soziologie das »bisher fehlende« Fundament zu

---

483 Husserl (1981), *Phil. als strenge Wiss.*, S. 65.
484 Schütz/Parsons (1977), S. 115f. (Herv. F.W.).

geben.[485] Jedenfalls bringt Schütz' zwei Fermente zusammen zu einer Phänomenologie der sozialen Welt, die in der Handlung den Elementarbaustein der sozialen Wirklichkeit und im »Sinnphänomen« ihren »Fundamentalbegriff« fixiert (Kap. I,1.). Als Soziologe interessiert sich Schütz für das, was von den anderen, »von den in der Sozialwelt Lebenden über diese gedacht wird«. Als Phänomenologe fundiert er die Konzeptualisierung der Sinnkonstitution des »fremden Ich« in Analogie zur Egozentrik des einsamen transzendentalen (I,2.).[486] Notwendig gilt daher seine Frage dem Problem, wie objektives Wissen von subjektiven Vorgängen möglich sei. Seine Antwort baut auf die im Diskurs der Wissenschaft nach deren Regeln »objektiv verifizierbare« Modellkonstruktion – von den »prinzipiell subjektiv[en]« Primärerzeugnissen des sinnkonstituierenden Ich (I,3.).[487] Dadurch formt Schütz die phänomenologische Egozentrik zum Paradoxon (I,4.). Denn statt auf den phänomenologischen Anfangspunkt, in dem »vollkommene Klarheit das Maß aller Wahrheit ist«,[488] setzt Schütz auf Konstruktion. So mißtraut er Husserls Methodologie in ihrer Funktion, welche die Begründung jedweden Wissens verspricht, und wählt deren Untersuchungsperspektive dennoch zur Matrix seiner Sozialforschung.

Fragwürdig ist daher Schütz' metatheoretischer Ort (Kap. II). Denn phänomenologisch orientiert ist er nur in der Konzeptualisierung dessen, was er sucht. In dieser Hinsicht steht ihm das phänomenologische Ur-Ich Modell. Auf den Weg seiner Ermittlungsarbeit hingegen begibt er sich in anderem Geist – dem seiner neukantianischen Lehrer: Erkenntnis als Konstruktion (II,1.). Das unterstreicht freilich, daß Husserls Phänomenologie für Schütz nichts anderes ist als Mittel zum Zweck – und der unterhöhlt in seinem Fall den Prinzipat des Geistes der phänomenologischen Philosophie. Schütz' soziologisches Interesse an der natürlichen Einstellung zwingt ihn zum Protest (II,2.). Allerdings macht sich Schütz die Implikationen seiner Auflehnung nicht klar. Nur abstrakt stellt er die Gegebenheiten mundaner Intersubjektivität gegen Husserls Ich. Er übersieht, daß bereits Husserl die Einflußsphäre desjenigen Absolutums, an dem festzuhalten, die Anlage der Phänomenologie verlangt, auf den geschlossenen Sinnzusammenhang der ›geistigen‹ Welt‹ hatte beschränkt wissen wollen und müssen. Statt dessen ontologisiert Schütz die Problematik der Konstitution. Er eliminiert die transzendentale Hülle des Husserlschen ›Ego‹ und veranschlagt es als mundanes Zentrum subjektiver Weltkonstitution. Dadurch treibt Schütz die Egologie auf die Spitze. Denn einen absoluten Zurechnungspunkt in der empirischen Ebene anzunehmen, das wußte schon

---

485 Schütz (1974), *Sinnhafter Aufbau*, S. 15 u. S. 55.
486 Schütz (1974), *Sinnhafter Aufbau*, S. 21, S. 315 u. S. 226 (Herv. F.W.).
487 Schütz (1971), »Begriffs- und Theoriebildung«, *GA I*, S. 72 und ders. (1974), *Sinnhafter Aufbau*, S. 160.
488 Hua III/1, *Ideen I*, S. 169.

Husserl zu vermeiden. Hier gab es kein Zurück hinter das Weltverständnis moderner Wissenschaften, für die der Mensch in den Entwicklungszusammenhang von Natur und Geschichte gehört und sich entsprechend jede Verabsolutierung des mundanen Subjekts verbietet. Demgegenüber tut Schütz, was systematisch nicht geht: Er streicht das absolute Ego – und wendet die Denkfigur des phänomenologischen Ich-Subjekts dennoch an. Entsprechend basiert die *phänomenologische* Sozialtheorie auf aporetischem Grund (II,3.). Auch die Folgen der überraschenden Resurrektion, den der phänomenologische Primat des Ich auf die angegebene Weise erlebt (II,4.), hat Schütz nicht streng durchdacht. Zwar reintegriert Schütz unter dem Druck seiner soziologischen Absicht Husserls ›Ich‹ der realen Welt, doch läßt sein Transformationsversuch die Struktur der phänomenologischen Theorie unangetastet: Seine Konzeption vertraut auf ein unbedingtes Ich, das es im empirischen Bedingungsgeflecht der menschlichen Lebensweise nicht geben kann.

Nicht unbedingt ist demgegenüber das Subjekt in der Lebenswelttheorie von Schütz' späteren Arbeiten (Kap. III). In ihr, insbesondere in den von Luckmann edierten ›*Strukturen der Lebenswelt*‹, erlangt Schütz' phänomenologische Sozialtheorie ihre ausgereifteste Fassung. Schütz' Sozialontologie der Lebenswelt versucht zweierlei. Zum einen situieren seine Untersuchungen das Subjekt in Vorstrukturierungen der Erfahrung, die letzterem nicht frei verfügbar sind (III,1.,a). Also hat die subjektive Orientierung einen lebensweltlich gegebenen Hintergrund. Zum anderen demonstriert seine Analyse der Organisation des Wissens, daß für ihn auch die Lebenswelt auf das »erfahrende Subjekt bezogen« werden muß (b).[489] Spezifisch und doch sozial soll derjenige Handelnde sein, den die phänomenologische Sozialforschung fokussiert. Gleichwohl wechselt Schütz nicht vom ›Ich‹ zum Primat der Welt (c). Auch das Kaleidoskop ›mannigfaltiger Wirklichkeiten‹, das er beschreibt, eröffnet sich nur aus dem Blick der phänomenologischen Egozentrik. Insofern hat Schütz' Lebensweltansatz nur den Unterbau des sinngebenden Ichs neu zementiert. So probiert Schütz' neues Fundament zwar die Relationierung des Ich. Doch im Ergebnis kommt er nicht weit: Nach der Verabsolutierung des Ich verdinglicht er nun die Invarianten der Lebenswelt zur allgültigen Basis der Forschung (III,2.). Denn wer das sinngenerierende Transzendental-Ego Husserls nur ersatzlos eskamotiert und dennoch der empirischen Analyse eine Universalmatrix findet, unterschlägt die Prozessualität der menschlichen Lebensform.

---

489 Schütz/Luckmann (1979), Bd. 1, S. 133.

2. Der geheime Absolutismus in Schütz' Lebenswelttheorie. Konsequenzen der sozialphänomenologischen Forschungsstrategie

Damit steht im Ergebnis der wissenssoziologischen Kritik der phänomenologischen Theorie fest, daß die Erklärungsstruktur von Schütz' Lebenswelttheorie nicht anders als die seines früheren Programms just der seit alters tradierten entspricht, die auch Husserls Denken organisiert. Dabei stand bereits letzterer, systematisch betrachtet, kurz davor, sie aufzugeben. Zu ergebnislos verlief die Suche nach dem absoluten Fundament, das vom zeitgemäß fortschrittlichen Erkenntnisstand der Husserlschen Theorie allenfalls im weltlosen Ort der ›reinen Subjektivität‹ hat vermutet werden dürfen. In systematischer Hinsicht bedingt daher das Scheitern der Husserlschen Leistung die Aufgabe des alten Prinzips. Eine weitere Steigerung schien ausgeschlossen. Die wäre auch nicht möglich. Was nur folgen kann, ist die Umstellung der argumentativen Struktur des Denkens. Denn es geht auch ohne letzte Fundamente – in prozessualer Rekonstruktion. Jedoch ist Schütz dazu nicht bereit. Weiterhin hält er Ausschau nach der Zurechnungsstelle, die das Erkennen sichert. Wie ist es im Diskurs der Sozialtheorie bestellt um die, die er findet?

Zwar ist die theoretische Antwort bereits oben gegeben, doch was jetzt in vier kurzen Perspektiven noch folgt, will im Unterschied zu jener nun des weiteren spezifische Probleme der Schützschen Lebensweltforschung als Implikate der phänomenologischen Forschungsstrategie zu erkennen geben. Schließlich soll der in metatheoretischer Ebene geführte Aufweis des antiquierten Denkmodells nicht die Diskussion seiner eher theorieinternen Folgeprobleme ersparen. Beabsichtigt ist vielmehr, diese in schärferem Licht zu beleuchten, zumal sich Schütz' Lebensweltmethodologie – mangels vergleichbar detaillierter Alternativen – in der Analyse der sozialen Mikrowelt durchaus forschungspraktischer Zweckmäßigkeit erfreuen kann. So scheint es angemessen, zunächst gerade anhand der Frage nach der empirischen Brauchbarkeit des Lebensweltkonzepts dessen theorietechnische Schwierigkeit der Beziehung von universaler Struktur und konkret-faktischer Füllung zu diskutieren (a). Dabei folgt aus der konzeptuellen Architektur der mundanphänomenologischen Perspektive nicht allein ein fragwürdiges Verhältnis zur Empirie. Uneinsichtig bleibt zudem, daß die Bedingungen der erfahrenen Wirklichkeiten ›real‹ (b), deren Inhalte hingegen auch ›falsch‹ sein können (c). Statt dessen degradiert Schütz' Ansatz Wissenschaft zur Deskription (d).

a) Lebensweltstrukturen und Empirie

Der Empiriebezug der Lebensweltphänomenologie ist in zweierlei Weise problematisch. Die eine Problematik betrifft die empirische Plausibilität des sozialphänomenologischen Forschungsprogramms. Das andere Problem ist theoretischer Natur.

Was die praktische Triftigkeit der Lebensweltphänomenologie angeht, gilt unbestritten: Die Lebenswelt hat Konjunktur – zumindest in der Soziologie. In diesem Fach scheint die Institutionalisierung einer entsprechend orientierten Sozialtheorie in den abgelaufenen beiden Dezennien gelungen, nachdem die gesellschaftlichen Ereignisse der sechziger Jahre die parsonianische Hegemonie nebst deren empiristischem Komplement zurückgedrängt hatten. Heute jedenfalls bilden die »Verfahren der Lebensweltanalyse« nicht nur in methodologischen Debatten, sondern bereits auch in den Lehrbüchern einer neuerdings gut etablierten ›qualitativen‹ Sozialforschung einen zentralen Bestandteil.[490] Wenn dabei, will sich letztere »auf der Höhe der aktuellen Diskussion bewegen«, kein Weg an Schütz' »Mundanphänomenologie« vorbeiführt, wie Hitzler hervorhebt,[491] dann ist es zu einem guten Teil Schütz anzurechnen, den »Alltag soziologiefähig gemacht« zu haben.[492] Andererseits ist es parallel dazu durchaus fraglich, ob die soziologische Kritik des Alltagslebens,[493] wie sie in den letzten Jahren – sei es im Theorem der »Kolonialisierung« durch die Imperative eines übermächtigen ökonomisch-bürokratischen Systems (Habermas),[494] sei es im Verweis auf die Prozesse einer Enttraditionalisierung, Individualisierung und ›Risiko‹-Belastung von Lebenslagen (Beck)[495] – vorgetragen worden ist, nicht eine zunehmende Fragilität der Welt alltäglicher Erfahrung ans Licht der empirischen Gegenwartsanalyse befördert hat, die im Verbund mit den postmodernen – gegen jegliche irgend nach Fundamenten strebende Theoriebildung gerichteten – Angriffen der achtziger Jahre nicht auch Schütz', an dem zu Jahrhundertanfang progressiven Denken Husserls ausgerichtete Ausschau nach *Grund*strukturen der alltäglichen Lebenswelt in einem Maße bedroht, die ein

490 Ronald Hitzler/Anne Honer (1991), »Qualitative Verfahren zur Lebensweltanalyse«, in: *Handbuch Qualitative Sozialforschung*, hrsg. von U. Flick u.a., München, S. 382–385.
491 Hitzler (1987), S. 157.
492 Burkhard E. Lehmann (1988), *Rationalität im Alltag?* Zur Konstitution sinnhaften Handelns in der Perspektive interpretativer Soziologie, Münster/New York, S. 155.
493 Vgl. Henri Lefèbvre (1987), *Kritik des Alltagslebens.* Grundrisse einer Soziologie der Alltäglichkeit, Frankfurt a.M.
494 Jürgen Habermas (1981), *Theorie des kommunikativen Handelns*, Bd. 2, Zur Kritik der funktionalistischen Vernunft, Frankfurt a.M., S. 522.
495 Vgl. Ulrich Beck (1986), *Risikogesellschaft.* Auf dem Weg in eine andere Moderne, Frankfurt a.M.

weiteres Festhalten am Lebensweltkonzept entgegen seiner zunehmenden Beliebtheit im Rahmen der Paradigmenkonkurrenz der Gegenwartssoziologie abnehmend
wenig lohnenswert erscheinen läßt.[496] Wenn die »Idee einer natürlichen und intakten Lebenswelt« unter den faktischen Lebensbedingungen der Gegenwartsgesellschaft zur »Illusion« geworden ist,[497] dann fragt sich, ob das phänomenologische
Rezept der Rückkehr zum »lebensweltlich wirklich Erfahrenen und Erfahrbaren«
davon unberührt bleiben kann.[498] Wenn unter den massenmedial produzierten
Zeichenwelten, die zum festen Bestandteil der ›natürlichen‹ Realität um uns geworden sind, die Wirklichkeit in der Tat »in einem Maße destabilisiert ist, daß sie
keinen Stoff mehr für Erfahrung gewährt«,[499] dann ist der vermeintliche »Seinsvorrang‹« der Lebenswelt, wie Luhmann betont, »soziologisch kaum haltbar«.[500]
Insofern versammeln sich manche Erfahrungslagen der Gegenwartsmoderne
gleichsam zum empirischen Protest gegen die Logik eines Denkens, das nach den
allgemeinsamen Grundelementen jeglicher Erfahrung sucht.[501]

In konzeptuell-theoretischer Hinsicht wird im sozialphänomenologischen
Ansatz das Empirische zum Problem, weil offen bleibt, wie Schütz' universale
Invarianten und historische Faktizität zusammenkommen sollen. Denn wird in
mundaner Perspektive, ausgestattet mit Schütz' allgemeiner Matrix, die empirische
Analyse historisch-konkreter Erfahrungsräume unternommen, so besteht die
Gefahr, daß eine demgemäß inspirierte Soziologie des ›Alltags‹ ihren Zentralbegriff
zur »universelle[n] Kategorie«, zur »ewige[n] und unwandelbare[n] Eigentümlichkeit aller nur möglichen Gesellschaften« erhebt und daher Elias' Verdikt verfallen
müßte, nichts anderes als eine »aus der Kirchturmperspektive der Gegenwart ins
Universelle aufgeblähte Spekulation« zu sein.[502] Nun scheidet Schütz' Theorie
jedoch die überhistorischen Strukturen der Lebenswelt sorgsam vom direkten
Empiriebezug, auf den es einer Soziologie des Alltagslebens ankommt.[503] Natürlich
behauptet sie nicht, daß die »phänomenologische Beschreibung der universalen
Strukturen der Lebenswelt« zugleich die der »geschichtlichen Ausformungen

---

496 Heller (1986), S. 154.
497 Walter Schulz (1980), *Philosophie in der veränderten Welt*, Pfullingen [¹1972], S. 144.
498 Hua VI, *Krisis*, S. 52.
499 Jean-François Lyotard (1988), »Beantwortung der Frage: Was ist postmodern?«, in: Welsch
     (Hg.), S. 193–203, hier S. 195.
500 Niklas Luhmann (1993), *Gesellschaftsstruktur und Semantik*. Studien zur Wissenssoziologie
     der modernen Gesellschaft, Bd. 1, Frankfurt a.M., S. 33, Anm. 26.
501 Vgl. David L. Altheide (1977): »The sociology of Alfred Schutz«, in: Douglas/Johnson (Hg.),
     S. 133–152, hier insbes. S. 146.
502 Norbert Elias (1978), »Zum Begriff des Alltags«, in: Hammerich/Klein (Hg.), S. 22–29, hier
     S. 29.
503 Vgl. Werner Bergmann (1981), »Lebenswelt, Lebenswelt des Alltags oder Alltagswelt? Ein
     grundbegriffliches Problem ›alltagstheoretischer‹ Ansätze«, in: *Kölner Zeitschrift für Soziologie und Sozialpsychologie*, 33. Jg., S. 50–72, hier S. 63.

menschlicher Gesellschaftsordnungen« mitumfaßt. Hier zieht sie vielmehr eine
»Grenze« zwischen sich und »empirisch-›induktiv‹ verfahrenden« Wissenschaften
wie der »empirischen Ethnologie und Soziologie«, welche »konkrete Inhalte« beschreiben.[504] Natürlich bestreitet sie des weiteren weder die »interkulturelle Ausprä-
gung« noch die »intra-soziale Verteilung« des lebensweltlichen Wissens. Sie weiß,
daß Wissen »sozial vermittelt« ist.[505] Fraglos gesteht sie den »lebensweltlich-univer-
salen Strukturen« eine »konkrete Prägung in geschichtlich-gesellschaftlichen Vorgängen« zu. So sind die empirisch vorfindlichen Ausformungen »um so differen-
zierter«, je weiter sie sich von den »Grundelementen« des Wissens entfernen.[506]
Auch steht es fest, daß Schütz' Theorieapparat die Möglichkeit bietet, wie Srubar
belegt, zum Beispiel die »Typenbildung als historisch bedingt zu fassen« und nur im
Zusatz »historisierender Momente [bedarf], die nicht aus dem Schützschen Werk
selbst abgeleitet werden können«.[507] Schütz spricht sogar, wenngleich terminologisch wenig trennscharf, von »verschiedenen geschichtlichen Lebenswelten«.[508]
Worauf es hier jedoch ankommt, ist exakt das *Verhältnis* von Apriorität und
Faktizität, wie Schütz es unterstellt. Entscheidend ist daher, daß in seiner Sicht
noch die historisch variablen Welten, die individuelle Subjekte im Zentrum ihrer
Lebenswelt entwerfen, ihre Basis in der invarianten Matrix finden, die alle Men-
schen teilen. Somit liegt das Fundament der lebensweltlichen Strukturen zwar im
Verborgenen, doch bleibt es stets präsent. Insofern die Varianz der empirischen
Erfahrungsräume also keineswegs bestritten wird, gibt sich der Absolutismus der
Schützschen Lebenswelttheorie ›geheim‹. Schütz' Soziologie, die – wie Kant die
Bedingungen der Erkenntnis – die Bedingungen der Erfahrung des mundanen Ich
formal fixieren will,[509] beleuchtet die faktische Welt im Licht ihrer bloßen Möglichkeit. Die Strukturen des Subjekts der Lebenswelt setzt sie als Matrix historisch
kontingenter Derivate. Damit läßt sie die gefundene Ansatzstelle aus dem Bedingungszusammenhang der menschlichen Wirklichkeit ausgespart. Den Schritt zur

504 Schütz/Luckmann (1984), Bd. 2, S. 133 und dies. (1979), Bd. 1, S. 125f.
505 Die ›Mechanismen‹ der Verteilung des Wissens hingegen macht sie zur Sache einer »Wissens-
    soziologie«, die nicht ihr Thema, sondern das einer anderen »soziologischen Disziplin« ist.
    Schütz/Luckmann (1979), Bd. 1, S. 144f. u. S. 194 sowie Alfred Schütz (1971), »Der gut
    informierte Bürger. Ein Versuch über die soziale Verteilung des Wissens«, in: ders. (1971c),
    GA II, S. 85–101, hier S. 86.
506 Schütz/Luckmann (1984), Bd. 2, S. 170 und dies. (1979), Bd. 1, S. 144f.
507 Ilja Srubar (1981a), »Die Konstitution von Bedeutsamkeit im Alltagshandeln. Zur Schütz-
    schen Lösung eines Weberschen Problems«, in: Sprondel/Seyfarth (Hg.), S. 93–107, hier
    S. 99.
508 Schütz/Luckmann (1984), Bd. 2, S. 192.
509 Vgl. Zygmunt Bauman (1978), *Hermeneutics and Social Science*. Approaches to under-
    standing, London, S. 187.

empirisch-genetischen Analyse tut sie nicht.[510] Ihren Punkt absoluter Zurechnung
gibt Schütz' Konzeption nicht auf.

b) Die Vergeistigung der Gesellschaft

Das hat Folgen. Denn indem sie das Subjekt der Sozialwelt nicht im Zusammenhang seiner praktischen Einbindung in die Welt begreift, vergeistigt sie letztere
zum Konstitutionsprodukt der Subjektivität: Gesellschaft wird zur Ansichtssache.
In der inneren Logik der Schützschen Überlegungen ist es deshalb auch nur konsequent, wenn es gemäß Schütz' Merksatz der »Sinn unserer Erfahrungen« ist, der
»die Wirklichkeit konstituiert«.[511] Demzufolge bleiben in Schütz' Denkmodell
Gesellschaft wie Geschichte ohne Struktur. Beide sind vielmehr »auf das jeweilige
Jetzt und So« des jeweilig interessierten Subjekts relativiert.[512] Vorstrukturiert sind
nach seiner Soziologie allein die subjektiven Voraussetzungssysteme der Sinngebung. So kann in der ›humanistischen‹ Perspektive der Denktradition Schütz' die
soziale Wirklichkeit als das »Ergebnis einer Interpretations-›Leistung‹« untersucht
und Gesellschaft »unserem ›Wissen‹ über Gesellschaft« gleichgesetzt werden.[513]
Demgegenüber ist es zwar wichtig festzuhalten, daß der Sinn, den soziale Akteure
ihrem Handeln geben, unabtrennbar zu ihrem Tun gehört, doch eben welchen Sinn
sie konstituieren, steht selbst unter der Vorgabe von Regeln und Normen, die
ihnen nicht frei verfügbar sind. Schließlich ist Gesellschaft weder eine Kreation ex
nihilo noch eine »beliebig formbare Schöpfung menschlicher Subjekte«.[514] Sie geht
im Wissen nicht auf. Wenn die Lebenswelt tatsächlich eine »soziale Genese« hat
– was Srubars Schütz-Interpretation betont – und die Sinnsetzung also ein Vorgang
ist, der sich nicht »im Bewußtsein isolierter Ego-Monaden«, sondern in der »Wirkensbeziehung« vollzieht, in der die »Schemata unserer Erfahrung« ihre »soziale
Bestimmung« erhalten,[515] dann müßte auch Schütz' »soziale Realität« mehr sein als

---

510 Vgl. Anton Amann (1988), »Alfred Schütz und Talcott Parsons. Zur scheinbaren Folgenlo-
     sigkeit eines Briefwechsels«, in: Stadler (Hg.), S. 332–344, hier S. 340.
511 Alfred Schütz (1971), »Symbol, Wirklichkeit und Gesellschaft«, in: ders. (1971b), GA I,
     S. 331–411, hier S. 393.
512 Schütz (1974), Sinnhafter Aufbau, S. 298.
513 David Silverman (1975b), »Methodologie und Bedeutung«, in: Filmer/Phillipson/Silverman/
     Walsh (1975), S. 196–215, hier S. 205 und Gunter Falk/Heinz Steinert (1973), »Über den
     Soziologen als Konstrukteur von Wirklichkeit, das Wesen der sozialen Realität, die De-
     finition sozialer Situationen und die Strategien ihrer Bewältigung«, in: Steinert (Hg.), S. 13–
     45, hier S. 34.
514 Anthony Giddens (1988), Die Konstitution der Gesellschaft. Grundzüge einer Theorie der
     Strukturierung, Frankfurt a.M./New York, S. 78.
515 Srubar (1988a), S. 126 u. S. 123.

der Inbegriff dessen, »wie sie im Alltagsdenken der Menschen erfahren wird«.[516]
Wenn Bedeutungen und Wissen aus sozialen Praktiken hervorgehen, dann läßt sich
nicht, wie es Schütz in systematischem Sinn tut, die »gesellschaftliche Realität in
das menschliche Bewußtsein« verlagern.[517] Wirken und soziale Praxis übersteigen
die Köpfe der Handelnden. Sie zu analysieren, fehlt Schütz' Ansatz das Vokabular.[518] Vom Standpunkt der individuellen Erfahrung aus gibt sich das Netzwerk
von Beziehungen, in welches die Handelnden verflochten sind, nicht zu erkennen.
Schütz' phänomenologische Erfahrungswelt ist insofern nicht die einer Sozialwissenschaft, die den Vorrang der Geistigkeit dementiert. Wenn sich der Mensch
auf dem ›natürlichen Boden‹ sozialer Interaktion erst formt, dann geht die soziale
Wirklichkeit in der Erfahrung nicht auf.

c) Die phänomenologische Einklammerung der Kritik

Wenn die subjektexterne Realität analytisch jedoch nicht dazu herangezogen wird,
auf ihrem Hintergrund die Ausbildung der subjektiven Erfahrungen und Überzeugungen verständlich zu machen, dann fehlt der Forschungsarbeit jede Basis zur
Kritik. Dann bleibt kein Mittel, die Angemessenheit der untersuchten Alltagsinter-
pretationen zu beurteilen. Denn daß, was ist, auch anders sein könnte, ist mit
einem Ansatz nicht zu demonstrieren, der jedes Subjekt zum Don Quixote seiner
Lebenswelt ansetzt, frei darin, jedweden perspektivisch erlebten Welten den »Wirk-
lichkeitsakzent« zu erteilen.[519] Gut phänomenologisch ist Schütz' Lebensweltden-
ken statt dessen gezwungen hinzunehmen, was gegeben ist und wie es gegeben ist.
Noch in der Analyse von kulturell bestimmten Alltagswelten ringt es nicht um
eine Erklärung des Spezifischen, sondern stiftet vielmehr an zur Suche nach den
allgemeinsamen invarianten Strukturen. Da sich auch die Untersuchung der Lebenswelt dem im ›Sinnhaften Aufbau‹ formulierten »Ziel« der bestmöglichen
Explikation dessen unterstellt, »was gemeinhin von den in der Sozialwelt Lebenden
über diese gedacht wird«,[520] ist theorietechnisch die Möglichkeit genommen, zu

---

516 Schütz/Luckmann (1984), Bd. 2, Anhang, S. 298.
517 Wagner (1981b), S. 213.
518 Interessant ist in diesem Zusammenhang, daß Srubar, dessen kenntnisreichen Studien viel
     daran liegt, die »Sinngeltung der Alltagswelt plausibler darzustellen als dies bei Schütz der
     Fall war«, keine »protosoziologische« Theoriekonzeption mehr fordert, sondern eine, die
     »nicht präskriptiv-normativ, sondern konstitutiv-genetisch verfährt«. Srubar (1979), S. 44
     sowie ders. (1991), »›Phänomenologische Soziologie‹ als Theorie und Forschung«, in:
     Herzog/Graumann (Hg.), S. 169–182, hier S. 177.
519 Alfred Schütz (1971), »Don Quixote und das Problem der Realität«, in: ders. (1971c), GA II,
     S. 102–128, hier S. 109.
520 Schütz (1974), Sinnhafter Aufbau, S. 315.

zeigen, »daß die Welt der natürlichen Einstellung auch anders sein könnte«, als wie sie sich gibt.[521] So entspricht Schütz' »desinteressierter Beobachter« Husserls »›uninteressierte[m]‹ Betrachter der Welt« nur bedingt.[522] Denn Schütz' Sozial-phänomenologie setzt im Gang ihrer Aufwertung der »Epoché der natürlichen Einstellung« die Möglichkeit zur rationalen Kritik der natürlichen Weltdeutung in Klammern.[523] Im Verzicht auf die prozessuale Erklärung dessen, was subjektiv gilt, bekennt Schütz' Methodologie, daß sie für das von Husserl gegen jede Verdingli-chung gerichtete Konzept der transzendentalen Genese für die Sozialtheorie auf mundanem Boden keinen Ersatz gefunden hat.[524] Eine Frage derart, ob die Akteure der Sozialwelt über ein adäquates Verständnis ihrer Welt verfügen, bleibt dann unbeantwortbar.

d) Wissenschaft als Deskription?

Im hypothetischen Fall der ›falschen‹ Vorstellung verfügte Schütz' Theorie indes auch nicht über die Begriffe und Verfahrensweisen, zu zeigen, warum es zur inadäquaten Deutung gekommen ist. Warum bestimmte Typisierungen und Interpretationsschemata gewählt, welche Mechanismen bei der Ausbildung von subjektiv-spezifischen Relevanzsystemen im Spiel sind und warum ganz bestimmte Wissensvorräte zu bestimmter Zeit an bestimmtem Ort vorliegen, all das zu er-klären, darauf ist Schütz' »deskriptive Phänomenologie der Lebenswelt« nicht vor-bereitet.[525] Statt ›warum‹, fragt sie, ›wie‹ etwas gegeben ist.[526] Unter der Vorausset-zung ihrer argumentativen Logik kann sie nur registrieren, was sie findet. Weil sie die Frage nach der kontingenten Ausgangslage subjektiven Welterlebens auf das verkürzt, was sich in der impressionistischen Erfahrung davon sedimentiert, neigt sie affirmativ zur Verdoppelung dessen, was der Alltagsmensch bereits weiß. Ohne Zugang zur Entstehung der Situationen, in denen erfahren und Sinn gestiftet wird,[527] untersucht Schütz die Weisen bewußter Tätigkeit als Derivate einer urbildlichen Form. Will die von Schütz' inspirierte »lebensweltliche Ethnographie« aber statt der Reduktion der Phänomene auf das, was ihnen invariant unterliegt, einem Verständnis ihrer Erzeugungsmechanismen näher kommen, dann mildert sie das Erklärungsdefizit des phänomenologischen Denkstils nicht ab in der Forde-

---

521 Pierre Bourdieu (1979), *Entwurf einer Theorie der Praxis auf der ethnologischen Grundlage der kabylischen Gesellschaft*, Frankfurt a.M., S. 151.
522 Schütz (1971), »Wissenschaftliche Interpretation«, *GA I*, S. 41 und Hua VI, *Krisis*, S. 160.
523 Schütz (1971), »Mannigfaltige Wirklichkeiten«, *GA I*, S. 263.
524 Vgl. Bernhard Waldenfels (1985), *In den Netzen der Lebenswelt*, Frankfurt a.M., S. 158.
525 Luckmann (1980), S. 49.
526 Entsprechendes gilt für die Ethnomethodologie. Vgl. Altheide (1977), hier S. 147f.
527 Esser (1991a), S. 101.

rung, sich in »künstliche[r] Dummheit« den »kleine[n] soziale[n] Lebens-Welt[en]«
zuzuwenden.[528] Denn um anstelle der abstrahierten Formenlehre die Entstehungs-
prozesse kognitiver Strukturen verfolgen zu können,[529] setzt eine entsprechende
Neubestimmung des sozialwissenschaftlichen Forschungsobjekts im ersten Schritt
den Bruch mit den Primärkonstruktionen des Alltagsdenkens voraus.[530] Die Dynamik der Wirklichkeit, die verstanden werden will, geht im statischen Abbild
aktualer Erfahrung nicht auf. Ihr Verständnis erfordert mehr als die Deskription
des krud Gegebenen leisten kann: Im Umstieg auf ein prozessuales Verfahren der
Theoriebildung ist der Bruch mit diesem Stil »substantialistischen Denken[s]«
verlangt,[531] der in der absolutistischen Architektonik seiner Struktur die Relation
nicht kennt. Schütz hat ihn nicht vollzogen.

---

528 Anne Honer (1993a), *Lebensweltliche Ethnographie.* Ein explorativ-interpretativer For-
schungsansatz am Beispiel von Heimwerker-Wissen, Wiesbaden, S. 32 sowie dies. (1993b),
»Das Perspektivenproblem in der Sozialforschung. Bemerkungen zur lebensweltlichen
Ethnographie«, in: Jung/Müller-Doohm (Hg.), S. 241–257, hier S. 247. – Im Verweis auf die
Perspektive dieser Forschungsrichtung geht Esser hingegen davon aus, daß Schütz »diese
(Fehl-)Entwicklung nicht anzulasten« sei. Hartmut Esser (1991b), »Die Rationalität des
Alltagshandelns. Eine Rekonstruktion der Handlungstheorie von Alfred Schütz«, in:
Zeitschrift für Soziologie, 20. Jg., H. 6, S. 430–445, hier S. 444, Anm. 12.
529 Die Vernachlässigung der Prozesse des Wissenserwerbs bei Schütz/Luckmann moniert
Robert MacKay (1977), »The structures of the life-world. By Alfred Schütz and Thomas
Luckmann« [Rez.], in: *Philosophy of the Social Sciences,* 7, S. 405–409, hier S. 408.
530 Vgl. Pierre Bourdieu (1988), »Vive la crise! For heterodoxy in social science«, in: *Theory and
Society,* 17, S. 773–787, hier S. 777.
531 Pierre Bourdieu (1987), *Sozialer Sinn.* Kritik der theoretischen Vernunft, Frankfurt a.M.,
S. 12.

Schlußbetrachtung

Insgesamt kommt die phänomenologische Umänderung der Denkart, die keine andere als die Perspektive des Subjekts gelten läßt, somit auch in Schütz' sozialwissenschaftlichem Transformationsversuch über die Schranken ihrer Struktur nicht hinaus. Das ist das Fazit der vorstehenden Überlegungen. Schütz entwickelt seine Konstitutionsanalysen der Sinngebung noch im Rahmen seiner Untersuchung der Lebenswelt am Leitfaden eines Denkmodells, das in der Phänomenologie Husserls seinen Zenit bereits erreicht und überschritten hat.

Mehr hat die vorliegende Arbeit nicht zeigen wollen, als wie ein einstmals avanciertes Konzept, seinem Kontext entrissen, in der Entwicklung der soziologischen Theorie heute zu einem zu engen Rahmen geworden ist. Entsprechend maßt sie sich auf den verbleibenden Seiten nicht an, die Grundlinien einer solchen Theorie von Erkenntnis und Subjekt auch nur zu umreißen, die prozessual erklären und den theorieformenden Hiatus zwischen Ich und Welt nicht länger aufrechterhalten will. Statt dessen bilanziert sie zwei ihrer Ergebnisse, die beanspruchen dürfen, zur soziologischen Diskussion des phänomenologischen Denktypus Neues beizutragen. Da sich hier, aus soziologischer Sicht, auch der Blick zurück nach vorn orientiert, richtet er sich in den folgenden Bemerkungen auf die Interpretation der ›mundanen‹ Variante der Phänomenologie. Dabei sind insbesondere zwei Sachverhalte hervorzuheben. Der eine betrifft, was Schütz nicht sieht, der andere, was die soziologische Schütz-Kritik *über*sieht.

Zum einen verdeutlicht sich Schütz Rang und Stelle der Husserlschen Philosophie nicht scharf genug. Er ordnet sie nicht ein in die Entwicklungsgeschichte einer epistemologischen Problematik, die nicht mehr die seine ist. Statt dessen benutzt er sie wie ein kohärenzloses Methodenarsenal. Schütz führt sich nicht vor Augen, daß in der Phänomenologie Husserls eine ganz bestimmte Denk*art* ihren Gipfelpunkt erreicht. Er macht sich nicht klar, daß der Absolutismus des transzendentalen Ich allein im Kontext der epistemischen Frage nach der Sicherung des Wissens seinen Geltungsanspruch erhebt. Denn auch wenn Husserls Theorie ihrer Struktur nach in tradierter Weise noch auf vermeintlich ›sicherem‹ Fundament errichtet ist, so zweifelt sie doch bereits an ihrem Grund. Schließlich verläßt sich der Modus des Husserlschen Weltverstehens nicht mehr auf das substanzlogische Verfahren der klassischen Traditionen der Erkenntnistheorie. Zwar philosophiert Husserl noch immer im Rekurs auf einen ›absoluten Anfang‹, doch ist es kein statisches, insofern vielmehr ein ›lebendiges‹ Ich, dem seine Konzeption den Primat zuspricht. Weder ist es das zum bloßen Empfindungsempfänger herabgesetzte Erkenntnissubjekt des Empirismus, noch sind es die unerklärbaren Formen des Transzendentalsubjekts der Kantischen Philosophie. Husserls ›transzendentales Ich‹ nämlich zeigt sich nicht mehr faßbar. Es scheint aus einem Material purer Geistigkeit geformt, das sich jeder Fixierung widersetzt. Wenn es dennoch den Platz eines Ersten und Letzten in der phänomenologischen Theoriearchitektur einnimmt, dann demonstriert dies zugleich, daß Husserls ›Absolutheit des Geistes‹ das *letzte* Refugium derjenigen seit alters tradierten Denkform ist, die der Struktur der Handlung korrespondiert. So trägt noch die Figur des phänomenologischen Ur-Ich die Züge eines Erklärungsprinzips, das seiner Entstehungsgeschichte nach der sozialen Lebenspraxis entstammt. Denn der anthropologischen Ausgangslage der praktischen Welterfahrung gemäß beschreibt jeder Mensch seine ›Welt‹ zunächst als die einer fürsorgenden Kraft entsprechend der seiner eigenen Handlungsmächtigkeit – woraus sich im übrigen die Subjektzentrierung der Lebenswelt *erklärt*. Schütz hingegen, darauf kommt es hier an, setzt die bezeichnete Struktur des angegebenen Verfahrens der Weltinterpretation auch nach Husserl noch ein, obgleich seine Fragerichtung der transzendentalen Phänomenologie bereits den Nährboden entzieht. Damit stellt Schütz' phänomenologische Theorie sich selbst ein zwiespältiges Zeugnis aus. Explizit in Differenz zu Husserl will sie einerseits der »intersubjektive[n] Welt« Rechnung tragen, »die lange vor meiner Geburt existierte«.[1] Schütz' Alltagsmensch weiß, daß »nicht die Welt von uns, sondern wir von der Welt abhängen«.[1] Andererseits ersetzt Schütz den Absolutismus des transzendentalen *nicht* durch die Analyse der Genese des empirischen Subjekts. Im Grunde akzeptiert er im Denkzusammenhang der sozialwissenschaftlichen Ausbildung seiner Herkunft, daß die Dinge und Ereignisse dieser Welt auch im Kontext des Bedingungsgeflechts, dem sie eingefügt sind, verstanden werden müssen. Doch entschließt er sich nicht zur methodologischen Konsequenz, ein Untersuchungsverfahren einzuschlagen, das der Prozessualität der menschlichen Lebensform angepaßt ist. Schütz' Welt ist stets »schon konstituiert«.[2] Sein Denken sperrt sich, die fokussierten Phänomene, in seinem Fall die verschiedenen Formen der Organisation des Wissens, aus den Prozessen ihrer Ausbildung zu erklären. In systematischer Hinsicht öffnet er daher der resubstantialisierenden Verdinglichung von Husserls Ur-Ich ein Tor. Schütz' Doppelstreich, der das theoriesichernde transzendentale Ich eliminiert, die Figur des subjektiven Zurechnungspunkts aber beibehält, provoziert damit nicht nur manche Aporie seiner Sozialtheorie, sondern

---

1   Alfred Schütz/Thomas Luckmann (1984), *Strukturen der Lebenswelt*, Bd. 2, Frankfurt a.M., S. 366 u. S. 139.

2   Niklas Luhmann (1989), *Vertrauen*. Ein Mechanismus der Reduktion sozialer Komplexität, 3. Aufl., Stuttgart, S. 6, Anm. 13.

erschwert zugleich den Zugang zu einem Ansatz, der unwiderruflich als ›phänomenologisch‹ gilt. Entsprechend ist, was er tut, nicht leicht einzusehen.

Was nun zum anderen die Schütz-Rezeption betrifft, ist es daher verständlich, wenn der Graben, der sich zwischen den Konzeptionen von Husserl und Schütz auftut, in seinen Implikationen wenig bedacht worden ist. Denn ob phänomenologisch noch oder bereits nicht mehr – die innere Struktur der Theoriebildung Schütz' kommt erst zum Vorschein, wenn ihr metatheoretischer Ort reflektiert und die ursprüngliche Aporie einer *phänomenologischen* Sozialtheorie verstanden ist: Nur seinen Gegenstand modelliert Schütz in Analogie zur phänomenologischen Egozentrik. Die epistemologische Sicherung seiner Forschung überläßt er indes der konventionalistischen Methodologie eines Idealtypen entwerfenden Konstruktivismus, dessen Verfahrensweisen beanspruchen dürfen, intersubjektiver Kontrolle zugänglich zu sein. Uneinsichtig ist daher nicht, daß sich Schütz etwa scheue, wie Twenhöfel glaubt, »die forschungspraktischen Konsequenzen aus seinem ›Postulat der subjektiven Interpretation‹ zu ziehen« – und gerade deshalb, nicht subjektivistisch genug, zu dem »merkwürdig anmutenden Verfahren der Konstruktion ›personaler Idealtypen‹« angehalten sei.[3] Die spezifische Transformation der Husserlschen Entwurfslogik kann die soziologische Schütz-Kritik nicht erfassen, die mit Gormans ›*Dual Vision*‹ in Schütz' vermeintlichem Wunsch, ›Subjektivismus und Objektivität‹ theoretisch zu vereinen, der phänomenologischen Sozialtheorie die Weigerung in Rechnung stellt »to accept the radical implications of a subjective epistemology«.[4] Wer mit Gorman – und im folgenden List – annimmt, in Schütz' Arbeiten bestünde »durchgängig eine letztlich unaufhebbare Spannung zwischen dem phänomenologisch verstandenen ›Postulat der subjektiven Interpretation‹ und den Objektivitätsforderungen, an denen Schütz mit Weber festhielt«[5] und eben darin, so Lehmann, die »gewisse Aporie« vermutet,[6] der übersieht, daß Schütz' ›Postulat der subjektiven Perspektive‹ nicht den beobachtenden Forscher, sondern vielmehr den beobachteten, in der Sozialwelt Handelnden meint. Schütz verlangt keine phänomenologische Epistemologie, die ihren Nullpunkt gleichsam transzendental voraussetzt. Als Soziologe verlangt er statt dessen ein Theoriezentrum anderer Art, in welchem für ihn kein problematisierter »kulturelle[r] Gegenstand« zu ›verstehen‹ ist, »ohne ihn auf die ihn hervorbringende mensch-

3 Ralf Twenhöfel (1985), *Handeln, Verhalten und Verstehen*. Eine Kritik der verstehenden Soziologie Max Webers und Alfred Schütz', Königstein/Ts., S. 101.

4 Robert A. Gorman (1977), *The Dual Vision*. Alfred Schutz and the myth of phenomenological social science, London/Henley/Boston, hier S. 3.

5 Elisabeth List (1983), *Alltagsrationalität und soziologischer Diskurs*. Erkenntnis- und wissenschaftstheoretische Implikationen der Ethnomethodologie, Frankfurt a.M./New York, S. 41.

6 Burkhard Lehmann (1988), *Rationalität im Alltag?* Zur Konstitution sinnhaften Handelns in der Perspektive interpretativer Soziologie, Münster/New York, S. 155.

liche Tätigkeit«, »den Zweck seines Entwurfs«, zurückzubeziehen.[7] Aufgeklärt muß diese Unterscheidung sein, will die Schütz-Kritik nicht ins Leere laufen. Anders sind weder Konvergenz noch Divergenz zur phänomenologischen Theorie Husserls einzusehen. Schütz' konstruktiv errungenes Wissen jedenfalls ist nicht absolut. Absolut hingegen steht in seiner Theorie der Handelnde, der »die letzte Instanz [ist], die angehört werden muß, wenn es festzustellen gilt, ob in einem vorliegenden Fall gehandelt wird oder nicht«.[8] Hierin gründet die antinomische Basis der Konzeption Schütz'. Unbegründet nämlich ist es, die phänomenologische Figur des absoluten Fundaments in die die Beobachtung leitende implizite Ontologie der soziologischen Forschung reempirisiert zu übernehmen.

Insofern ändert sich Schütz' Ansatz in seiner Struktur nur unwesentlich, wenn späterhin statt dem Ich die ›intersubjektive Welt‹ in den Vordergrund des Interesses rückt. Auch der Versuch, das in der subjektzentrierten Perspektive zunächst entdeckte sinnkonstituierende Ego im Verweis auf die vorgegebene Sozialität der ›Lebenswelt‹ zu relativieren, modifiziert die Architektonik seiner Theorie kaum. Generell gilt: Schütz (bzw. Schütz/Luckmann) sucht nach einem universalen Ausgangspunkt der Weltkonstitution des Subjekts, der in den Bedingungszusammenhang des Wirklichen nicht eingelassen ist. Zuerst setzt er Husserls Ego auf empirischen Grund. Dann wählt er die Lebenswelt zur theorietragenden Zurechnungsstelle. Statt die Strukturen und Wissensbestände der subjektiven Orientierung in der Welt als konstruktiv erworbene zu studieren, rekurriert Schütz so noch in der raumzeitlichen Welt des Mundanen auf ein Absolutum, das bereits Husserl verworfen hat. Schütz hat sich nicht vergegenwärtigt, daß das »substantielle Denken«, auf welchem seine Sozialontologie der Lebenswelt basiert, im Paradigmawechsel der Wissenschaften durch einen »funktionelle[n]« Denktypus abgelöst wurde, der nicht das Wesen, sondern das »Benehmen der Dinge in ihrer gegenseitigen Abhängigkeit feststellen will«.[9] Demgegenüber verstellt sich die Schütz-Literatur auch in diesem Zusammenhang den Weg zur strukturlogischen Lesart, wenn sie in der Konzentration auf die Leerstellen der Schützschen Überlegungen, obgleich aus naheliegendem Grund, an Schütz' ›Alltagswende‹ belegt und erhofft, die »realen konkreten Wirklichkeitsbedingungen des Handelns« tauchten »am Rande des Bewußtseinsfeldes« der Schützschen Konstitutionsanalysen allem »transzendentale[n] Subjektivismus« zum Trotz doch eben auf.[10] Denn daß die Sachen des Subjekts

7   Alfred Schütz (1971), »Wissenschaftliche Interpretation und Alltagsverständnis menschlichen Handelns«, in: ders. (1971b), *GA I*, S. 3–54, hier S. 12.
8   Schütz/Luckmann (1984), Bd. 2, S. 15.
9   Edvard J. Dijksterhuis (1956), *Die Mechanisierung des Weltbildes*, Berlin/Göttingen/Heidelberg, S. 557.
10   Wilfried Lippitz (1980), *›Lebenswelt‹ oder die Rehabilitierung vorwissenschaftlicher Erfahrung. Ansätze eines phänomenologisch begründeten anthropologischen und sozialwissenschaftlichen Denkens in der Erziehungswissenschaft*, Weinheim/Basel, S. 154 u. S. 145.

von seinen Bezügen, seiner Geschichte, von der Welt her verstanden werden müssen, will niemand bestreiten. Es fragt sich nur: Wie?

Zweifelsohne transponiert Schütz' Konzeption das ›absolute ego‹ reiner Geistigkeit und überführt es aus Husserls ›Erster Philosophie‹ auf mundanen Boden – was deren transzendentalen Rahmen sprengt. Doch sucht Schütz noch im empirischen Subjekt nach dem phänomenologischen Fundament: Was er verabsolutiert, sind die Strukturen der Lebenswelt. Entsprechend wird Schütz' Methodologie dem Prozeßcharakter der lebendigen menschlichen Wirklichkeit nicht gerecht. So hält sich auch die sozialwissenschaftliche Umgestaltung der phänomenologischen Theorie nicht anders als ihr philosophischer Vorläufer noch an eine Form der Theoriebildung, welche die soziologische Erkenntniskritik als solche charakterisieren kann, die heute in vielen Gebieten der Wissenschaft an Geltung und Wirkungskraft bereits eingebüßt hat. Stillschweigend belegt ist dies in mancherlei gegenwärtigen Ansätzen phänomenologischer Philosophie und insbesondere Sozialtheorie, die versuchen, ohne den Fundamentalismus Schützscher und letztlich Husserlscher Provenienz auszukommen. Doch waren jene konstruktiven Anschlüsse und Umbildungen der phänomenologischen Theorie hier weder Thema noch stehen sie in unproblematischem Verhältnis zu Aufgabenstellung, Ansatzpunkt und den forschungsleitenden Perspektiven von Husserl und Schütz. Auch diese Einsicht vorbereiten, zuvörderst aber letztere sichtbar machen, wollten die vorstehenden Ausführungen.

Literatur

Abel, Günter (1988): »Realismus, Pragmatismus, Interpretationismus. Zu neueren Entwicklungen in der Analytischen Philosophie«, in: *Allgemeine Zeitschrift für Philosophie*, 13. Jg., H. 3, S. 51–67.

Adorno, Theodor W. (1990): *Zur Metakritik der Erkenntnistheorie*. Studien über Husserl und die phänomenologischen Antinomien, Frankfurt a.M.

Aguirre, Antonio (1970): *Genetische Phänomenologie und Reduktion*. Zur Letztbegründung der Wissenschaft aus der radikalen Skepsis im Denken E. Husserls, Den Haag.

Aguirre, Antonio (1982): *Die Phänomenologie Husserls im Licht ihrer gegenwärtigen Interpretation und Kritik*, Darmstadt.

Altheide, David L. (1977): »The sociology of Alfred Schutz«, in: Douglas/Johnson (Hg.), S. 133–152.

Amann, Anton (1988): »Alfred Schütz und Talcott Parsons. Zur scheinbaren Folgenlosigkeit eines Briefwechsels«, in: Stadler (Hg.), S. 332–344.

Ameriks, Karl (1977): »Husserl's realism«, in: *Philosophical Review*, 86, S. 498–519.

Arnason, Johan P. (1989): »Weltauslegung und Verständigung«, in: Honneth u.a. (Hg.), S. 66–88.

Arndt, Andreas (1994): *Dialektik und Reflexion*. Zur Rekonstruktion des Vernunftbegriffs, Hamburg.

Ash, Mitchell G. (1985): »Die experimentelle Psychologie an den deutschsprachigen Universitäten von der Wilhelminischen Zeit bis zum Nationalsozialismus«, in: Ash/Geuter (Hg.), S. 45–82.

Ash, Mitchell G./Geuter, Ulfried (Hg.)(1985): *Geschichte der deutschen Psychologie im 20. Jahrhundert*. Ein Überblick, Opladen.

Bachelard, Gaston (1988): *Der neue wissenschaftliche Geist*, Frankfurt a.M.

Bauman, Zygmunt (1978): *Hermeneutics and Social Science*, London.

Bauman, Zygmunt (1989): »Hermeneutics and modern social theory«, in: Held/Thompson (Hg.), S. 34–55.

Bäumer, Angelica/Benedikt, Michael (Hg.)(1993): *Gelehrtenrepublik – Lebenswelt*. Edmund Husserl und Alfred Schütz in der Krisis der phänomenologischen Bewegung, Wien.

Beck, Ulrich (1983): »Jenseits von Stand und Klasse? Soziale Ungleichheiten, gesellschaftliche Individualisierungsprozesse und die Entstehung neuer sozialer Formationen und Identitäten«, in: Kreckel (Hg.), S. 35–74.

Beck, Ulrich (1986): *Risikogesellschaft.* Auf dem Weg in eine andere Moderne, Frankfurt a.M.

Becker, Oskar (1962): »Zwei phänomenologische Betrachtungen zum Realismusproblem«, in: K. Hartmann (Hg.), S. 1–26.

Beckerath, Erwin von u.a. (Hg.)(1961): *Handwörterbuch der Sozialwissenschaften,* Bd. 11, Stuttgart/Tübingen/Göttingen.

Bell, David (1990): *Husserl,* London/New York.

Berger, Gaston (1973): »Husserl und Hume« [1939], in: Noack (Hg.), S. 210–222.

Berger, Peter L./Luckmann, Thomas (1986): *Die gesellschaftliche Konstruktion der Wirklichkeit.* Eine Theorie der Wissenssoziologie, Frankfurt a.M. [New York 1966].

Bergmann, Werner (1981): »Lebenswelt, Lebenswelt des Alltags oder Alltagswelt? Ein grundbegriffliches Problem ›alltagstheoretischer‹ Ansätze«, in: *Kölner Zeitschrift für Soziologie und Sozialpsychologie,* 33. Jg., S. 50–72.

Bernet, Rudolf (1990): »Husserl's concept of the world«, in: Dallery/Scott/Roberts (Hg.), S. 3–21.

Bernet, Rudolf/Kern, Iso/Marbach, Eduard (1989): *Edmund Husserl.* Darstellung seines Denkens, Hamburg.

Bernstein, Richard J. (1979): *Restrukturierung der Gesellschaftstheorie,* Frankfurt a.M.

Bhaskar, Roy (1978): *A Realist Theory of Science,* Brighton.

Biemel, Walter (1959): »Die entscheidenden Phasen der Entfaltung von Husserls Philosophie«, in: *Zeitschrift für philosophische Forschung,* Bd. 13, H. 2, S. 187–213.

Biemel, Walter (1972): »Reflexionen zur Lebenswelt-Thematik«, in: ders. (Hg.), S. 49–77.

Biemel, Walter (Hg.)(1972): *Phänomenologie Heute.* Festschrift für Ludwig Landgrebe, Den Haag.

Blumenberg, Hans (1963): *Lebenswelt und Technisierung unter Aspekten der Phänomenologie,* Turin.

Blumenberg, Hans (1986): *Lebenszeit und Weltzeit,* 3. Aufl., Frankfurt a.M.

Böckler, Stefan/Weiß, Johannes (Hg.)(1987): *Marx oder Weber?* Zur Aktualisierung einer Kontroverse, Opladen.

Boehm, Rudolf (1968): *Vom Gesichtspunkt der Phänomenologie,* Den Haag.

Böhler, Dietrich (1985): *Rekonstruktive Pragmatik.* Von der Bewußtseinsphilosophie zur Kommunikationsreflexion: Neubegründung der praktischen Wissenschaften und Philosophie, Frankfurt a.M.

Böhme, Gernot/van den Daele, Wolfgang/Krohn, Wolfgang (1977): *Experimentelle Philosophie.* Ursprünge autonomer Wissenschaftsentwicklung, Frankfurt a.M.

Bourdieu, Pierre (1979): *Entwurf einer Theorie der Praxis auf der ethnologischen Grundlage der kabylischen Gesellschaft,* Frankfurt a.M.

Bourdieu, Pierre (1987): *Sozialer Sinn.* Kritik der theoretischen Vernunft, Frankfurt a.M.

Bourdieu, Pierre (1988): »Vive la crise! For heterodoxy in social science«, in: *Theory and Society*, 17, S. 773–787.

Bourdieu, Pierre (1992): *Rede und Antwort*, Frankfurt a.M.

Brand, Gerd (1955): *Welt, Ich und Zeit.* Nach unveröffentlichten Manuskripten Edmund Husserls, Den Haag.

Brand, Gerd (1973): »The structure of the life-world according to Husserl«, in: *Man and World*, 6, S. 143–162.

Breda, Herman L. van/Taminiaux, Jacques (Hg.)(1959a): *Husserl und das Denken der Neuzeit.* Akten des zweiten Internationalen Phänomenologischen Kolloquiums, Krefeld, 1.–3. November 1956, Den Haag.

Breda, Herman L. van/Taminiaux, Jacques (Hg.)(1959b): *Edmund Husserl 1859–1959*, La Haye.

Bruch, Rüdiger vom (1986): »Gelehrtenrepublik und politische Kultur im späten Kaiserreich«, in: Schmidt/Rüsen (Hg.), S. 77–106.

Bubner, Rüdiger (1976): *Handlung, Sprache, Vernunft.* Grundbegriffe praktischer Philosophie, Frankfurt a.M.

Butts, Robert E./Pitt, Joseph C. (Hg.)(1978): *New Perspectives on Galileo*, Dordrecht/Boston.

Carnap, Rudolf (1928): *Der logische Aufbau der Welt*, Berlin.

Carr, David (1974): *Phenomenology and the Problem of History.* A study of Husserl's transcendental philosophy, Evanston.

Carr, David (1978): »Zum Problem des nichtempirischen Ich«, in: *Zeitschrift für philosophische Forschung*, Bd. 32, H. 2, S. 163–182.

Carr, David (1987): *Interpreting Husserl.* Critical and comparative studies, Dordrecht/Boston/Lancaster.

Carr, David (1994): »Alfred Schutz and the project of phenomenological social theory«, in: Daniel/Embree (Hg.), S. 319–332.

Carr, David/Casey, Edward (Hg.)(1973): *Explorations in Phenomenology*, Den Haag.

Cassirer, Ernst (1957): *Zur modernen Physik*, Darmstadt.

Cassirer, Ernst (1990): *Substanzbegriff und Funktionsbegriff.* Untersuchungen über die Grundfragen der Erkenntniskritik, 6. Aufl. [¹1910], Darmstadt.

Celms, Theodor (1928): »Der phänomenologische Idealismus Husserls«, in: *Acta Universitatis Latviensis*, 19, S. 251–441.

Cha, In Suk (1968): *Eine Untersuchung über den Gegenstandsbegriff in der Phänomenologie Edmund Husserls*, Freiburg i.Br. [Diss.].

Chalmers, Alan (1993): »Galilean Relativity and Galileo's Relativity«, in: French/Kamminga (Hg.), S. 189–205.

Chapman, Harmon M. (1966): »Realism and phenomenology«, in: Natanson (Hg.), S. 79–115.

Claesges, Ulrich (1972): »Zweideutigkeiten in Husserls Lebenswelt-Begriff«, in: Claesges/Held (Hg.), S. 85–101.

Claesges, Ulrich/Held, Klaus (Hg.)(1972): *Perspektiven transzendentalphänomenologischer Forschung*. Für Ludwig Landgrebe zu seinem siebzigsten Geburtstag von seinen Kölner Schülern, Den Haag.

Coenen, Herman (1985): *Diesseits von subjektivem Sinn und kollektivem Zwang*. Schütz – Durkheim – Merleau-Ponty. Phänomenologische Soziologie im Feld des zwischenleiblichen Verhaltens, München.

Coenen, Herman (1988): »Utensilien und Umstände. Bespiegelungen zur Strahlenmetapher bei Schütz«, in: List/Srubar (Hg.), S. 157–189.

Conrad-Martius, Hedwig (1959): »Die transzendentale und die ontologische Phänomenologie«, in: van Breda/Taminiaux (Hg.)(1959b), S. 175–184.

Corrington, Robert S./Hausman, Carl/Seebohm, Thomas M. (Hg.)(1987): *Pragmatism considers Phenomenology*, Washington.

Cox, Ronald R. (1978): *Schutz's Theory of Relevance*. A phenomenological critique, The Hague/Boston/London.

Cunningham, Suzanne (1986): »Representation: Rorty vs. Husserl«, in: *Synthese*, 66, S. 273–289.

Dallery, Arleen B./Scott, Charles E./Roberts, P. Holley (Hg.)(1990): *Crises in Continental Philosophy*, Albany.

Dallmayr, Fred R. (1973): »Phenomenology and social science. An overview and appraisal«, in: Carr/Casey (Hg.), S. 133–166.

Dallmayr, Fred R./McCarthy, Thomas A. (Hg.)(1977): *Understanding and Social Inquiry*, Notre Dame/London.

Daniel, Mano/Embree, Lester (Hg.)(1994): *Phenomenology of the Cultural Disciplines*, Dordrecht/Boston/London.

Derrida, Jacques (1979): *Die Stimme und das Phänomen*. Ein Essay über das Problem des Zeichens in der Philosophie Husserls, Frankfurt a.M.

Descartes, René (1976): *Meditationen über die Grundlagen der Philosophie*, Hamburg.

Descartes, René (1992): *Die Prinzipien der Philosophie*, 8. Aufl., Hamburg.

Devitt, Michael (1991): *Realism and Truth*, 2. Aufl., Oxford/Cambridge.

Dietz, Simone (1993): *Lebenswelt und System*. Widerstreitende Ansätze in der Gesellschaftstheorie von Jürgen Habermas, Würzburg.

Dijksterhuis, Edvard J. (1956): *Die Mechanisierung des Weltbildes*, Berlin/Göttingen/Heidelberg.

Douglas, Jack D./Johnson, John M. (Hg.)(1977): *Existential Sociology*,Cambridge usw.

Dreyfus, Herbert L. (Hg.)(1982): *Husserl, Intentionality, and Cognitive Science*, Cambridge (Mass.)/London.

Drummond, John J. (1990): *Husserlian Intentionality and Non-Foundational Realism*. Noema and object, Dordrecht/Boston/London.

Düsing, Edith (1986): *Intersubjektivität und Selbstbewußtsein*. Behavioristische, phänomenologische und idealistische Begründungstheorien bei Mead, Schütz, Fichte und Hegel, Köln.

Dux, Günter (1982): *Die Logik der Weltbilder*. Sinnstrukturen im Wandel der Geschichte, Frankfurt a.M.

Dux, Günter (1988): »Das historische Bewußtsein der Neuzeit. Anthropologie als Grundlagenwissenschaft«, in: *Saeculum*, XXXIX, H. 1, S. 82-95.

Dux, Günter (1991): »Das Problem der Logik im historischen Verstehen. Zur Kritik der Entscheidung als geschichtsphilosophischer und historischer Kategorie«, in: *Dilthey-Jahrbuch für Philosophie und Geschichte der Geisteswissenschaften*, Bd. 7/1990-91, S. 44-70.

Eberle, Thomas S. (1984): *Sinnkonstitution in Alltag und Wissenschaft*. Der Beitrag der Phänomenologie an die Methodologie der Sozialwissenschaften, Bern.

Eberle, Thomas S. (1988): »Die deskriptive Analyse der Oekonomie durch Alfred Schütz«, in: List/Srubar (Hg.), S. 69-119.

Edie, James M./Parker, Francis H./Schrag, Calvin O. (Hg.)(1970): *Patterns of the Life-World*. Essays in honor of John Wild, Evanston.

Ehrlich, Walter (1923): *Kant und Husserl*. Kritik der transzendentalen und der phänomenologischen Methode, Halle (Saale).

Eickelpasch, Rolf/Lehmann, Burkhard (1983): *Soziologie ohne Gesellschaft?* Probleme einer phänomenologischen Grundlegung der Soziologie, München.

Elias, Norbert (1978): »Der Begriff des Alltags«, in: Hammerich/Klein (Hg.), S. 22-29.

Elliston, Frederick A./McCormick, Peter (Hg.)(1977): *Husserl*. Expositions and appraisals, Notre Dame (Ind.)/London.

Embree, Lester (Hg.)(1988): *Worldly Phenomenology*. The continuing influence of Alfred Schutz on North American human science, Washington.

Eßbach, Wolfgang (1988): *Die Junghegelianer*. Soziologie einer Intellektuellengruppe, München.

Esser, Hartmut (1991a): *Alltagshandeln und Verstehen*. Zum Verhältnis von erklärender und verstehender Soziologie am Beispiel von Alfred Schütz und ›Rational Choice‹, Tübingen.

Esser, Hartmut (1991b): »Die Rationalität des Alltagshandelns. Eine Rekonstruktion der Handlungstheorie von Alfred Schütz«, in: *Zeitschrift für Soziologie*, 20. Jg., H. 6, S. 430-445.

Evans, Joseph C. (1983): »Das Problem der prädikativen Kompossibilität«, in: Grathoff/Waldenfels (Hg.), S. 51-67.

Evans, Joseph C. (1984): *The Metaphysics of Transcendental Subjectivity*. Descartes, Kant and W. Sellars, Amsterdam.

Evans, Joseph C. (1990): »The myth of absolute consciousness«, in: Dallery/Scott/Roberts (Hg.), S. 35-43.

Falk, Gunter/Steinert, Heinz (1973): »Über den Soziologen als Konstrukteur von Wirklichkeit, das Wesen der sozialen Realität, die Definition sozialer Situationen und die Strategien ihrer Bewältigung«, in: Steinert (Hg.), S. 13-45.

Fellmann, Ferdinand (1983): *Gelebte Philosophie in Deutschland.* Denkformen der Lebenswelt-Phänomenologie und der kritischen Theorie, Freiburg/München.

Fellmann, Ferdinand (1989): »Lebenswelt. Bericht von Ferdinand Fellmann«, in: *Information Philosophie,* H. 2, S. 18-27.

Fellmann, Ferdinand (1993): *Lebensphilosophie.* Elemente einer Theorie der Selbsterfahrung, Reinbek.

Filmer, Paul/Phillipson, Michael/Silverman, David/Walsh, David (1975): *Neue Richtungen in der soziologischen Theorie* [engl. 1972], Wien/Köln/Graz.

Findlay, John N. (1975): »Phenomenology and the meaning of realism«, in: Pivčević (Hg.), S. 143-158.

Fink, Eugen (1959): »Die Spätphilosophie Husserls in der Freiburger Zeit«, in: van Breda/Taminiaux (Hg.)(1959b), S. 99-115.

Fink, Eugen (1966): *Studien zur Phänomenologie 1930-1939,* Den Haag.

Fink, Eugen (1988): *VI. Cartesianische Meditation,* Teil 1. Die Idee einer transzendentalen Methodenlehre. Texte aus dem Nachlass Eugen Finks (1932) mit Anmerkungen und Beilagen aus dem Nachlass Edmund Husserls (1933/34), hrsg. von H. Ebeling, J. Holl u. G. van Kerckhoven (Husserliana Dokumente, Bd. II/1), Dordrecht/Boston/London.

Fischer-Rosenthal, Wolfram (1990): »Diesseits von Mikro und Makro. Phänomenologische Soziologie im Vorfeld einer forschungspolitischen Differenz«, in: *Österreichische Zeitschrift für Soziologie,* 3, S. 21-34.

Flick, Uwe u.a. (Hg.)(1991): *Handbuch Qualitative Sozialforschung.* Grundlagen, Konzepte, Methoden und Anwendungen, München.

Føllesdal, Dagfinn (1988): »Husserl on evidence and justification«, in: Sokolowski (Hg.), S. 107-129.

Foucault, Michel (1986): *Archäologie des Wissens,* 2. Aufl., Frankfurt a.M.

Foucault, Michel (1991): *Von der Subversion des Wissens,* Frankfurt a.M.

French, Steven/Kamminga, Harmke (Hg.): *Correspondence, Invariance and Heuristics.* Essays in honour of Heinz Post, Dordrecht/Boston/London.

Friedman, Michael (1994): »Kant and the twentieth century«, in: Parrini (Hg.), S. 27-46.

Fulton, James S. (1966): »The cartesianism of phenomenology«, in: Natanson (Hg.), S. 58-78.

Funke, Gerhard (1966): *Phänomenologie - Metaphysik oder Methode?,* Bonn.

Funke, Gerhard (1976): »Seinsgebundenheit der Erkenntnis und phänomenologische Kritik«, in: *Dialectics and Humanism,* Bd. 3/1, S. 73-89.

Funke, Gerhard (1987): »Wissen und Wissenschaft in transzendental-phänomenologischer Begründung«, in: Wolfgang Marx (Hg.), S. 131-155.

Gadamer, Hans-Georg (1987): *Neuere Philosophie I.* Hegel – Husserl – Heidegger (Gesammelte Werke, Bd. 3), Tübingen.

Gadamer, Hans-Georg (1987a): »Die phänomenologische Bewegung« [1963], in: ders., *Gesammelte Werke,* Bd. 3, Tübingen, S. 105-146.

Gadamer, Hans-Georg (1987b): »Die Wissenschaft von der Lebenswelt« [1972], in: ders., *Gesammelte Werke,* Bd. 3, S. 147-159.

Gadamer, Hans-Georg (1987c): »Zur Aktualität der Husserlschen Phänomenologie« [1974], in: ders., *Gesammelte Werke,* Bd. 3, S. 160-171.

Gagnon, Maurice (1978): »Piaget et Kuhn sur l'evolution de la connaissance. Une comparaison«, in: *Dialogue. Canadian Philosophical Review,* 17, S. 35-55.

Gallacher, Hugh P. (1983): »On the meaning of ›adequacy‹ in the sociology of Alfred Schutz«, in: Tymieniecka/Schrag (Hg.), S. 91-97.

Gay, William C. (1978): »Probability in the social sciences. A critique of Weber and Schutz«, in: *Human Studies,* 1, S. 16-37.

Gehlhaar, Sabine S. (1991): *Die frühpositivistische (Helmholtz) und phänomenologische (Husserl) Revision der Kantischen Erkenntnislehre,* Cuxhaven.

Gerhardt, Volker/Kaulbach, Friedrich (1989): *Kant,* 2. Aufl., Darmstadt.

Gerlach, Otto (1899): »Kant's Einfluss auf die Sozialwissenschaft in ihrer neuesten Entwickelung«, in: *Zeitschrift für die gesamte Staatswissenschaft,* S. 644-663.

Gethmann, Carl F. (Hg.)(1991): *Lebenswelt und Wissenschaft.* Studien zum Verhältnis von Phänomenologie und Wissenschaftstheorie, Bonn.

Giddens, Anthony (1976): *New Rules of Sociological Method* [dt. 1984], London.

Giddens, Anthony (1984): *Interpretative Soziologie.* Eine kritische Einführung [engl. 1976], Frankfurt a.M./New York.

Giddens, Anthony (1988): *Die Konstitution der Gesellschaft.* Grundzüge einer Theorie der Strukturierung, Frankfurt a.M./New York.

Giddens, Anthony (1991): *Modernity and Self-Identity.* Self and society in the late modern age, Cambridge/Oxford.

Giesen, Bernd (1991): »Entzauberte Soziologie oder: Abschied von der klassischen Gesellschaftstheorie«, in: Zapf (Hg.), S. 770-783.

Gloy, Karin/Rudolph, Enno (Hg.)(1985): *Einheit als Grundfrage der Philosophie,* Darmstadt.

Gombocz, Wolfgang L./Rutte, Heiner/Sauer, Werner (Hg.)(1989): *Traditionen und Perspektiven der analytischen Philosophie.* Festschrift für Rudolf Haller, Wien.

Good, Paul (Hg.)(1982): *Von der Verantwortung des Wissens.* Positionen der neueren Philosophie der Wissenschaft, Frankfurt a.M.

Goodman, Nelson (1990): *Weisen der Welterzeugung,* Frankfurt a.M.

Gorman, Robert A. (1977): *The Dual Vision.* Alfred Schutz and the myth of phenomenological social science, London/Henley/Boston.

Gorman, Robert A. (1988): »Epistemology and politics in Alfred Schütz«, in: List/Srubar (Hg.), S. 191-208.

Gould, Carol C./Cohen, Robert S. (Hg.)(1994): *Artifacts, Representations and Social Practice.* Essays for Marx Wartofsky, Dordrecht/Boston/London.

Grathoff, Richard (1987): »Über die Einfalt der Systeme in der Vielfalt der Lebenswelt. Eine Antwort auf Niklas Luhmann«, in: *Archiv für Rechts- und
Sozialphilosophie,* Bd. 73, S. 251–263.

Grathoff, Richard (1989a): *Milieu und Lebenswelt.* Einführung in die phänomenologische Soziologie und die sozialphänomenologische Forschung, Frankfurt a.M.

Grathoff, Richard (1989b): »Metaphorik und Apriori lebensweltlicher Forschung.
Intersubjektivität, Typik und Normalität«, in: Kojima (Hg.), S. 53–72.

Grathoff, Richard (Hg.)(1978): *The Theory of Social Action.* The correspondence of
Alfred Schutz and Talcott Parsons, Bloomington/London.

Grathoff, Richard/Waldenfels, Bernhard (Hg.)(1983): *Sozialität und Intersubjektivität.* Phänomenologische Perspektiven der Sozialwissenschaften im Umkreis von
Aron Gurwitsch und Alfred Schütz, München.

Gross, Peter (1972): *Reflexion, Spontaneität und Interaktion.* Zur Diskussion soziologischer Handlungstheorien, Stuttgart.

Gross, Peter (1975): »Produktion und Konstitution. Zum Verhältnis von politischer Ökonomie und phänomenologischer Soziologie«, in: *Internationales Jahrbuch für Wissens- und Religionssoziologie,* 9, S. 8–31.

Guzzoni, Ute/Rang, Bernhard/Siep, Ludwig (Hg.)(1976): *Der Idealismus und seine
Gegenwart.* Festschrift für Werner Marx zum 65. Geburtstag, Hamburg.

Haag, Karl Heinz (1985): *Der Fortschritt in der Philosophie,* Frankfurt a.M.

Habermas, Jürgen (1981): *Theorie des kommunikativen Handelns,* Bd. 1, Handlungsrationalität und gesellschaftliche Rationalisierung, Frankfurt a.M.

Habermas, Jürgen (1981): *Theorie des kommunikativen Handelns,* Bd. 2, Zur Kritik
der funktionalistischen Vernunft, Frankfurt a.M.

Habermas, Jürgen (1984): *Vorstudien und Ergänzungen zur Theorie des kommunikativen Handelns,* Frankfurt a.M.

Habermas, Jürgen (1985): *Zur Logik der Sozialwissenschaften,* 5. Aufl., Frankfurt a.M.

Habermas, Jürgen (1986): *Der philosophische Diskurs der Moderne.* Zwölf Vorlesungen, 3. Aufl., Frankfurt a.M.

Habermas, Jürgen (1987): »Alfred Schütz. Die Graduate Faculty der New School
of Social Research (1980)«, in: ders., *Philosophisch-politische Profile.* Erweiterte
Ausgabe, Frankfurt a.M., S. 402–410.

Habermas, Jürgen (1991): *Texte und Kontexte,* Frankfurt a.M.

Haferkamp, Hans (1976): *Soziologie als Handlungstheorie,* 3. Aufl., Opladen.

Hall, John R. (1977): »Alfred Schutz, his critics, and applied phenomenology«, in:
Cultural Hermeneutics, 4, S. 265–279.

Hall, Harrison (1982): »Was Husserl a realist or an idealist?«, in: Dreyfus (Hg.),
S. 169–190.

Hamilton, Peter (Hg.)(1992): *George Herbert Mead.* Critical assessments, Bd. I,
London/New York.

Hammerich, Kurt/Klein, Michael (Hg.)(1978): *Materialien zur Soziologie des Alltags*, Sonderheft 20 der ›Kölner Zeitschrift für Soziologie und Sozialpsychologie‹, Opladen.

Hammond, Michael/Howarth, Jane/Keat, Russell (1991): *Understanding Phenomenology*, Oxford/Cambridge.

Haney, Kathleen M. (1994): *Intersubjectivity Revisited.* Phenomenology and the other, Athens.

Hanson, Norwood R. (1958): *Patterns of Discovery.* An inquiry into the conceptual foundations of science, Cambridge.

Harré, Rom (1970): *The Principles of Scientific Thinking*, London/Basingstoke.

Harrison, Ross (1975): »The concept of prepredicative experience«, in: Pivčević (Hg.), S. 93–107.

Hartmann, Klaus (Hg.)(1962): *Lebendiger Realismus.* Festschrift für J. Thyssen, Bonn.

Hazelrigg, Lawrence (1989): *Social Science and the Challenge of Relativism*, Bd. 1. A wilderness of mirrors. On practices of theory in a gray age, Tallahassee.

Heap, James L./Roth, Philipp A. (1973): »On phenomenological sociology«, in: *American Sociological Review*, 38, S. 354–367.

Hegel, Georg W. F. (1952): *Phänomenologie des Geistes*, hrsg. von J. Hoffmeister, 6. Aufl., Hamburg.

Hegel, Georg W. F. (1982): *Vorlesungen über die Philosophie der Geschichte* (Werke 12), Frankfurt a.M.

Held, David/Thompson, John B. (Hg.)(1989): *Social Theory of Modern Societies.* Anthony Giddens and his critics, Cambridge usw.

Held, Klaus (1991): »Husserls neue Einführung in die Philosophie. Der Begriff der Lebenswelt«, in: Gethmann (Hg.), S. 79–113.

Heller, Agnes (1986): »The sociology of everyday life«, in: Himmelstrand (Hg.), Bd. 2, S. 150–163.

Helling, Ingeborg K. (1979): *Zur Theorie der Konstrukte erster und zweiter Ordnung bei Alfred Schütz.* Einige Probleme der Explikation und Anwendung, Konstanz [Diss.].

Hennen, Leonhard (1992): *Technisierung des Alltags.* Ein handlungstheoretischer Beitrag zur Theorie technischer Vergesellschaftung, Opladen.

Henrich, Dieter (Hg.)(1983): *Kant oder Hegel?* Über Formen der Begründung in der Philosophie. Stuttgarter Hegel-Kongreß 1981, Stuttgart.

Herzog, Walter (1991): »Piaget im Lichte der Phänomenologie. Eine pädagogische Erkundung«, in: Herzog/Graumann (Hg.), S. 288–312.

Herzog, Max/Graumann, Carl F. (Hg.)(1991): *Sinn und Erfahrung.* Phänomenologische Methoden in den Humanwissenschaften, Heidelberg.

Hesse, Mary (1980): *Revolutions and Reconstructions in the Philosophy of Science*, Brighton.

Himmelstrand, Ulf (Hg.)(1986): *Sociology. From Crisis to Science?*, Bd. 2, The social reproduction of organization and culture, London usw.

Hindess, Barry (1972): »The ›phenomenological‹ sociology of Alfred Schutz«, in: *Economy and Society*, 1, S. 1-27.

Hitzler, Ronald (1987): »Mundane Reflexivität. Zur Verständigung mit und über Alfred Schütz«, in: *Sociologia Internationalis*, 25, S. 143-161.

Hitzler, Ronald (1988): *Sinnwelten*. Ein Beitrag zum Verstehen von Kultur, Opladen.

Hitzler, Ronald/Honer, Anne (1984): »Lebenswelt – Milieu – Situation. Terminologische Vorschläge zur theoretischen Verständigung«, in: *Kölner Zeitschrift für Soziologie und Sozialpsychologie*, 36. Jg., S. 56-74.

Hitzler, Ronald/Honer, Anne (1991): »Qualitative Verfahren zur Lebensweltanalyse«, in: *Handbuch Qualitative Sozialforschung*, hrsg. von U. Flick u.a., München, S. 382-385.

Hohl, Hubert (1962): *Lebenswelt und Geschichte*. Grundzüge der Spätphilosophie E. Husserls, Freiburg/München.

Honer, Anne (1993a): *Lebensweltliche Ethnographie*. Ein explorativ-interpretativer Forschungsansatz am Beispiel von Heimwerker-Wissen, Wiesbaden.

Honer, Anne (1993b): »Das Perspektivenproblem in der Sozialforschung. Bemerkungen zur lebensweltlichen Ethnographie«, in: Jung/Müller-Doohm (Hg.), S. 241-257.

Honneth, Axel/McCarthy, Thomas/Offe, Claus/Wellmer, Albrecht (Hg.)(1989): *Zwischenbetrachtungen*. Im Prozeß der Aufklärung. Jürgen Habermas zum 60. Geburtstag, Frankfurt a.M.

Hörster, Reinhard (1984): *Kritik alltagsorientierter Pädagogik*. Das Problem von Konstitution und Geltung, dargestellt anhand einer Reinterpretation der Methodologie von Alfred Schütz, Weinheim/Basel.

Hoy, David C. (1991): »A history of consciousness. From Kant and Hegel to Derrida and Foucault«, in: *History of the Human Sciences*, Bd. 4, H. 2, S. 261-281.

Hübner, Kurt (1982): »Die Einheit der Wissenschaft in neuer Sicht«, in: Good (Hg.), S. 58-84.

Husserl, Edmund (1930): »Brief von Husserl an Ingarden (19.3.1930)«, in: *Zeitschrift für philosophische Forschung*, 13, S. 350-351.

Husserl, Edmund (1950ff.): *Husserliana*. Edmund Husserl, Gesammelte Werke. Auf Grund des Nachlasses veröffentlicht in Gemeinschaft mit den Husserl-Archiven in Köln und Freiburg i.Br. vom Husserl-Archiv Leuven, Den Haag bzw. Dordrecht/Boston/London(Lancaster).

– Bd. I (1991): *Cartesianische Meditationen und Pariser Vorträge* [frz. 1931], hrsg. von S. Strasser, 2. Aufl. [[1]1950], Dordrecht/Boston/London (zit.: Hua I, *Cartes. Med.*).

– Bd. II (1950): *Die Idee der Phänomenologie*. Fünf Vorlesungen [unveröffentl. 1907], hrsg. von W. Biemel, Haag (zit.: Hua II, *Idee der Phän.*).

– Bd. III,1 (1976): *Ideen zu einer reinen Phänomenologie und phänomenologischen Philosophie*, Erstes Buch: Allgemeine Einführung in die reine Phänomenologie

[1913]. Text der 1.-3. Aufl., neu hrsg. von K. Schuhmann, 1.Halbband, Haag (zit.: Hua III/1, *Ideen I*).

- Bd. IV (1952): *Ideen zu einer reinen Phänomenologie und phänomenologischen Philosophie,* Zweites Buch: Phänomenologische Untersuchungen zur Konstitution, hrsg. von M. Biemel, Haag (zit.: Hua IV, *Ideen II*).

- Bd. V (1952): *Ideen zu einer reinen Phänomenologie und phänomenologischen Philosophie,* Drittes Buch: Die Phänomenologie und die Fundamente der Wissenschaften, hrsg. von M. Biemel, Haag (zit.: Hua V, *Ideen III*).

- Bd. VI (1976): *Die Krisis der europäischen Wissenschaften und die transzendentale Phänomenologie.* Eine Einleitung in die phänomenologische Philosophie [1936], hrsg. von W. Biemel, 2. Aufl. [¹1954], Den Haag (zit.: Hua VI, *Krisis*).

- Bd. VII (1956): *Erste Philosophie (1923/24),* Erster Teil: Kritische Ideengeschichte, hrsg. von R. Boehm, Haag (zit.: Hua VII, *Erste Phil. I*).

- Bd. VIII (1959): *Erste Philosophie (1923/24),* Zweiter Teil: Theorie der phänomenologischen Reduktion, hrsg. von R. Boehm, Haag (zit.: Hua VIII, *Erste Phil. II*).

- Bd. IX (1968): *Phänomenologische Psychologie.* Vorlesungen Sommersemester 1925, hrsg. von W. Biemel, 2. Aufl., Den Haag (zit.: Hua IX, *Phän. Psych.*).

- Bd. XIII (1973): *Zur Phänomenologie der Intersubjektivität.* Texte aus dem Nachlass, Erster Teil: 1905-1920, hrsg. von I. Kern, Den Haag (zit.: Hua XIII).

- Bd. XIV (1973): *Zur Phänomenologie der Intersubjektivität.* Texte aus dem Nachlass, Zweiter Teil: 1921-1928, hrsg. von I. Kern, Den Haag (zit.: Hua XIV).

- Bd. XV (1973): *Zur Phänomenologie der Intersubjektivität.* Texte aus dem Nachlass, Dritter Teil: 1929-1935, hrsg. von I. Kern, Den Haag (zit.: Hua XV).

- Bd. XVII (1974): *Formale und transzendentale Logik.* Versuch einer Kritik der logischen Vernunft, hrsg. von P. Janssen, Den Haag (zit.: Hua XVII, *Logik*).

- Bd. XVIII (1975): *Logische Untersuchungen,* 1.Bd., Prolegomena zur reinen Logik, hrsg. von E. Holenstein, Den Haag (zit.: Hua XVIII).

- Bd. XXII (1979): *Aufsätze und Rezensionen (1890-1910),* hrsg. von B. Rang, The Hague/Boston/London (zit.: Hua XXII).

- Bd. XXIV (1984): *Einleitung in die Logik und Erkenntnistheorie.* Vorlesungen 1906/07, hrsg. von U. Melle, Dordrecht/Boston/Lancaster (zit.: Hua XXIV).

- Bd. XXIX (1993): *Die Krisis der europäischen Wissenschaften und die transzendentale Phänomenologie.* Ergänzungsband. Texte aus dem Nachlass 1934-1937, hrsg. von R. N. Smid, Dordrecht/Boston/London (zit.: Hua XXIX).

Husserl, Edmund (1980): *Logische Untersuchungen,* 1.Bd., Prolegomena zur reinen Logik, 6. Aufl. [¹1900], Tübingen.

Husserl, Edmund (1980): *Logische Untersuchungen,* 2.Bd., Untersuchungen zur Phänomenologie und Theorie der Erkenntnis, I.Teil, 6. Aufl. [¹1901], Tübingen (zit.: *LU II/1*).

Husserl, Edmund (1980): *Vorlesungen zur Phänomenologie des inneren Zeitbewußtseins,* hrsg. von M. Heidegger, 2. Aufl. [¹1928], Tübingen (zit.: *Zeitbewußtsein*).

Husserl, Edmund (1981): *Philosophie als strenge Wissenschaft* [1911], hrsg. von W. Szilasi, Frankfurt a.M. (zit.: *Phil. als strenge Wiss.*).
Husserl, Edmund (1985): *Erfahrung und Urteil.* Untersuchungen zur Genealogie der Logik, hrsg. von L. Landgrebe, 6. Aufl., Hamburg (zit.: *Erfahrung u. Urteil*).
Husserl, Edmund (1991): *Ding und Raum.* Vorlesungen 1907 (Text nach Husserliana, Bd. XVI), hrsg. von K.-H. Hahnengress u. S. Rapic, Hamburg.
Husserl, Edmund (1993): *Arbeit an den Phänomenen.* Ausgewählte Schriften, hrsg. u. mit einem Nachwort versehen von B. Waldenfels, Frankfurt a.M.
Husserl, Edmund (1994): *Briefwechsel,* Bd. 4, Die Freiburger Schüler, hrsg. von K. Schuhmann in Verbindung mit E. Schuhmann (Husserliana Dokumente, Bd. III), Dordrecht/Boston/London.

Ingarden, Roman (1959): »Über den transzendentalen Idealismus bei E. Husserl«, in: van Breda/Taminiaux (Hg.)(1959a), S. 190-204.
Ingarden, Roman (1991): »Kritische Bemerkungen von Professor Dr. Roman Ingarden«, Beilage zu: Husserl, *Cartes. Med.,* S. 203-218.
Ingarden, Roman (1992): *Einführung in die Phänomenologie Edmund Husserls.* Osloer Vorlesungen 1967 (Gesammelte Werke, Bd. 4), Tübingen.

Jamme, Christoph/Pöggeler, Otto (Hg.)(1989): *Phänomenologie im Widerstreit.* Zum 50. Todestag Edmund Husserls, Frankfurt a.M.
Janik, Allan/Toulmin, Stephen (1987): *Wittgensteins Wien,* München/Zürich.
Janssen, Paul (1972): »Ontologie, Wissenschaftstheorie und Geschichte im Spätwerk Husserls«, in: Claesges/Held (Hg.), S. 145-163.
Janssen, Paul (1976): *Edmund Husserl.* Einführung in seine Phänomenologie, Freiburg/München.
Johnson, Terry/Dandeker, Christopher/Ashworth, Clive (1984): *The Structure of Social Theory.* Dilemmas and strategies, Houndmills/London.
Johnston, William M. (1974): *Österreichische Kultur- und Geistesgeschichte.* Gesellschaft und Ideen im Donauraum 1848 bis 1938, Wien/Köln/Graz.
Jung, Thomas/Müller-Doohm, Stefan (Hg.)(1993): ›Wirklichkeit‹ im Deutungsprozeß. Verstehen und Methoden in den Kultur- und Sozialwissenschaften, Frankfurt a.M.

Kanitscheider, Bernulf (1981): *Wissenschaftstheorie der Naturwissenschaft,* Berlin/New York.
Kanitscheider, Bernulf (1993): *Von der mechanistischen Welt zum kreativen Universum.* Zu einem neuen philosophischen Verständnis der Natur, Darmstadt.
Kant, Immanuel (1926): *Kant's handschriftlicher Nachlaß,* Bd. IV, Metaphysik, Erster Theil, in: Preußische Akademie der Wissenschaften (Hg.), *Kant's gesammelte Schriften,* Bd. XVII, Berlin/Leipzig.
Kant, Immanuel (1976): *Kritik der reinen Vernunft.* Nach der ersten u. zweiten Original-Ausgabe neu hrsg. von R. Schmidt, Hamburg.

Kant, Immanuel (1976): *Prolegomena zu einer jeden künftigen Metaphysik, die als Wissenschaft wird auftreten können*, 6. Aufl., Hamburg.

Kasher, Asa (Hg.)(1976): *Language in Focus*. Foundations, methods and systems. Essays in memory of Yehoshua Bar-Hillel, Dordrecht/Boston.

Käsler, Dirk (1984): *Die frühe deutsche Soziologie 1909 bis 1934 und ihre Entstehungsmilieus*. Eine wissenschaftssoziologische Untersuchung, Opladen.

Kerckhoven, Guy van (1985): »Zur Genese des Begriffs ›Lebenswelt‹ bei Edmund Husserl«, in: *Archiv für Begriffsgeschichte*, 29, S. 182–203.

Kern, Iso (1964): *Husserl und Kant*. Eine Untersuchung über Husserls Verhältnis zu Kant und zum Neukantianismus, Den Haag.

Kerz, Joachim (1981): *Lebenswelt und Sprache*, Frankfurt a.M. [Diss.].

Khairy, Magduddin (1986): »The search for a phenomenologically grounded theory of action. A critique of Schutz«, in: *The Arab Journal of the Social Sciences*, Bd. 1/1, S. 130–136.

Kim, Sang-Ki (1976): *The Problem of the Contingency of the World in Husserl's Phenomenology*, Amsterdam.

King, Jeff (1982): »Ontology and intersubjectivity in Husserl and Schutz«, in: *International Studies in Philosophy*, XIV/2, S. 33–56.

Kiwitz, Peter (1986a): *Lebenswelt und Lebenskunst*. Perspektiven einer kritischen Theorie des sozialen Lebens, München.

Kiwitz, Peter (1986b): »Lebenswelt – zwischen Moderne und Tradition«, in: *Philosophische Rundschau*, 33. Jg., S. 35–48.

Klein, Theodore E. (1977): *The World as Horizon*. Husserl's constitutional theory of the objective world, Ann Arbor/London.

Knoll, Reinhold/Majce, Gerhard/Weiss, Hilde/Wieser, Georg (1981): »Der österreichische Beitrag zur Soziologie von der Jahrhundertwende bis 1938«, in: Lepsius (Hg.), S. 59–101.

Köchler, Hans (1986): *Phenomenological Realism*. Selected essays, Frankfurt a.M./Bern/New York.

Köchler, Hans (1993): »Husserls transzendentaler Idealismus und Brentanos Erkenntnistheorie. Zum Stellenwert des Evidenzbegriffs im idealistischen System der Phänomenologie«, in: Bäumer/Benedikt (Hg.), S. 93–110.

Kocka, Urte (1982): *Phänomenologische Konstitution und Lebenswelt*. Untersuchungen zu Edmund Husserls ›Ideen II‹, Bielefeld [Diss.].

Kockelmans, Joseph J. (1981): »Deskriptive und interpretierende Phänomenologie in Schütz' Konzeption der Sozialwissenschaft«, in: Sprondel/Grathoff (Hg.), S. 26–42.

Kohák, Erazim (1978): *Idea & Experience*. Edmund Husserl's project of phenomenology in *Ideas I*, Chicago/London.

Köhnke, Klaus Christian (1986): *Entstehung und Aufstieg des Neukantianismus*. Die deutsche Universitätsphilosophie zwischen Idealismus und Positivismus, Frankfurt a.M.

Kojima, Hiroshi (Hg.)(1989): *Phänomenologie der Praxis im Dialog zwischen Japan und dem Westen*, Würzburg.

Kolakowski, Leszek (1986): *Die Suche nach der verlorenen Gewißheit*. Denk-Wege mit Edmund Husserl, München/Zürich.

Körner, Stephan (1965):»Zur Kantischen Begründung der Mathematik und der Naturwissenschaften«, in: *Kant-Studien*, 56. Jg., S. 463-473.

Körner, Stephan (1970): *Grundfragen der Philosophie*, München.

Körner, Stephan (1974): *Categorial Frameworks*, Oxford.

Kozlowski, Richard (1991): *Die Aporien der Intersubjektivität*. Eine Auseinandersetzung mit Edmund Husserls Intersubjektivitätstheorie, Würzburg.

Kraus, Karl (1968-76): *Die Fackel* (Reprint), Frankfurt a.M.

Kreckel, Reinhard (Hg.)(1983): *Soziale Ungleichheiten*. Soziale Welt, Sonderband 2, Göttingen.

Krohn, Wolfgang (1977):»Die ›Neue Wissenschaft‹ der Renaissance«, in: Böhme/van den Daele/Krohn, S. 13-128.

Landgrebe, Ludwig (1949): *Phänomenologie und Metaphysik*, Hamburg.

Landgrebe, Ludwig (1960):»Zur phänomenologischen Theorie des Bewußtseins (A. Gurwitsch)«, in: *Philosophische Rundschau*, 8. Jg., S. 289-307.

Landgrebe, Ludwig (1961):»Husserls Abschied vom Cartesianismus«, in: *Philosophische Rundschau*, 9. Jg., S. 133-177.

Landgrebe, Ludwig (1963): *Der Weg der Phänomenologie*. Das Problem einer ursprünglichen Erfahrung, Gütersloh.

Landgrebe, Ludwig (1973):»Ist Husserls Philosophie eine Transzendentalphilosophie?«, in: Noack (Hg.), S. 316-324.

Landgrebe, Ludwig (1977):»Lebenswelt und Geschichtlichkeit des menschlichen Daseins«, in: Waldenfels/Broekman/Pažanin (Hg.), S. 13-58.

Lash, Scott/Urry, John (1986):»The dissolution of the social?«, in: Wardell/Turner (Hg.), S. 95-109.

Lee, Jong-Kwan (1991): *Welt und Erfahrung*. Zur transzendental-phänomenologischen Thematisierung der Welt bei Edmund Husserl als Kritik des objektivistischen Weltbegriffs, Frankfurt a.M. usw.

Lefèbvre, Henri (1987): *Kritik des Alltagslebens*. Grundrisse einer Soziologie der Alltäglichkeit, Frankfurt a.M.

Lehmann, Burkhard E. (1988): *Rationalität im Alltag?* Zur Konstitution sinnhaften Handelns in der Perspektive interpretativer Soziologie, Münster/New York.

Leibniz, Gottfried W. (1965): *Die Philosophischen Schriften*, Bd. VII, hrsg. von C. J. Gerhardt, Hildesheim (unveränd. Nachdruck der Ausgabe Berlin 1890).

Leibniz, Gottfried W. (1965):»Leibniz an die Churfürstin Sophie« (Brief vom 4.11.1696), in: ders., *Die Philosophischen Schriften*, Bd. VII, S. 541-544.

Lektorskij, V. A. (1985): *Subjekt - Objekt - Erkenntnis*. Grundlegung einer Theorie des Wissens, Frankfurt a.M./Bern/New York.

Lenk, Hans (1993): »Erlebte und erschlossene Realität«, in: *Zeitschrift für philosophische Forschung*, Bd. 47, H. 2, S. 286–292.

Lenzen, Dieter (Hg.)(1980): *Pädagogik und Alltag*, Stuttgart.

Lepenies, Wolf (Hg.)(1981): *Geschichte der Soziologie*. Studien zur kognitiven, sozialen und historischen Identität einer Disziplin, 4 Bde., Frankfurt a.M.

Lepsius, M. Rainer (Hg.)(1981): *Soziologie in Deutschland und Österreich 1918–1945*, Sonderheft 23 der ›Kölner Zeitschrift für Soziologie und Sozialpsychologie‹, Opladen.

Levinas, Emmanuel (1973): »Über die ›Ideen‹ Edmund Husserls« [1929], in: Noack (Hg.), S. 87–128.

Liebrucks, Bruno (1970): *Sprache und Bewußtsein*, Bd. 5, Die zweite Revolution der Denkungsart. Hegel: Phänomenologie des Geistes, Frankfurt a.M.

Liebsch, Burkhard (1992): *Spuren einer anderen Natur*. Piaget, Merleau-Ponty und die ontogenetischen Prozesse, München.

Lippitz, Wilfried (1978): »Der phänomenologische Begriff der ›Lebenswelt‹. Seine Relevanz für die Sozialwissenschaften«, in: *Zeitschrift für philosophische Forschung*, 32, S. 416–435.

Lippitz, Wilfried (1980): *›Lebenswelt‹ oder die Rehabilitierung vorwissenschaftlicher Erfahrung*. Ansätze eines phänomenologisch begründeten anthropologischen und sozialwissenschaftlichen Denkens in der Erziehungswissenschaft, Weinheim/Basel.

List, Elisabeth (1983): *Alltagsrationalität und soziologischer Diskurs*. Erkenntnis- und wissenschaftstheoretische Implikationen der Ethnomethodologie, Frankfurt a.M./New York.

List, Elisabeth/Srubar, Ilja (Hg.)(1988): *Alfred Schütz*. Neue Beiträge zur Rezeption seines Werkes, Amsterdam.

Locke, John (1981): *Versuch über den menschlichen Verstand* [engl. *An Essay Concerning Human Understanding*, London 1690], 2 Bde., 4. Aufl., Hamburg.

Lovejoy, Arthur O. (1985): *Die große Kette der Wesen*. Geschichte eines Gedankens, Frankfurt a.M.

Luckmann, Thomas (1971): »Einleitung«, in: Schütz (1971a), S. 7–23.

Luckmann, Thomas (1979a): »Phänomenologie und Soziologie«, in: Sprondel/Grathoff (Hg.), S. 196–206.

Luckmann, Thomas (1979b): »Vorwort«, in: Schütz/Luckmann (1979), Bd. 1, S. 11–22.

Luckmann, Thomas (1980): *Lebenswelt und Gesellschaft*. Grundstrukturen und geschichtliche Wandlungen, Paderborn usw.

Luckmann, Thomas (1983): »Eine phänomenologische Begründung der Sozialwissenschaften?«, in: Henrich (Hg.), S. 506–518.

Luckmann, Thomas (1992): *Theorie des sozialen Handelns*, Berlin/New York.

Luhmann, Niklas (1986): »Intersubjektivität oder Kommunikation. Unterschiedliche Ausgangspunkte soziologischer Theoriebildung«, in: *Archivio di Filosofia*, 54, S. 41–60.

Luhmann, Niklas (1988): *Erkenntnis als Konstruktion,* Bern.

Luhmann, Niklas (1988): *Ökologische Kommunikation.* Kann die moderne Gesellschaft sich auf ökologische Gefährdungen einstellen?, 2. Aufl., Opladen.

Luhmann, Niklas (1989): *Vertrauen.* Ein Mechanismus der Reduktion sozialer Komplexität, 3. Aufl., Stuttgart.

Luhmann, Niklas (1990): »Das Erkenntnisprogramm des Konstruktivismus und die unbekannt bleibende Realität«, in: ders., *Soziologische Aufklärung 5.* Konstruktivistische Perspektiven, Opladen, S. 31-58.

Luhmann, Niklas (1990): *Die Wissenschaft der Gesellschaft,* Frankfurt a.M.

Luhmann, Niklas (1991): »Wie lassen sich latente Strukturen beobachten?«, in: Watzlawick/Krieg (Hg.), S. 61-74.

Luhmann, Niklas (1993): *Gesellschaftsstruktur und Semantik.* Studien zur Wissenssoziologie der modernen Gesellschaft, Bd. 1, Frankfurt a.M.

Lurija, Aleksandr R. (1986): *Die historische Bedingtheit individueller Erkenntnisprozesse,* Weinheim [Moskau 1974].

Lyotard, Jean-François (1988): »Beantwortung der Frage: Was ist postmodern?«, in: Welsch (Hg.), S. 193-203.

Lyotard, Jean-François (1993): *Die Phänomenologie* [frz. 1954], Hamburg.

MacKay, Robert (1977): »The structures of the life-world. By Alfred Schütz and Thomas Luckmann« [Rez.], in: *Philosophy of the Social Sciences,* 7, S. 405-409.

Mader, Johannes (1993): *Philosophie in der Revolte.* Das Ende des Idealismus im 19. Jahrhundert, Wien.

Mannheim, Karl (1985): *Ideologie und Utopie,* 7. Aufl. [¹1929], Frankfurt a.M.

Marbach, Eduard (1977): »Husserls reine Phänomenologie und Piagets genetische Psychologie«, in: *Tijdschrift voor Filosofie,* 39, S. 81-103.

Marbach, Eduard (1982): »Two directions of epistemology. Husserl and Piaget«, in: *Revue International de Philosophie,* 139-140, 36. Jg., S. 435-469.

Margolis, Joseph (1994): »Donald Davidson's philosophical strategies«, in: Gould/ Cohen (Hg.), S. 291-322.

Marx, Karl (1982): »Der achtzehnte Brumaire des Louis Bonaparte«, in: Marx/ Engels, *Werke,* Bd. 8, 7. Aufl., Berlin, S. 111-207.

Marx, Karl (1983): *Das Kapital.* Kritik der politischen Ökonomie, Dritter Band, in: Marx/Engels, *Werke,* Bd. 25, 13. Aufl., Berlin.

Marx, Karl (1983): »Zur Judenfrage«, in: Marx/Engels, *Werke,* Bd. 1, 14. Aufl., Berlin, S. 347-377.

Marx, Karl/Engels, Friedrich (1983): »Die deutsche Ideologie. Kritik der neuesten deutschen Philosophie in ihren Repräsentanten Feuerbach, B. Bauer und Stirner, und des deutschen Sozialismus in seinen verschiedenen Propheten«, in: Marx/Engels, *Werke,* Bd. 3, 7. Aufl., Berlin, S. 9-530.

Marx, Werner (1987): *Die Phänomenologie Edmund Husserls.* Eine Einführung, München.

Marx, Wolfgang (Hg.)(1987): *Zur Selbstbegründung der Philosophie seit Kant*, Frankfurt a.M.

Matthiesen, Ulf (1983): *Das Dickicht der Lebenswelt und die Theorie des kommunikativen Handelns*, München.

Maurer, Reinhart (1983): »Die Unmöglichkeit einer transzendentalen Begründung der Gesellschaft«, in: Henrich (Hg.), S. 519–530.

Mayrl, William W. (1977): »Ethnomethodology: sociology without society?«, in: Dallmayr/McCarthy (Hg.), S. 262–282.

Meyers, Robert G. (1990): »Evolution as a ground for realism«, in: Rescher (Hg.), S. 111–118.

Mittelstaedt, Peter (1994): »The constitution of objects in Kant's philosophy and in modern physics«, in: Parrini (Hg.), S. 115–129.

Mittelstraß, Jürgen (1991): »Das lebensweltliche Apriori«, in: Gethmann (Hg.), S. 114–142.

Mohanty, Jitendra N. (1970): *Phenomenology and Ontology*, Den Haag.

Mohanty, Jitendra N. (1974): »›Life-world‹ and ›a priori‹ in Husserl's later thought«, in: Tymieniecka (Hg.), S. 46–65.

Mohanty, Jitendra N. (1988): »Husserlian transcendental phenomenology. Some aspects«, in: Sokolowski (Hg.), S. 175–181.

Mohanty, Jitendra N. (1989): *Transcendental Phenomenology*. An analytic account, Oxford/Cambridge.

Mörth, Ingo (1986): *Lebenswelt und religiöse Sinnstiftung*. Ein Beitrag zur Theorie des Alltagslebens, München.

Müller-Doohm, Stefan (1991): »Soziologie ohne Gesellschaft? Notizen zum Gegenstandsverlust einer Disziplin«, in: ders. (Hg.), S. 48–99.

Müller-Doohm, Stefan (Hg.)(1991): *Jenseits der Utopie*. Theoriekritik der Gegenwart, Frankfurt a.M.

Musgrave, Alan (1993): *Common Sense, Science and Scepticism*. An historical introduction to the theory of knowledge, Cambridge.

Natanson, Maurice (1970a): »Introduction«, in: ders. (Hg.), S. IX–XI.

Natanson, Maurice (1970b): »Alfred Schutz on social reality and social science«, in: ders. (Hg.), S. 101–121.

Natanson, Maurice (1978): »Foreword«, in: Grathoff (Hg.), S. IX–XVI.

Natanson, Maurice (Hg.)(1966): *Essays in Phenomenology*, The Hague.

Natanson, Maurice (Hg.)(1970): *Phenomenology and Social Reality*. Essays in memory of Alfred Schutz, The Hague.

Negri, Maurizio de (1978): »Activity and passivity in the genesis of the cognitive process in children's development«, in: Tymieniecka (Hg.), S. 43–50.

Neurath, Otto/Hahn, Hans/Carnap, Rudolf (1929): *Wissenschaftliche Weltauffassung – Der Wiener Kreis*, Wien.

Nietzsche, Friedrich (1988): *Nachgelassene Fragmente 1875–1879* (Kritische Studien-ausgabe, Bd. 8), hrsg. von G. Colli u. M. Montinari, 2. Aufl., München/Berlin/ New York.

Nipperdey, Thomas (1993): *Deutsche Geschichte 1866–1918,* Erster Band: Arbeits-welt und Bürgergeist, 3. Aufl., München.

Niquet, Marcel (1991): *Transzendentale Argumente.* Kant, Strawson und die Apore-tik der Detranszendentalisierung, Frankfurt a.M..

Nitta, Yoshihiro/Tatematsu, Hirotaka (Hg.)(1979): *Japanese Phenomenology.* Phe-nomenology as the trans-cultural philosophical approach (Analecta Husserliana 8), Dordrecht/Boston/London.

Noack, Hermann (Hg.)(1973): *Husserl,* Darmstadt.

Nusser, Karl-Heinz (1986): *Kausale Prozesse und sinnerfassende Vernunft.* Max Webers philosophische Fundierung der Soziologie und der Kulturwissenschaf-ten, Freiburg/München.

Oberer, Hariolf/Seel, Gerhard (Hg.)(1988): *Kant.* Analysen – Probleme – Kritik, Würzburg.

Ollig, Hans-Ludwig (1979): *Der Neukantianismus,* Stuttgart.

Orth, Ernst W. (Hg.)(1976): *Phänomenologie und Praxis* (Phänomenologische Forschungen, Bd. 3), Freiburg i.Br./München.

Outhwaite, William (1975): *Understanding Social Life.* The method called ver-stehen, London.

Outhwaite, William (1983): *Concept Formation in Social Science,* London usw.

Outhwaite, William (1987): »Max Webers Theorie der Begriffsbildung im Licht einer marxistischen Wissenschaftstheorie«, in: Böckler/Weiß (Hg.), S. 16–28.

Parrini, Paolo (1994): »On Kant's theory of knowledge. Truth, form, matter«, in: ders. (Hg.), S. 195–230.

Parrini, Paolo (Hg.)(1994): *Kant and Contemporary Epistemology,* Dordrecht/ Boston/London.

Parsons, Arthur S. (1977): *Alfred Schutz and the Foundations of Phenomenological Sociology* [Diss. Brandeis University].

Parsons, Talcott (1968): *The Structure of Social Action.* A study in social theory with special reference to a group of recent european writers [1937], 2 Bde., New York.

Parsons, Talcott (1977): »Rückblick nach 35 Jahren«, in: Schütz/Parsons, *Zur Theorie sozialen Handelns.* Ein Briefwechsel, Frankfurt a.M., S. 127–136.

Patzig, Günther (1988): »I. Kant. Wie sind synthetische Urteile a priori möglich?«, in: Speck (Hg.), S. 9–70.

Pätzold, Detlev (1991): »Entwicklungen im Verhältnis von Ontologie und Episte-mologie: Descartes bis Kant«, in: Sandkühler/Pätzold (Hg.), S. 45–63.

Perinbanayagam, R. S. (1992): »The significance of others in the thought of Alfred Schutz, G. H. Mead, and C. H. Cooley« [1975], in: Hamilton (Hg.), S. 124–146.

Peritore, Patrick N. (1975): »Some problems in Alfred Schutz's phenomenological methodology«, in: *American Political Sciences Review*, 69, S. 132–140.

Peursen, Cornelis A. van (1962): »Die Phänomenologie Husserls und die Erneuerung der Ontologie«, in: *Zeitschrift für philosophische Forschung*, 16, S. 489–501.

Peursen, Cornelis A. van (1970): »Life-world and structures«, in: Edie/Parker/Schrag (Hg.), S. 139–153.

Phillipson, Michael (1975a): »Theorie, Methodologie und Konzeptualisierung«, in: Filmer/Phillipson/Silverman/Walsh (1975), S. 85–128.

Phillipson, Michael (1975b): »Phänomenologische Philosophie und Soziologie«, in: Filmer/Phillipson/Silverman/Walsh (1975), S. 129–175.

Piaget, Jean (1974): *Abriß der genetischen Epistemologie*, Olten/Freiburg i.Br.

Piaget, Jean (1975): *Die Entwicklung des Erkennens III. Das biologische Denken. Das psychologische Denken. Das soziologische Denken* (Gesammelte Werke 10), Stuttgart.

Piaget, Jean (1984): *Psychologie der Intelligenz*, 8. Aufl., Stuttgart.

Piaget, Jean (1985): *Weisheit und Illusionen der Philosophie*, Frankfurt a.M.

Piaget, Jean (1988): *Einführung in die genetische Erkenntnistheorie*, 4. Aufl., Frankfurt a.M.

Pitt, Joseph C. (1978): »Galileo. Causation and the use of geometry«, in: Butts/Pitt (Hg.), S. 181–195.

Pitt, Joseph C. (1992): *Galileo, Human Knowledge, and the Book of Nature*. Method replaces metaphysics, Dordrecht/Boston/London.

Pivčević, Edo (1972): *Von Husserl zu Sartre*. Auf den Spuren der Phänomenologie, München.

Pivčević, Edo (Hg.)(1975): *Phenomenology and Philosophical Understanding*, Cambridge usw.

Plessner, Helmuth (1981): »Macht und menschliche Natur. Ein Versuch zur Anthropologie der geschichtlichen Weltansicht« [1931], in: ders., *Gesammelte Schriften*, Bd. V, Frankfurt a.M., S. 135–234.

Plessner, Helmuth (1985): »Phänomenologie. Das Werk Edmund Husserls (1859–1938)« [1938], in: ders., *Gesammelte Schriften*, Bd. IX, Frankfurt a.M., S. 122–147.

Popper, Karl R. (1982): *Ausgangspunkte*. Meine intellektuelle Entwicklung, 2. Aufl., Hamburg.

Poser, Hans (1988): »Gibt es noch eine Einheit der Wissenschaften? Zum Wissenschaftsverständnis der Gegenwart«, in: Zimmerli (Hg.), S. 111–126.

Prendergast, Christopher P. (1979): *Phenomenology and the Problem of Foundations*. A critique of Edmund Husserl's theory of science, Ann Arbor [Diss.].

Prendergast, Christopher P. (1986): »Alfred Schutz and the Austrian School of Economics«, in: *American Journal of Sociology*, 92, S. 1–26.

Quine, Willard V. O. (1975): *Ontologische Relativität und andere Schriften*, Stuttgart.

Quine, Willard V. O. (1975a): »Naturalisierte Erkenntnistheorie«, in: ders. (1975), S. 97–126.

Quine, Willard V. O. (1991): *Theorien und Dinge*, Frankfurt a.M.

Rabinow, Paul/Sullivan, William M. (1979): »The interpretive turn. Emergence of an approach«, in: Rabinow/Sullivan (Hg.), S. 1–21.

Rabinow, Paul/Sullivan, William M. (Hg.)(1979): *Interpretive Social Science. A reader*, Berkeley/Los Angeles/London.

Rachstein, Beate (1992): *Der Aufbau des Selbst beim Kind.* Zur Entstehung des Selbstbewußtseins in den ersten Lebensjahren, Wiesbaden.

Rang, Bernhard (1976): »Repräsentation und Selbstgegebenheit. Die Aporie der Phänomenologie der Wahrnehmung in den Frühschriften Husserls«, in: Guzzoni/Rang/Siep (Hg.), S. 378–397.

Rang, Bernhard (1990): *Husserls Phänomenologie der materiellen Natur*, Frankfurt a.M.

Rasmussen, David M. (1975): »The marxist critique of phenomenology«, in: *Dialectics and Humanism*, Bd. 2/4, S. 59–70.

Rasmussen, David M. (1984a): »Explorations of the Lebenswelt. Reflections on Schutz and Habermas«, in: *Human Studies*, 7, S. 127–132.

Rasmussen, David M. (1984b): »Helmut R. Wagner, Alfred Schutz. An intellectual biography, Chicago/London 1983« [Rez.], in: Wolff (Hg.), S. 249–252.

Rescher, Nicholas (Hg.)(1990): *Evolution, Cognition, and Realism.* Studies in evolutionary epistemology, Lanham/New York/London.

Ricœur, Paul (1973): »Husserl und der Sinn der Geschichte«, in: Noack (Hg.), S. 231–276.

Ricœur, Paul (1978): »Rückfrage und Reduktion der Idealitäten in Husserls ›Krisis‹ und Marx' ›Deutscher Ideologie‹«, in: Waldenfels/Broekman/Pažanin (Hg.), S. 207–239.

Ringer, Fritz R. (1983): *Die Gelehrten.* Der Niedergang der deutschen Mandarine 1890–1933, Stuttgart.

Roche, Maurice (1973): *Phenomenology, Language and the Social Sciences*, London/Boston.

Röd, Wolfgang (1988): »Zur psychologischen Deutung der Kantischen Erfahrungstheorie«, in: Oberer/Seel (Hg.), S. 9–26.

Röd, Wolfgang (1989): »Descartes und der Ursprung der modernen Philosophie«, in: Gombocz (Hg.), S. 11–23.

Rogers, Mary F. (1983): *Sociology, Ethnomethodology, and Experience.* A phenomenological critique, Cambridge usw.

Rombach, Heinrich (1965): *Substanz, System, Struktur.* Bd. I, Die Ontologie des Funktionalismus und der philosophische Hintergrund der modernen Wissenschaft, Freiburg/München.

Rorty, Richard (1987): *Der Spiegel der Natur.* Eine Kritik der Philosophie, Frankfurt a.M.

Rorty, Richard (1991): *Kontingenz, Ironie und Solidarität*, Frankfurt a.M.

Rosenmayr, Leopold (1966): »Vorgeschichte und Entwicklung der Soziologie in Österreich bis 1933«, in: *Zeitschrift für Nationalökonomie*, XXVI, S. 268-282.

Rossi, Ino (1983): *From the Sociology of Symbols to the Sociology of Signs*. Toward a dialectical sociology, New York.

Sandkühler, Hans J./Pätzold, Detlev (Hg.)(1991): *Die Wirklichkeit der Wissenschaft*. Probleme des Realismus (*Dialektik*, H. 1), Hamburg.

Scanlon, John (1988): »Husserl's *Ideas* and the natural concept of the world«, in: Sokolowski (Hg.), S. 217-233.

Schapp, Wilhelm (1976): *Erinnerungen an Edmund Husserl*. Ein Beitrag zur Geschichte der Phänomenologie, Wiesbaden.

Schmidt, Gustav/Rüsen, Jörn (Hg.)(1986): *Gelehrtenpolitik und politische Kultur in Deutschland 1830-1930*. Referate und Diskussionsbeiträge, Bochum.

Schmidt, Heinrich (1978): *Philosophisches Wörterbuch*. Neu bearb. von G. Schischkoff, 20. Aufl., Stuttgart.

Schnädelbach, Herbert (1983): *Philosophie in Deutschland 1831-1933*, Frankfurt a.M.

Schorske, Carl E. (1982): *Wien*. Geist und Gesellschaft im ›Fin de siècle‹, Frankfurt a.M.

Schuhmann, Karl (1971): *Die Fundamentalbetrachtung der Phänomenologie*. Zum Weltproblem in der Philosophie Edmund Husserls, Den Haag.

Schulz, Walter (1965): »Wandlungen des Wirklichkeitsbegriffs«, in: *Universitas*, Bd. 20, S. 579-592.

Schulz, Walter (1980): *Philosophie in der veränderten Welt*, Pfullingen [¹1972].

Schulz, Walter (1992): *Subjektivität im nachmetaphysischen Zeitalter*. Aufsätze, Pfullingen.

Schütz, Alfred (1950): »Felix Kaufmann, 1895-1949«, in: *Social Research*, Bd. 17/1, S. 1-7.

Schütz, Alfred (1971a): *Das Problem der Relevanz*, hrsg. u. erl. von R. M. Zaner, Einl. von T. Luckmann, Frankfurt a.M. (zit.: *Relevanzmanuskript*).

Schütz, Alfred (1971b): *Gesammelte Aufsätze*, Bd. 1. Das Problem der sozialen Wirklichkeit, Den Haag (zit.: *GA I*).

Schütz, Alfred (1971c): *Gesammelte Aufsätze*, Bd. 2. Studien zur soziologischen Theorie, hrsg. von A. Brodersen, Den Haag (zit.: *GA II*).

Schütz, Alfred (1971d): *Gesammelte Aufsätze*, Bd. 3. Studien zur phänomenologischen Philosophie, hrsg. von I. Schütz, Den Haag (zit.: *GA III*).

Schütz, Alfred (1971): »Wissenschaftliche Interpretation und Alltagsverständnis menschlichen Handelns«, in: ders. (1971b), *GA I*, S. 3-54 (zit.: »Wissenschaftliche Interpretation«).

Schütz, Alfred (1971): »Begriffs- und Theoriebildung in den Sozialwissenschaften«, in: ders. (1971b), *GA I*, S. 55-76 (zit.: »Begriffs- und Theoriebildung«).

Schütz, Alfred (1971): »Das Wählen zwischen Handlungsentwürfen«, in: ders. (1971b), *GA I*, S. 77–110.

Schütz, Alfred (1971): »Einige Grundbegriffe der Phänomenologie«, in: ders. (1971b), *GA I*, S. 113–135 (zit.: »Einige Grundbegriffe«).

Schütz, Alfred (1971): »Phänomenologie und die Sozialwissenschaften«, in: ders. (1971b), *GA I*, S. 136–161.

Schütz, Alfred (1971): »Husserls Bedeutung für die Sozialwissenschaften«, in: ders. (1971b), *GA I*, S. 162–173 (zit.: »Husserls Bedeutung«).

Schütz, Alfred (1971): »Schelers Theorie der Intersubjektivität und die Generalthese vom Alter Ego«, in: ders. (1971b), *GA I*, S. 174–206 (zit.: »Schelers Theorie der Intersubjektivität«).

Schütz, Alfred (1971): »Über die mannigfaltigen Wirklichkeiten« [am. 1945], in: ders. (1971b), *GA I*, S. 237–298 (zit.: »Mannigfaltige Wirklichkeiten«).

Schütz, Alfred (1971): »Symbol, Wirklichkeit und Gesellschaft«, in: ders. (1971b), *GA I*, S. 331–411.

Schütz, Alfred (1971): »Die soziale Welt und die Theorie der sozialen Handlung«, in: ders. (1971c), *GA II*, S. 3–21 (zit.: »Soziale Welt und soziale Handlung«).

Schütz, Alfred (1971): »Das Problem der Rationalität in der sozialen Welt«, in: ders. (1971c), *GA II*, S. 22–50 (zit.: »Rationalität in der sozialen Welt«).

Schütz, Alfred (1971): »Der Fremde. Ein sozialpsychologischer Versuch«, in: ders. (1971c), *GA II*, S. 53–69.

Schütz, Alfred (1971): »Der Heimkehrer«, in: ders. (1971c), *GA II*, S. 70–84.

Schütz, Alfred (1971): »Der gut informierte Bürger. Ein Versuch über die soziale Verteilung des Wissens«, in: ders. (1971c), *GA II*, S. 85–101.

Schütz, Alfred (1971): »Don Quixote und das Problem der Realität«, in: ders. (1971c), *GA II*, S. 102–128.

Schütz, Alfred (1971): »Edmund Husserls ›Ideen‹, Band II«, in: ders. (1971d), *GA III*, S. 47–73 (zit.: »Husserls ›Ideen‹, Bd. II«).

Schütz, Alfred (1971): »Das Problem der transzendentalen Intersubjektivität bei Husserl«, in: ders. (1971d), *GA III*, S. 86–126 (enthält am Schluß die Transkription einer Diskussion mit Fink, Ingarden, Graumann u.a.; zit.: »Transzendentale Intersubjektivität«).

Schütz, Alfred (1971): »Typos und Eidos in Husserls Spätphilosophie«, in: ders. (1971d), *GA III*, S. 127–152.

Schütz, Alfred (1971): »Strukturen der Lebenswelt«, in: ders. (1971d), *GA III*, S. 153–170 (zit.: »Lebenswelt«).

Schütz, Alfred (1971): »Edmund Husserls ›Meditations Cartesiennes‹«, in: ders. (1971d), *GA III*, S. 222–230.

Schütz, Alfred (1974): *Der sinnhafte Aufbau der sozialen Welt*. Eine Einleitung in die verstehende Soziologie, Frankfurt a.M. [zuerst: Wien 1932](zit.: *Sinnhafter Aufbau*).

Schütz, Alfred (1981): *Theorie der Lebensformen.* Frühe Manuskripte aus der Bergson-Periode, hrsg. u. eingel. von I. Srubar, Frankfurt a.M. (zit.: *Lebensformen*).

Schütz, Alfred (1988): »Antwort auf Erich Vögelins Brief über Husserls "Krisis der europäischen Wissenschaften" (New York, 11.November 1943). Hrsg. u. eingel. von R. Grathoff«, in: List/Srubar (Hg.), S. 23–41.

Schütz, Alfred (1994): [Brief von] »Schütz an Husserl, 26.IV.1932 (Durchschlag)«, in: Husserl, *Briefwechsel,* Bd. 4, S. 481–483.

Schütz, Alfred (*im Erscheinen*): *Collected Papers,* Bd. 4, hrsg. von H. Wagner u. F. Kersten, Dordrecht/Boston/London.

Schütz, Alfred/Gurwitsch, Aron (1985): *Alfred Schütz – Aron Gurwitsch. Briefwechsel 1939–1959,* Mit einer Einleitung von Ludwig Landgrebe, hrsg. von R. Grathoff, München (zit.: *Briefwechsel*).

Schütz, Alfred/Luckmann, Thomas (1979): *Strukturen der Lebenswelt,* Bd. 1, Frankfurt a.M. [Neuwied/Darmstadt 1975].

Schütz, Alfred/Luckmann, Thomas (1984): *Strukturen der Lebenswelt,* Bd. 2, Frankfurt a.M.

Schütz, Alfred/Parsons, Talcott (1977): *Zur Theorie sozialen Handelns.* Ein Briefwechsel, hrsg. u. eingel. von W. M. Sprondel, Frankfurt a.M.

Schwabe-Hansen, Elling (1991): *Das Verhältnis von transzendentaler und konkreter Subjektivität in der Phänomenologie Edmund Husserls,* Oslo/München.

Seebohm, Thomas M. (1962): *Die Bedingungen der Möglichkeit der Transzendental-Philosophie.* Edmund Husserls transzendental-phänomenologischer Ansatz, dargestellt im Anschluß an seine Kant-Kritik, Bonn.

Seebohm, Thomas M. (1985): »Die Stellung der phänomenologischen Idee der Letztbegründung zur Seinsfrage«, in: Gloy/Rudolph (Hg.), S. 303–321.

Seebohm, Thomas M. (1987): »Afterword. Considerations of an Husserlian«, in: Corrington u.a. (Hg.), S. 217–229.

Silverman, David (1975a): »Einige vernachlässigte Fragen über die soziale Wirklichkeit«, in: Filmer/Phillipson/Silverman/Walsh (1975), S. 176–195.

Silverman, David (1975b): »Methodologie und Bedeutung«, in: Filmer/Phillipson/Silverman/Walsh (1975), S. 196–215.

Smart, Barry (1976): *Sociology, Phenomenology and Marxian Analysis.* A critical discussion of the theory and practice of a science of society, London/Henley/Boston.

Smelser, Neil J. (1991): »Zukünftige Aufgaben der Soziologie«, in: Zapf (Hg.), S. 731–742.

Soffer, Gail (1991): *Husserl and the Question of Relativism,* Dordrecht/Boston/London.

Sofsky, Wolfgang (1983): *Die Ordnung sozialer Situationen.* Theoretische Studien über die Methoden und Strukturen sozialer Erfahrung und Interaktion, Opladen.

Sokolowski, Robert (1964): *The Formation of Husserl's Concept of Constitution*, The Hague.

Sokolowski, Robert (Hg.)(1988): *Edmund Husserl and the Phenomenological Tradition. Essays in phenomenology*, Washington.

Sommer, Manfred (1980): »Der Alltagsbegriff in der Phänomenologie und seine gegenwärtige Rezeption in den Sozialwissenschaften«, in: Lenzen (Hg.), S. 27–43.

Sommer, Manfred (1988): *Einführung in die Phänomenologie Edmund Husserls*. Kurseinheit 1: Die Intentionalität des Bewußtseins, Hagen (Fernuniversität).

Sommer, Manfred (1990): *Lebenswelt und Zeitbewußtsein*, Frankfurt a.M.

Speck, Josef (Hg.)(1988): *Grundprobleme der großen Philosophen*. Philosophie der Neuzeit II (Kant, Fichte, Schelling, Hegel, Feuerbach), 3. Aufl., Göttingen.

Spiegelberg, Herbert (1960): *The Phenomenological Movement*. A historical introduction, 2 Bde., The Hague.

Sprondel, Walter M. (1981): »Erzwungene Diffusion. Die ›University in Exile‹ und Aspekte ihrer Wirkung«, in: Lepenies (Hg.), Bd. 4, S. 176–201.

Sprondel, Walter M./Grathoff, Richard (Hg.)(1979): *Alfred Schütz und die Idee des Alltags in den Sozialwissenschaften*, Stuttgart.

Sprondel, Walter M./Seyfarth, Constans (Hg.)(1981): *Max Weber und die Rationalisierung sozialen Handelns*, Stuttgart.

Srubar, Ilja (1978): »Marx' Konstruktion sozialer Lebens-Welten«, in: Waldenfels/Broekman/Pažanin (Hg.), S. 170–206.

Srubar, Ilja (1979): »Die Theorie der Typenbildung bei Alfred Schütz. Ihre Bedeutung und ihre Grenzen«, in: Sprondel/Grathoff (Hg.), S. 43–64.

Srubar, Ilja (1981a): »Die Konstitution von Bedeutsamkeit im Alltagshandeln. Zur Schützschen Lösung eines Weberschen Problems«, in: Sprondel/Seyfarth (Hg.), S. 93–107.

Srubar, Ilja (1981b): »Einleitung. Schütz' Bergson-Rezeption«, in: Schütz (1981), S. 9–76.

Srubar, Ilja (1983): »Abkehr von der transzendentalen Phänomenologie. Zur philosophischen Position des späten Schütz«, in: Grathoff/Waldenfels (Hg.), S. 68–84.

Srubar, Ilja (1988a): *Kosmion*. Die Genese der pragmatischen Lebensweltstheorie von Alfred Schütz und ihr anthropologischer Hintergrund, Frankfurt a.M.

Srubar, Ilja (1988b): »Alfred Schütz' Konzeption der Sozialität des Handelns«, in: List/Srubar (Hg.), S. 145–156.

Srubar, Ilja (1991): »›Phänomenologische Soziologie‹ als Theorie und Forschung«, in: Herzog/Graumann (Hg.), S. 169–182.

Srubar, Ilja (1993): »Schütz' pragmatische Theorie der Lebenswelt«, in: Bäumer/Benedikt (Hg.), S. 335–346.

Stadler, Friedrich (Hg.)(1988): *Vertriebene Vernunft II*. Emigration und Exil österreichischer Wissenschaft, Wien/München.

Stegmüller, Wolfgang (1983): *Probleme und Resultate der Wissenschaftstheorie und Analytischen Philosophie*, Bd. I: Erklärung – Begründung – Kausalität, 2. Aufl., Berlin/Heidelberg/New York.

Steinert, Heinz (Hg.)(1973): *Symbolische Interaktion*. Arbeiten zu einer reflexiven Soziologie, Stuttgart.

Strasser, Stephan (1976): »Der Begriff der Welt in der phänomenologischen Philosophie«, in: Orth (Hg.), S. 151–179.

Strasser, Stephan (1991): *Welt im Widerspruch*. Gedanken zu einer Phänomenologie als ethischer Fundamentalphilosophie, Dordrecht/Boston/London.

Ströker, Elisabeth (1987a): *Husserls transzendentale Phänomenologie*, Frankfurt a.M.

Ströker, Elisabeth (1987b): »Zur Problematik der Letztbegründung in Husserls Phänomenologie«, in: Wolfgang Marx (Hg.), S. 107–129.

Ströker, Elisabeth (Hg.)(1979): *Lebenswelt und Wissenschaft in der Philosophie Edmund Husserls*, Frankfurt a.M.

Ströker, Elisabeth/Janssen, Paul (1989): *Phänomenologische Philosophie*, Freiburg/München.

Szilasi, Wilhelm (1981): »Nachwort«, in: Husserl, *Phil. als strenge Wiss.*, S. 87–101.

Tatematsu, Hiroteka (1979): »Phänomenologische Betrachtung vom Begriff der Welt«, in: Nitta/Tatematsu (Hg.), S. 109–129.

Theunissen, Michael (1977): *Der Andere*. Studien zur Sozialontologie der Gegenwart, 2. Aufl., Berlin/New York.

Theunissen, Michael (1991): »Möglichkeiten des Philosophierens heute«, in: *Suhrkamp Wissenschaft*. Neuerscheinungen 1. Halbjahr 1991, Frankfurt a.M.

Thomason, Burke C. (1982): *Making Sense of Reification*. Alfred Schutz and constructionist theory, London/Basingstoke.

Torrance, John (1981): »Die Entstehung der Soziologie in Österreich 1885–1935«, in: Lepenies (Hg.), Bd. 3, S. 443–495.

Tugendhat, Ernst (1970): *Der Wahrheitsbegriff bei Husserl und Heidegger*, 2. Aufl., Berlin.

Turner, Stephen/Wardell, Mark (Hg.)(1986): *Sociological Theory in Transition*, London.

Twenhöfel, Ralf (1985): *Handeln, Verhalten und Verstehen*. Eine Kritik der verstehenden Soziologie Max Webers und Alfred Schütz', Königstein/Ts.

Tymieniecka, Anna-Teresa (Hg.)(1974): *The Phenomenological Realism of the Possible Worlds*. The ›a priori‹, activity and passivity of consciousness, phenomenology and nature (Analecta Husserliana 3), Dordrecht.

Tymieniecka, Anna-Teresa (Hg.)(1978): *The Human Being in Action*. The irreducible element in man, part II (Analecta Husserliana 7), Dordrecht/Boston/London.

Tymieniecka, Anna-Teresa/Schrag, Calvin O. (Hg.)(1983): *Foundations of Morality, Human Rights, and the Human Sciences*. Phenomenology in a foundational dialogue with the human sciences (Analecta Husserliana 15), Dordrecht/ Boston/London.

Uechtritz und Steinkirch, Michael von (1987): *Ist der transzendentale Idealismus Edmund Husserls mit einer realistischen Weltauffassung vereinbar?*, Würzburg [Diss.].

Vaitkus, Steven (1990): *How is Society possible?* Intersubjectivity and the fiduciary attitude as problems of the social group in Mead, Gurwitsch and Schutz, Dordrecht/Boston/London.

Valone, James J. (1976): »A critical theory of knowledge and the phenomenology of Alfred Schutz«, in: *Cultural Hermeneutics*, 3, S. 199–215.

Valone, James J. (1977): »The problem of intersubjectivity in transcendental and mundane phenomenology«, in: *The Annals of Phenomenological Sociology*, 2, S. 63–86.

Waelhens, Alphonse de (1959): »Die phänomenologische Idee der Intentionalität«, in: van Breda/Taminiaux (Hg.)(1959a), S. 129–142.

Wagner, Helmut R. (1981a): »Die Soziologie der Lebenswelt«, in: Lepsius (Hg.), S. 379–394.

Wagner, Helmut R. (1981b): »Der Einfluß der deutschen Phänomenologie auf die amerikanische Soziologie«, in: Lepenies (Hg.), Bd. 4, S. 202–236.

Wagner, Helmut R. (1983a): *Alfred Schutz. An intellectual biography*, Chicago/ London.

Wagner, Helmut R. (1983b): »Toward an anthropology of the life-world. Alfred Schutz's quest for the ontological justification of the phenomenological undertaking«, in: *Human Studies*, 6, S. 239–246.

Wagner, Helmut R. (1983c): »Soziales Feld und Wirbeziehung im Frühwerk von Aron Gurwitsch und Alfred Schütz«, in: Grathoff/Waldenfels (Hg.), S. 134–153.

Wagner, Helmut R. (1984a): »Schutz's life story and the understanding of his work«, in: Wolff (Hg.), S. 1–10.

Wagner, Helmut R. (1984b): »The limitations of phenomenology: Alfred Schutz's critical dialogue with Edmund Husserl«, in: *Husserl Studies*, 1, S. 179–199.

Waldenfels, Bernhard (1971): *Das Zwischenreich des Dialogs. Sozialphilosophische Untersuchungen in Anschluss an Edmund Husserl*, Den Haag.

Waldenfels, Bernhard (1979a): »Die Abgründigkeit des Sinnes. Kritik an Husserls Idee der Grundlegung«, in: Ströker (Hg.), S. 124–142.

Waldenfels, Bernhard (1979b): »Verstehen und Verständigung. Zur Sozialphilosophie von Alfred Schütz«, in: Sprondel/Grathoff (Hg.), S. 1–12.

Waldenfels, Bernhard (1983): »Das umstrittene Ich. Ichloses und ichhaftes Bewußtsein bei A. Gurwitsch und A. Schütz«, in: Grathoff/Waldenfels (Hg.), S. 15–30.

Waldenfels, Bernhard (1985): *In den Netzen der Lebenswelt*, Frankfurt a.M.

Waldenfels, Bernhard (1989): »Lebenswelt zwischen Alltäglichem und Unalltäglichem«, in: Jamme/Pöggeler (Hg.), S. 106–118.

Waldenfels, Bernhard (1992): *Einführung in die Phänomenologie*, München.

Waldenfels, Bernhard (1993): »Husserls Verstrickung in die Erfahrung«, in: Husserl, *Arbeit an den Phänomenen*, S. 263–277.

Waldenfels, Bernhard/Broekman, Jan M./Pažanin, Ante (Hg.)(1977): *Phänomenologie und Marxismus*, Bd. 2, Praktische Philosophie, Frankfurt a.M.

Waldenfels, Bernhard/Broekman, Jan M./Pažanin, Ante (Hg.)(1978): *Phänomenologie und Marxismus*, Bd. 3, Sozialphilosophie, Frankfurt a.M.

Warnke, Camilla (1982): »Wissenschaft – Lebenswelt – transzendentale Intersubjektivität. Zur gesellschaftlichen Bestimmtheit von Husserls Spätphilosophie«, in: *Deutsche Zeitschrift für Philosophie*, 30, H. 1, S. 77–88.

Wartofsky, Marx (1977): »Consciousness, praxis, and reality: Marxism vs. phenomenology«, in: Elliston/McCormick (Hg.), S. 304–313.

Watzlawick, Paul/Krieg, Peter (Hg.)(1991): *Das Auge des Betrachters.* Beiträge zum Konstruktivismus. Festschrift für Heinz von Foerster, München/Zürich.

Weber, Max (1980): *Wirtschaft und Gesellschaft.* Grundriss der Verstehenden Soziologie (Studienausgabe), 5. Aufl. [¹1922], Tübingen.

Weber, Max (1985): *Gesammelte Aufsätze zur Wissenschaftslehre,* 6. Aufl. [¹1922], Tübingen.

Weippert, Georg (1961): »Verstehende Soziologie«, in: Beckerath (Hg.), S. 249–259.

Welsch, Wolfgang (Hg.)(1988): *Wege aus der Moderne.* Schlüsseltexte der Postmoderne-Diskussion, Weinheim.

Welter, Rüdiger (1986): *Der Begriff der Lebenswelt.* Theorien vortheoretischer Erfahrungswelt, München.

Welter, Rüdiger (1991): »Die Lebenswelt als ›Anfang‹ des methodischen Denkens in Phänomenologie und Wissenschaftstheorie«, in: Gethmann (Hg.), S. 143–163.

Welz, Frank (1992): »Reformation der Denkungsart. Niklas Luhmanns ›Wissenschaft der Gesellschaft‹« [Rez.], in: *Berliner Journal für Soziologie*, H. 2, S. 238–241.

Wetz, Franz J. (1991): »Wider den Absolutismus der Welt. Neuere Beiträge zu Edmund Husserl«, in: *Philosophische Rundschau*, 38. Jg., H. 4, S. 286–299.

Wetz, Franz J. (1994): *Lebenswelt und Weltall.* Hermeneutik der unabweislichen Fragen, Stuttgart.

Williame, Robert (1973): *Les Fondements Phénomenologiques de la Sociologie Compréhensive.* Alfred Schutz et Max Weber, La Haye.

Winch, Peter (1974): *Die Idee der Sozialwissenschaft und ihr Verhältnis zur Philosophie,* Frankfurt a.M.

Winfield, Richard D. (1989): *Overcoming Foundations.* Studies in systematic philosophy, New York.

Wolff, Kurt H. (Hg.)(1984): *Alfred Schutz.* Appraisals and developments, Dordrecht.

Wolters, Paul (1971): *Lebenswelt und Wissenschaft*. Sozialtheoretische Ansätze unter Aspekten der Phänomenologie, Münster [Diss.].

Zapf, Wolfgang (Hg.)(1991): *Die Modernisierung moderner Gesellschaften*. Verhandlungen des 25. Deutschen Soziologentages in Frankfurt a.M. 1990, Frankfurt a.M./New York.

Zeitlin, Irving M. (1973): *Rethinking Sociology*. A critique of contemporary theory, New York.

Zemach, Eddy M./Walther, Eric (1974): »Substance logic«, in: Kasher (Hg.), S. 55–74.

Zimmerli, Walther C. (Hg.)(1988): *Technologisches Zeitalter oder Postmoderne?*, München.

Sachregister

Personenregister

Walsh, D. 147
Walther, E. 20
Walther, G. 151
Warnke, C. 18
Wartofsky, M. 70
Weber, M. 123, 126–128, 131, 137f.,
    141–143, 145, 147, 149, 155, 158,
    217
Weippert, G. 149
Weiss, H. 120
Welter, R. 29, 82, 93
Wetz, F. J. 72, 105

Wiese, L. v. 135, 147
Wieser, F. 120, 122
Wieser, G. 120
Williame, R. 201
Winch, P. 149
Winfield, R. D. 20
Wolters, P. 70, 117
Wundt, W. 35, 67

Zeitlin, I. M. 151
Zemach, E. M. 20

MIX
Papier aus verantwortungsvollen Quellen
Paper from responsible sources
FSC® C105338

If you have any concerns about our products,
you can contact us on
ProductSafety@springernature.com

In case Publisher is established outside the EU,
the EU authorized representative is:
**Springer Nature Customer Service Center GmbH
Europaplatz 3, 69115 Heidelberg, Germany**

Printed by Libri Plureos GmbH
in Hamburg, Germany